Dory Hollander

Die Lügen der Männer

DORY HOLLANDER

Die Lügen der Männer – und wie Frauen ihnen auf die Schliche kommen

Aus dem Amerikanischen
von Clemens Wilhelm

Goldmann Verlag

Die amerikanische Originalausgabe erschien 1995 unter dem Titel
»101 Lies Men Tell Women and Why Women Believe Them«
bei HarperCollins, New York

Umwelthinweis:
Dieses Buch und der Schutzumschlag
wurden auf chlorfrei gebleichtem Papier gedruckt.
Die Einschrumpffolie (zum Schutz vor Verschmutzung)
ist aus umweltfreundlicher und recyclingfähiger PE-Folie.

Der Goldmann Verlag
ist ein Unternehmen der Verlagsgruppe Bertelsmann

1. Auflage

Satz: Uhl & Massopust, Aalen
Printed in Germany · Graphischer Großbetrieb Pößneck
ISBN 3-442-30624-8

Dem Lügendetektor in uns zugeeignet

Inhalt

Teil V: Erkennung und Abwehr von Lügen

Danksagung

Ich halte mich für einen unabhängigen Menschen. Wenn es jedoch darum geht, ein Buch zu schreiben, ist es wie im richtigen Leben: Wir bekommen immer wieder die Gelegenheit, uns der Führung anderer anzuvertrauen, und machen die Erfahrung, daß ihre Vorschläge und Ansichten uns weiter führen, als wir allein jemals gekommen wären.

Oft lautet die Frage nicht, ob wir es alleine schaffen *können*, sondern ob wir klug genug sind, die hilfreichen Einsichten anderer anzuerkennen und zu nutzen. Ich erkenne hiermit dankbar an, daß mich viele Menschen bei der Arbeit an diesem Buch unterstützt haben.

Zunächst möchte ich all jenen danken, die ich interviewte – den Lügnern ebenso wie den Belogenen. Ihre Berichte und Einsichten weckten in mir eine Empathie, wie ich sie nie erwartet hätte – bis ich ihre bewegenden Geschichten hörte und mich ihre Worte, Empfindungen und Überlegungen in ihren Bann zogen. Die kollektiven und individuellen Erfahrungen dieser Männer und Frauen halfen mir, meine Meinung über Lügen, die Männer Frauen erzählen, und die Erklärungen dafür, warum sie dies tun, neu zu überdenken und zu revidieren. Ihr aufrichtiger Wunsch zu verstehen, warum sie logen oder belogen wurden – oder beides –, half mir, zwei harte Jahre des Schreibens und Beratens durchzustehen. Was ich von ihnen hörte, ermutigte mich zu weitgehender Authentizität. Es war zwar nicht möglich, ihre Berichte vollständig wiederzugeben, doch haben ihre Worte und Einsichten und die Lügen, die sie erzählten oder erzählt bekamen, jede einzelne Seite von *Die Lügen der Männer* zutiefst geprägt.

Weiter schulde ich zahllosen Forschern auf dem Gebiet der Psychologie, Soziologie und Soziobiologie großen Dank. Die Fülle der Erkenntnisse, die ihre Gelehrsamkeit hervorgebracht hat, bildete den Hintergrund für meine eigenen Forschungen über die Lügen, die Männer und Frauen einander erzählen. Weiterhin danke ich den vielen Experimentalpsychologen, die zum Thema der Täuschung und verwandter Themenbereiche Hunderte von Laborversuchen durchgeführt haben. Insbesondere die Arbeiten von Paul Ekman über die Aufdeckung von Lügen und von Bella DePaulo über die nonverbalen Aspekte der Täuschung haben mir neue Erkenntnisse darüber verschafft, was wir als Psychologen über das Lügen wissen und was nicht. Außerdem bin ich denjenigen zu Dank verpflichtet, die seit drei Jahrzehnten in Theorie und praktischer Forschung bahnbrechende wissenschaftliche Arbeit über die Geschlechterrollen geleistet haben. Auch wenn ich nicht immer ausdrücklich Bezug auf sie nehme, bilden diese Forschungen weitgehend die Grundlage meiner Auffassungen davon, wie Unterschiede in der männlichen und weiblichen Sozialisation von der Geburt an Einfluß darauf haben, wie Männer und Frauen später einander belügen. Unter den entwicklungspsychologischen Arbeiten, die ich faszinierend finde, möchte ich das Werk von David Buss über die Entwicklung des Begehrens herausheben, das mir bei meinen Erwägungen über die entwickelnde und konditionierende Rolle der Lüge in unseren persönlichen Beziehungen viele Aha-Erlebnisse bescherte.

Zum dritten schulde ich Dank meinem guten Freund, Weggefährten und Kollegen Dr. George Salamon, der mir bei den Interviews mit den Männern und Frauen behilflich war, die ich in diesem Buch zitierte. Zu jedem einzelnen Kapitel hat er nicht nur seine Zeit, sondern auch viele Ideen beigetragen, die mein Denken schärften. Er war meine Stütze zur Zeit hektischer Vierundzwanzigstundentage und bei auswärtigen Arbeiten in einer ganzen Reihe von Städten. George hat nicht nur die bisweilen recht lästige Neugier einer Psychologin überlebt, die darüber schreibt, wie Männer Frauen belügen, sondern er besaß auch die Größe, etwas zuzugeben, wenn er in die Enge getrieben wurde. Von der ersten bis zur letzten Seite des Buches fand ich in George mein Alter ego, einen inoffiziellen Lektor und am Ende sogar Korrektor.

Somit komme ich zu meinem übrigen »Lektoratsgremium«. Beim Verlag HarperCollins haben mich drei vorzügliche Lektorinnen gefördert und im Stich gelassen: Nancy Peske, Betsy Thorpe und Susan Moldow. Leider erkannte ich zu spät, daß die beliebteste Lüge von Lektoren Autoren gegenüber lautet: »Natürlich gehe ich nicht zu einem anderen Verlag.« Nachdem also Nancy Peske HarperCollins verlassen hatte, stand sie mir als freiberufliche Lektorin für *Die Lügen der Männer* zur Verfügung, und ihr engagiertes Interesse an diesem Buch hat das fertige Produkt zweifellos erheblich mitgeprägt. Betsy Thorpe, meiner zweiten Lektorin, gebührt mein besonderer Dank für ihre Flexibilität und ihr Entgegenkommen, mit dem sie Termine verschob, sowie für ihre gelassene und hilfreiche Art. Susan Moldow, die mich inzwischen zum zweiten Mal verlassen hat, danke ich besonders dafür, daß sie die erste war, die sich für *Die Lügen der Männer* einsetzte und dafür sorgte, daß das Buch bei HarperCollins erscheinen konnte. Ich wünsche ihnen allen bei ihren neuen Tätigkeiten alles Gute.

Weiterhin möchte ich meinem alten Freund und Agenten Bruce Wexler danken, der mit mir schon manche Stürme erlebt hat und dessen Einsichten, verlegerisches Geschick und Unterstützung mir unschätzbare Dienste bei der Veröffentlichung von *Die Lügen der Männer* und, schon zuvor, meines ersten Buches aus dem Jahre 1991, *Der Karriereplaner*, erwiesen. Bruce war mein Außenlektor und gab mir immer wieder neuen Mut, weiter am – ahem – Lieblingsbuch aller zu schreiben, die schon immer alles über Lügen wissen wollten.

Des weiteren möchte ich meiner Freundin Betsy Walker für ihre Vorschläge und die Lektüre des fertigen Manuskripts danken. Und schließlich sind noch meine vielen Klienten zu erwähnen, denen ich für ihr echtes Interesse an *Die Lügen der Männer* und ihr Verständnis für den straffen Terminplan und meine strapazierte Energie während der Entstehung dieses Buches danke. Max Millon, Präsident des Relationships Center in St. Louis, Missouri, ermöglichte mir im Rahmen meiner Stichproben in St. Louis großzügigen Zugang zu freiwilligen Probanden.

Last but not least schulde ich Dank meinen beiden unerschütterlichsten Unterstützern und hartnäckigsten Kritikern, meinen Kindern Sam Blumoff und Rebecca Hollander-Blumoff. Ein besonderer Dank an Rebecca für ihre Erkenntnisse und den Einsatz ihrer Argusaugen beim Lesen der Fahnen sowie an Sam, der mich mein Ziel nie aus den Augen verlieren ließ. Sie alle sind Säulen der Vernunft und Stabilität in einer Welt, die immer verrückter wird.

Einleitung

Warum ein Buch über die Lügen der Männer?

Mein Vater pflegte immer zu sagen: »Wer einmal lügt, dem glaubt man nicht.« Weil ich eine gute Tochter war, behielt ich während meiner Jugend diese Generationenweisheit immer im Gedächtnis. Trotzdem fragte ich mich, warum mein Vater seiner jüngsten Tochter dies so sehr ans Herz legte. Wer würde schon einem Lügner trauen?

Im Laufe der Jahre begann ich jedoch zu begreifen, was mein Vater meinte.

Als Psychologin hatte ich immer wieder mit Frauen zu tun, die von Männern belogen worden waren. Als Karrieretrainerin und Firmenberaterin wurde ich laufend mit der Tatsache konfrontiert, daß Lügen in der Geschäftswelt arglosen Menschen Schaden zufügten. Und ich selbst wurde mehr als einmal zu einem Opfer faustdicker Lügen.

Eine Zeitlang speicherte ich dies alles einfach in meinem Gedächtnis. Doch als ich irgendwann über die vielen Geschichten und meine eigenen Erfahrungen nachzudenken begann, entdeckte ich ein häufig wiederkehrendes Thema: Wie niederträchtig und gemein die Lügen auch waren – Frauen suchten letzlich immer bei sich selbst die Schuld und nicht bei den aalglatten Lügnern, die oft sehr schnell auf Nimmerwiedersehen verschwanden.

Sie hatten Lügnern vertraut.

Gewiß, sie waren wütend auf die Männer, von denen sie

getäuscht worden waren, doch irgendwie hatten viele von ihnen auch das Gefühl, ihr eigenes Verhalten hätte es den Männern leichtgemacht. Natürlich blieben in diesen Frauen Gefühle von Schmerz und Wut zurück, die ihr Vertrauen in künftige Beziehungen nachhaltig erschütterten.

Ich arbeitete auch mit vielen Männern, die darüber sprachen, daß sie Frauen belogen hatten, aber die wenigsten von ihnen schienen damit Probleme zu haben. Manche prahlten sogar damit, wie gut sie Frauen hereinlegen konnten, oder waren auf ihre Gerissenheit und Cleverneß stolz, mit der sie ihre wahren Absichten verbargen, während Frauen, mit denen ich arbeitete, von ihrem persönlichen Kummer und Zorn über die Lügen in ihren persönlichen und beruflichen Beziehungen sprachen. Dies war bei Männern fast nie der Fall. Meist erwähnten sie ihre eigenen Lügen oder die Lügen anderer nur am Rande oder als interessantes Detail.

Ein gutes Beispiel hierfür ist Gabe. Er arbeitete mit mir, um den Karrieresprung auf einen gutbezahlten Posten in einer anderen Stadt im Nordosten der Vereinigten Staaten zu schaffen. Nachdem wir ein halbes Jahr lang an einer Strategie für seinen weiteren Aufstieg gearbeitet hatten, bekam er schließlich die begehrte Stelle. Er hatte nun alles erreicht – den beruflichen Erfolg, das Gehalt, den Titel, den Karrieresprung, den er so sehr ersehnte.

Als ich Gabe fragte, wie denn sein Umzug ablaufen würde, überlegte er, wie lange es dauern könnte, seinen Mietvertrag zu kündigen, seine Sachen zu packen und sich auf den Weg zu machen. Er meinte, in drei Wochen sollte alles über die Bühne gegangen sein.

Er gehörte offenbar zu jenen Menschen, die keine großen Umstände machen.

Dann kam der Satz: »Ach ja, übrigens«, fügte er ganz nebenbei hinzu. Dieses »Übrigens« ist für mich längst ein Signal, daß etwas lange Verborgenes plötzlich an die Oberfläche drängt, weshalb ich mich gespannt aufrichtete. Gabe erzählte mir, daß er schon mehr als ein Jahr mit dieser wirklich wunderbaren Frau zusammenlebte, und ob ich ihm keinen Tip geben könnte, wie er ihr die Nachricht beibringen sollte, denn sein Umzug würde das Ende ihrer Beziehung bedeuten. Und – »übrigens« – sie müßte ihre Sachen auch relativ schnell aus der gemeinsamen Wohnung schaffen, weil er der Mieter war und sie sich die Wohnung nicht leisten könne. Es kam noch ein drittes »Übrigens«: Weil er ihr nichts von seiner Suche nach einer neuen Stelle gesagt hatte, würde sie von seiner Mitteilung wohl auch etwas überrascht sein.

Ich war sprachlos. Gabe hatte bisher mit keinem Wort erwähnt, daß es eine Frau in seinem Leben gab, schon gar keine Frau, die erwartete, daß ihre Beziehung zu einer langfristigen Bindung führen würde. Er mußte ihr nun alles unverzüglich mitteilen. Entgegen meinem Rat wartete Gabe aber bis zur letzten Woche vor seinem Umzug. Warum? Weil es einfacher war. Es paßte besser in seine Planung und kam seiner begrenzten Bereitschaft entgegen, Konflikte und Dissonanzen auszuhalten. Für Gabe war dies nur logisch. Warum sollte er die letzten gemeinsamen Wochen ruinieren? Sofern es ein Problem für ihn war, so lange zu warten, ließ er es sich jedenfalls nicht anmerken. War dies nun eine Lüge oder, wie viele Männer meinen, viel harmloser, ein Verschweigen?

Wie immer man Gabes Taktik etikettieren will – ich bin mir sicher, daß die Frau in Gabes Leben das Ganze gewiß nicht so locker sah wie er. Man darf annehmen, daß sie, nachdem ihr eröffnet wurde, daß er umzuziehen gedachte und sie eiligst ihre Sachen zu packen habe, wohl kaum sagte: »Welch eine Überraschung! Wie aufmerksam von ihm! Gabe hatte ganz recht, mir nicht zu sagen, daß er mit einem Fuß schon aus der Tür war. Somit waren wenigstens unsere letzten gemeinsamen Wochen noch richtig schön.«

Warum also habe ich dieses Buch über die Lügen der Männer, die sie Frauen erzählen, geschrieben? Ich habe es für Gabes ehemalige Gefährtin und all jene Frauen getan, denen es ähnlich geht, damit sie sich vor dem nächsten und übernächsten »Verschweigen« schützen können; damit man sie nicht immer wieder hinters Licht führt. Dies wird ihnen helfen, offener darüber zu sprechen, welche Folgen Lügen und Verschweigen für sie haben, und die Frage der Wahrheit und Aufrichtigkeit zu stellen. Männer wie Gabe werden dann vielleicht begreifen, wie sehr ihr krasser Egoismus allen Frauen weh tut, die ihnen vertrauen, und welche verheerende Folgen dies für ihr Leben hat.

Ich habe dieses Buch geschrieben, um den Weg zu einem offeneren Dialog zwischen Männern und Frauen frei zu machen: warum wir in unserer Privatsphäre, im Bett, am Arbeitsplatz und im öffentlichen Leben lügen. Für beide Geschlechter kein leichtes Unterfangen, weil wir die Konsequenzen unserer Ehrlichkeit oft nicht minder fürchten als die Konsequenzen der Lügen unseres Partners. Nach meiner Erfahrung werden jedoch Fortschritte und Veränderungen nur dann möglich, wenn man offen und ehrlich bleibt, auch wenn es schwerfällt.

Noch etwas: Die meisten von uns müssen lernen, in der tabubefrachteten »politisch korrekten« Umgebung der neunziger Jahre zu leben. Wir haben es dabei mit vielen Paradoxa zu tun, was die Beziehungen zwischen Männern und Frauen betrifft. Die feministische Einstellung der sechziger, siebziger und achtziger Jahre, als für Frauen jede Andeutung, Männer und Frauen könnten verschieden sein, ein rotes Tuch war, liegt lange hinter uns. Wir sind heute viel eher bereit zuzugeben, daß Männer und Frauen sich auch in anderer Hinsicht als der Entwicklung der Bizepsmuskulatur voneinander unterscheiden. Trotzdem sind wir noch immer sehr vorsichtig, wenn es darum geht, Geschlechtsunterschiede anzusprechen, die sich nachteilig auszuwirken scheinen oder schmerzliche Konsequenzen haben. Wir möchten es allen recht machen und bei niemandem anecken. Die Folge ist, daß der Geschlechterdialog, den wir so dringend benötigen, im Würgegriff der »politischen Korrektheit« erstickt wird. Ich hoffe, daß *Die Lügen der Männer* dazu beitragen kann, diesem Dialog zum Durchbruch zu verhelfen – mit Ihrer Hilfe.

Was mein Interesse an Lügen verstärkte

Der Keim wurde vor vielen Jahren gelegt, als mich eine Firma bat, einen Selbstverteidigungsratgeber für Frauen im Außendienst zu verfassen. Eine Gruppe junger, ehrgeiziger Frauen absolvierte lange Touren, vorwiegend in abgelegenen ländlichen Gegenden. Ich wußte damals zwar noch sehr wenig über Selbstschutz, doch aus eigener Erfahrung war mir bekannt, was es bedeutete zu reisen, und es schien mir sehr sinnvoll, ein solches Handbuch zu schreiben.

Was ich nicht erwartet hatte, waren die heftigen Einwände vieler Männer und Frauen. Einige behaupteten, dies sei »Protektionismus«, Frauen bräuchten kein spezielles Handbuch und keine spezielle Behandlung. Andere argumentierten, eine solche Vorgehensweise lenke zuviel negative Aufmerksamkeit auf die Schwierigkeiten der Frauen und würde ihnen schaden – es sei besser, diese Dinge nicht ans Licht zu zerren.

Die Frauen im Außendienst wollten jedoch ein Selbstschutzhandbuch unbedingt haben, und ich schrieb es. Wie überwältigend gut dieses Buch aufgenommen wurde, ist mir in nachdrücklicher Erinnerung geblieben.

Im Laufe der Jahre wurde mir allmählich klar, daß die meisten Frauen auch in ihrem Privatleben »draußen auf der Straße« sind und ebenfalls ein Selbstschutzhandbuch benötigen könnten, wenn auch eines von anderer Art. Immer wieder kamen Frauen zu mir, die in ihrer Partnerschaft oder an ihrem Arbeitsplatz getäuscht worden waren. Ich hörte mir an, wie erschüttert und fassungslos sie waren, daß Männer, die sie gemocht hatten, ihnen bezüglich ihres Berufs, ihrer Ehefrauen, Absichten, Verpflichtungen und anderer Frauen in ihrem Leben Lügen erzählten. Als ich immer wieder dieselben Berichte hörte, begann ich in ihnen allmählich ein gespenstisch vertrautes Muster wahrzunehmen.

Ich entdeckte sowohl ein charakteristisches Lügenmuster wie auch ein charakteristisches Muster von Reaktionen auf die Lügen der Männer. Ich erkannte, daß Frauen sich viel Leid ersparen würden und ihre kostbare Zeit und Kraft nicht mehr vergeuden müßten, wenn sie dieses Muster und die Rollen, die sie, verstrickt in eine schwer durchschaubare, viel Energie abverlangende Dynamik der Täuschung, spielen, wahrnehmen könnten. Dies stellt allerdings eine große Herausforderung dar, weil sich dieser Selbstschutz nicht gegen irgendwelche Räuber, Vergewaltiger und Diebe auf der Straße richtet, sondern gegen Männer, die ihnen am nächsten stehen, jene, denen sie ihr Vertrauen schenken: ihre Freunde, Liebhaber und Ehemänner.

Die meisten von uns spüren, was für sie gefährlich ist und was nicht. Wir wissen intuitiv, wem wir vertrauen können und wer uns etwas vormacht. Doch im Laufe der Zeit vergessen wir es. Wir gewöhnen uns daran, erste Anzeichen zu mißachten, sind immer schön vernünftig und unerschütterlich höflich. Wir lächeln, egal, wie wir uns in Wirklichkeit fühlen, verscheuchen unsere Vorahnungen und reden uns ein, daß doch alles in bester Ordnung ist.

Und doch vergessen wir unsere Vorahnungen nicht wirklich. Wir erinnern uns an sie, *nachdem* wir verletzt wurden, *nachdem* wir betrogen wurden. Die Diskrepanz zwischen dem, was wir intuitiv wußten, und dem, was wir uns einredeten, zwingt uns auf der Suche nach der verlorenen Wahrheit schonungslos die Erinnerung der Details auf. Schließlich fügt sich das Erahnte mit unserem aktuellen Wissen zu einem Bild zusammen. Wir erkennen oder vielmehr anerkennen letztlich, was wir schon die ganze Zeit über wußten.

Weil wir unsere sozialen Bindungen nicht verlieren wollen, übersehen wir gern, daß es eben viel einfacher ist, nett und höflich zu sein, als unser Schicksal selbst in die Hand zu nehmen und gefährliche Situationen eher zu vermeiden als zu überstehen. Natürlich ist es manchmal sinnvoll, seinen sechsten Sinn auszuschalten und warnende Stimmen zu überhören. Dies kann gutgehen, aber auch gefährlich sein.

Wenn man ignoriert, was unsere inneren Warnlampen signalisieren *(hier nicht weiter)* – so wie man das verdächtige Verhalten eines Straßenräubers ignoriert –, bringt man sich unnötig in Gefahr. Bei Straßenräubern oder Lügnern ist der erlittene Schaden der große Lehrer, und wir gestehen uns ein: »Ich hätte es wissen müssen.«

Als ich über die in den Geschichten der Frauen über Lügen und Lügner ständig wiederkehrenden Themen nachdachte, erinnerte ich mich an das Selbstschutzhandbuch. Darin hatte ich auf Gefahren aufmerksam gemacht und Frauen eingeschärft, daß sie wach bleiben und der Versuchung widerstehen sollten, sich zu schnell in Sicherheit zu wiegen. Ich wies darauf hin, wie wichtig es sei, sich in prekären Situationen selbst zu schützen, daß man sich nicht auf Hilfe von außen verlassen könne. Ich beschrieb Anzeichen und Situationen, die einen Verdacht begründeten. Es folgten allgemeine, wenn auch nicht narrensichere Hinweise, wie man mit den verschiedensten unangenehmen bis potentiell gefährlichen Situationen umzugehen hat.

Ich stellte mir also die Frage, ob es nicht sinnvoll wäre, ein Selbstschutzhandbuch für Frauen zu schreiben, das vor einer anderen Art von Gefahren warnt: den Lügen der Männer. Auch clevere Frauen bemerken oft nicht die Gefahr – bis der Schaden geschehen ist.

Ich fragte einige Frauen, was sie von dieser Idee hielten: »Würde Sie ein Buch mit einem Titel wie *Einhundertundeins Lügen, die Männer Frauen erzählen* interessieren? Die Reaktionen waren einhellig. Ein Lächeln, ein Lachen und ein promptes »Natürlich! Sagen Sie mir doch, wo ich es *gleich jetzt* bekommen kann«. Und nicht wenige Frauen verbesserten mich gleich: »Nur einhunderteins? Sie scherzen wohl… So wenige? Warum nicht tausendeins? Ich könnte Ihnen Dinge erzählen…«

Dann fragte ich Männer. Ich stellte ihnen dieselbe Frage. Und ihre Reaktion? Einige wenige zuckten zusammen: »O nein. Nicht schon wieder so ein Buch, das über die Männer herzieht. Tun Sie es nicht.« Einige sagten: »Da sollten Sie einmal hören, was mir schon erzählt wurde.« Ein Mann sagte:

»Lügen? Der größte Fehler, den ich je beging, war, daß ich meiner Frau kurz vor unserer Heirat die Wahrheit sagte. Das kann ich mir heute noch anhören...« Und nicht wenige sagten allen Ernstes: »Einhundertundeine Lüge? Wo wollen Sie denn so viele Lügen hernehmen?«

Mit Männern und Frauen über die Lügen der Männer sprechen

Ich entwarf einen Forschungsplan. Zusammen mit meinem Kollegen Dr. George Salamon interviewte ich sechzig Frauen und fünfunddreißig Männer in vier Städten (Phoenix, St. Louis, Chicago und Washington, D. C.) über ihre aktiven und passiven Lügenerfahrungen. Die meisten der Interviewten antworteten auf Zeitungsannoncen, in denen ich Freiwillige suchte, die über Vertrauen und Täuschung in persönlichen Beziehungen sprechen wollten. Ein Teil reagierte auf einen Brief, in dem Kunden eines Partnerservices für eine freiwillige Teilnahme an einem Forschungsprojekt gesucht wurden. Einige Zuhörer meiner Vorträge erklärten sich zu Interviews bereit, und einige Freiwillige arbeiteten in Organisationen, die ich berate. Zu anderen gelangte ich über Rechtsanwälte. Zwei Frauen hörte ich zufällig in einem Café über Lügen sprechen; ich wollte wissen, ob ihre Berichte anders waren als diejenigen, die ich schon gehört hatte (sie waren es nicht). Weitere vier Personen wurden im Rahmen einer Pilotstudie interviewt, um die Interviewfragen zu testen, Feedback hierzu zu erhalten und die optimale Reihenfolge der Interviewfragen zu ermitteln. Diese Personen kamen aus unterschiedlichen Lebensbereichen – Professoren, Hausfrauen, Anwälte, Schauspieler, Beamte, Filmemacher, Geschäftsleute, Wissenschaftler, Lehrer, Sekretärinnen, Fabrikarbeiter und Arbeitslose. Sie gehörten unterschiedlichen Rassen und Völkern an und hatten jeweils andere sozioökonomische Umfelder.

Was uns diese Männer und Frauen in strukturierten Interviews berichteten, die zwischen eineinhalb und sechs Stunden dauerten, wurde zur Grundlage dieses Buchs. Ihre Geschichten sind authentisch, nicht jedoch die Namen und Orte. Details, die auf eine bestimmte Person schließen lassen könnten (wie zum Beispiel die Zahl der Kinder, bestimmte Berufe und geographische Bereiche) habe ich geändert, um die Schuldigen ebenso wie die Unschuldigen vor einer Identifizierung zu schützen.

Die fünfundneunzig interviewten Personen erzählten bewegende, oft auch erschütternde Geschichten über Lügen und Belogenwerden. Manche Berichte waren erheiternd, viele schockierend. Manche Menschen waren nachdenklich, andere prahlerisch. Manche weinten, als sie über ihren Schmerz und Kummer sprachen. Jeder hatte aber etwas zu erzählen, manche sogar sehr viel. Vom Jüngsten (einundzwanzig Jahre) bis zum Ältesten (zweiundsiebzig Jahre) waren sich die Interviewten einig, daß Lügen einfach zum amerikanischen Leben gehörten. Den wenigsten aber behagte es, wenn Lügen sich in ihren engsten Beziehungen breitmachten. Hier gab es nur wenige Ausnahmen, die stolz darauf waren, raffinierte Lügner zu sein. Doch selbst diese Virtuosen der Täuschung beklagten den Schaden, den Lügen in ihren Beziehungen angerichtet hatten, und einige äußerten die Hoffnung auf einen Neuanfang. Einige schrieben mir sogar, daß das Gespräch ihre Einstellung zum Lügen verändert und sie in ihrem Entschluß bestärkt habe, nicht mehr zu lügen.

Andere waren sich sicher, daß sie belogen worden waren, glaubten aber zu wissen, daß sie selbst niemals gelogen hatten. Der Aufbau des Interviews erschütterte diese Überzeugung jedoch nachhaltig: Praktisch jede Frage über die Lügen des anderen Geschlechts wurde auch umgekehrt gestellt. Wenn zum Beispiel der oder die Interviewte befragt wurde, welche Lügen ein Mann beziehungsweise eine Frau ihr beziehungsweise ihm im Bett erzählt hatte, wurde der/die Betreffende auch dazu befragt, welche Lügen er/sie selbst dem anderen Geschlecht erzählt hatte.

Nach zwei oder drei Stunden waren viele Teilnehmer der

Gruppe, die angeblich belogen wurden, aber selbst nie logen, erstaunt, wie sehr sie selbst im persönlichen Umgang unehrlich gewesen waren. Wer jedoch über seine eigenen Lügen nachdenkt und spricht, ist schon auf dem Wege der Einsicht. Ein dreißigjähriger alleinstehender Ingenieur sagte: »Wenn ich meine Lügen ausspreche, werden sie irgendwie konkreter; es fällt mir schwerer, sie abzustreiten.« Am Ende eines langen Interviews meinte eine frisch geschiedene Frau: »Ich habe immer geglaubt, daß die Lügen der Männer ganz anders sind, aber ich glaube jetzt, daß sie letztlich dieselben sind. Sie haben mir gezeigt, daß ich kaum anders lüge als mein geschiedener Mann.« Und sie fügte lachend hinzu: »Aber meine Lügen sind berechtigt.«

Dies bringt mich zu zwei wichtigen Punkten. Erstens ist dieses Buch keine Moralfibel. Es ist *nicht* meine Absicht, »richtig« und »falsch« zu definieren oder irgend jemanden darüber zu belehren, was in bestimmten Situationen zu tun und zu lassen ist. Es geht mir vielmehr darum, einen echten Dialog zwischen Männern und Frauen bezüglich ihrer Erfahrungen beim Lügen und Belogenwerden in Gang zu bringen. Es ist meine persönliche Überzeugung, daß Aufrichtigkeit in Verbindung mit Empathie, gutem Timing und Takt die beste Vorgehensweise ist. Doch der Umgang mit der Wahrheit und dem, was andere dafür halten, ist etwas, womit jeder einzelne von uns ringen und wofür jeder seine eigene Lösung finden muß.

Zweitens glaube ich nicht, daß »die Männer« allein die Lügner sind, daß nur Frauen belogen werden und nicht umgekehrt; meine Daten stützen eine solche Schlußfolgerung nicht.

Männer lügen. Frauen auch. Kein Geschlecht hat ein Lügenmonopol. Allerdings weisen meine Daten und andere Befunde darauf hin, daß Männer mehr und mit schlimmeren Folgen für das andere Geschlecht lügen. Worauf es hier ankommt ist, daß die Unterschiede (und sogar die Ähnlichkeiten) zwischen den Lügen der Männer und der Frauen eine Fülle von

Informationen beinhalten, die man dazu einsetzen kann, befriedigendere Beziehungen zu schaffen und sich von schädlichen Beziehungen fernzuhalten.

Auf den folgenden Seiten finden Sie viele Beispiele für die Absurdität und das falsche Pathos der Lüge in persönlichen Beziehungen. Sie erfahren, wie unterschiedlich Männer und Frauen über Vertrauen und Beziehungen sprechen. Sie werden in die gewöhnlichen und unverschämten Lügen, die Halbwahrheiten und versteckten Wahrheiten eingeweiht, die Männer erzählt und Frauen geglaubt haben. Die fünfundneunzig interviewten Männer und Frauen haben uns das Geschenk ihrer reichen, oft schmerzlichen Erfahrungen gemacht. Einige dieser Erfahrungen könnten in unbehaglicher Nähe zu Ihnen und Ihrem Leben stehen.

Auf der Suche nach den 101 Lügen

Wie bin ich zu dieser Liste von 101 Lügen gekommen? Wurden die Lügen danach ausgewählt, wie dreist sie waren? Wie folgenschwer? Wie häufig? Letztlich hing es von diesen und verschiedenen anderen Faktoren ab, welche Lügen in die endgültige Auswahl kamen. Ich habe versucht, diejenigen Lügen zusammenzufassen, die am besten die Täuschung, Manipulation, Kreativität, den Machismo und die Banalität der Interviews zum Ausdruck brachten. Zu den meisten der hier aufgeführten Lügen gibt es verschiedene Varianten, die in jedem Kapitel auftauchen. Oft in Form direkter Zitate der Männer, die sie erzählten, oder der Frauen, denen sie erzählt wurden. Ich habe ein Gleichgewicht zwischen diesen Arten von Lügen angestrebt, damit am Ende nicht 101 Versionen der allgegenwärtigen Lüge »Ich rufe wieder an« übrigbleiben würden.

Wo befindet sich eine Liste der 101 Lügen? Sie können sie im Anhang des Buches nachschlagen.

Die ersten fünfunddreißig Lügen auf dieser Liste bilden

jeweils eine Kategorie von Lügen, die von den interviewten Männern und Frauen am häufigsten erwähnt wurden. Danach werden die Lügen ohne Rücksicht auf ihre Häufigkeit aufgeführt, um Ihnen einen Eindruck von der Vielfalt der Lügen zu vermitteln, die Männer erzählen.

Wie Sie mit dieser Liste umgehen, bleibt Ihnen überlassen. Vielleicht bringt Sie diese Liste zum Schmunzeln, vielleicht entlockt sie Ihnen so manches »Aha«. Vielleicht befragen Sie auch sich selbst oder Ihre Freunde anhand dieser Liste, welche Lügen Ihnen erzählt wurden oder welche Sie selbst schon erzählt haben.

Bevor Sie zu den Lügen übergehen

Dieses Buch möchte vor allem dazu beitragen, die vielfältigen Formen der Lügen von Männern (und wie Frauen auf sie reagieren) in einer neuartigen Weise frühzeitig zu erkennen. Des weiteren hoffe ich, genügend Verständnis und Empathie dafür wecken zu können, warum Menschen lügen, so daß Frauen und Männer gleichermaßen ihre eigenen Lügen und diejenigen anderer Menschen freimütig anerkennen und offen damit umgehen und darüber sprechen können.

Lügen existieren in vielen verschiedenen Formen, nicht alle von ihnen sind entschuldbar. Manche sind besonders perfide. Andere sind Gewohnheitslügen. Aufgrund dieser Erkenntnis möchte ich Frauen, die mit gefährlichen und unverschämten Lügnern zu tun haben, helfen, sie zu identifizieren, frühzeitig ihre Verluste abzuschreiben und dann weiter ihrer Wege zu gehen. Unter den Interviewten befanden sich mindestens fünf geständige und gewohnheitsmäßige Lügner »auf dem Weg der Besserung« (darunter auch eine Lügnerin), die über ihre Tricks plauderten und dabei ihr Gewissen erleichterten.

Was hat das alles mit Ihnen zu tun? Ich möchte, daß Ihnen

dieses Buch folgendes vermittelt, egal, ob Sie ein Mann oder eine Frau, Belogene oder Lügner sind:

- ein geschärftes Bewußtsein dafür, daß Männer Frauen viel öfter belügen, als die meisten von uns ahnen;
- die Erkenntnis, daß Sie nicht der/die einzige sind, der/die lügt oder belogen wird;
- die Fähigkeit, die eigenen Lügen und die eigenen Reaktionen auf die Lügen anderer zu analysieren. Diese Analyse kann verstehen helfen, warum Männer und Frauen einander belügen, wenn sie genausogut die Wahrheit sagen könnten;
- neue Strategien für den Umgang mit den Lügen in unseren Beziehungen anstatt des typisch weiblichen sprachlosen Nicht-wahrhaben-Wollens oder des typisch männlichen defensiven Leugnens;
- neue Erkenntnisse über das eigene Verhalten und jenes der Männer und Frauen Ihres Lebens.

Die Lügen und den Lügner zu verstehen ist der erste Schritt. Der zweite besteht darin, Klarheit über sich selbst und seine Reaktionen zu gewinnen. Der dritte hat die Entwicklung eines Selbstverteidigungsplans zum Ziel, der zu Ihrem Vademecum werden soll. Es wird nicht einfach sein, doch es wird sich lohnen.

Die Beduinen kennen ein Sprichwort, in dem das alte Dilemma, daß man vertrauen möchte, aber sich trotzdem schützen muß, schön zum Ausdruck kommt.

> Vertraue auf Gott, aber binde dein Kamel fest.

Dies ist eine Herausforderung. Wie kann man seinen Glauben an das Gute im Menschen bewahren, seine Ahnungen ernst nehmen und sich vor Lügen und Lügnern schützen, *bevor* ein Schaden eingetreten ist? Und wie kann man dies tun, ohne desillusioniert oder verbittert zu werden?

Um mit sich selbst und mit Lügen oder Lügnern zurechtzukommen, benötigt man vielleicht eine Eigenschaft, die einer der aufrichtigsten Autoren unseres Jahrhunderts, George Orwell, als »die Kraft, sich unerfreulichen Tatsachen zu stellen« bezeichnet hat. Sie hilft uns, aus dieser Erfahrung stärker und gesünder hervorzugehen.

TEIL I

Anatomie der Lüge

Kapitel 1

Männer lügen: einfach so – doch warum glauben ihnen die Frauen?

Er erzählte mir nichts als Lügen – sein Alter, seine Rasse, seine Ausbildung, seine Familie und seine Freundin betreffend. Er glaubte, ich würde ihn mehr lieben, wenn er hispanischer Abstammung wäre. Er sagte, daß sein Vater Kubaner sei, in Miami lebe, daß in seiner Familie alle Akademiker seien, daß er an einer amerikanischen Universität studiert habe. Er behauptete, er sei zweiundzwanzig, obwohl er erst siebzehn war, und daß das Mädchen in seiner Wohnung, die alles in Unordnung brachte, seine Cousine sei – sie war aber seine Freundin.

MTA, 26, unverheiratet

Um meine Abwesenheit am Wochenende zu rechtfertigen, kann ich alles mögliche erfinden und glaubwürdig machen – daß mein Vater in Österreich ist und ich zu ihm muß, weil meine Mutter krank ist. Oder manchmal lasse ich alles einfach im dunkeln und sage: »Es ist wegen der Familie.«

Unternehmer, 28, unverheiratet

Ich sagte zu einer Frau, ich würde sie für mein Leben brauchen, und ich wußte, sie würde es anders auffassen, als ich es meinte. Für mich war sie ein Forschungsobjekt, und sie spielte in meinem Leben keine Rolle.

Flugzeugkonstrukteur, 39, geschieden

Wenn ich selbstsicher bin und glaube, was ich sage, und wenn dann eine Frau meint, daß ich lüge, dann macht dies wenig aus; ich habe die Freiheit, etwas anderes zu tun, als was ich sage. Ich sage, daß ich zu einem Freund gehe, und ich gehe in eine Buchhandlung. »Ich bin in zehn Minuten oben im Bett« und komme dann erst zwei Stunden später.

Managementberater, 47, verheiratet

»Männer lügen – einfach so.« Madonna in der Polizeiverhörszene ihres Films *Body of Evidence* (1993). Der Filmrezensent der *New York Times* bemerkte, daß kein Satz im ganzen Film soviel zustimmendes Gelächter erntete wie dieser Gag. Diese Bemerkung veranlaßte mich, in den Film zu gehen, und ich erlebte, wie dieser Satz bei den sonst stillen Frauen im Publikum lautstark Zustimmung fand.

Warum? Weil Männer lügen – einfach so.

Ist das ein zu hartes Urteil? Wird hier nur wieder einmal auf die Männer eingeprügelt? Ich glaube nicht. Die Tatsache, daß Männer lügen, verurteilt ja nicht alle Männer als gefährliche Lügner. Der Hang zu lügen ist bei Männern durchaus unterschiedlich ausgeprägt. Manche sind unglaubliche und unverschämte Lügner, die Lügen als Sport und um ihres nackten Vorteils willen betreiben. Andere sind Gelegenheitslügner, die je nach Bedarf in bestimmten Situationen lügen. Manche pflegen überwiegend eine kultiviertere Form der Lüge – die kleinen Schwindeleien, Flunkereien und Beschönigungen. Und manche lügen überhaupt nicht. Dies sind die pathologisch Ehrlichen, die Verfechter strikter Aufrichtigkeit. Die meisten Männer liegen irgendwo in der Mitte dieses Spektrums.

Frauen geben zwar gerne zu, daß es ein breites Spektrum an Lügen und Lügnern gibt, doch scheint ihre Wahrnehmung auf den unteren Bereich des Spektrums beschränkt zu sein, wenn es um ihre persönlichen Erfahrungen geht. Leider sind allzu viele Frauen erst dann bereit, die Lüge oder den Lügner als solche wahrzunehmen, wenn sie vor dieser Tatsache die Augen nicht mehr verschließen können. Woher kommt dieser blinde Fleck für die Lügen der Männer, insbesondere in intimen Beziehungen? Ein blinder Fleck beschwört immer Unheil herauf. Wenn man jemandem vertraut, dem man nicht vertrauen sollte, nur weil man glaubt, daß Skepsis und Liebe sich nicht miteinander vertragen, dann ist Enttäuschung vorprogrammiert. Vertrauen muß verdient werden. Wenn man zu leichtfertig und zu schnell Vertrauen schenkt, wird man leicht zur Beute skrupelloser Zeitgenossen.

Eine Lügenepidemie

Nach Beweisen für die Allgegenwart der Lüge braucht man nicht lange zu suchen. Die Zeitungen liefern uns täglich reichlich Anschauungsmaterial dafür, welches Maß an Unaufrichtigkeit wir tolerieren. »Ausschuß rügt Richter in Brooklyn wegen Lügens«, verkündet eine Schlagzeile in der *New York Times*, während ich dies schreibe. Die Aufrichtigkeit des amerikanischen Präsidenten und des Kongresses wird mit schöner Regelmäßigkeit in Zweifel gezogen. Die gequälten Scherze im Nachtprogramm des Fernsehens darüber, ob Präsident Clinton den mittlerweile berüchtigten Joint geraucht hat, oder darüber, wie viele Steaks und Kartoffeln Dan Rostenkowski wirklich auf Kosten des Steuerzahlers vertilgt hat, bleiben in unseren Köpfen als beunruhigende Mahnzeichen, daß selbst die Inhaber höchster Ämter lügen.

Widerwillig passen wir unsere Erwartungen nach unten an. Selbst unsere kulturellen Vorbilder bleiben nicht verschont: Einst war es die wunderschöne Lady Di, die angeblich bei irgendeinem neuen Skandal log, und morgen ist es der Pfarrer oder der Bürgermeister. Oder vielleicht der Nachbar. Wir können es schon nicht mehr hören.

Auch im Fernsehen, jenseits der Seifenopern und Talk-Shows, schwingt die Lüge ihr Zepter. Ein Richter des höchsten amerikanischen Gerichtshofes wird von einer sehr glaubwürdigen Anklägerin, der Rechtsgelehrten Anita Hill, angegriffen. Einer von beiden muß lügen, eine andere Möglichkeit gibt es nicht. Den Umfragen zufolge ist es er, dem das Publikum glaubt. Ein Jahr später schlägt das Pendel nach der anderen Richtung aus – alle glauben ihr. Die Wahrheit ist, daß wir nicht mehr wissen, was wir glauben sollen.

Die Grenzen zwischen Lügnern und Idolen verschwimmen immer mehr. Ist Oliver North*, den Ted Koppel in der Sendung *Nightline* als »einen perfekten Lügner« vorstellte, ein Schurke, der ungestraft lügen konnte, wie manche behaupten, oder war er ein Held, der sein Heimatland verteidigte? Das amerikanische Volk ist gespalten, ob. O. J. Simpson ein lügnerischer und brutaler Mörder oder aber der amerikanische Volksheld und Star der Fernsehwerbung ist, dem wir unsere Wohnzimmer und Herzen geöffnet haben. Sollen wir Vertrauen ohne Ende haben oder es riskieren, das Beweismaterial durchzugehen und nach der Wahrheit zu suchen, statt uns auf den Augenschein zu verlassen? Wir sind gespalten und streiten miteinander.

Umgeben von öffentlichen Dramen, fällt es uns schwer, nicht Partei zu ergreifen. Gebannt sind wir Zeuge, wie immer neue Fakten zum Vorschein kommen und für uns immer wieder neu interpretiert werden. Wir können nicht verstehen, warum Menschen, denen wir vertrauten, uns so enttäuschen konnten.

Es herrscht eine Lügenepidemie, und wir sind ihre Opfer, ob uns das behagt oder nicht. Tatsache ist, daß die Lüge so gewöhnlich und so amerikanisch ist wie Apple Pie – gewöhnlich und nicht faßbar. Wenn wir versuchen, Wahrheit und Fiktion, Hoffnung und Wirklichkeit auseinanderzuhalten, sind wir jener Frau nicht unähnlich, die die Augen vor den privaten Lügen ihres Liebhabers, ihres Ehemanns oder ihres Chefs nicht länger verschließen kann. Sie versucht, die zutage tretenden

* O. N. war Marineoffizier und belog den amerikanischen Kongreß im Zusammenhang mit der Iran-Contra-Affäre. Anm. d. Ü.

Beweisfäden zu einem erträglichen Gewebe von Wahrheit und Täuschung zu verbinden, damit sie weiter mit ihm leben, ihn lieben und ihm vertrauen kann – trotz immer schwerer wiegender Beweise des Gegenteils. Warum? Sie möchte ihre gute Meinung von ihm bewahren. Sie möchte nicht mit jemand anderem wieder ganz von vorne beginnen.

Die öffentliche Lüge ist immerhin etwas, zu dem wir in Distanz gehen können. Wenn Oliver North sich aus allem herauslügen kann, wie ein ehemaliger CIA-Beamter einmal sagte, dann ist dies das Problem der Regierung, nicht unseres. Wir sind Zuschauer, nicht Beteiligte.

Die private Lüge hingegen ist weitaus beunruhigender. Sie betrifft uns ganz persönlich. Wir können sie nicht einfach aus unserer Wahrnehmung verbannen, indem wir die Zeitung weglegen oder auf die Fernbedienung drücken. Die private Lüge steht unerbittlich vor unseren Augen und schändet die Heiligkeit unserer intimsten Sphäre, des Bereichs, in dem wir leben und auf unsere Schutzmechanismen verzichten.

Private Lügen, die Männer Frauen erzählen

Fast jede Frau, die irgendwann ihr Glück im Spiel von Liebe und Ehe versuchte, hat schon einmal die eine oder andere Version folgender Lügen gehört, die in der »Hitliste« ganz oben stehen:

Nach einem wunderbaren Abendessen, bei dem Sie sich gegenseitig alles über Ihr Leben und Ihre Hoffnungen erzählt haben, küßt er Sie zärtlich auf die Wange, blickt Ihnen in die Augen und sagt: »Ich rufe dich an.«

Die Wahrheit: Für ihn ist es eine Standardabschiedsfloskel, mit der er Zeit gewinnt, um sich wieder in die Sicherheit seines eigenen Lebens zurückzuziehen. Sparen Sie sich die Mühe, jede Stunde Ihren Anrufbeantworter abzuhören. Sie werden nie mehr etwas von ihm hören.

Es ist offensichtlich, daß er Sie anziehend findet. Er sagt Ihnen immer wieder, wie schön Sie sind, und Sie genießen es. Er kann seine Hände nicht von Ihnen lassen. Sie sind geschmeichelt. Als er Ihnen seine Liebe gesteht, sind Sie etwas überrascht, daß er so schnell seine Gefühle preisgibt. Sie haben intensiven Sex miteinander.

Die Wahrheit: Er war einfach neugierig und wollte Sie erobern. Dieses »Ich liebe dich« sollte nichts weiter bewirken, als Sie für ihn zu gewinnen. Er wird nie wieder mit Ihnen ausgehen und wird es vermeiden, Ihnen auf der Straße zu begegnen.

Er ist irgendwie zerstreut und weniger aufmerksam als früher. Fast jeden Monat ist er geschäftlich bei einem Kunden in Syracuse. Sie haben einen Verdacht. Als Sie ihn damit konfrontieren, stellt er Ihnen schlicht die Frage, ob Sie noch bei Verstand seien. Er seufzt schwer und sagt: »Glaube mir. Es gibt keine andere. Du bist die einzige.«

Die Wahrheit: Er hat seit über einem Jahr ein Verhältnis mit einer verheirateten Frau, die für diesen Kunden arbeitet. In seiner Firma wissen alle Bescheid. Wenn sein Telefon klingelt, necken ihn alle mit »Syracuse!«. Wenn er sagt: »Du bist die einzige«, meint er eher, daß Sie die einzige sind, die nicht Bescheid weiß.

Vielleicht klingt Ihnen dies alles etwas zu kraß. Kann man denn die Erfahrungen dieser Männer und Frauen verallgemeinern? Lesen Sie weiter, und entscheiden Sie selbst. Blicken Sie auf Ihre Beziehungen und Ihre persönliche Biographie zurück, ob Sie dort Hinweise entdecken. Wahrscheinlich ist Ihnen die Lüge schon in mehr als einer verführerischen Form begegnet. Vielleicht wartet schon eine neue Lüge darauf, daß Sie ihr endlich Ihre Aufmerksamkeit schenken.

Aber warum sollte er gerade *mich* belügen?

Meinungsforschungsinstitute und Akademiker mögen über die Häufigkeit, Art und Intention der Lügen von Männern gegenüber Frauen diskutieren. Doch die bloße Erkenntnis, daß jeder fünfte keinen einzigen Tag ohne eine Lüge zubringen kann, erklärt diese Lügen nicht. Wenn wir es genau betrachten, sind Lügen nicht sehr »akademisch«. Sie sind persönlich, sehr persönlich sogar. Die Lüge trifft uns dort, wo wir leben, lieben und unser ganzes Vertrauen schenken. Auch wenn die wenigsten Frauen gerne hören, sie seien leichtgläubig – wenn Sie einen Mann mögen, wollen Sie ihm auch vertrauen. Versteht sich. Warum sollte jemand, den Sie gern haben, Sie absichtlich belügen? Die Sie doch davon überzeugt sind, auch die Wahrheit zu ertragen: Gerade Sie?

Die meisten Frauen, die ich interviewte, waren brennend an einer Antwort interessiert. Sie alle waren von mindestens einem Mann in ihrem Leben belogen worden. Eine von ihnen wurde von einem wortgewandten Lügner, der sie seine »große Liebe« nannte, um über einhunderttausend Dollar Ersparnisse gebracht. Eine andere wurde von einem Mann geschwängert, der ihr versichert hatte, daß er unfruchtbar sei. Eine dritte hatte ahnungslos eine Fernbeziehung mit einem angeblich alleinstehenden Charmeur, der verheiratet war und außerdem Geld veruntreut hatte. Manche Frauen bekamen Herpes von Männern, die angeblich enthaltsam lebten. Eine Frau mußte feststellen, daß die geheimnisvollen Beträge, die auf der Abrechung ihrer gemeinsamen Kreditkarte erschienen, für die exklusiven Dienste von Prostituierten aufgewendet worden waren.

Die meisten hatten mehr Glück. Sie bekamen es »nur« mit gewöhnlichen Lügen zu tun. Sie wurden nur um das Konzert oder die Reise nach Santa Fe geprellt, nicht um die Ehe. Ihnen wurde erzählt, daß sie die einzige seien, während es in Wirklichkeit eine, zwei oder drei andere gab. Ihnen erzählten Männer, daß sie ihre Frau verlassen würden, während sie in Wirklichkeit ihr Haus ausbauten und den Urlaub mit der Familie auf den Bermudas planten. Sie erzählten ihnen, daß sie bei einer geschäftlichen Besprechung seien, während sie in der Bar bloß einige Whiskys kippten.

Für mich hat die wichtigste Erklärung weniger mit den Männern selbst als vielmehr mit dem Problem zu tun, daß so viele Frauen unbedingt herausfinden wollen, warum ein Lügner zum Lügner wird – warum richten sie ihre Aufmerksamkeit nicht auf die Frage, warum sie *ihren eigenen gesunden Menschenverstand und ihre begründeten Zweifel zurückstellten und ihm glaubten?*

Warum suchten (oder besser verlangten) so wenige dieser wachen und fähigen Frauen Unterstützung, um *sich selbst* vor all dem Schmerz und der Demütigung durch Lügen zu schützen?

Ich habe darauf mehr als eine Antwort. Es gibt jedoch Hinweise und Muster, die bei sorgfältiger Prüfung der Aussagen von Frauen und Männern über Lügen und Lügen in Beziehungen sichtbar werden. Dabei ergeben sich drei Varianten:

Erstens beteuerten mir alle Frauen, sie hätten den Lügen eines Mannes geglaubt, weil sie ihm ja keinen Anlaß gaben, sie zu belügen. »Wieso hätte er mich belügen sollen? Wir waren doch Freunde. Ich habe ihn so akzeptiert, wie er war.« Mit anderen Worten, sie konnten keinen Sinn darin erkennen, daß ein Mann lügen sollte, wenn er mit der Wahrheit genausoweit kam. Er hatte keine Lüge nötig, um von ihr akzeptiert zu werden.

Zweitens schienen viele Frauen einen erheblichen blinden Fleck bei der Wahrnehmung solcher Lügen zu haben, die sie ihrerseits nicht einmal im Traum erzählt hätten, mit denen Männer jedoch offenbar weitaus weniger Mühe haben. Sie liegen einfach außerhalb ihres Vorstellungsvermögens. Immer wieder sagten mir Frauen, daß sie die Aussagen von Männern deswegen für bare Münze nahmen, weil sie keinen Anlaß hatten, ihnen zu mißtrauen. Sie nahmen oft ihren eigenen Standard einer grundlegenden Anständigkeit als Meßlatte für die Aufrichtigkeit eines Mannes. Eine vierzigjährige geschiedene Frau erzählte mir, sie hätte nie erwartet, daß Männer bezüglich ihrer Schulbildung, ihres Berufs oder ihrer Liebschaften lügen würden, weil sie selbst in diesen Dingen niemals gelogen hatte. Aufgrund dieser Annahme erschien es ihr abwegig, die Aufrichtigkeit neuer Männer in ihrem Leben in Frage oder auf die Probe zu stellen. Weil sie informierten Selbstschutz mit Zynismus gleichsetzte, wurde sie immer wieder getäuscht und im Zuge ihrer Erfahrungen zunehmend deprimiert, aber nicht klüger.

Drittens glauben manche Frauen, daß es in der Welt gerecht zugeht und daß man bekommt, was man gibt. Er lügt? Dann muß er doch einen Grund haben. Sie gibt die Schuld an seinen Lügen einer Frau, die ihm früher einmal übel mitgespielt hat, statt sie in seinem Charakter zu suchen. Vielleicht war seine frühere Ehefrau eine Nörglerin oder eine Nervensäge, die nicht wußte, was sie an ihm hatte? Irgend jemand muß ihm Grund zum Lügen gegeben haben. Sie wird es nicht tun. Solche Frauen bringen ohne weiteres Verständnis dafür auf, daß ein Mann, den sie lieben, lügt, wenn er schlecht behandelt wird. Weil sie ihn aber nicht schlecht behandeln werden, glauben sie, daß sie alle Vorsicht in den Wind schlagen können. *Ihre* Beziehung sei die Ausnahme.

Es ist leicht zu sehen, wie problematisch eine solche Haltung ist. Wenn man von einem Mann nicht erwartet, daß er lügt, dann ist es viel schwieriger festzustellen, wann er es trotzdem tut. Wenn man ihn schließlich dabei ertappt, sucht man die Schuld bei sich selbst, nicht bei ihm. Das Ergebnis sind Selbstzweifel. Er ist aus dem Schneider, und man selbst gibt sich noch mehr Mühe – mit ihm, dem nächsten oder übernächsten. Es kann natürlich sehr komplexe Gründe haben, warum jemand lügt. Aber wie wir es uns selbst erklären, kann sowohl komplex wie auch in vielen Fällen schlicht falsch sein.

Aber doch nicht in *unserer* Beziehung!?

Man verzichtet nur allzu leicht auf seine natürlichen Schutzmechanismen. Sie sind davon überzeugt, daß jemand, der bekanntermaßen lügt, in einer Beziehung mit Ihnen nicht lügen wird. Vielleicht wissen Sie, daß er in seinem Berufsleben lügt, oder um einem Anrufer auszuweichen, mit dem er nicht sprechen möchte. Vielleicht schwindelt er ein wenig, was seine Finanzen oder seine Freizeit anbelangt. Sie sagen: »Meinetwegen lügst du, aber bitte nicht in unserer Beziehung.«

Ein solches Denken offenbart ein stillschweigendes Akzeptieren der Tatsache, daß Männer für gewöhnlich zwar in Beziehungen lügen, doch nicht in *dieser* Beziehung. Sie glauben, daß diese Beziehung anders sein wird, weil es schließlich *Ihre* Beziehung ist. Sie hoffen, daß Sie für ihn interessant genug sind, damit er die Wahrheit sagt. Sie verzichten also darauf, ihm Ihren Standpunkt unmißverständlich klarzumachen und ihm zu sagen, was nach Ihren Standards akzeptabel ist und was nicht, da Sie glauben, daß Sie es ihm damit nur schwerer machen würden, aufrichtig zu sein. Sie fürchten, ihn zum Lügen zu zwingen, wenn Sie seiner Freiheit Schranken setzen, seien diese Schranken noch so berechtigt.

Frauen halten an solchen Überzeugungen fest, weil es für sie der angenehme Weg ist. Die schöne Illusion der persönlichen Kontrolle täuscht sie über die Tatsache hinweg, daß sie in Wahrheit über sehr wenig Kontrolle verfügen, insbesondere dann nicht, wenn es sich um einen Lügner handelt. Ist es denn nicht denkbar, daß er lügt, weil er einfach ein Lügner ist? Weil er in seinem Umgang mit Frauen immer so ist? Und nicht deshalb, weil seine Ex-Frau oder letzte Freundin ihn um so viel schlechter behandelte, als Sie es tun werden?

Die meisten Frauen, mit denen ich gesprochen habe und die unter den Folgen von Lügen in früheren Beziehungen litten, betrachteten sich nicht als besonders strenge oder wachsame Zuchtmeister. Sie sahen sich vielmehr als gute, unproblematische Partnerinnen – tolerant, flexibel und mitfühlend. Nach ihren eigenen Standards hatten sie Lügen nicht verdient. Zu ihrer schmerzlichen Überraschung bekamen sie nicht zurück, was sie, wie sie meinten, mit Recht hätten erwarten können. Sein Verhalten entsprach um einiges weniger ihrem eigenen. Auch die Macht ihrer Liebe konnte an seinem Wesen nichts ändern.

Wie kommt es, daß sogar Frauen, die von den Lügen ihrer Männer aus früheren Beziehungen zur Verzweiflung getrieben wurden, es immer wieder schaffen, sich einzureden, daß dieses ganze Phänomen des Lügens nur auf bestimmte Beziehungen beschränkt ist? Sie reden sich ein, etwas Ähnliches werde nicht mehr geschehen und schreiben die letzte schmerzliche Erfahrung ihrem eigenen Verhalten oder jenem bestimmten Lügner zu. Sie können offensichtliche Muster nicht erkennen, die aus den unterschiedlichen Zielsetzungen von Männern und Frauen resultieren, aus ihrer Sozialisation und wie sie einander zu betrachten gelernt haben.

Verstehen Sie mich bitte nicht falsch. Ich halte es für ungerechtfertigt, alle Männer auf der Grundlage einer oder auch zweier oder dreier schlechter Erfahrungen über einen Kamm zu scheren. Dies wäre unfair und in der Tat zynisch. Man muß unbedingt für die Tatsache offen bleiben, daß es auch anständige und ehrliche Männer gibt, die nicht gleich beim ersten Anzeichen eines Konflikts lügen. Ebenso darf man nicht vergessen, daß es Lügner gibt, die nur »ein bißchen« lügen, was nicht gleich den ganz großen Kummer und das Ende der Beziehung bedeutet.

Wenn man nicht sofort verallgemeinert, bleibt der Mut erhalten, eine neue Beziehung einzugehen. Man kann auf die Skepsis, die schlechte Erfahrungen nahelegen, so lange verzichten, bis sie vielleicht wieder angebracht ist – bis zu einem gewissen Punkt wäre das eine vernünftige und flexible Strategie. Irgendwann hindert einen diese Strategie allerdings daran, Muster zu erkennen, durch die man klüger werden könnte.

Geschlechtsspezifische Anfälligkeiten: Warum fragen Frauen nach dem Warum?

Wir alle denken und handeln innerhalb unseres persönlichen Bezugsrahmens, wenn wir andere verstehen wollen. So fragen wir uns natürlicherweise: »Wenn ich ihm dies nicht antun würde, warum sollte er es mir antun?« Von sich selbst auf andere zu schließen ist allerdings ein sehr ungeeignetes Mittel, um das Verhalten anderer Menschen vorherzusagen. Andere Menschen sehen die Dinge anders. Sie sind nicht wir – vor allem dann nicht, wenn sie Männer und wir Frauen sind.

Die meisten Frauen möchten vor allem jenen Männern vertrauen, mit denen sie zusammen sind. Sie möchten glauben, daß diese Männer anders sind. Viele Frauen wollen die Lügen dieser Männer nicht wahrhaben, weil sie ihrer Hoffnung auf eine sichere und vertrauensvolle Welt zuwiderlaufen würden. Aus diesem Grund bleiben sie verletzlich. Selbst wenn sie die Tatsache der Lüge anerkennen, veranlaßt sie dieses Wissen nicht dazu, etwas zu ändern. Ist Ihnen jemals aufgefallen, wie selten Frauen wirklich konsequent handeln und die notwendigen Maßnahmen zu ihrem Schutz ergreifen? Als ob es eine Schande wäre, für seine eigenen Interessen einzutreten? Wie jene Frauen, die ich interviewt habe, ruinieren viele andere sich selbst und schließlich ihre Beziehung, indem sie unbedingt verstehen wollen, warum Männer lügen. Statt Muster wahrzunehmen und auf die Symptome der Lüge zu reagieren, spielen sie die Gutmütige. Sie tragen es mit Fassung und versuchen, das Problem irgendwie wieder zu beseitigen.

Diese Haltung zeugt zwar von Noblesse, ist aber letztlich verlorene Liebesmühe und vielleicht der Grund, wieso eine »gute Haut« bei vielen Menschen zu einem Euphemismus für »Verliererin« geworden ist.

Haben auch Sie sich jemals eingeredet, die Situation ließe

sich ändern, wenn Sie nur verstehen könnten, *warum* er gelogen hat? Daß Sie ihm klarmachen könnten, seine Lüge sei ein unnötiger Treubruch gewesen, der Sie beide betrifft? Daß er es dann nie wieder tun würde? *Harry, hör zu, ich glaube, wir müssen darüber reden, warum du behauptet hast, daß du zu einer Versammlung mußtest, während du in Wirklichkeit zu Marge gingst. Du hättest mich nicht anlügen müssen; du hättest mir ebensogut sagen können, daß du mit Marge einen trinken willst. Ich hätte das nicht schlimm gefunden, wohl aber die Lüge. Warum hast du mich angelogen?*

Wenn Harry so ist wie viele Männer, dann wird er durchaus nicht so reagieren, wie Sie es erhofft haben. Er wird alles abstreiten oder das Ganze als Lappalie abtun. Er wird wütend werden, die Tatsachen bestreiten, die Sie vorgebracht haben, oder Sie mit einer neuen Ausrede oder neuen unverschämten Lügen verblüffen und Ihnen sogar Vorhaltungen machen: *Du liebe Güte, Joan! Kannst du mir nicht ein wenig Freiraum lassen? Die Sitzung war abgesagt, als ich hinkam, und du weißt selbst, daß du einen Anfall bekommen hättest, wenn ich angerufen und dir gesagt hätte, daß ich mit Marge einen trinken gehen wollte. Ich habe um deinetwillen nichts gesagt. Laß mir doch ein wenig Luft!*

Seine Lüge könnte ganz einfache Gründe gehabt haben – er wollte unerfreuliche Folgen vermeiden. Es könnten jedoch auch komplizierte Gründe sein, die Sie nicht nachvollziehen können. Sie liegen vielleicht tief in seinen ungeprüften Annahmen und Erwartungen, wie Männer und Frauen miteinander umgehen sollten, und sind Bestandteil eines komplizierten Gewebes seiner Persönlichkeit, seiner Wertvorstellungen, Ängste und Eigeninteressen, dessen Struktur Ihnen völlig unverständlich ist. Seine Lügen könnten einem verborgenen Widerstreit zwischen seinem Bedürfnis nach persönlicher Freiheit und Ihrem Bedürfnis, er möge für Sie berechenbar bleiben, entspringen.

Was auch immer die Gründe sein mögen – eines ist klar: Er ist nicht Sie. Er hat einen anderen Hintergrund. Er ist mit anderen Erwartungen erzogen worden, die ihn als Mann in unserer Kultur leiten. Es ist nicht nur möglich, sondern sogar wahrscheinlich, daß er andere Erwartungen bezüglich Kommunikation, Sex, Liebe, Ehe und des Werts von Beziehungen im allgemeinen hegt. Es könnte sein, daß er unter Aufrichtigkeit Ihnen gegenüber etwas anderes versteht als Sie. Natürlich überschneiden sich seine und Ihre Welt. Man darf aber deshalb nicht annehmen, daß diese Welten identisch seien.

Natürlich will man wissen, warum jemand lügt. Wenn ein solches Wissen Ihre Neugier befriedigt oder Sie ihn besser kennenlernen wollen – bitte schön. Vielleicht kann Ihre Anteilnahme dazu beitragen, die Verständigungskluft zwischen Menschen und die Geschlechterkluft zwischen Männern und Frauen zu überbrücken. Wenn Sie allerdings hoffen, »ihn« dadurch zu ändern, indem Sie die Motive seiner Lügen ergründen, haben Sie sich getäuscht. Sie stellen sich damit eine zeitraubende und letztlich vergebliche Aufgabe. Er ist kein Klumpen Lehm, und Sie sind nicht Pygmalion.

Zu wirklichen Veränderungen kommt es nur, wenn Sie Ihre Aufmerksamkeit auf sich selbst richten und nicht darauf, ihn ändern zu wollen. Wirkliche Veränderungen sind nur dann möglich, wenn Sie bereit und fähig sind klarzustellen, was Sie hinnehmen wollen und was nicht. Sie müssen es ihm nur sagen.

Die Entscheidung liegt jedoch bei Ihnen, ob Sie nach Ihren eigenen Regeln oder denjenigen des Lügners spielen wollen. Ihre Situation ändert sich von dem Augenblick an, in dem Sie mit den Männern Ihres Lebens einen offenen Dialog über Lügen, die Männer Frauen erzählen, führen. Sie können die Beispiele auf den folgenden Seiten verwenden, um darüber zu sprechen, welche Wirkungen Lügen von Männern auf Frauen und Lügen von Frauen auf Männer haben.

Mit der Lüge leben ist ein Thema, über das wir außerhalb der Seifenopern und des Gerichts-TV viel zu selten sprechen. Die meisten von uns tun lieber so, als ob alles in bester Ordnung sei, auch wenn wir genau wissen, daß dies nicht der Fall ist. Einen solchen Mythos zu akzeptieren, ist eine der größten Lügen. Wenn Sie bei der Lektüre dieses Buches einen genauen Blick auf die vielen Gesichter der Unaufrichtigkeit in allen Phasen von Beziehungen werfen, werden auch Sie schockiert darüber sein, mit welcher Fülle von Lügen wir uns angewöhnt haben zu leben.

Im Schatten der Lüge leben

Viele Frauen leben im Schatten der Lüge. Ein Leben, das von Angst und Unsicherheit beherrscht wird. Sie gleichen Menschen, die auf einem Vulkan leben. Im Schatten des Vulkans ist es eine Frage des Überlebens, jedes Beben und jedes Rumoren wahrzunehmen.

Dasselbe gilt für ein Leben im Schatten der Lüge. Worauf man hier jedoch ängstlich lauscht und achtet, sind Anzeichen der reinen, ungeschminkten Wahrheit. Der *Wahrheit*, denn die Lüge ist hier das Normale. Die Lüge ist der Alltag. Sie ist der vertraute Hintergrund des täglichen Lebens.

Im Verhältnis zu dem, was sie verbirgt, kann die Lüge erstaunlich zivilisiert oder sogar anheimelnd daherkommen. Das Schaurige ist die Wahrheit. Die im Schatten einer sorgfältig verborgenen Wahrheit leben, finden in der Lüge Trost und Halt. Die meisten von uns wissen das. Wenn die Wahrheit unerträglich geworden ist, leugnen wir ihre Gefahr, ob es sich um ungeschützten Sex mit einem freizügigen Liebhaber handelt, der behauptet, treu zu sein, oder den gesundheitlichen Niedergang eines Ehepartners, der behauptet, daß alles in bester Ordnung sei. Es ist erstaunlich, wie rasch wir lernen, die Lautstärke unseres inneren Rumorens zu dämpfen, das uns vor Gefahren warnen will.

Die Lüge und ihre Gefährtin, die unwillkommene Wahrheit, werfen auf persönliche Beziehungen einen beständigen Doppelschatten. Eine Frau, die ihre Hochzeit absagte, weil ihr Verlobter sie darüber belogen hatte, wie oft er schon verheiratet gewesen war, erklärte: »Auch nachdem ich mit ihm zusammengezogen bin, gab es Lügen und Argwohn. Ich hatte immer den Verdacht, daß er log. Nach drei Jahren wußte ich, daß er eine Freundin hatte. Ich fragte ihn, ob er etwas vor mir verberge. Er sagte: ›Nicht, daß ich wüßte.‹ Ich fühlte mich elend. Er tat, was er immer schon getan hatte: lügen.«

Sie stellte fest, daß es unerfreulich, unbefriedigend und belastend war, ständig auf der Lauer zu liegen. Diese Aufgabe zehrte ihre Energie auf, steigerte ihre ängstliche Unruhe und führte letztlich dazu, daß beide Parteien frustriert und unglücklich waren.

Auch wenn beide Partner beschließen, mit Lügen zu leben, besteht die Gefahr, daß die Wahrheit ans Licht kommt. Wenn es soweit ist, heißt es sicherlich:

- »Warum habe ich mich nicht auf mein Gefühl verlassen?«
- »Ich habe weggeschaut und wußte, daß etwas nicht in Ordnung war.«
- »Indem ich ihm glaubte, entschied ich mich für ein Leben mit der Lüge.«
- »Ich habe Jahre meines Lebens verschenkt.«

Um sich vom Joch der Lüge zu befreien, benötigt man Wachheit und Mut. Bequemlichkeit ist der einfachste Weg zu einem scheinbaren Frieden und zu einer scheinbaren Sicherheit. Doch ein Leben mit der Lüge, insbesondere der schweren Lüge, raubt uns letztlich unsere Energie und Selbstachtung. Dies beinhaltet auch ein Risiko für unsere emotionelle, seelische und physische Unversehrtheit.

Natürlich ist die Versuchung groß, wegzuschauen und zu ignorieren, was man nicht wahrhaben will, Dinge auf die lange Bank zu schieben, mit denen man sich auch noch morgen auseinandersetzen kann. Selbstverständlich kann es klug sein, Timing und Taktik für die endgültige Auseinandersetzung sorgfältig abzuwägen: Wenn Sie jedoch die folgenden Kapitel lesen, werden Sie die Augen nicht mehr vor der Tatsache verschließen können, daß Beziehungen, die von Lügen ausgehöhlt sind, unseren Frieden und unser Wohlbefinden ruinieren. Monate oder auch Jahrzehnte später fragt man sich kopfschüttelnd, warum man seine Kraft für einen Lügner statt für sich selbst vergeudet hat.

Kapitel 2

Männer und Frauen beim Spiel mit der Lüge

Es gibt viele verschiedene und gefährliche Wahrheiten: verletzende, klärende Wahrheiten und solche, die einem Feinde schaffen. Warum soll man die Wahrheit sagen, wenn es weh tun kann?

Managementberater, 41, verheiratet

Männer müssen immer Verantwortung tragen. Wenn sie diesbezüglich versagen, haben Frauen eine geringere Meinung von ihnen, und deshalb lügen sie.

Angestellter im öffentlichen Dienst, 27, verheiratet

Ich zerbreche mir über Lügen nicht den Kopf, so ist es nun mal... Ob eine Frau lügt, frage ich deswegen nicht, weil ich nicht möchte, daß sie glaubt, es mache mir etwas aus.

Börsenmakler, 30, unverheiratet

Wenn ein Mann mich belügt, fühle ich mich, als ob er ein Urteil über mich gefällt hätte: daß ich nicht intelligent, nicht aufmerksam, keine gute Zuhörerin sei.

Fertigungsleiterin, 24, verheiratet

Männer lügen, weil sie frei sein möchten. Frauen lügen, um den Männern Fesseln anzulegen und Grenzen zu ziehen.

Bankangestellte, 26, alleinstehend

Männer sind so sozialisiert, daß Beziehungen für sie keine so große Rolle spielen. Deswegen haben sie mehr Recht zu lügen.

Personalleiterin, 47, verheiratet

Wie oft haben Sie heute schon gelogen? Haben Sie bei einem Vorstellungsgespräch geblufft? Irgendwie übertrieben? Sich ein wenig besser dargestellt, als Sie wirklich sind? Haben Sie einem Anrufer gesagt, daß Sie dringend wegmüssen, während Sie es sich gerade bei einer Tasse Kaffee gemütlich machten? Vielleicht haben Sie auch schon schwerwiegender gelogen: Haben Sie unzutreffenderweise die Verantwortung für etwas abgestritten? Ihre wahren Gefühle verborgen? Behauptet, daß Ihnen etwas nichts ausmache, was Sie in Wirklichkeit sehr berührte?

Der durchschnittliche College-Schüler lügt angeblich zweimal pro Tag. Einigen Studien zufolge lügt der Durchschnittsamerikaner dreizehnmal die Woche, während andere Schätzungen auf sechs- bis siebenmal täglich lauten. Warum sollten Sie oder ich anders sein?

Aber glauben Sie nicht, daß die Männer ein Monopol auf die Lüge hätten. Wir alle lügen irgendwann einmal. Oft erscheint uns das Lügen als so selbstverständlich, so absolut richtig, daß wir es nicht einmal mehr wahrnehmen und übersehen, daß wir mit der Wahrheit genausoweit kämen. Wie kommt es dazu?

Wenn Sie sich zum ersten Mal mit dieser Frage beschäftigen, denken Sie zurück, was Ihnen Ihre Eltern als Kind über das Lügen sagten. Oder denken Sie einmal darüber nach, wie dasjenige, was sie Ihnen sagten, zu demjenigen paßte, was sie wirklich taten. Für die meisten von uns war die Kindheit eine Zeit verwirrender, widersprüchlicher Botschaften, die auch unsere keimenden Ehrlichkeitskodes betrafen. Mein Vater sagte zu mir etwa, daß man jemanden, der einmal gelogen habe, niemals mehr trauen dürfe, während meine Mutter behauptete, daß jene Lügen nicht zählten, bei denen man die Finger kreuzt. Wer hatte nun recht? Wie können wir als Kinder wissen, was wir glauben sollen?

In den meisten Kulturen lehren Eltern ihre Kinder irgendeine Variante des Gebots »Du sollst nicht lügen«. Und doch werden die Kinder Zeuge, wie die Eltern einander, aber auch ihre eigenen Kinder und Fremde belügen. All dies ist für ein Kind sehr verwirrend. Es weiß zwar, daß man nicht lügen soll, doch es empfängt ständig Botschaften wie die folgenden:

- Wenn du deine wahren Gefühle verrätst, wirst du bestraft.
- Man verletzt die Empfindungen anderer Menschen nicht.
- Wenn du nichts Gutes zu sagen hast, sage lieber gar nichts.
- Es zahlt sich nicht aus, Menschen unnötig zu ärgern.
- Man darf lügen, um einen Freund zu schützen.
- Suche immer deinen Vorteil.

Als Kinder lernen wir, daß man in größte Schwierigkeiten geraten kann, wenn man ehrlich ist, und ungeschoren davonkommt, wenn man lügt. Diese frühe Konditionierung kann unser Handeln als Erwachsene nachhaltig prägen.

Die Konditionierung der Geschlechter – was wir als Kinder darüber lernen, wer über Macht verfügt und wer sie aus den Händen gibt, wie Männer und Frauen sich in ihren Beziehungen verhalten sollten – fügt dem eine weitere kritische Dimension hinzu. Die geschlechtsspezifischen Grundstrukturen legen Erwartungen fest, wie wir als Männer und Frauen miteinander umgehen und kommunizieren sollen. Die Lüge selbst ist eine wichtige Form der Kommunikation. Sie errichtet dort unsichtbare Schranken, wo wir sie am wenigsten erwarten, und wiegt uns in falscher Sicherheit gerade dann, wenn wir auf der Hut sein sollten.

Ob es uns gefällt oder nicht – das Geschlecht prägt unser Leben nachhaltig, und es besteht kein Grund zur Annahme, daß es nicht auch unsere Lügen prägt. Wenn man nicht weiß, daß die Lügen der Männer und Frauen getrennte Wege gehen, ist damit zu rechnen, daß man sich wegen aller übrigen Mißverständnisse bald überhaupt trennen wird.

Es ist weit mehr als nur eine interessante Übung, zu entdecken, inwiefern sich Männer und Frauen in ihren Lügen unterscheiden. Die Entdeckung entsprechender geschlechtsspezifischer Unterschiede ist eine Überlebensstrategie, die uns helfen kann, Vertrauen zu schaffen und uns vor schwerem Kummer zu bewahren.

Männer und Frauen: verschiedene Auffassungen von Lügen

In einer Welt, in der Männer und Frauen unterschiedlicher Auffassung sind, was für sie wichtig ist, genügen schon geringfügige Reibungen, um Liebe in Haß umschlagen zu lassen. Die Wahrscheinlichkeit, daß die Partner einander belügen, ist um so größer, je unverträglicher ihre Ziele und Pläne sind. Die Situation verschärft sich, wenn einer der Partner seine wahren Absichten verheimlicht oder versucht, in der Beziehung zu dominieren.

Woher kommt diese Tendenz zu Mißverständnissen?

Männer wurden im Gegensatz zu Frauen dazu erzogen, das Rationale über das Emotionale zu stellen, die aktive Kontrolle über die Wahrnehmungsfähigkeit, ein Handeln, das zum Sieg führt, über Diskussionen, die Verständnis bewirken und die unpersönliche Gerechtigkeit über mitfühlende Zuwendung. Beziehungsmuster von Frauen werden oft in der Kindheit durch enge und feste Beziehungen zur Mutter oder zu einer anderen weiblichen Fürsorgeperson geprägt. Frauen übertragen solche Beziehungen in ihrer Jugend auf Gleichaltrige und im Erwachsenenalter auf den Partner und die Familie. In der Sozialisation von Frauen wird viel mehr Wert auf Zusammengehörigkeit, Beziehung und Kommunikation gelegt als bei Männern. Auch wenn Männer und Frauen viele Werte, Fähigkeiten und Merkmale gemeinsam haben, die Unterschiede überwiegen. Manche Forscher sind der Auffassung, daß man fast behaupten könne, Männer und Frauen lebten in leicht unterschiedlichen Kulturen, so daß jede Kommunikation zwischen ihnen sorgfältig »übersetzt« werden muß, um richtig verstanden zu werden.

Es wurde viel zugunsten der Lüge gesagt – daß sie eine effiziente Möglichkeit sei, Feinde zu täuschen, und uns hilft, unter schwierigen Umständen zu überleben. Hingegen kann die Lüge in engen persönlichen Beziehungen eine schwere Hypothek sein, die beide Partner einander entfremdet. Trotzdem können sich viele Männer und Frauen nicht dazu durchringen, auf ihre Lügen zu verzichten, weil sie sich kurzfristige Vorteile erhoffen: mehr Freiheit zu tun, was ihnen beliebt, die Möglichkeit, Konflikte und Nachteile auf einfache Weise zu vermeiden, und eine zusätzliche Gelegenheit, die eigenen Interessen durchzusetzen.

Dabei übersehen sie jedoch die Kehrseite der Lüge: Distanz, schwindende Intimität, verminderte Fähigkeit zur Empathie, Selbsttäuschung und letzten Endes innere Leere.

Für viele Männer ist die Lüge ein Werkzeug unter vielen, um eine bestimmte Absicht zu verwirklichen. Für viele Frauen ist die Lüge hingegen der Hinweis auf einen schweren Vertrauensbruch und das Unvermögen, sich mitzuteilen.

Die Unterschiede sind oft frappierend, wie folgende eher harmlose, doch aufschlußreiche Begründung eines vierundvierzigjährigen geschiedenen Ingenieurs für seine Lügen gegenüber Frauen beweist: »Ich lüge, um die Interaktion eine Weile aufrechtzuerhalten und zu sehen, ob sich etwas ergibt. Unterlassungssünden geben einem die Möglichkeit, eine Interaktion nicht mit brutaler Ehrlichkeit beginnen zu müssen:

›Schön, dich heute zu sehen, übrigens solltest du dir einmal einen anderen Friseur suchen.‹ Lügen dienen dazu, den Gewinn zu maximieren.«

Für ihn ist die Lüge eine pragmatische Möglichkeit, eine Beziehung auf Zeit herzustellen; und die Wahrheit, die, wie er es nennt, »brutale Ehrlichkeit«, ist es, die Probleme nach sich zieht. Insofern überrascht es nicht, wenn viele Männer »Lügen« zwischen Mann und Frau fast geschäftsmäßig definierten und diskutierten, während Frauen alles viel persönlicher sahen. Solche Männer definieren »Lüge« oft mit einer inneren Teilnahmslosigkeit, wie man die Funktion einer Dampfmaschine erklärt. Hätte man die Worte ausblenden und nur ihren Tonfall hören können, wäre man kaum auf den Gedanken gekomen, daß sie über etwas sprachen, das irgendwie mit Intimität und Vertrauen zu tun hatte.

Dies bedeutet nicht notwendigerweise, daß Lügen auf Männer weniger Wirkung ausüben. Nehmen wir etwa die Antwort eines Vierundzwanzigjährigen auf die Frage: »Wie fühlen Sie sich, wenn Sie feststellen müssen, daß Sie belogen wurden?« »Große Lügen treffen mich schwer. Ich empfinde Trauer, Schlaflosigkeit, Aufgewühltheit. Ich fühle mich niedergeschlagen und verletzt. Wenn ich aber die einzelnen Elemente zusammenfüge, die Umstände betrachte und mir das Ganze erklären kann, freue ich mich, daß ich die Lüge aufgedeckt habe.«

Er beschreibt also, wie sehr die Lüge sein Wohlbefinden und seine allgemeine Verfassung beeinflußte, geht aber anschließend sofort dazu über, die Angelegenheit als »Problem« zu betrachen, das man lösen kann, indem man die Puzzlestücke zusammensetzt. Er gewinnt wieder die Oberhand, indem er Beweisstücke sammelt und das, was ihm in seinem Schmerz unbegreiflich war, zu einem sinnvollen Ganzen zusammenfügt. Die Lösung des Problems gibt ihm den Glauben an die Kraft seiner persönlichen Effektivität zurück. Logisches, forschendes Datensammeln, Hypothesenbildung und abschließende Bewertung der Geschehnisse retten ihn aus der Verzweiflung. Worüber er überhaupt nicht spricht, ist die Beziehung selbst, ein Thema, dem sich die Frauen ausführlich widmen. Kein Wort auch über seine eigene Naivität, wo er etwas falsch gemacht haben könnte, und ob er die ganze Sache einfach vergessen oder eine offensive Auseinandersetzung suchen sollte – Themen, die Frauen so gut wie immer beschäftigen.

Diese markanten Unterschiede zwischen Männern und Frauen in bezug auf das Lügen und auf ihre Reaktionen auf Lügen, denen sie zum Opfer fielen, führen uns auf ein Gebiet, dem wir uns als nächstes zuwenden wollen: den Unterschieden zwischen Männerlügen, die an die Adresse von Frauen und Frauenlügen, die an Männer adressiert sind, und wie die beiden Geschlechter sie interpretieren und auf sie reagieren.

Erste Runde des Lügenspiels: Männerlügen, Frauenlügen

Ich bat die interviewten Männer und Frauen, mir von ihrer *letzten Lüge* zu berichten, die sie dem anderen Geschlecht erzählt hatten. »Berichten Sie über das letzte Mal« ist die Art von Fragen, wie sie Verhaltensforscher lieben, denn sie liefern Antworten, bei denen der Betreffende nicht leicht mogeln kann. Sie fördern auf sehr wirksame Weise zutage, was jemand wirklich sagte oder tat, weil der Betreffende nachdenken muß und kein seichtes Sammelsurium von Meinungen, Hörensagen oder Klischees von sich gibt.

Probieren Sie es selbst aus. Denken Sie darüber nach, wann genau Sie zum letzten Mal das andere Geschlecht belogen haben. Wenn Ihnen etwas dazu einfällt, tritt Ihnen das Ereignis klar vor Augen. Sie erinnern sich ganz genau, was Sie sagten, was Sie empfanden und warum es Ihnen notwendig schien zu lügen. Vielleicht können Sie sich an die Reaktion des/der anderen erinnern, wie Sie sich fühlten und ob Sie es bedauerten. Weil es Ihre eigene Lüge ist, können Sie nicht unbeteiligt Vermutungen darüber anstellen, worüber Männer oder Frauen im allgemeinen die Unwahrheit sagen. Entsprechend aussagekräftige Antworten bekam ich von den interviewten Männern und Frauen. Einen Auszug aus ihren »letzten Lügen« enthält der nachfolgende Kasten. Ich habe dabei lediglich in Unklarheit belassen, ob der Berichtende ein Mann oder eine Frau war, indem ich statt des wirklichen Namens des beziehungsweise der Betreffenden den geschlechtsneutralen Namen »Pat« einsetzte. Mit Ausnahme dieser Namensänderung und der Verdoppelung einiger persönlicher Fürwörter handelt es sich um die unredigierten wörtlichen Antworten der Betreffenden.

Testen Sie beim Lesen Ihr Gespür dafür, ob es sich um die Lüge einer Frau oder eines Mannes handelt!

Welche der folgenden »letzten Lügen« stammen von einem Mann und welche von einer Frau?

Mann	Frau	Wortlaut der »letzten Lüge«
○	○	1. »Ich habe Pat nicht gesagt, daß ich mich noch nicht entschieden hatte. Ich sagte: ›Ich rufe dich an‹, doch ich tat es nicht.«
○	○	2. »Ich log Pat vor, wie gut er/sie im Bett sei.«
○	○	3. »Als ich mit Pat im Kino war, sah ich den besten Freund/die beste Freundin derjenigen/desjenigen, mit der/dem ich mich im letzten Sommer im geheimen traf (während ich die Beziehung mit Pat hatte). Pat fragte mich: ›Woher kennt ihr euch?‹ Der Freund/die Freundin und ich logen beide.«
○	○	4. »Ich begegnete Pat auf einer Party. Ich übertrieb ein bißchen in bezug darauf, was ich beruflich tat. Ich ging noch weiter und behauptete, an Orten gewesen zu sein, wo ich noch nie gewesen war, Dinge getan zu haben, die ich noch nie getan hatte.«

○ ○ 5. »Als es mit der Beziehung zu Ende ging, fühlte ich mich deprimiert und log Pat vor, daß ich mich wegen meiner Depression behandeln lassen würde.«

○ ○ 6. »Es war in einer Arbeitssituation mit meinem Chef/meiner Chefin. Obwohl es nicht stimmte, erklärte ich, daß ich noch nie daran gedacht hätte, im Theater aufzutreten, damit man mich weiterhin für bescheiden hielt.«

○ ○ 7. »Vor einem Monat wollte ich die Beziehung beenden. Ich war mit Pat zwei- oder dreimal ausgegangen und sagte nun zu ihm/ihr: ›Es liegt nicht an dir, sondern an mir.‹ Doch es lag an Pat.«

○ ○ 8. »Ich war gerade einige Zeit mit Pat zusammen, als jemand, den/die ich von früher her kannte, der/die aber damals nicht für mich erreichbar war, sich für mich interessierte. Wir hatten ein kurzes Sexabenteuer miteinander. Pat sagte ich aber nichts davon.«

○ ○ 9. »Bei einem Telefongespräch vor zwölf Tagen mit einer Person, die mich reizt, zu der ich aber sonst keine besondere emotionale Beziehung empfinde, sprach ich in einem flirtenden Tonfall, der nicht aufrichtig war.«

○ ○ 10. »Es war eine Höflichkeitslüge, als ich behauptete, daß Pat ein guter Gesellschafter/eine gute Gesellschafterin sei, während er/sie auf der Couch einschlief.«

○ ○ 11. »Die Lüge hinsichtlich Pats Verhalten auf der Silvesterparty in New York: daß ich Pat nicht sagte, wie unmöglich ich ihn/sie fand.«

○ ○ 12. »Beim Sex sagte ich, daß ich für immer bei Pat bleiben wolle.«

Die Lügen selbst

Werfen Sie nun einen Blick auf Ihre Antworten. Warum nahmen Sie an, daß eine bestimmte Lüge von einer Frau und nicht von einem Mann stammte beziehungsweise umgekehrt? Was sagt dies über Ihre Erwartungen bezüglich des Verhaltens von Männern und Frauen zueinander? Welche Klischees können Sie in diesen Auffassungen entdecken? Verbergen sich dahinter potentielle, sich selbst erfüllende Prophezeiungen? Manchmal wirken ungeprüfte Annahmen wie eine Linse, die die eigene Interpretation von Ereignissen beeinflußt und verzerrt.

Als Sie zu erraten versuchten, ob ein Mann oder eine Frau über seine/ihre jeweilige »letzte Lüge« sprach, kamen auch Ihre eigenen geschlechtsspezifischen Hypothesen und Intuitionen ins Spiel. Manche davon treffen zu, manche nicht. Sie beruhen auf Ihren eigenen persönlichen Erfahrungen mit dem anderen Geschlecht und darauf, was Sie bisher über den Umgang von Männern mit Frauen in unserer Kultur gelernt haben. Egal, ob Sie richtig oder falsch geraten haben: Sie können an dieser Stelle sehr viel über Ihr eigenes Denken und Ihre Ansichten erfahren.

Welche Lügen stammten nun von Frauen und welche von Männern? Hier die Auflösung:

Die »letzten Lügen« von Männern waren Lüge eins, drei, vier, fünf, acht, neun und zwölf.

Die »letzten Lügen« von Frauen waren Lüge zwei, sechs, sieben, zehn und elf.

Sind hinter den Lügen von Männern und Frauen unterschiedliche geschlechtsspezifische Werte und Prioritäten zu erkennen? Befassen wir uns also genauer mit den Lügen selbst und den Begründungen, die die Betreffenden hierfür angaben, und sehen wir zu, was wir entdecken können.

Die Lügen der Männer unter der Lupe betrachtet

■ **LÜGE 1:** »Ich hätte Pat sagen sollen, daß ich mich noch nicht binden wollte. Ich sagte: ›Ich rufe dich an‹, doch ich tat es nicht.«

»Ich rufe nur dich an.«
Diese Floskel ist eine Zwitterform, die zwei beliebte Lügen von Männern miteinander verbindet: »Du bist die einzige Frau in meinem Leben.« und »Ich ruf ich an.« Beide treiben die Frauen zum Wahnsinn. Die Andeutung, sie sei die einzige, beziehungsweise zu verschweigen, daß sie es nicht ist, gehört nach Aussage der von mir befragten Frauen zu den drei beliebtesten Männerlügen. Die zweite männliche Abschiedsfloskel, wenn sie versprechen anzurufen, obwohl sie schon ziemlich genau wissen, daß sie es nicht tun werden, nimmt in der Hitliste ihrer Lügen einen noch höheren Rang ein.

Dieses »Ich ruf dich an« löste bei den von mir interviewten Frauen immer wieder Proteststürme aus. Sie hielten diese Aussage für den wörtlichen Ausdruck seiner Absicht, die Beziehung fortzuführen, und nicht für die Ex- und Hopp-Abschiedsfloskel der Männer, die sie in Wirklichkeit ist. Für Männer drückt sie die Absicht, jemanden wirklich wiederzusehen, nicht mehr aus als die Floskel »Bis bald«. Die Folge ist, daß Sie enttäuscht sind und er verblüfft über Ihre Enttäuschung ist.

Als ich Mark bat, mir zu sagen, worin diese Lüge für ihn von einem Vorteil war, antwortete er: »Durch die Lüge sollte Sylvia weiter an mir interessiert bleiben. Sie würde sich nach keinem anderen umsehen, bis ich mich entschieden hätte. Wenn es sich ergeben hätte, daß sie mir wirklich etwas bedeutete, hätte ich die Beziehung fortführen können.«

Man könnte sagen, daß Mark hier die Haltung eines Käufers zeigt, der sich die Ware zurücklegen läßt, während er seine Runden machte, um zu sehen, was es sonst noch auf dem Markt zu holen gibt. Wie sie das auffassen könnte, zog er nicht in Betracht. Für ihn zählte nur, daß alles von ihm abhing und er sich alle Optionen offenhielt.

■ **LÜGE 3:** »Als ich mit Pat im Kino war, sah ich die beste Freundin einer Freundin, mit der ich mich im letzten Sommer im geheimen traf (während ich die Beziehung mit Pat hatte). Pat fragte mich: ›Woher kennt ihr euch?‹ Die Freundin und ich logen beide.«

»Du brauchst dir nichts zu denken, es ist bloß eine Bekannte.«

Hier beteiligt sich Joe an einer Vertuschungslüge, die besagt, daß es keine andere Frau in seinem Leben gibt. Diese Lüge ist lediglich eine defensivere Variante von »Du bist die einzige«, die immer dann zum Zuge kommt, wenn man am Rande des Abgrunds steht und fürchten muß, entdeckt zu werden.

Joe hatte das Glück, daß die beste Freundin seiner heimlichen Geliebten die prekäre Situation, in die Joe geraten war, sofort erkannte und mitzog. Sie spielte den Blitzableiter und öffnete Joe rasch ein Schlupfloch – daß beide nämlich Freunde eines fiktiven Dritten namens Bob seien. Vielleicht am interessantesten dabei ist nicht ihre rasche Bereitschaft mit zu lügen, sondern seine Reaktion auf die gefährliche Situation und die Gedanken, die er sich bezüglich seiner Lüge machte. Erstens gab er zu, daß die unerwartete Begegnung mit der Freundin ihm beinahe die Sprache verschlug und er in Panik geriet. Dann fühlte er sich ungemein erleichtert, daß seine Freundin »von der Beziehung mit dem anderen Mädchen nichts erfuhr«. Joe bekannte, daß er keinerlei Schuldgefühle empfand.

Als ich Joe fragte, ob er vorgehabt habe zu lügen, gab er auch dies zu, und noch mehr: »Selbstverständlich. Ich hielt die ganze Beziehung geheim. Wenn sie es entdeckt hätte, wäre sie furchtbar hysterisch geworden, es wäre vielleicht zu einem Bruch der Freundschaft, einer vollständigen Erschütterung des Vertrauens gekommen.«

Dann kam etwas Bemerkenswertes. Joe wurde sehr wütend auf sich selbst, doch nicht etwa wegen seiner Untreue, sondern, weil er nicht besser lügen konnte – als ob die Fähigkeit, schnell, elegant und gut zu lügen irgendwie zum notwendigen Rüstzeug zählte. Er fühlte sich albern, weil er nicht schlagfertig genug gewesen war, selbst auf die Lüge zu kommen. Er hatte lediglich den Rettungsring ergriffen, den ihm die Freundin der heimlichen Geliebten zuwarf. Er kam nicht dank seiner eigenen Geschicklichkeit davon, sondern dank einer raschen Reaktion der Freundin seiner Geliebten. Sie hatte cleverer reagiert als er, und das ärgerte ihn.

»Ich kann sehr gut lügen. Ich habe meine Eltern belogen und mich durch das ganze Gymnasium hindurchgelogen. Aber meine Freunde belüge ich nicht.« Wen meint er damit? »Die Kumpels.« Aha. Für diesen jungen Mann sind »Freunde« und Frauen offenbar zwei miteinander unverträgliche Kategorien, mit denen verschieden umzugehen ist. *Wir* und *sie*. Sein Ehrenkodex – Freunde belügt man nicht – erstreckt sich nur auf »wir«, nicht auf »sie«. Indem der Lügner die Welt in *wir* und *sie* einteilt, kann er es rechtfertigen, alle zu belügen, die anders sind. Lügen ist dann in Ordnung, wenn es die *anderen* betrifft.

■ **LÜGE 4:** »Ich traf Pat auf einer Party. Ich übertrieb ein bißchen mit meiner beruflichen Position und ging noch weiter, indem ich behauptete, an Orten gewesen zu sein, wo ich noch nie gewesen war, Dinge getan zu haben, die ich noch nie getan hatte.«

»Big Boss in der Firma«

Diese Lüge ist reine, unverfälschte Imagepflege, PR zu eigenen Gunsten. Mike verhielt sich wie ein Marktschreier, dem keine Lüge zu dick ist, um den Handel abzuschließen. In diesem Fall sah Mike nicht Peggy, sondern sich selbst als die Ware, die es loszuschlagen galt. Und als solche fühlte er sich ziemlich minderwertig. Er wollte sich interessant machen

(»Ich wollte nicht als Büromuffel dastehen«), und dies bedeutete für Mike beruflichen Erfolg, Reisen, Weltläufigkeit – alles, was er eben nicht war.

Es überraschte ihn selbst, wie glatt ihm die Lügen über die Lippen gingen. Die Frau, der er diese phantasievolle Version seiner selbst verkaufen wollte, nahm ihm alles auch noch ab: »Sie war sehr interessiert an mir. Sie wollte alles ganz genau wissen. Ich konnte auch ihre Fragen beantworten, weil mir mein Chef, dessen Leben ich letztlich zum besten gab, viel erzählte.«

Das Problem in diesem Fall war Mikes unerwarteter Erfolg mit seinen Geschichten. Daß er seine Prahlerei am nächsten Tag bereute, hatte rein pragmatische Gründe. Wie hätte er dieses Lügengespinst in ihrer Beziehung auf Dauer aufrechterhalten können? Sie hätte ja seinem Chef oder jemand anderem begegnen können, der wußte, wer er wirklich war. Bei dem Gedanken daran wurde ihm schwül. Als er Peggy am nächsten Tag anrief, um sich zu entschuldigen und ihr zu sagen, wer er wirklich war, zeigte sie sich schockiert. Sie war so klug, sich zunächst nicht mehr mit ihm zu verabreden. Später gingen sie wieder miteinander aus, doch sooft Mike etwas erzählte, hakte Peggy mißtrauisch nach: »Stimmt das wirklich?« Und Mike war noch immer unwohl bei dem Gedanken, daß sie dem Menschen begegnen würden, aus dessen Leben er so großzügig Anleihen bezogen hatte.

Schließlich mußte er einsehen, daß er durch seine Übertreibungen die Beziehung zum Scheitern verurteilt hatte, und beendete sie.

■ **LÜGE 5:** »Als es mit der Beziehung zu Ende ging, fühlte ich mich deprimiert und log Pat an, daß ich mich wegen meiner Depression in Behandlung begeben würde.«

»Sich vor der Wahrheit schützen.«

Man könnte dies eher für eine weibliche Lüge halten, weil es um Depression und Konfliktvermeidung geht, Themen, die als typisch weiblich gelten, wiewohl jeder von uns auch Männer kennt, die deprimiert sind und Konflikten ausweichen. Es handelt sich jedoch um die Lüge eines Mannes, die nicht einmal atypisch ist. Sie dient ihm dazu, sich aus der Affäre zu ziehen, ohne über seine Probleme sprechen, seine Gefühle mitteilen oder seine Schwächen zeigen zu müssen. Edward erkennt, daß seine Beziehung beendet ist. Zudem glaubt er, daß Marcia seine Depression in den letzten Tagen nicht hinnimmt. Sein Selbstbewußtsein war schwer angeschlagen.

Auf die Frage, ob er beabsichtigt hatte, Marcia zu belügen, antwortet Edward: »Nein. Ich log, um mich aus der Affäre zu ziehen, deswegen lügt man immer. Angesichts der Situation, in der ich mich befand, war es die einzige Möglichkeit. Deshalb sagte ich: ›Ich werde mir helfen lassen.‹« Edward sah sich in einer hilflosen, unterlegenen Position, die er auch nicht ändern konnte, indem er mit Marcia sprach (»Egal, was ich getan hätte – sie war ohnehin entschlossen, Schluß zu machen«). In der Welt, in der er sich wähnte, hätten ihn weitere Details nur noch mehr in Gefahr gebracht und Boden gegenüber Marcia verlieren lassen.

Marcia hatte das Heft in der Hand. Edward konnte ihr nichts entgegensetzen. Das einzige, was ihm zu tun übrigblieb, war, sich seinen Abgang zu überlegen und vor weiterer Zurückweisung zu schützen. Statt sich zu seinen Problemen zu bekennen oder wieder Kontakt mit Marcia zu suchen, indem er mit ihr über seinen Schmerz und seinen Zorn sprach, zog er sich auf eine unpersönlichere, weniger exponierte Position zurück. Er philosophierte: »Es ist eine seltsame Tatsache des Lebens, daß die Wahrheit weh tut. Niemand setzt sich gerne mit der Wahrheit auseinander.« Dabei schien er zwar Marcia zu meinen, doch bemerkte er später, daß Marcia »beschlossen hatte, Schluß zu machen, und log, indem sie es nicht zugab«, und fügte kryptisch hinzu: »Ich möchte von Frauenschmerz verschont bleiben.« Sehr wahrscheinlich meinte Edward hier, daß er von seinem eigenen Schmerz verschont werden wollte und die Wahrheit nicht vertragen konnte. Doch wie soll man das wissen, wenn man nicht Gedanken lesen kann?

Bedauert er seine Lüge?« »Ja«, antwortete er, »es tut mir immer leid, wenn ich nicht die Wahrheit sage, aber ich bin froh, wenn ich niemandem weh tun muß.« Es scheint zwar, daß er hier mehr sich selbst als Marcia schützen wollte, aber er hatte sich auf diese Weise wenigstens die Illusion verschafft, derjenige zu sein, der die Zügel in der Hand hielt. Er gewann einen Teil seiner Macht zurück, indem er Marcia Informationen vorenthielt und ihr so das Nachsehen gab. Gleichzeitig konnte er sich als Beschützer fühlen, indem er sie vor einem Schmerz bewahrte, den ihr die Wahrheit hätte zufügen können.

■ **LÜGE 8:** »Ich war seit einiger Zeit mit Pat zusammen, als ein Mädchen, das ich von früher her kannte, an das ich zur Zeit nicht herankam, sich für mich interessierte. Wir hatten ein kurzes Sexabenteuer miteinander. Ich sagte Pat aber nichts davon.«

»Gut, ich war ein Schuft. Aber sie ist selber schuld.«
Dies ist eine klassische Berechtigungslüge. Andy war gerade eine verheißungsvolle Beziehung mit Lisa eingegangen, als eine Frau plötzlich wieder in sein Blickfeld rückte, die damals nicht zu »haben« war, weil sie mit jemand anderem liiert war. Dummerweise hatte Andy auf Lisas Bitten hin bereits seine Zustimmung zur sexuellen Exklusivität gegeben. Um die einmalige Chance nicht verstreichen lassen zu müssen, tat Schürzenjäger Andy so, als ob nichts gewesen wäre, und gestattete sich ein kleines »Sexabenteuer«.

Erstaunlich ist, wie lässig Andy die Situation analysiert. Auf die Frage, was auf dem Spiel stand, als er seinen Gelegenheitssex vor Lisa verheimlichte, erklärte er: »Sie hätte mir den Laufpaß gegeben, Schluß gemacht.« Indem er Lisa nichts sagte, sicherte er sich beides – ein verlockendes Sexabenteuer und eine vertrauensvolle feste Freundin.

Bereute er sein Verhalten? Zunächst übernahm Andy die volle Verantwortung: »Nein. Wenn man einmal etwas falsch gemacht hat, dann ist es falsch. Ich war ein Schuft.« Im nächsten Augenblick aber fegte Andy mit einer kühnen Kehrtwendung seine Selbstvorwürfe und Schuldgefühle beiseite, indem er Lisa die Schuld für seine Lüge gab: »Mit der Erwartung, daß es eine ausschließliche Beziehung geben könnte, belügen sich die Frauen selbst«. Daß er log, war also *ihre* Schuld. Könnte es sein, daß ihm die Konsequenzen seiner Lüge nicht behagten? Also legte er sich eine andere Geschichte zurecht, in der die Schuld bei ihren angeblichen Auffassungen lag und sein eigenes Verhalten beschönigt wurde.

■ **LÜGE 9:** »Bei einem Telefongespräch vor zwölf Tagen mit einer Frau, die mich reizt, für die ich aber keine besonderen Gefühle empfinde, sprach ich in einem flirtenden Tonfall, der nicht aufrichtig war.«

»Verstehe mich nicht falsch – es ist nicht so gemeint.«

Manche Lügen sind kokett und spielerisch und folgen den ungeschriebenen Gesetzen der gesellschaftlichen Etikette. Es sind die läßlichen Lügen – ein Teil Wahrheit, zwei Teile Erfindung –, die nur einen minimalen Aufwand erfordern, nicht direkt bösartig sind und nur ein wenig in die Irre führen, statt wirklich zu täuschen.

Hals letzte Lüge bestand darin, daß er so tat, als würde er mehr für Wendy empfinden, als es in Wirklichkeit der Fall war. Hal war Ende Zwanzig und behauptete, er hätte »ihre weitere Zuneigung« aufs Spiel gesetzt und ein »unerfreuliches Telefongespräch« riskiert, wenn er seine schwache Libido nicht verborgen hätte. Er gibt zu, daß er für das Telefongespräch am späten Abend »wenig emotionelle Energie« aufbrachte. Warum rief er sie dann an? Nein, er hatte nicht angerufen. In der schönen neuen Welt der Beziehungen zwischen Mann und Frau bekommen Männer ebenso wie Frauen verheißungsvolle Anrufe von der jeweils interessierten Seite. »Sie hat angerufen. Sie schlug auf, und ich schlug den Ball zurück.« Doch warum die Heuchelei? Warum sagte er der Anruferin nicht einfach, daß er zu müde sei zum Telefonieren oder daß im Fernsehen gerade sein Lieblingsprogramm laufe?

Hal begründet dies damit, daß es sich für ihn einmal auszahlen könnte, vielleicht in Form von künftigem Sex oder Liebe. Für Hal ist es also keine Frage: Warum sollte er sich nicht bei minimalem Aufwand und ohne die Gefahr einer Zurückweisung aus der sicheren Entfernung die Option auf Intimität offenhalten? Andererseits weiß Hal, daß seine emotionale Energie größer gewesen wäre, wenn er und nicht Wendy angerufen hätte. Warum sollte er sich seine Chancen bei jemandem verderben, der an ihm interessiert war? Für Hal ist das mehr eine Frage der Taktik als eine Lüge. Er bedauert nichts.

■ **LÜGE 12:** »Beim Sex sagte ich, daß ich immer bei Pat bleiben wollte.«

»Ich möchte den Rest meines Lebens mit dir verbringen – äh, war nur ein Witz.«

Wie kann ein Mann die Aufmerksamkeit einer Frau auf sich ziehen? Indem er ihr sagt, daß er den Rest seines Lebens mit ihr verbringen möchte. Es funktioniert vor allem dann, wenn er es in einem Augenblick zärtlicher sexueller Intimität überzeugend flüstern kann. Wenn sie ihn liebt oder eine dauerhafte Beziehung anstrebt, ist es nur natürlich, daß sie glücklich ist und glaubt, ihre Hoffnungen hätten sich erfüllt. Auf-ewig-dein-Lügen (»Ich möchte den Rest meines Lebens bei dir bleiben«, »Ich liebe dich«) zählen zu den häufigeren Lügen, die Männer Frauen erzählen und Frauen glauben – zumindest eine Zeitlang.

Brad, ein fünfundvierzigjähriger Anwalt, teilte Helen, mit der er seit fünf Monaten ging, im Bett ohne Grund und Notwendigkeit solche Dinge mit. Als ich ihn fragte, warum er Helen gerade diese Lüge erzählte, zuckte er die Schultern und sagte: »Sie wollte es gerne hören.« Nein, er hatte es nicht mit Absicht getan, es »kam einfach über mich«. Brad diente das Versprechen »Ewig dein« dazu, die richtige Stimmung zu erzeugen, so wie man ein Abendessen bei Kerzenschein arrangiert oder romantische Musik laufen läßt. Seine Absicht war es, Helen tiefer in die Intimität des Augenblicks hineinzuziehen, sie zu erregen. Es war Teil eines sexuellen Rituals, das, wie Brad herausgefunden hatte, zum gewünschten Ziel führte.

Wußte Helen, daß es eine Lüge war? Nein, aber Brad meinte, sie würde es mit der Zeit schon herausfinden, wenn sich nichts änderte. Warum fallen Frauen so leicht auf diese Lüge herein? Das Problem vieler Frauen besteht zunächst darin, nicht glauben zu wollen, daß ein Mann, den sie mögen, gerade in dieser Hinsicht lügt. Deshalb reagieren sie mit hartnäckiger Naivität und sagen: »Ich konnte mir nicht vorstellen, daß er gerade in *diesem* Punkt lügen würde.« Die Lüge »Erzähle ihnen, was sie hören wollen«, in einem Augenblick der Verletzbarkeit ausgesprochen, bevor man sich durch eine Hintertür wieder aus dem Staub macht, läßt mißtrauische, oft zornige Frauen zurück. Das Versprechen »Für immer« kann eine außerordentlich schmerzhafte Lüge sein.

Die Lügen der Frauen unter der Lupe betrachtet

Sind Frauenlügen anders? Achten Sie bei den nachfolgenden Lügen darauf, daß Frauen die lügnerische Absicht und ihre möglichen Folgen mehr betonen als Männer.

■ **LÜGE 2:** »Ich log Pat vor, wie gut er im Bett sei.«

»Du bist ein toller Liebhaber.«
Handelt es sich um eine Lüge, oder gehört die Bemerkung einfach zur sexuellen Etikette? Dies hängt von den Erwartungen und Erfahrungen der jeweiligen Partner ab. Die meisten

Frauen, die ich interviewte, hielten dies jedoch für eine jener erwarteten Lügen, die dem männlichen Ego guttun. Während sich einerseits keiner der Männer, mit denen ich sprach, über grundlose Schmeicheleien im Schlafzimmer beklagte, war es für eine Reihe von Frauen eine der drei häufigsten Lügen, Männern zu sagen, wie gut und potent sie seien. Ein Mann glaubte, belogen worden zu sein, als seine frühere Freundin Lana ihm mitteilte, seine derzeitige Liebe Sue hätte ihr gesagt, daß er im Bett ein Versager sei. Seine Reaktion: »Ich war stocksauer. Das zehrt am Ego.« Natürlich interpretierte er alles so, daß er nicht als Versager dastehen mußte. Für ihn sagte Sue alles nur, um »sich an Lana zu rächen«. Er rückte sich die Tatsachen so zurecht, daß sein Ego unbeschädigt bleiben konnte.

Es muß allerdings gefragt werden, ob ungerechtfertigte sexuelle Schmeicheleien ihren Zweck erfüllen. Er fühlt sich geschmeichelt, doch was haben Sie davon? Er kommt sich großartig vor, doch Sie wissen es besser. Indem man den falschen Schein aufrechterhält, wird es langfristig immer unwahrscheinlicher, daß beide Partner sexuelle Befriedigung finden. Daher ist es viel sinnvoller, seinem Partner mitzuteilen, was man sexuell erwartet, und sollte zumindest unterlassen, sich über etwas positiv zu äußern, was man durchaus nicht als positiv empfindet.

■ **LÜGE 6:** »Es war in einer Arbeitssituation mit meinem Chef. Ich behauptete, daß ich noch nie daran gedacht hätte, in einem Theater aufzutreten, obwohl es gar nicht stimmte, damit der Regisseur mich weiterhin für bescheiden hielt.«

»Wie anständig sie doch ist!«

Darf man ehrgeizig sein und etwas für sein berufliches Fortkommen oder seinen persönlichen Status tun? Joanne bezweifelte dies. Als Matt, ihr Chef, sie fragte, ob sie schon einmal daran gedacht hätte, auf der Bühne aufzutreten, statt Kulissen zu entwerfen, verleugnete sie ihre persönlichen Ambitionen, um ihr »Streben nach persönlichem Fortkommen« zu verbergen. Joanne glaubte, daß es ihrem Ansehen schaden könne, wenn sie ihren Ehrgeiz zugeben würde. Doch warum sollte sie in dieser Form jemanden belügen, der ihr helfen könnte? »Weil ich nicht möchte, daß er weiß, wie hoch ich im Theater hinaus möchte. Er betrachtet mich als einen selbstlosen, ehrlichen, integren Menschen. Wenn er wüßte, daß ich höhere Pläne habe, würde er mich für weniger ehrlich, weniger integer halten.« Sie lügt, um das idealisierte Bild eines selbstlosen, sich nicht vordrängenden »lieben Mädchens« nicht zu gefährden, das er, wie sie *glaubt*, von ihr hat. Sie glaubt, daß er weniger von ihr halten würde, wenn er wirklich wüßte, wer sie ist.

Dadurch begibt sich Joanne in eine machtlose Position ihrem Chef gegenüber. Sie verbirgt, wer sie wirklich ist und woran ihr wirklich etwas liegt, und unterdrückt damit ständig ihre eigenen Ambitionen. Diese selbstzerstörerische Lüge könnte ihr berufliches Fortkommen verhindern und sie auf ihre unterwürfige Rolle festlegen, obwohl ihr Chef offenbar bereit ist, ihr Potential anzuerkennen. Wenn sie diese Haltung nicht aufgibt, wird sie nie herausfinden, ob sie das Zeug zu mehr hat, und das Theater wird ihr nie jene Erfüllung bieten können, die sie sich erhofft.

■ **LÜGE 7:** »Vor einem Monat wollte ich die Beziehung nicht mehr fortführen. Ich war mit Pat zwei- oder dreimal ausgegangen und sagte zu ihm: ›Es liegt nicht an dir, sondern an mir.‹ Doch es lag an Pat.«

»Es liegt nicht an dir, es liegt an mir.«

Victoria, dreißig Jahre alt, war bereit, sich häuslich niederzulassen. Doch Syd, der neue Mann in ihrem Leben, war keine langfristige Perspektive für sie. Leider ahnte Syd nichts davon. Solange er mit ihr ausgehen wollte und sie nichts anderes vorhatte, sagte sie trotzdem zu.

Als Syd Victoria zum vierten Mal einlud, wies sie ihn

schließlich ab. Kein angenehmer Augenblick, doch es mußte einmal sein. Dann log sie. Sie schloß ihre Ablehnung mit dem klassischen Dementi: »Es liegt nicht an dir, es liegt an mir.« So wog sie Syd in falscher Sicherheit und beanspruchte die Schuld am Scheitern der Beziehung für sich. Im Interview fügte sie nüchtern hinzu: »Es *lag* aber an ihm.«

Warum log Victoria? Oberflächlich betrachtet handelte es sich um eine reine Höflichkeitslüge, das Gegenteil der eher typisch männlichen Berechtigungslüge. Victoria fiel es schwer, sich zu behaupten und einen interessierten Mann abzweisen, dessen Gesellschaft ihr einfach nichts bedeutete. Irgendwie glaubte sie, daß er Ansprüche erheben könne, sie hingegen nicht. Sie unterstrich ihren Widerwillen gegen die Lüge, indem sie sagte: »Ich wollte es nicht tun.« Bei der Abwägung ihres Widerwillens gegenüber Syds Wunsch nach mehr Kontakt entschloß sie sich dann doch, ihr Recht der Ablehnung wahrzunehmen.

Sie entschied, die Beziehung zu beenden, machte dann jedoch sofort wieder einen Schritt zurück, indem sie glaubte, ihre Selbstbehauptung in eine Selbstverleugnung kleiden zu müssen, und befand sich somit wieder in einer unterlegenen Position. Sie war überzeugt davon, Syd zu helfen, sein Gesicht zu wahren, und mit diesem Handeln ein noch unerfreulicheres Gespräch zu vermeiden.

War ihr Syd wenigstens dankbar dafür, daß sie Rücksicht auf seine Gefühle nahm? Keineswegs. Er war, wie Victoria sagte, böse und gehässig. »Er beendete das Gespräch, indem er die Tatsache, daß sie soeben ihre Beziehung beendet hatte, einfach ignorierte und ihr statt dessen eine Umkehrung der männlichen Standardabschiedsfloskel »Ich rufe wieder an« präsentierte. Er sagte zu ihr: »Wenn du wieder Zeit hast, ruf mich an.«

Syd ignorierte ihre Botschaft und riß die Kontrolle wieder an sich. Ihre Lüge vermochte ihn nicht zu täuschen – wahrscheinlich reizte sie ihn nur. Würde er sich ehrlich mit der Zurückweisung auseinandersetzen und herauszufinden versuchen, warum die Beziehung scheiterte, dürfte ihm die unerfreuliche Wahrheit nicht verborgen bleiben, daß es sehr wohl an *ihm* lag. Verschiedene Männer, die ich interviewte, behaupteten, daß es ihnen lieber sei, wenn eine Frau, die eine Beziehung beendet, lügt und sagt, daß sie einen anderen hätte. Die Niederlage einem Konkurrenten gegenüber scheint ihnen noch immer ehrenvoller.

Es ist für niemanden schön, wenn etwas zu Ende geht. Mit Beendigungslügen werden wir uns noch ausführlicher in Kapitel 11 befassen und erörtern, wie Männer das endgültige und oft bittere Ende einer Beziehung inszenieren. Die Schwierigkeit liegt darin, daß die meisten Menschen kein Patentrezept haben, wie man eine Beziehung elegant beendet. Wir wissen nicht, wie wir es anstellen sollen, dem anderen nicht weh zu tun. Es ist eine Tatsache, daß beide Geschlechter mit dem Schlußmachen ihre Schwierigkeiten haben, auch wenn es nach weniger als drei Verabredungen ist.

■ **LÜGE 10:** »Es war eine Höflichkeitslüge, daß Pat ein guter Gesellschafter sei, während er auf der Couch einschlief.«

»Dieser Schmorbraten ist wirklich phantastisch gelungen.« Der Braten hat die Konsistenz und das Aroma einer Schuhsohle, die mit Ketchup übergossen und in einem Mischmasch undefinierbaren grauen Gemüses gekocht wurde, und trotzdem preist man der Gastgeberin gegenüber die gelungene Präsentation und den vorzüglichen Geschmack. Solche Höflichkeitslügen sind das Öl im Getriebe menschlicher Interaktion, wo es vor allem darauf ankommt, problemlos miteinander umzugehen, indem man kleinere Differenzen in Geschmack und Wahrnehmung übertüncht und es vermeidet, einander Kritisches oder Herabsetzendes zu sagen.

Das Problem liegt darin, daß die Konvention oberflächlicher Anpassung, etwas zu sagen und das Gegenteil zu meinen, im Zusammenhang mit intimen menschlichen Interaktionen verheerende Folgen haben kann.

In diesem Fall war Susan nicht sehr erfreut darüber, daß Larry nach dem Konzert auf ihrer Couch einschlief. Sie hatte sich ein kleines erotisches Vergnügen mit ihm erhofft. Statt dessen erwies sich Larry als Tölpel. Sein Verhalten zeigte ihr, daß es sich nicht lohnte, für sie wach zu bleiben. Es war ihm peinlich, und er entschuldigte sich. Statt diese Gelegenheit zu nutzen, um die gegenseitigen Erwartungen zu klären, wie man miteinander die Zeit zubringen sollte, spielte Susan die vollendete Gastgeberin. Sie ging über sein unmögliches Benehmen hinweg und versicherte ihm, daß er trotz alledem ein guter Gesellschafter sei. Im günstigsten Fall wird sich dasselbe Verhalten wiederholen. (»Weil Ihnen der Braten letztes Mal so gut geschmeckt hat, habe ich ihn gleich noch einmal gemacht.«) Im ungünstigsten Fall wird er später, wenn ihre Enttäuschung irgendwann doch durchbricht, zur Auffassung gelangen, daß Susan unaufrichtig ist.

■ **LÜGE 11:** »Über Pats Verhalten auf der Silvesterparty in New York – daß ich Pat nicht sagte, daß ich ihn unmöglich fand.«

»Lies meine Gedanken.«

Diese Art, die Wahrheit zu verschleiern, dient dazu, jeden Hauch einer Auseinandersetzung zu vermeiden. Sie war für die Frauen typischer als für die Männer, mit denen ich sprach. Man schluckt dabei seinen Ärger hinunter, ohne den zurückbleibenden Groll beseitigen zu können, der nicht ausbleibt, wenn er, wie zu erwarten war, nicht versteht, daß etwas nicht stimmte.

Das Problem besteht darin, daß Robin ihren Ärger über Ron allzugut verbirgt. Deswegen ist er aber noch nicht verschwunden. Er wirkt vielmehr unterschwellig weiter und erzeugt eine Distanz zwischen ihnen. Auf einer Silvesterparty sprach sie über Rons Verhalten mit allen ihren Freundinnen. Während ihr alle darin recht gaben, daß seine lärmende Betrunkenheit absolut deplaziert war, glimmte ihr Ärger weiter.

Warum sagte sie es ihm also nicht? Robin glaubte, Ron hätte

es sich denken können, daß sein Geflirte mit anderen Frauen und sein läppisches Gehabe sie störte. Wenn er nur ein wenig mehr Aufmerksamkeit für sie und etwas weniger für die anderen Gäste aufgebracht hätte, wäre der Abend für sie schöner gewesen. Für Robin hing der Erfolg des Abends davon ab, was er für ihre Beziehung bedeutete. Sie war verletzt und befürchtete, er würde ihre Gefühle bagatellisieren, und Ron konnte ihre Gedanken nicht lesen und wird es niemals können. Er glaubt, sie würde es ihm sagen, wenn sie sich über ihn ärgert. Für ihn war es also eine ganz normale Silvesterparty. Die Distanz zwischen ihnen wird immer größer.

Was uns solche Lügen verraten

Erstens sind die Lügen von Männern und Frauen manchmal ähnlich. Die meisten Menschen möchten, daß man sie nett findet, und verleihen ihren Worten und Taten deshalb immer einen positiven Anstrich. Es überrascht nicht, daß beide Geschlechter ihre Lügen damit begründen, daß sie den anderen und nicht sich selbst schützen wollten.

Die interviewten Männer führten jedoch beinahe doppelt so viele Gründe für ihre Lügen an wie die Frauen. Was bedeutet das? Für Männer sind Lügen ein weitaus vielseitiger einsetzbares »Machtwerkzeug« als für Frauen. Männer benutzen Lügen offenbar flexibler als Frauen für kurzfristige Siege, zur Vermeidung von Auseinandersetzungen und peinlichen Situationen. Sie äußern seltener Bedauern über die Wirkung ihrer Unehrlichkeit auf ihre Partnerinnen. Viele leugneten einen Zusammenhang zwischen der Lüge und ihren Folgen für die Partnerinnen und bagetellisierten den möglichen Schaden.

Wenn man alle Lügen betrachtet, die Männer und Frauen dem jeweils anderen Geschlecht erzählten beziehungsweise von ihm erzählt bekamen, so zeigt sich, daß es bei den Frauenlügen mehr darum ging, die Empfindungen des anderen oder die Beziehung zu schützen, während es Männern mehr um die Erhaltung der eigenen Freiheit und Autonomie ging. Bei den zwölf »letzten Lügen«, die wir oben betrachteten, logen Frauen eher, um die Beziehung oder den Partner zu schützen. Sie übernahmen zu Unrecht die Verantwortung für etwas (»Es liegt nicht an dir, sondern an mir«), um niemandem mit einer direkten Äußerung ihrer Wünsche oder ihres Zorns zu nahe zu treten. Sie vertuschten das Unangenehme, um das schwache Ich ihres Freundes zu beruhigen oder eine Beziehung nicht zu belasten. Zwar können auch Männer aus all diesen Gründen lügen, doch tun sie dies eher mit einer strategischen Absicht – um zu gewinnen, einen Vorteil zu erlangen oder negative Folgen zu vermeiden, wie zum Beispiel den Zorn einer Frau zu erregen.

Die zwölf »Pat«-Lügen, die wir oben besprochen haben, lassen markante Unterschiede erkennen, wie Männer und Frauen lügen. Wie definieren Männer und Frauen die Lüge? Glauben Sie, daß in diesen Definitionen ähnlich strukturierte Unterschiede zutage treten wie in den Berichten?

Zweite Runde des Lügenspiels: Definition der Lüge

Irgendwie sieht er schlecht aus. Nehmen wir an, daß er zuviel getrunken hat und Sie ihn von der Party nach Hause fahren, während er seinen Rausch ausschläft. Am nächsten Tag hat er nicht nur einen Kater, sondern kann sich obendrein an nichts mehr erinnern. Er fragt Sie anklagend: »Wieso glaubst du, daß ich zuviel getrunken hätte? Hast du vergessen, daß ich mich schon seit Tagen mit einer Grippe herumplage?« Sie fragen sich: Was ist los? Ist es eine Lüge, selektiver Gedächtnisverlust oder reines Ego? Was auch immer es ist: Werden Sie sich zusammensetzen und versuchen, dies zu klären?

Die meisten Frauen setzen sich erst relativ spät mit der Lüge konkret auseinander. Zunächst unternehmen sie alles mögliche, um sie nicht anerkennen und benennen zu müssen, finden Entschuldigungen für den Lügner und kaschieren das böse Wort mit einem Schwall von Euphemismen: Bluff, Schwindel, Falschinformation, Erfindung, unrichtige Darstellung, Übertreibung, Ausflucht, Eindruck schinden, Erinnerungslücke, die Wahrheit vertuschen, Geheimnis. Warum hören wir nicht auf, um den heißen Brei herumzureden, und nennen eine Lüge eine Lüge?

Wir haben viele Gründe dafür, eine Lüge anders zu nennen. Mehr als Männer scheinen Frauen zu zögern, bezüglich einer Unaufrichtigkeit Klartext zu reden, weil sie seine Empfindungen nicht verletzen und nicht unhöflich sein wollen. Dabei vermeiden sie weitgehend aus denselben Gründen wie Männer, eine Lüge auch eine Lüge zu nennen: um einer Gefahr auszuweichen, die Beziehung zu retten oder eine häßliche Wahrheit nicht sehen zu müssen.

Ein Teil des Problems ist jedoch semantischer Natur. Wir definieren unterschiedlich, was eine Lüge ist und was nicht. Wir glauben so lange, sie zu kennen, bis es soweit ist. Wenn wir den Lügner zur Rede stellen, tut er, als wären wir verrückt, und argumentiert in einer Weise, daß wir uns fragen, wie wir ihn je für einen Lügner halten konnten. Er wirkt so überzeugend, daß wir an unserem Verstand zweifeln. Könnte es sein, daß Männer und Frauen unterschiedlichen Standards folgen, wenn es darum geht, die Lüge in persönlichen Beziehungen zu definieren?

Versuchen Sie selbst, »Lüge« zu definieren. Was ist eine Lüge? Sprechen Sie Ihre Definition laut vor sich hin.

Sagten Sie eben, daß die Lüge eine Unwahrhaftigkeit oder Ungenauigkeit ist? Haben Sie hinzugefügt, eine unwahre Aussage sei eine Lüge, gleichgültig, ob der Lügner weiß oder nicht, was hinter seiner Aussage steckt. Dies ist die unpersönliche, Schwarzweißdefinition der Lüge, die mehr von den Männern, die ich interviewte, favorisiert wurde.

Wenn für Sie eine Lüge die Absicht eines Menschen ist, jemand anderen zu täuschen, ist Ihre Definition eher weiblich.

Frauen verstanden unter einer Lüge die Absicht zu täuschen, und nicht die faktische Abweichung von einer objektiven Wahrheit.

Männer definieren Lüge unpersönlich

Die von mir interviewten Männer betrachten die Lüge losgelöst von ihrer Absicht zu verletzen und von ihrer zerstörerischen Wirkung auf einen anderen Menschen. Sie definierten Lüge mit neutralen, nicht emotionell gefärbten Worten. Ihre harmlosen Definitionen der Lüge würden ganz gut in ein Handbuch für Konsumentenbetrug oder in den Gerichtssaal passen. Einige Beispiele, wie Männer Lüge definieren:

- »etwas Unwahres«
- »etwas, das es nicht gibt«
- »eine Umgehung der Wahrheit«

Selbst bei den sechzehn Prozent Männern, denen zufolge es auch auf die Absicht des Lügners ankam zu täuschen, bewiesen die Definitionen nur die kühle Neutralität von Berufsdiplomaten:

- »eine absichtliche Anpassung der Wahrheit«
- »falsche Darstellung einer Tatsache, die zu einem bestimmten Zweck irreführt«

Diese leidenschaftslosen Definitionen könnten vergessen lassen, daß die Zielscheibe der Lügen Wesen aus Fleisch und Blut sind, die die Konsequenzen zu tragen haben. Nur zwei der Männer, die ich interviewte, definierten die Lüge als eine unwahre Aussage, die Folgen für jemanden hat.

Etwa ein Drittel der Männer verwandelte die Lüge in eine »Halbwahrheit« oder eine »Unterschlagung wichtiger Informationen«, bevor sie sich zu einer anderen Definition herbeiließen. Einer von ihnen verlieh der Lüge gar etwas Heroisches, indem er sie als »eine Form der Problemlösung, die jedem aus der Patsche hilft«, definiert. Dabei handelte es sich um einen derjenigen Männer, in dessen Definition menschliches Leid vorkam; er verlieh seiner Definition jedoch eine verblüffende Wendung, indem er meinte, daß Lüge zwar Schmerzen verursache, doch erst dann, wenn »die Wahrheit herauskomme« und »die Lösung ruiniere«. Für ihn war die Wahrheit und nicht die Lüge der Problemverursacher.

Wie Frauen die Lüge definieren

Für Frauen sind Lügen etwas anderes. Was die Männer nicht wahrnahmen, stand bei den Frauen im Mittelpunkt. Das wesentliche Merkmal der Lüge bestand für fast die Hälfte der interviewten Frauen in der Absicht des Lügners und der Wirkung der Lüge. Frauen bemaßen die Schwere einer Lüge nach dem Schmerz, den sie verursachte, und nicht danach, wie weit sie von der materiellen Tatsache entfernt war. Beispiele hierfür sind:

- »etwas, das weh tut, das nicht wahr ist und mir weh tut, ein Vorwand, um die Wahrheit nicht wissen zu müssen«
- »eine Unwahrheit, deren Folgen einem anderen Menschen weh tun oder ihn verletzen«

So wie die Männer sehen einige Frauen die Lüge als eine rein technische Verletzung einer unpersönlichen Wahrheit; die meisten blicken jedoch auf den Schaden, den die Lüge in ihrem eigenen Leben angerichtet hatte, und wie sie ihn empfanden – und zwar bereits beim Definieren des Wortes.

Schwörst du, nichts als die Wahrheit zu sagen?

Vor Gericht schwört man feierlich, »die Wahrheit zu sagen, die reine Wahrheit und nichts als die Wahrheit, so wahr mir Gott helfe«. Danach steht man jedoch vor einem Dilemma: Man wird dazu verpflichtet, nur auf Fragen zu antworten. Doch wie soll beides miteinander verbunden sein? Das gleiche Dilemma findet sich in unseren Beziehungen: Fühlt man sich gewissermaßen an einen Eid gebunden, die ganze Wahrheit zu sagen, oder beantwortet man nur, was der Partner schlau genug ist zu fragen und stark genug zu hören? Wenn man alles sagt, setzt man vielleicht die Zuneigung des Partners aufs Spiel oder riskiert überhaupt das Ende der Beziehung. Wenn man jedoch genau auf die Fragen des Partners antwortet, lügt man nicht bereits, wenn man andere Wahrheiten zurückhält?

Nehmen wir an, Ihr Partner unterläßt es zu sagen, daß er nach der Arbeit mit einer attraktiven neuen Mitarbeiterin etwas trinken gegangen ist. Sie fühlen sich verletzt, meinen, daß er Sie hintergehen wollte, und sagen es ihm auch. Statt aber eine Erklärung zu geben oder sich zu entschuldigen, ist er empört, daß Sie sein Verschweigen der Wahrheit als Lüge bezeichnen. Er schwört, daß er Sie nie belügen würde, doch Sie empfinden es dennoch als Lüge. Für ihn war es ein harmloses Verschweigen. Für Sie ist es eine verdächtige und unerfreuliche Unterlassung, die Zweifel sät – kurz: eine Lüge.

Wer hat recht? Sie oder er?

Männer und Frauen sind geteilter Meinung darüber, ob es eine Lüge ist, die Wahrheit zu verschweigen. Selbst dann, wenn Sie einer Meinung zu sein scheinen, zeigt doch eine genauere Analyse ihrer Antworten, daß sie meilenweit voneinander entfernt sind. Die Frage: »Ist das Verschweigen der Wahrheit eine Lüge?« brachte viele Menschen in Verlegenheit.

Die meisten Männer fanden nichts dabei, ihren Frauen und Freundinnen möglicherweise unerfreuliche Informationen vorzuenthalten, solange sie nicht direkt logen. Siebzig Prozent der Frauen waren sich aber ebenso sicher, daß Verschweigen eine echte Lüge darstellt.

Daß es hier ein Problem gibt, ist klar. Wenn ein Mann vor einer Frau etwas Wichtiges verbirgt, betrachtet er sich nicht so schnell als Lügner wie sie. Solange er die Tatsachen nicht eindeutig falsch dargestellt hat, fühlt er sich unschuldig. Ein Mann drückte dies so aus: »Wenn gar nichts gesagt wurde, wie kann das eine Lüge sein?« Oder er nimmt die klassische Haltung ein: »Stell mir keine Fragen, dann lüge ich nicht.« Wenn eine Frau also Fragen stellt und er lügt, liegt die Schuld bei ihr, denn sie hat darauf bestanden, ihn auszufragen. Nach seiner Meinung hat er sich nichts vorzuwerfen. Für sie beabsichtigte er jedoch, sie zu täuschen. Sein Verschweigen und die anschließende Lüge schmerzen sie. Für sie ist alles zusammen eine Lüge. Die folgenden Zitate belegen, daß für Frauen das Verschweigen der Wahrheit eine Lüge ist:

- »Verschweigen ist eine Lüge... ›Trauerst du ihr nach?‹ ›Nein.‹ Natürlich nicht, weil er sich mit ihr getroffen hat. Formal gesehen war es die Wahrheit.«
- »Zu tun, als ob, ist auch eine Lüge. Wenn er mich glauben macht, daß ihm die Beziehung mehr bedeutet, als es wirklich der Fall ist, dann ist dies eine Lüge.«
- »Verschweigen ist Täuschung. Nicht ganz aufrichtig zu sein ist häßlich... es ist eine Lüge.«

Betrachten wir nun die Antworten jener Männer, die ebenfalls der Meinung sind, daß ein Verschweigen der Wahrheit eine Lüge darstellt, doch ihre Antworten erheblich einschränken und relativieren:

- »...ich kenne die Wahrheit und verschweige sie bewußt. ›Welche Zeitschriften habe ich abonniert?‹ ›Time, Newsweek, Playboy.‹ Wenn ich den Playboy auslasse, habe ich dann gelogen? ...Ich habe nichts Unwahres gesagt. Ich habe die eigentliche Frage nicht beantwortet.«

- »Es handelt sich nur dann um eine Lüge, wenn man ausdrücklich dazu aufgefordert wurde, die Wahrheit zu sagen.«
- »Nur dann, wenn man eine wesentliche Tatsache verschweigt.«
- »Was ich nicht gefragt wurde, brauche ich nicht zu sagen.«

Manche Männer halten den Grundsatz, die ganze Wahrheit sagen zu müssen, für eine überzogene Aufdringlichkeit – wie jener junge Mann, der mich fragte: »Hat man das Recht, seine ›gedanklichen Sünden‹ für sich zu behalten, oder muß man sie zugeben wie reale Handlungen?« Die meisten Frauen hielten sich nicht mit logischen Details auf. Wenn eine verschwiegene Wahrheit Schaden verursachte und in die Irre führte, war dies für sie eine Lüge. Auch die wenigen Frauen, die ein Verschweigen der Wahrheit nicht als Lüge betrachteten, berücksichtigten dennoch Absicht und Ergebnis. Sie fragten danach, welchen Schaden eine verschwiegene Wahrheit, ohne eine Lüge zu sein, in einer Beziehung anrichten könne:

- »Wenn man etwas sagt, das völlig der Wahrheit entspricht, aber den Rest verschweigt... dann ist es formal gesehen keine Lüge, aber man kann damit jemand anderen täuschen.«
- »...wenn keine böse Absicht dahintersteckt, ist es keine Lüge.«

Manche Frauen bezogen auch ihre spezifischen Ängste und ihre Ambivalenz bezüglich der möglichen Aufdeckung einer unerwünschten verschwiegenen Wahrheit in ihre Definition mit ein: »Ganz im Inneren wußte ich, daß er schon die ganze Zeit log, aber ich wollte es nicht wissen. Soll man bei Teilwahrheiten nachhaken? Soll man fragen: ›Warum hast du mich nicht wieder angerufen?‹ Und wenn er dann sagt: ›Weil ich eingeschlafen bin‹, soll ich dann fragen: ›Allein oder mit jemand anderem?‹«

Als Belogene wägt man ständig das Unbehagen der Lüge gegenüber dem Unbehagen der Wahrheit ab.

Runde drei des Lügenspiels: Reaktionen auf die Lüge

»Ich möchte mir nicht eingestehen, daß ich belogen wurde. Ich komme mir dann naiv vor.«

Vertreterin, 35, verheiratet

Nehmen wir an, daß Sie jemand, den Sie mögen, belogen hat, und Sie sind dahintergekommen. Sie sind sich ziemlich sicher, daß der Betreffende etwas zu locker mit der Wahrheit umgegangen ist. Wie reagieren Sie?

Wie Sie auf die Lüge reagieren

1. **Leugnen:** Sie blicken taktvoll in die andere Richtung; Sie tun so, als ob nichts geschehen wäre.
2. **Sich selbst die Schuld geben:** Sie suchen tief in Ihrem Inneren, ob Sie die Lüge provoziert haben könnten.
3. **Zur Rede stellen:** Sie fordern wütend die Wahrheit ein, nichts als die Wahrheit.
4. **Sich aufregen:** Sie werden ganz hektisch und können sich nicht mehr beruhigen.
5. **Kichern:** Sie amüsieren sich und lachen herzhaft.
6. **Diskutieren:** Sie fordern eine sofortige intensive Aussprache, um die Angelegenheit zu klären.
7. **Schluß machen:** Sie wollen mit dem/der Betreffenden nichts mehr zu tun haben.

Zwar können die oben genannten Reaktionen bei Männern und Frauen in gleicher Form auftreten, doch haben meine Interviews und Forschungsarbeiten gezeigt, daß belogene Frauen eher dazu neigen, die Lüge zu leugnen (Antwort 1), sich selbst statt dem Lügner die Schuld zu geben (Antwort 2), die Umstände der Lüge fortwährend zu wiederholen (Antwort 4) oder ein Gespräch über das Geschehene zu verlangen (Antwort 6). Belogene Männer neigen hingegen eher dazu, die Lügnerin zur Rede zu stellen (Antwort 3), sich über die Lüge zu amüsieren (Antwort 4) und/oder die Beziehung zu beenden (Antwort 7). Also Ring frei für Runde drei des Lügenspiels, bei dem Männer und Frauen auf die Lüge und das Belogenwerden aus ihrer geschlechtsspezifischen Perspektive reagieren.

Männer und Frauen gehen mit Lügen so um, wie sie erzogen wurden. Wir übernehmen jene Rolle, die wir für einen Mann beziehungsweise eine Frau in unserer Kultur als angemessen betrachten. Wenn sich also ein Mann sicher ist, daß er belogen wurde, diktiert ihm sein Männlichkeitsempfinden, einen Verlust seiner Macht und Dominanz zu vermeiden. Um sein Gesicht zu wahren, kann er die ihm durch die Lüge zugefügte Verletzung abschwächen, indem er entweder darüber lacht oder in die Rolle desjenigen schlüpft, dem ein Unrecht widerfahren ist. Zumindest wird die Lüge nicht an ihm nagen, und er wird sich nicht die Schuld geben, wodurch er in der Machthierarchie nach unten rutschen würde. Wahrscheinlicher ist, daß er der Lügnerin Vorwürfe macht und die Situation zu seinen Gunsten wendet. Wie jede geschädigte Partei im Gerichts-TV stellt er die Gerechtigkeit wieder her, indem er Schadensersatz fordert. In diesem Fall wird er jedoch mit Macht und nicht mit Geld entschädigt. Die Lügnerin hat ihm die Gelegenheit gegeben, das männliche Recht einer legitimen Verteidigung auszuüben. Kurz, seine männliche Rolle verlangt es, daß er zum Hüter der Gerechtigkeit und nicht der Beziehung wird. Wenn Sie ihn also belügen, brauchen Sie nicht zu erwarten, daß er freundlich lächelt und wegsieht oder aber sich endlos den Kopf über eine eventuelle Mitschuld an der Lüge zerbricht. Wahrscheinlicher ist, daß er die Beziehung der Wiederherstellung von Macht und Gerechtigkeit unterordnet.

Eine belogene Frau reagiert anders. Selbst wenn die Lüge ihr weh tut, neigt sie mehr dazu, sie in den Kontext dessen zu stellen, was ihr wichtig erscheint, nämlich die Erhaltung der Beziehung. Keine Rede also von Drohungen und wütenden Auseinandersetzungen. Sie wird versuchen, die Wogen zu glätten, indem sie höflich über die Lüge hinwegsieht oder versucht, einen Sinn hinter der Lüge zu entdecken, gleichgültig, wie niederträchtig oder unbegreiflich die Lüge zunächst erscheint. Wenn es einen verborgenen Grund gibt, warum sie belogen wurde, fragt sie sich: »Könnte es an mir liegen?« Sie ist eher gedemütigt und beschämt als wütend und fragt sich, was sie nur angestellt hat, daß dieser doch so anständige Mann sie belog. Wie es auch ausgeht und wie wütend sie letztendlich sein wird, sie wird eher sich selbst als dem Lügner die Schuld geben. Vielleicht schluckt sie sogar den ersten aufwallenden Zorn und entscheidet sich für ein Gespräch und Nachsicht. Sie kennt schließlich ihre weibliche Rolle, die darin besteht, Hüterin der Beziehung zu sein. Die Wiederherstellung der Gerechtigkeit kommt erst an zweiter Stelle.

Als ich Frauen befragte, warum sie trotz offensichtlicher Beweise des Gegenteils eine Lüge glaubten, argumentierten sie durchwegs mit der Erhaltung der Beziehung. Dies deckt sich genau mit den Erkenntnissen der Harvard-Psychologin Carol Gilligan, die sie in ihrem 1982 erschienenen bahnbrechenden Buch *In a Different Voice* (dt. *Die andere Stimme*, München 1987) über geschlechtsspezifische Unterschiede bei ethischen Erwägungen beschrieb. Gilligan zeigt ausführlich, daß Frauen Verbundenheit und Beziehungen den Vorrang geben, Männer hingegen der Getrenntheit und der Durchsetzung von Gerechtigkeit.

Über die Lüge grübeln

Welches Geschlecht gerät mehr ins Grübeln, wenn es belogen wurde? Hier sind die Frauen klare »Siegerinnen«. Praktisch alle interviewten Frauen (nicht weniger als siebenundneunzig Prozent!) erklärten, sie würden bei Lügen heftig ins Grübeln geraten. Manche brüteten wochen- und monatelang über einer Lüge, um eine Erklärung zu finden, als ob durch das Nachdenken eine grundlegende, noch verborgene Wahrheit zum Vorschein kommen könnte. Sie rekonstruierten die Lüge, um herauszufinden, »ob nicht ein Körnchen Wahrheit darin liegt« oder ob es Anhaltspunkte dafür gibt, daß sie vielleicht selbst die Schuld tragen. Wie einst die Alchemisten versuchten sie, die unbegreifliche und schmerzliche Lüge in ein begreifbares Goldkörnchen zu verwandeln.

Zum Beispiel Gina, eine sechsundzwanzigjährige, verheiratete Requisiteurin, die erheitert sagte: »Nachgrübeln? Ich weiß noch genau, was ich anhatte und wo ich saß, als die Lüge geschah. Ich kann sie nicht wegschieben. Ich möchte genau in Erinnerung behalten, wie es geschah, damit es nicht wieder geschieht.«

Dagegen erklärten fünfunddreißig Prozent der Männer, daß sie nicht lange über die Lüge nachdächten. Einige von ihnen behaupteten, sie fänden weibliche Lügen eher zum Lachen. Umgekehrt sagte keine einzige Frau, sie würde es lustig finden, von einem Mann belogen zu werden. Len, ein dreiundzwanzigjähriger, alleinstehender Informatiker, behauptete, daß es ihm egal sei, wenn ihn eine Frau belügt: »Ich finde es höchstens witzig, wenn eine Frau nicht die Wahrheit sagt.« Insbesondere die Gruppe unter dreißig betrachtete die Frauenlügen (und ihre eigenen) als kreativ, sexy und aufregend.

Dem Lügner oder sich selbst Vorwürfe machen

Wenn Marla, eine Jurastudentin, belogen wird, bekommt sie »Selbstzweifel«; sie hat das Gefühl, daß etwas mit ihr »nicht in Ordnung ist« und empfindet »Ekel« darüber, daß sie so »dumm und naiv« sei. Sie gibt sich selbst die Schuld. Marla ist erst fünfundzwanzig, aber sie wird noch in zehn oder zwanzig Jahren wie viele andere Frauen die Schuld bei sich selbst suchen. Benita, eine siebenunddreißigjährige Sekretärin, macht sich Vorwürfe, daß sie, was das Lügen betrifft, älter, aber nicht klüger geworden sei: »Ich könnte mich jedesmal selbst in den Hintern treten, wenn ich belogen wurde. Wie konnte ich nur so blind sein und nichts bemerken?« Und sie fügt hoffnungsvoll hinzu: »Vielleicht bin ich beim nächsten Mal schlauer.«

Oder nehmen wir als Beispiel die dreiunddreißigjährige Buchhalterin, die ihren Freund mit seiner »platonischen Freundin« im Bett erwischte und sich selbst statt ihm Vorwürfe machte: »Suche ich mir die falschen Menschen aus? Glaube ich ihnen, weil ich ihnen glauben möchte? Oder ist es einfach so passiert?... Mache ich etwas falsch? Es kann kein Zufall sein, daß mich jemand in dieser Hinsicht belügt. Welche Rolle spiele ich? Ich möchte es wissen, damit ich mich wieder unter Kontrolle habe und mir dies nicht noch einhunderttausendmal im Leben passiert.«

Selbst bei der Gruppe über vierzig sahen es viele Frauen wie Sally, eine fünfundvierzigjährige geschiedene Verkäuferin, die zunächst ihrem Zorn auf lügende Männer freien Lauf ließ, ihn aber anschließend gegen sich selbst richtete: »Ich bin wütend, wenn ich belogen werde. Ich möchte auf den Betreffenden losgehen und ihn fragen: ›Warum mußtest du mich belügen? Warum warst du nicht ehrlich und hast mir nicht die Chance einer Entscheidung gegeben?‹ Ich kann ihnen danach überhaupt nichts mehr glauben. Ich komme mir wie eine Versagerin vor. Warum hat dieser Mann mich belogen? Steht mir irgendwo auf den Leib geschrieben: ›Mich darf man belügen?‹«

Ein weiteres gutes Beispiel ist die vierzigjährige Dawn. Sie wurde von einem Mann geschwängert, der ihr sagte, daß er seit eineinhalb Jahren von einer Frau namens Sara geschieden sei. Nachdem er die Beziehung mit Dawn beendet hatte (»Die Beziehung wird mir zu eng... ich bin noch nicht so weit, daß ich häuslich werden könnte«), ging sie zum Rathaus, um sich die Scheidungsurkunde zeigen zu lassen. Statt dessen stellte sie fest, daß er verheiratet war. Als sie ihn zur Rede stellte, gab er zu, mit Sara noch verheiratet zu sein. Wie reagierte Dawn? »Ich zweifelte an mir selbst, an meiner Menschenkenntnis... und zog mich zurück.«

Nur die wenigsten Männer hingegen suchen die Schuld bei sich selbst, wenn sie Opfer der Lüge einer Frau werden. Ein einziger der interviewten Männer (gegenüber einem Dutzend Frauen) nahm die Schuld dafür auf sich, daß er von einer Frau belogen wurde. Wenn Männer sich darüber ärgern, daß sie belogen wurden, schienen sie wenig Mühe zu haben, der Frau die Schuld zu geben oder die Beziehung zu beenden. Ein alleinstehender Arzt sagte allen Frauen, die er bei einer Lüge ertappte: »Ruf mich in zwei Wochen wieder an – ich habe gerade viel zu tun.«

Selbst Männer in gesicherten Ehen mit einer guten Vertrauensbasis sind manchmal insgeheim über eine Lüge froh, die ihnen zum Anlaß dienen könnte, die Beziehung zu beenden. Jack, ein sechsundvierzigjähriger Betriebsleiter, erklärte, daß seine Frau ihn nie belüge. Doch wenn sie es jemals täte, fügte er hinzu, würde er rasch und entschieden handeln. Er würde es ihr sagen und die Beziehung beenden. Keine einzige der von mir interviewten Frauen zeigte die Bereitschaft, eine Beziehung auf der Grundlage einer einzigen Lüge zu beenden. Sie hätten zumindest Monate darüber nachgedacht und versucht, die Lüge aus seiner Sicht zu verstehen.

Aus der Sackgasse des Lügenspiels herauskommen

Männer gehen auf Distanz zur Lüge, betrachten sie als amüsant oder beenden die Beziehung. Frauen nehmen die Lüge tief in sich auf, grübeln über Grund und Zweck der Lüge nach, suchen die Schuld bei sich selbst, fühlen sich unterlegen und versuchen, einer schmerzlichen Täuschung eine positive Wendung zu geben. Ein belogener oder lügender Mann versucht hingegen eher, seine Macht und Autonomie wiederherzustellen. Frauen sind oft bereit, alles zu unternehmen, um die Beziehung zu retten.

Wie kann man aus der Sackgasse herauskommen? Die Herausforderung besteht darin, das klassische Mißverständnis der Reaktionen von Männern und Frauen auf Lügen zu überwinden. Dieses Mißverständnis hat seine letzte Ursache darin, daß jedes Geschlecht in seiner eigenen Perspektive festgefahren ist.

Die Lösung besteht folglich darin, daß jedes Geschlecht sich aus seiner eigenen Perspektive löst und versucht, die Lüge aus der Sicht des anderen und des anderen Geschlechts zu verstehen. Frauen und Männer können die ungeschriebenen Regeln und Auswirkungen des Lügenspiels nachhaltig ändern, indem sie voneinander lernen. Schließlich steht viel auf dem Spiel. Wenn wir das innere Mißverständnis zwischen Männern und Frauen beim Lügenspiel nicht durchbrechen, werden Enttäuschung und Verwirrung auf beiden Seiten der Lüge weiterbestehen.

Männer können von Frauen lernen, die Beziehung zu pflegen und nicht nur auf ihre Macht und Dominanz zu achten. Sie sollten die Wirkung der Lüge auf das Vertrauensverhältnis zu ihrer Partnerin berücksichtigen.

Frauen können von Männern lernen, sich besser zu behaupten, besser auf ihren Rechten zu bestehen und wieder zu geordneten Verhältnissen zu finden, indem sie den Lügner zur Rede stellen. Frauen müssen auch lernen, in Worte zu fassen, welche Wirkung die Lüge auf sie hat, und die Verantwortung dafür beim Lügner und nicht bei sich selbst zu suchen.

Der erste Schritt bei diesem Prozeß besteht darin zu verstehen, wie Männer das Lügenspiel spielen und wie Frauen darauf reagieren. Auf den folgenden Seiten werden wir uns mit den vielfältigen Formen der Männerlügen auseinandersetzen. Beginnen wir mit den Lügen bei den ersten Begegnungen, bei Flirts und beim Ködern, mit denen er sich in ein gutes Licht rückt und die Frau in seine Welt hineinzieht.

TEIL II

Lügen als Köder

Kapitel 3

Lüge auf den ersten Blick

Vor einigen Monaten behauptete ein Mann in der Bäckerei, wir wären auf das gleiche Gymnasium gegangen.

Buchhalterin, 33, verheiratet

Sie sagen mir immer, wie jung ich aussehe, wie attraktiv ich bin... vielleicht meinen sie es auch.

Büroangestellte, 40, alleinstehend

Ich war in Las Vegas, und dieser Typ kam zu mir und sagte: »Sie gewinnen ja dauernd – möchten Sie nicht beim Black Jack meine Glücksfee sein?«

Innenarchitektin, 37, geschieden

Das ist doch nicht schlimm. So kann es wenigstens weitergehen... Wenn mich eine Frau beim Flirten fragt: »Wie viele Geschlechtskrankheiten hatten Sie?« und ich antworte »Sechs«, dann ist das für die Beziehung nicht gut.

Bankangestellter, 25, alleinstehend

Sie brauchen mir keine Lügen zu erzählen. Ich bin auch so interessiert an ihnen.

MTA, 32, verheiratet

Das Spektrum der Lügen bei der ersten Begegnung reicht von belanglosem Flirt bis zu grellen Übertreibungen. Vielleicht glauben Sie schon alle zu kennen. Vielleicht haben Sie einiges davon selbst geglaubt. Lügen bei der ersten Begegnung dienen dem Zweck, Ihnen zu schmeicheln, Sie in Sicherheit zu wiegen und zu beeindrucken, bevor Sie die Tatsachen erfahren. Man kann sich ihnen jedoch nur schwer entziehen, weil sie in diesem Moment so passend sind. Sie sprechen unsere von den Magazinen propagierten zuckersüßen Phantasievorstellungen an, wie Mann und Frau sich in jenen ersten atemlosen Augenblicken angeblich verhalten.

Dabei vergißt man nur allzuleicht, daß solche Lügen dazu dienen, Sie zu etwas zu verführen, das Sie vielleicht weder erwarten noch wollen. Sicher ist jedenfalls, daß es keine zufälligen Ereignisse sind. Sie dienen der Verführung und erinnern an Paarungsrituale aus dem Tierreich. Köderlügen stumpfen die natürliche Skepsis ab und halten das Interesse an demjenigen wach, der sie benutzt.

Wenn man über einen Mann noch nicht viel weiß, der einen beschwatzt, dann sind diese Lügen eine geschickte Fiktion, die Eindruck schindet und den Betreffenden interessant erscheinen läßt. Die Gefahr besteht darin, daß sie als harmlose Schmeicheleien erscheinen, während sie in Wahrheit eine Täuschung sind. Die umgekehrte Variante ist weniger riskant: Man hält seine harmlose Aufschneiderei für etwas viel Schlimmeres und täuscht sich vielleicht in jemandem, der gut zu einem gepaßt hätte. Natürlich gehören immer zwei dazu, wenn eine Lüge bei der ersten Begegnung Erfolg hat. Vergessen Sie nicht, daß es nicht nur von ihm abhängt, wieviel Sie von seinen Geschichten glauben, sondern ebensosehr von Ihnen selbst.

Lügen auf den ersten Blick können dem Ego einen kräftigen Schub verleihen. Wer würde ihnen nicht erliegen? Im Supermarkt strahlt Sie ein Mann, den Sie noch nie gesehen haben, in der Schlange an der Kasse an: »Sie haben das schönste Haar, das ich jemals gesehen habe«, oder: »Ich kann gar nicht glauben, daß Sie schon zwei erwachsene Kinder haben!«, und Sie fühlen sich den ganzen Tag beschwingt.

Manchmal wirken solche Lügen entwaffnend. Das Herz öffnet sich für diesen Mann. Er kommt bei der Weihnachtsfeier in der Firma auf Sie zu und gesteht Ihnen: »Was Frauen betrifft, bin ich ein gebranntes Kind. Aber Sie sind die erste Frau, zu der ich mich seit meiner Scheidung hingezogen fühle.«

Manche Lügen bei der ersten Begegnung kommen im Gewand reiner Informationen über den Lügner daher. Sie fragen sich, warum dieser Mann, dem Sie eben im Zug begegnet sind, Ihnen seine Einkaufsgewohnheiten oder die Einzelheiten seiner Herkunft enthüllt: »Ich kaufe jedes Jahr einen neuen BMW«, oder »Ich bin auf einer Tausendhektar-Ranch etwa zweihundert Kilometer von hier aufgewachsen.« Weil Sie sich aber nicht vorstellen können, warum er Sie belügen sollte, glauben Sie ihm.

Manchmal dienen diese Lügen nur dem Zeitvertreib. Sie haben keinen anderen Zweck, als Ihnen beiden bei der Hochzeit eines gemeinsamen Freundes oder an einem verregneten Nachmittag die Langeweile zu vertreiben.

Oft genug sollten sie jedoch der Anlaß sein, daß Sie rasch das Weite suchen.

Wenn er erklärt, daß er nicht trinkt und vor dem Essen eine Flasche Wein bestellt, wenn er sagt, daß er nie verheiratet war und Sie gerade erfahren haben, daß er das Sorgerecht für die Kinder hat, dann sollten Sie dies als Fingerzeig Ihres Schutzengels ernst nehmen und dem nächsten Ausgang zustreben. Wenn seine Selbstdarstellung von Anfang an nicht mit seinem Verhalten übereinstimmt, dann hat Ihnen dieser Mann den großen Gefallen getan, seine Karten frühzeitig aufzudecken.

Es lohnt sich, diese Köder lange und gründlich zu begutachten, bevor man anbeißt. Andererseits sollte man nicht vergessen, daß nicht alle Lügen bei der ersten Begegnung einen Schaden anrichten müssen. Auch wenn die Absicht besteht, in die Irre zu führen, gibt es verschiedene Arten solcher Lügen.

Flirten kann Spaß machen, wenn man es als das zu nehmen versteht, was es ist.

Andererseits kann auch ein harmloser Flirt seinen Tribut fordern. In einer Zeit, in der *political correctness* auch in die Sphäre der Liebe und des Privatlebens einzudringen beginnt, könnte dieser Tribut öfter von Männern gefordert werden, die diese Dimensionen mißachten, als von Frauen.

Weitere Lügen »der ersten Art«? Zum Beispiel die altmodischen und viel geschmähten, teils amüsanten, teils irritierenden Köderphrasen, oder die teils erheiternden, teils verheerenden Froschkönig-Lügen, die ihn buchstäblich zu gut erscheinen lassen, um wahr zu sein. Mit diesen Froschkönig-Lügen befassen wir uns im nächsten Kapitel.

Betrachten wir zunächst zwei dieser Lügen, die am Anfang von Beziehungen, Flirts und Köderphasen stehen, und prüfen wir, wie mit ihnen umzugehen ist.

Begünstigen Flirtrituale das Lügen?

Wir kennen das uralte, romantische Ritual: ein Lächeln, eine Geste, die Blicke kreuzen sich. Wärme erfüllt den Raum, und alle Menschen im Umkreis versinken hinter einem Dunstschleier. Durch den Flirt signalisiert er Ihnen sein Interesse. Wenn Sie dasselbe tun, begeben sich zwei Fremde durch einen Raum in dieselbe behagliche Hülle. Man hat das Gefühl, daß alles möglich ist.

Schuld daran ist das Muster, nach dem wir programmiert sind. Beide Geschlechter der menschlichen Gattung benutzen bestimmte angeborene Blicke, Gesten und Andeutungen, um einem attraktiven Paarungspartner ihr Interesse zu signalisieren. Das Ziel unserer Signale soll auf uns aufmerksam werden, Kontakt aufnehmen, Interesse zeigen, uns beeindrucken und uns Wohlbehagen bereiten. Wir möchten ihm nahe genug kommen, um eine Entscheidung zu fällen und entweder handelseins zu werden oder mit einem anderen Partner einen neuen Versuch zu wagen.

Das Flirtritual, teils Spaß, teils tierähnliches Verhalten, erfüllt seinen Zweck. Denken Sie an Ihre eigenen Flirterfahrungen. Haben Sie es einmal erlebt, daß ein Flirt zu schön war, um wahr zu sein, und daß er auch nicht wahr sein durfte? Wann und wie wird ein Flirt also zu einer Lüge?

Flirten: unterschiedliche Absichten, Wahrnehmungen und Erwartungen

Wie man definiert, was unschuldig und was unaufrichtig ist, hängt davon ab, was man erwartet. Das Wörterbuch definiert »flirten« als »dem anderen Geschlecht gegenüber mit Worten und Blicken spielen« (Wahrig). Wenn es für beide nur ein Spiel ist, wäre nichts dagegen einzuwenden. Wenn jedoch nur er derjenige ist, der spielen will, während sie es ernst meint, kann aus einem harmlosen Flirt eine möglicherweise folgenschwere Lüge werden. Wenn Sie seine beiläufige Bemerkung, das Gespräch mit Ihnen sei das beste gewesen, das er seit Jahren geführt hätte, für bare Münze nehmen, nachdem nur geplaudert wurde, laufen Sie Gefahr, seelisch verletzt zu werden, wenn er Sie nicht anruft, und werden schließlich das Gefühl haben, belogen worden zu sein.

Doch wie soll man wissen, wie es jemand meint, wenn man bei der ersten Begegnung nur spärliche Hinweise erhält? Was ein anderer vorhat, läßt sich erst im Laufe der Zeit erkennen. Hat das Ganze etwas Spielerisches? Hat er nur vor, sich (und vielleicht auch Sie) zu amüsieren, oder signalisiert sein Flirt seine echte Bereitschaft, Ihr aufkeimendes Interesse einen Schritt weiter zu führen? Dies ist nur in Erfahrung zu bringen, wenn man sich mehr auf den Flirt einläßt – und hierin liegt die ganze Gefahr.

Männer und Frauen können ganz unterschiedlicher Auffassung darüber sein, was das erste Erröten bedeutet und wo es hinführen soll. Wenn Sie sich ein gemütliches Abendessen zum Wochenausklang erhofft haben, um ihn besser kennenzulernen, während er von wildem Sex in der kommenden Nacht träumt, ist für beide die Enttäuschung vorprogrammiert. Abwarten heißt die Devise, und nur Sie selbst können sich schützen. Trau, schau, wem!

Mit den Augen des Betrachters

Er tut so, als ob es im Raum nur Sie gäbe. Er läßt Sie nicht aus den Augen, seine Art zu sprechen ist sexy. Funken sprühen. Die Sinnlichkeit ist fast physisch greifbar. Ist sein übertriebenes Interesse an Ihnen in diesem Fall eine Lüge oder eine gesellschaftliche Kunstform? Es kommt immer auf die Betrachtungsweise an.

Ob man es mit einem erfolgreichen Flirt oder einer abstoßenden Lüge zu tun hat, hängt davon ab, inwieweit Sie beide bezüglich der nachfolgenden Aspekte des Flirts synchron sind:

- Verspieltheit
- Vorspiegelung
- Parität
- *Political correctness*

Verspieltheit

Nehmen wir an, es handelt sich um eine Augenblicksbekanntschaft. Sie haben einfach Spaß miteinander. Sie könnten beide verheiratet sein. Macht nichts: Wenn Sie den Bahnhof verlassen, sehen Sie sich vielleicht nie mehr wieder. In diesem Augenblick aber vereinbaren Sie stillschweigend, all dies zu vergessen. Ihre Augen können nicht mehr voneinander lassen. Während der nächsten Viertelstunde tritt das Alltagsleben in den Hintergrund. Sie beginnen einen fesselnden, sexy Dialog, indem Sie Ihre gegenseitige Wertschätzung zu erkennen geben. Wenn es später vorbei ist, ist es eben vorbei. Sie wissen beide, daß es nur ein Vorspiel war. Keine Probleme, keine Lügen, keine Wunden. Sie haben sich beide einfach amüsiert.

Vorspiegelung

Machen wir uns nichts vor: Oft steckt hinter den Flirts und Phrasen, die zwei Fremde miteinander austauschen, um ins Gespräch zu kommen, nichts weiter als das flüchtige Interesse zweier Menschen aneinander. Hier beginnt die Schauspielerei.

In der Magie des Augenblicks willigen beide ein, so zu tun, als ob das Falsche echt wäre. Sie treffen die stillschweigende Vereinbarung, die Wirklichkeit auf Distanz zu halten. Sie tun so, als ob Sie die faszinierendsten Menschen der Welt wären. Ihr Leben wäre Stoff für *Vogue*. Sie sind Bacall, er ist Bogart. Ihr Partner hat Ihre ganze Aufmerksamkeit verdient und Sie die seine. Sie verbergen, wer Sie wirklich sind, und heben Ihre besten, witzigsten und kreativsten Seiten hervor. Beide schmücken Sie Ihre Vorzüge ganz unverfroren aus. Selbst wenn Ihnen die Stelle gekündigt wurde und Ihre Ehe ein Scherbenhaufen ist, tun Sie so, als ob alles in bester Ordnung wäre. Vielleicht tun Sie sogar so, als ob Sie eine gemeinsame Zukunft haben könnten, obwohl Sie beide genau wissen, daß alles nicht für die Ewigkeit ist.

Vielleicht benutzen Sie die Schauspielerei sogar, um Um stände zu erfinden, die es ermöglichen, den Kontakt herzustellen und fortzuführen. Sie tun so, als ob Sie sich verlaufen hätten, obwohl Sie zwei Häuserblocks weiter aufgewachsen sind, oder Sie fragen höflich, wieviel Waschpulver in die Maschine gegeben werden muß, obwohl dies ganz genau auf dem Karton steht. Sie bitten jemanden, ein Foto von Ihnen zu machen, obwohl Sie gar keinen Film eingelegt haben (eine Technik, die Jill Jillson in ihrem Buch *Fine Art of Flirting* empfiehlt). Alles ist erlaubt, auch die kleinen Schwindeleien – für diesen Augenblick.

Solange beide Partner nicht den Blick für die Tatsache verlieren, daß alles nur Schauspielerei ist, können aus solchen Flirts kaum Lügen werden.

Probleme entstehen, wenn zwei Menschen hinsichtlich der tückischen Dimension von Parität und *political correctness* unterschiedliche Auffassungen haben. In diesem Fall kann aus einem Flirt, der zunächst nur ein harmloser Spaß war, schnell eine irreführende Lüge werden. Wenn keine Parität besteht und/oder *political correctness* den Hintergrund für Flirts, Phrasen oder andere Köder zu Beginn einer Beziehung bildet, ist Irritation statt Erotik angesagt.

Parität

Parität bedeutet Einvernehmen. Sie vertreten beide einen ähnlichen Standpunkt. Parität auf jeder Stufe einer Beziehung besteht, wenn beide stillschweigend oder ausdrücklich die Lage ähnlich beurteilen. Sie wissen etwa beide, daß es sich um eine spielerische Begegnung handelt – keine Verpflichtung zu einer Verabredung, geschweige denn zu einer dauerhaften Verbindung. Sie wissen beide, daß Sie durchaus nicht so unwiderstehlich oder faszinierend sind. Sie akzeptieren, daß ein guter Teil desjenigen, was bei Ihrer Begegnung gesagt wird, reine Übertreibung oder Erfindung ist. Wenn Sie dies beide wissen, dann gibt es keine Probleme.

Wenn allerdings einer von beiden den Gang der Dinge anders beurteilt, ist es mit der Parität vorbei, und es entsteht ein Mißverständnis. Am Ende des Abends wird sich einer von beiden getäuscht vorkommen. Er sagt, er habe sich köstlich amüsiert. Sie sagen, daß er sich selbst, seine Absichten und sein Interesse an Ihnen rücksichtslos falsch dargestellt hätte. Dasselbe kann natürlich auch umgekehrt der Fall sein.

In den neunziger Jahren kommt hinzu, daß fehlende Parität oft mit *political correctness* vermischt wird.

»Political correctness«

Nehmen Sie einen Schuß männlichen Flirtversuch (er wirft einen anerkennenden Blick auf Sie) sowie ein Kompliment

(»Sie sind so hübsch – Sie müssen ein Model sein«), mischen Sie dies mit den neuen, strengeren Standards für geschlechtsneutrales, nichtsexistisches Verhalten, und Sie erhalten ein sicheres Rezept für sofortige Mißverständnisse und dauerhafte Schwierigkeiten.

Vielleicht möchte er nur einige Minuten spielerischen verbalen Kontakt mit Ihnen aufnehmen und gaukelt Ihnen mit einer Phrase, einer Andeutung oder Übertreibung größtes Interesse vor. Wenn er in naiver Weise annimmt, daß automatisches Einvernehmen besteht, kann dies heftige Reaktionen auslösen. Seine spielerischen Absichten können ganz andere und höchst unerfreuliche Folgen haben. Wenn Sie nicht nach seinen Regeln spielen wollen, könnten Sie sein Verhalten als beleidigend und sexistisch betrachten. Wenn Sie sein spielerisches Werben und sein harmloses Flirten für unangemessen oder ungebührlich halten, könnten Sie diese »Anmache« als herabwürdigend oder einschüchternd interpretieren.

Geschieht dies am Arbeitsplatz, so steht noch wesentlich mehr auf dem Spiel. Handelt es sich um eine amüsante Nekkerei, oder ist es sexuelle Belästigung? Wie Männer und Frauen unterschiedliche Auffassung davon haben, was eine Lüge ist, so sind sie auch unterschiedlicher Meinung darüber, welche Arten von Flirts und Kontaktversuchen eine sexuelle Belästigung darstellen.

Sie finden, daß seine Blicke und Anzüglichkeiten die Arbeitsatmosphäre vergiften. Dies könnte für Sie Anlaß genug sein, eine Beschwerde bei der Equal Employment Opportunity Commission (EEOC) einzureichen. Er ist entsetzt. Er hatte ja nichts weiter vor, als ein bißchen mit Ihnen zu schäkern! Ich höre immer mehr Männer darüber klagen, daß sie hinsichtlich ihrer Schmeicheleien und versteckten Andeutungen beim Essen mit einer Frau Selbstzensur üben müssen, um nicht als Belästiger dazustehen. Und ich höre auch, daß immer mehr Frauen unerwünschte und wiederholte Anzüglichkeiten als sexuelle Belästigung betrachten. Die Grundlagen solcher Anklagen sind oft Dialoge zwischen Mann und Frau, die in den Liebesfilmen der vierziger Jahre ohne weiteres akzeptiert worden wären, in der Arbeitswelt des Amerika der neunziger Jahre aber völlig fehl am Platz und unangemessen sind. Die Zeiten haben sich offensichtlich geändert. Andererseits ist die hastige Ausrede: »Es war nur als Flirt gemeint«, wenn ein Mann versucht, einer Frau sexuell zu nahe zu treten, eine Lüge, die die Irritation vermehrt, Frauen wütend macht und Flirten zu einem gefährlichen Spiel mit hohem Risiko werden läßt.

Parität ist das Kriterium

Wenn man weiß, wie, ist es keine Schwierigkeit, Flirt von Lüge zu unterscheiden. Wenn beide Beteiligten Flirt in derselben spielerischen Weise betrachten, dann ist man sich einig, daß dieses Verhalten der Situation angemessen ist, und man ist bezüglich der erwarteten Folgen »synchron«. Niemand wird anklagend mit dem Finger auf den anderen deuten und ihn als Lügner oder sonstwas bezeichnen. Hier besteht Parität.

Wenn hingegen einer von beiden Flirten als »Sport« betrachtet, der andere jedoch als ernsthaften Versuch zum Aufbau einer Beziehung, dann sind die Schwierigkeiten vorprogrammiert. Der ernsthaftere von beiden wird sich getäuscht oder betrogen fühlen. Jeder Wahrnehmende sieht die Wahrheit mit seinen Augen.

Prüfen wir nun anhand eines Beispiels aus den Interviews, wie sich das Kriterium Parität auswirkt.

Der Hochstapler: eine Maske für jeden Anlaß

Wes flirtet gerne, auch wenn man es ihm nicht ansieht. Er ist jetzt Anfang Vierzig, mit einer Frau glücklich verheiratet, die er vergöttert, und wohnt mit ihr und einigen Kindern in der Vorstadt. Er wirkt eher schüchtern. Was die meisten Menschen bei ihm nicht vermuten, ist sein phantasievolles Innenleben, das sich ab und zu in harmlosen Flirts Bahn bricht. Wes ist ein Meister der neckischen Aufschneiderei. Um seine Schüchternheit zu verbergen, wird er beim Flirten zum dreisten Hochstapler.

Flirt 1

Beispiel: eine Geschäftsreise, Wes war noch unverheiratet. Während des Fluges flirtete er mit einer attraktiven Frau, die neben ihm im Flugzeug saß. Im Interview erzählt er mir: »Ich erfinde die ganze Zeit etwas. Ich sagte dieser Frau, daß ich ein Fürst aus einem europäischen Land sei. Ich tat ganz ernsthaft. Ich wollte einfach sehen, wie weit sie mich bringen konnte. Wir gingen essen und setzten das Spiel fort. Sie ging darauf ein. Ich habe sie nie wiedergesehen.« Wie reagierte sie? Sie lachte anerkennend und spielte mit.

Wes weiß bis heute nicht, was sie ihm von seinen Geschichten wirklich abnahm. Er ist sich ziemlich sicher, daß sie ihm nicht glaubte, doch diese Ungewißheit machte das Spiel gerade interessant. Er war sich bewußt, daß er es mit der Wahrheit nicht so genau nahm, doch die Fragen, die sie ihm über sein Fürstenleben stellte, ließen ahnen, daß es ihr ziemlich gleichgültig war, ob seine Geschichten stimmten.

Zwei Reisende begegnen sich. Er erzählt eine dreiste Lüge. Sie erkennt, daß es nur ein Spaß ist und spielt mit. Sie amüsiert sich über die Absurdität seiner Geschichte, steuert einen Schuß ihres eigenen Humors bei und stachelt ihn dazu an, sich noch mehr einfallen zu lassen. Wie zwei Tanzende, die die Bewegungen des Partners genau wahrnehmen, wissen sie, daß es nur ein Tanz ist. Er führt, sie folgt ihm, alles ist in bester Ordnung. Sie imitieren sich gegenseitig und genießen den flüchtigen Augenblick.

Beide kennen die Spielregeln. Sie wissen, daß es nur zum Schein ist und stellen ihre Skepsis *für den Augenblick* zurück.

Es besteht Parität. Da beide die spielerische Aufschneiderei akzeptieren, bleiben die Lügen ohne Folgen.

Wir wissen nicht, wie die Frau das Ganze erlebte; bei Wes hinterließ der Abend jedenfalls ein gutes Gefühl. Beide Parteien spielten nach denselben Regeln. Ihre Begegnung hatte keine weiteren Folgen. Sie hatte ihren Zweck in sich selbst.

Flirt 2

Betrachten wir nun Wes' andere Geschichte, die weniger gut ausging und über die er nach mehr als fünfzehn Jahren immer noch spricht.

Während seines Jurastudiums ging er allein zu einem Tranztreff. Er kannte niemanden, trank sein Bier und kam sich als gesellschaftlicher Versager vor. Eine Frau neben ihm fragte ihn, wo er herkäme und was er in Chicago täte.

Wes erzählte: »Meine wahre berufliche Tätigkeit war profan und langweilig. Was ich erzählte, war ein Experiment, ein Versuch. Ich erfand etwas Dreistes, etwas so Haarsträubendes, daß es falsch sein mußte, aber es klang wahr. Es sollte sie zwingen, irgendwie zu reagieren. Im Grunde war es eine Eröffnungsfloskel, die dann irgendwie außer Kontrolle geriet.«

Wes fand, daß sie nicht sein Typ war. »Zu gewöhnlich, nicht besonders anziehend, zuviel Schmuck.«

Als sie ihn jedoch bezüglich seiner Herkunft ausfragte, meldete sich der verspielte Hochstapler in ihm.

»Ich sagte, daß mein Vater Halston sei, der berühmte Modedesigner. Sie sagte: ›Oh, Ihre Eltern sind Mr. und Mrs. Halston?‹ Ich sagte: ›Nein, sie sind Halston und Frau – mein Vater läßt sich von niemandem ›Mister‹ nennen.‹ Und so erzählte ich immer weiter, bis es mich langweilte. Sie aber war hypnotisiert. Ich hätte ein besseres Thema wählen sollen. Sie konnte nicht genug davon kriegen. Ich ging hinaus auf die Toilette. Sie folgte mir.«

An diesem Punkt wurde Wes klar, daß seine Flirtpartnerin nicht im mindesten auf Spielerei eingestellt war. Sie stand ganz im Banne des Stars, war fasziniert von seinem Status als

Sohn einer berühmten Persönlichkeit. Sie wollte alles wissen über seinen berühmten Vater. Er wollte nur weg.

Was für ihn ein Spaß war, nahm sie ernst. Hier bestand keine Parität. Es spricht für sich, was dann geschah: »Ich wartete einige Minuten, öffnete dann das Toilettenfenster und kletterte hinaus, um sie loszuwerden. Ich war buchstäblich erleichtert. Als ich um die Ecke des Gebäudes bog und zu meinem Auto ging, stand sie da. Sie sagte: ›Ich habe vor der Toilette auf Sie gewartet.‹ Ich log: ›Ich habe so lange gebraucht.‹«

Der spielerische Flirt ging daneben, weil Wes' Flirtpartnerin seine Aufschneiderei überhaupt nicht durchschaute und Wes nicht über die Mittel verfügte, um die Situation elegant zu bereinigen oder sie aufzuklären: »Ich fand kein Mittel, wie ich ihr höflich hätte die Wahrheit beibringen können.« Er wollte das Gespräch beenden, und sie wollte es fortsetzen. Er versuchte dem Augenblick der Wahrheit zu entgehen, indem er aus dem Fenster schlüpfte. Als er ihr erneut Rede und Antwort stehen mußte, log er, um sein Kneifen zu kaschieren.

Wenn Parität besteht, können Verspieltheit und Flunkerei irgendwohin führen – oder auch nicht. Ohne Parität hingegen führen Spielerei und Flunkerei nur in die Irre.

Köder oder Lügen?

Wenn Männer ihre Angel auswerfen, müssen sie mit dem richtigen Köder ausgerüstet sein. Zu diesem Zeitpunkt wissen sie praktisch nichts von Ihnen. Dies zwingt so manchen Angler dazu, tief in seinem Koffer nach glitzernden Lockmitteln zu suchen, mit denen er schon früher bei Frauen Erfolg hatte, auch wenn es in Wahrheit besser für ihn wäre, sich auf natürlichere Lockmittel zu verlassen.

Er kann zu unaufrichtigen Ködern greifen – plumpen Schmeicheleien, aufgeblasener Ritterlichkeit, Lügengeschichten oder falschen Versprechungen. Man könnte meinen, daß sich seine Schmeichelei nur auf die Frau bezieht, betrachtet man es jedoch genau, sagt die Köderphrase weit mehr über den Sprecher selbst als über die Frau und ihre Wirkung auf ihn aus.

Wenn man gut achtgibt, erzählen seine Köderphrasen eine Geschichte. Sie verraten mehr über ihn, seine Unsicherheiten, seine Phantasien und seine Hoffnungen, als ihm lieb sein kann. Seine Köderphrasen können sogar ein erstaunliches Bild davon offenbaren, wie er Frauen sieht.

Probieren Sie es aus. Denken Sie an eine Beziehung, die damit begann, daß er Sie zu ködern versuchte. Es braucht gar nicht einer jener umwerfenden Sätze zu sein, wie man sie in den Drehbüchern findet. Seien wir ehrlich: Gelegentlich hört man eine charmante Schmeichelei – das meiste aber ist recht prosaisch. Schmeicheleien im wahren Leben sind nicht so außergewöhnlich.

Wenn Sie sich an eine Köderphrase erinnern, prüfen Sie, was sie Ihnen mitteilt:

- Lenkte seine Köderphrase die Aufmerksamkeit auf Sie oder auf ihn?
- War sie schmeichelnd oder bloß beleidigend?
- Hat er sich als reich, begabt oder als Angehöriger gehobener Kreise dargestellt?
- Hat er Ihnen etwas angeboten, von dem er ohne Sie zu kennen annahm, daß es Sie interessierte?

Vergleichen Sie die Köderphrasen, die Sie gehört haben, mit folgender Blütenlese aus den fünfundneunzig Interviews.

Köderphrasen: Kennen Sie die?

1. Sie sind einzigartig!

»So viel Schönheit und Geist auf einmal ...«

Zielt darauf, wie hübsch, klug und begabt Sie sind.

2. Er ist *maßlos* beeindruckt.

»Sie studieren Jura? Ich bin beeindruckt.«

Läßt Sie erkennen, welche Wirkung Ihre Schönheit, Intelligenz oder Ihre Leistungen auf ihn haben.

3. Er kann Ihnen jeden Wunsch erfüllen.

»Ich besitze ein phantastisches Haus am See, und in meiner Firma wird gerade eine Stelle frei.«

Besagt, daß bei ihm alles zu haben ist.

4. Er ist einzigartig!

»Ich habe den Braungurt in Karate und studiere abends Jura.«

Preist seine Vorzüge bis zum Erbrechen.

5. Er ködert Sie mit seinen erotischen Fähigkeiten.

»Ich kann dich zu einer wirklichen Frau machen.«

Spricht erotisch und sexy, um Sie in die richtige Stimmung zu bringen.

6. Er ist bereit, sich zu binden.

»Sie sind die Frau, mit der ich alt werden möchte.«

Sagt, er sei bereit, eine ernsthafte Beziehung einzugehen.

7. Er auch! Sie haben die gleichen Interessen.

»Genau, wenn keine Klassik kommt, schalte ich das Radio aus.«

Paßt sich Ihren angeblichen oder wirklichen Interessen an.

8. Er ist nicht materialistisch.

»Dienst an der Gemeinschaft ist mir wichtiger als Geld.«

Stellt sich als altruistisch, sozial engagiert oder in materieller Not leidend dar.

9. Zuckerbrot und Peitsche.

»Dürfte ich kurz mit hereinkommen und bei Ihnen auf die Toilette gehen?«

Benutzt einen Vorwand, um einen Fuß in die Tür zu bekommen, und wird dann zudringlich oder wechselt den Ton.

10. Er handelt für einen anderen.

»Mein Freund hat Sie sehr gerne, deshalb hat er mich geschickt, um mit Ihnen zu reden.«

Weist schnell die Verantwortung für seine eigenen Handlungen von sich.

Die Köderphrasen

Welches sind die häufigsten Köderphrasen der Männer? Ihr Themenfeld ist recht beschränkt. Meist rühmen sie Ihre einzigartigen Fähigkeiten, Ihr Aussehen, Ihre Ausstrahlung oder Ihre Intelligenz (»Ich liebe Ihr Lächeln« oder »Sie sehen so jung, so attraktiv aus«, oder »Ich liebe Ihren Akzent« oder »Sie müssen ein Model sein«). Oder sie erzählen etwas, das Sie, wie sie glauben, beeindrucken wird, selbst wenn sie dabei übertreiben, wer sie sind, was sie tun und was sie zu bieten haben.

Die erste Art von Lügen beruht auf der Überlegung, daß er mit seiner Schmeichelei etwas erreichen will. Leider muß er improvisieren, weil er noch wenig oder nichts von Ihnen weiß. Er sagt also: »Sie müssen ein Model sein«, bloß weil Sie groß und schlank sind. Die zweite Art verfälscht die Wahrheit, um Eindruck zu schinden oder in die Irre zu führen. Wenn er sagt: »Ich bin Fotograf« oder »Ich bin Rockmusiker«, dann bedeutet dies vielleicht nichts weiter, als daß er einen Fotoapparat besitzt oder unter der Dusche singt.

Manche Köder beinhalten große Versprechungen ohne die Absicht, sie einzuhalten. Aus seinem »Wir werden zusammen um die Welt reisen« könnte am Ende ein kleiner Wochenendausflug werden – den *Sie* bezahlen.

Manche Köderphrasen sind nichts als Spaß und Spiel. Manchmal drückt sich in ihnen aber auch eine krankhafte Yuppie-Eile aus, die Neigung, daß alles sofort zum Erfolg führen müsse, daß die Beziehung von der ersten Verheißung bis zum Happy-End im Handumdrehen abzuwickeln sei.

Prüfen Sie Ihre eigenen Erfahrungen, und bereiten Sie sich auf folgende Phrasen aus der Köderliste vor.

Sie sind einzigartig

- »Ich beobachte Sie schon den ganzen Abend. Ihre Augen haben etwas so Seelenvolles, so furchtbar Trauriges. Ich habe das Gefühl, daß wir uns schon einmal begegnet sind.«
- »Ich liebe Ihr Lächeln. Es erhellt den Raum.«
- »Sie sind so klug, so interessant, Sie müssen Schriftstellerin sein.«
- »Sie sind überwältigend.«
- »Sie sind bestimmt Trainerin in einem Fitneßclub.«

Nun ja, wer möchte nicht verehrt werden? Diese Köderphrasen heben Sie auf den Thron. Sie nutzen Ihr natürliches Verlangen nach Anerkennung aus. Auch wenn die Köderphrase »Sie sind einzigartig« in der Rückschau ziemlich abgedroschen erscheint, beinhaltet sie doch eine doppelte Verheißung.

Wenn sie sich auf eine wirkliche Eigenschaft bezieht (Sie *haben* seelenvolle Augen, Ihr Lächeln *ist* außergewöhnlich, Sie haben Ihren Abschluß *magna cum laude* gemacht, Sie *sind* Spitze, super und so weiter), dann beweist sie, daß er seine Aufmerksamkeit auf die wenigen Fakten gerichtet hat, die er durch Beobachtung feststellen konnte. Darüber hinaus ist er geschickt genug, sie einzusetzen, um das Eis zu brechen.

Zum anderen sagen Ihnen diese Köderphrasen, daß er bereit ist, sich in der ersten Runde auf Sie zu konzentrieren, nicht auf sich, und dies ist immer ein sehr gutes Zeichen. Auch wenn seine Köderphrasen Ihre Schönheit oder Klugheit bei weitem übertreiben, teilen sie Ihnen mit, daß er bereit ist, Ihnen einen Platz in der Mitte einzuräumen. Dies ist vielversprechend.

Doch achten Sie darauf, was dann folgt. Wenn er nichts

über sich selbst verrät, auch wenn Sie gezielt nachfragen, sollten Sie einen Schritt zurücktreten. Er könnte etwas verbergen, das für Sie wichtig ist: daß er zum Beispiel verheiratet oder nur für eine Nacht in der Stadt ist. In diesem Fall ködert und vernebelt dieses »Sie sind einzigartig«.

Sind solche Sätze richtige Lügen? Sie sind Komplimente, und deshalb kann man sie meistens nicht sofort durchschauen. Auch wenn dieses »Sie sind einzigartig« unangenehm ist, muß es keine Lüge sein. Sie erregen vielleicht unser Unbehagen, mit der unerbittlichen positiven Aufmerksamkeit eines Mannes konfrontiert zu sein, oder wir bekommen das Gefühl, von jemandem, der uns kaum kennt, aufdringlich beurteilt zu werden. Eine zweiundvierzigjährige Buchhalterin hatte Mühe mit den Aufmerksamkeiten eines neuen Mannes in ihrem Leben. Sie sagte: »Als ich dem Typen zum ersten Mal begegnete, konnte er nicht aufhören, zu beteuern, wie faszinierend ich sei. Er wollte mir schmeicheln, aber zuviel Positives erzeugt etwas Negatives. Ich sagte danke schön, aber so toll bin ich nicht.«

Andere Frauen sind mit ihrer Skepsis noch konsequenter. Wenn ein Fremder ihre Klugheit rühmt, zucken sie zurück. Sie wollen nicht bewertet werden. Eine Frau sagte: »Wer sind Sie eigentlich, um mir das zu sagen? Wir haben uns gerade erst kennengelernt.«

Eine fünfunddreißigjährige verheiratete Frau faßte bündig zusammen, was viele Frauen empfinden: »Vielleicht war es keine Lüge (›Sie sind so schön, ein wunderbarer Mensch‹). Meine Erfahrungen haben mich sehr kritisch gemacht. Ich möchte nicht wieder die Dumme sein. Ich bin lieber vorsichtig. Ich achte immer darauf, wie schnell sie intim werden wollen.« Sie ist aus Schaden klug geworden, aber immer noch bereit, unter Wahrung der nötigen Vorsicht ihr Mißtrauen zurückzustellen. Dies ist keine schlechte Ausgangshaltung.

Er ist maßlos beeindruckt

- »Es beeindruckt mich sehr, was Sie sich vorgenommen haben.«
- »Es interessiert mich, wie Sie Ihre Doktorarbeit vorbereiten.«
- »Ich liebe Frauen, die freche Hüte tragen.«

Die Köderphrasen des Typs »Ich bin sehr beeindruckt« unterscheiden sich in einem geringfügigen, aber wichtigen Punkt vom Typ »Sie sind einzigartig«: Sie zeigen *seine Reaktion* auf das, was Sie soeben gesagt haben, oder auf einen besonderen Aspekt Ihres Aussehens oder Ihrer Selbstdarstellung. Das Positive ist, daß er Ihnen beiden gleiche Möglichkeiten einräumt, wenn es ihm gelingt, im gleichen Satz fröhlich von Ihnen beiden zu sprechen. Wenn er seine eigenen Interessen mit etwas Besonderem an Ihnen zu verknüpfen vermag, ist vom ersten Augenblick an Raum für Sie beide.

Wenn andererseits seine Komplimente etwas Kriecherisches haben oder Sie sich bei seinen Reaktionen unbehaglich fühlen, könnte etwas anderes dahinterstecken. Er hat vielleicht das Bedürfnis, sich mit einer erfolgreichen Frau zu identifizieren, um nicht an seinen eigenen Mangel an Zielstrebigkeit oder Erfolg denken zu müssen. Wenn er Sie dazu bringt, über Ihre Doktorarbeit oder Ihre berufliche Tätigkeit zu sprechen, braucht er nicht davon zu reden, wie unglücklich er mit seiner eigenen Position im Leben ist. Das können Sie jetzt noch nicht wissen, aber wenn Sie ihn näher kennenlernen wollen, wäre es gut, dies zu klären. Wie zufrieden ist er mit seinen eigenen Leistungen?

Er kann Ihnen jeden Wunsch erfüllen

- »Sind Sie kreativ? Ich hätte einen phantastischen Job für Sie im Marketing.«

- »Möchten Sie nicht für ein Wochenende zu mir in mein phantastisches Haus am See kommen?«
- »Ich bin Modedesigner und suche nach einem Model für meine neue Kreation.«
- »Mein Freund hat ein Flugzeug. Wir könnten zusammen über den Yosemite-Park fliegen.«
- »Reisen Sie gerne? Ich werde bei meiner Reiseagentur ein Theaterwochenende in London arrangieren lassen.«

Vielleicht ist es wahr, vielleicht auch nicht. Vielleicht sind diese Köderphrasen nur die Schnellschußvariante des traditionellen Dinners bei Kerzenschein. Auf alle Fälle sollten Sie bei Köderphrasen dieses Typs sehr vorsichtig sein. Der Betreffende glaubt, daß er sich den Weg zu Ihrem Herzen am sichersten mit einem materiellen Köder bahnen kann. Er wird Ihnen alles anbieten, was Sie sich nur vorstellen können: eine gute Stelle, Vergünstigungen, Reisen, Dienstleistungen und Gelegenheiten. Weil er sich als Gebender darstellt und Sie als die Nehmende, ist er es, dem das Spielzeug gehört und der die Macht hat. Er zeigt unmißverständlich, was bei ihm vor allem zählt: Macht und materieller Besitz. Seien Sie also auf der Hut. Selbst wenn er seine Versprechungen einlösen kann, sieht er in Ihnen vielleicht nur eine Neuerwerbung, die er seinem Besitz hinzufügen kann.

Wenn seine Versprechungen hingegen leer sind, verrät Ihnen dies etwas anderes: Er glaubt offenbar, extreme Mittel einsetzen zu müssen, um im Kampf um die Aufmerksamkeit einer Frau wie Sie (oder jeder Frau) mithalten zu können. Vergeuden Sie keinen Gedanken darauf, daß dies an dem Eindruck liegen könnte, den Sie auf ihn machen. Viele der von mir interviewten Männer erzählten irgendeine Variante des nachfolgenden Kommentars eines Fünfundvierzigjährigen zu seinen Köderphrasen: »Etwa fünfundsechzig Prozent der Zeit habe ich das Gefühl, für Frauen nicht interessant zu sein. Ich muß mit Tricks arbeiten, um an Frauen heranzukommen. Keine würde mich so nehmen, wie ich bin.«

Leider werden viele dieser Männer niemals entdecken, ob sie nicht vielleicht doch aufgrund ihrer eigenen Vorzüge ohne die Unterstützung ihrer Tricks und Versprechungen akzeptiert würden. Nehmen wir als Beispiel die Köderphrase, daß er Ihnen eine interessante Stelle anzubieten hat, an die Adresse von Molly gerichtet, eine sechsundzwanzigjährige, alleinstehende Frau aus Chicago. Molly erzählte mir, daß ein Mann sie an der Bar ansprach und fragte, ob sie kreativ sei, und ihr daraufhin einen Traumjob anbot. Er gewann ihre Aufmerksamkeit, sie gab ihm ihre Telefonnummer. Molly berichtet: »Er hielt mich wochenlang hin und lud mich zum Essen ein. Ich suchte bloß nach Arbeit. Irgendwann rief er dann nicht mehr an.« Seine Köderphrase war insofern erfolgreich, als er Mollys Interesse weckte, so lange jedenfalls, bis sie entdeckte, daß es nur ein Trick war. Dann kam sie sich betrogen vor. Das Problem besteht darin, daß er sein Scheitern und jenes der keimenden Beziehung provozierte. Hätte er es anders angepackt, würden sie jetzt vielleicht zusammensein.

Beachten Sie auch, was ein Mann, der mit diesem Typ von Köderphrasen arbeitet, *nicht* tut: Er bemüht sich nicht herauszufinden, welche gemeinsamen Interessen bestünden, die zu den nächsten Schritten einer wirklichen Beziehung führen könnten.

Er ist einzigartig!

- »Ich bin Lobbyist. Ich kenne alle Leute, die im Kapitol etwas zu sagen haben.«
- »Ich habe mich eben für eine neue Stelle vorgestellt und handle jetzt ein Jahresgehalt von einer halben Million plus einer dicken Provision aus.«
- »Ich bin der Beste. Einen Besseren finden Sie nicht.«
- »Ich bin Reporter für *Rolling Stone*, und mein Freund hier ist Anwalt.«

- »Ich arbeite mit sehr geheimen Unterlagen der Regierung.«
- »Ich gehe in Tibet auf Großwildjagd.«

Schaut her, ich bin's! Wenn alle seine Sätze mit »ich« beginnen, dann wissen Sie, daß er alles darauf anlegt, Eindruck zu schinden und daß Sie nur sein jüngstes Opfer sind. »Ich bin der Beste« ist bei weitem die häufigste männliche Köderphrase, die Männer *und* Frauen erwähnten. Die meisten dieser »Ich bin der Beste«-Köder sind reine Übertreibung und Erfindung. Sie besagen, daß er sich die Auffassung zu eigen gemacht hat, daß der Mann mit dem meisten Spielzeug gewonnen hat. Solche Köderphrasen und das damit verbundene Pfauenrad gehören zum Standard des männlichen Balz- und Paarungsrituals. Es ist lediglich eine Frage der Intensität.

Um Sie davon zu überzeugen, daß er ein guter Fang ist, versucht er, sich in einem hierarchischen Modell, in dem Status und Macht seinen Wert definieren, einen möglichst hohen Rang zu geben. Er glaubt, daß die Mittel, über die er verfügt, wie Geld, Beruf, sozialer Status und Abenteuertum, seine Stellung in der Hackordnung verbessern und er Ihnen deswegen als besonders gute Partie erscheinen muß.

Die Übertreibung des beruflichen Status dürfte einer seiner beliebtesten Tricks sein, um Eindruck zu machen. Wenn er sich nach seinem Beruf definiert, dann erhöht eine bessere berufliche Tätigkeit seinen Marktwert. Der polierte Lebenslauf ist heute für ein Werberitual das, was der gefälschte Personalausweis früher für Minderjährige, die an Alkoholika kommen wollten, war: eine Eintrittskarte. Ein alleinstehender Neunundzwanzigjähriger sagte: »Ich schwindle immer bei meinem Beruf. Ich sage, daß ich in geheimer Mission für die Regierung tätig bin, während ich in Wirklichkeit in einem Warenlager arbeite.« Wie oft muß er das sagen? Und was geschieht, wenn der Schwindel auffliegt?

Betrachten wir die Variationen zu diesem Thema. Manche Männer benutzen einen falschen beruflichen Status einfach, um Kontakt zu bekommen. Dann rücken sie mit der Wahrheit heraus. Nachdem zum Beispiel der angebliche Lobbyist in Washington mit seinen glänzenden Verbindungen beiläufig die Namen der Senatoren aufgezählt hatte und sich damit in den ersten fünf Minuten die ungeteilte Aufmerksamkeit der Frau sicherte, beichtete er und gab zu, daß er nichts weiter als ein muffiger Forscher allein in seinem Labor war. Das fünfundzwanzigjährige Ziel seiner Aufschneiderei nahm es locker. Sie sagte: »Ich gehe mit ihm... es machte mir nichts aus. Ich fand es amüsant.« Doch aus ihrer Sicht wie auch der Sicht vieler anderer Frauen, mit denen ich sprach, wäre diese Aufschneiderei nicht nötig gewesen.

Warum benutzen Männer solche dreisten Köderphrasen, wenn es letztlich viel unproblematischer wäre, einfach aufrichtiges Interesse an einer Frau zu zeigen?

Michael faßte dies in vier Worten zusammen: »Ich bin einfach langweilig.« Für ihn ist die Selbsterhöhung der schnellste Weg aus der Misere. In der relativ anonymen Umgebung einer Bar kann er alles für sich in Anspruch nehmen, was er nicht ist (draufgängerisch, reich, angesehen und so weiter), ohne fürchten zu müssen, ertappt zu werden. Michaels beste Köderphrase: »In der Schweiz sagte ich zu einem Mädchen, daß ich das Matterhorn erstiegen hätte. Sie konnte es ja nicht nachprüfen.«

Manche Selbstdarstellungen sind nichts als Macho-Übungen und Kumpelgehabe. Wenn zwei Dick-und-Doof-Typen am Freitagabend vor jeder Frau, die in ihre Richtung blickt, die große Show abziehen, dann haben sie mit einer Beziehung nichts im Sinn. Sie erfinden Märchen, mit denen sie am nächsten Tag beim Bier vor ihren Freunden prahlen. Einer der beiden, die die *Rolling-Stone*-Geschichte auftischten, sagte: »Es war nur ein Spaß, weil wir sehen wollten, wie gut wir mit unseren Lügen ankämen.« Sie hatten keine bösen Absichten. Sie wollten nur gemeinsam ihren Spaß haben. Dabei verschwendeten sie kaum einen Gedanken daran, welche Wirkung dies bei den Frauen, die sie veralberten, hinterließ.

Köder: seine erotischen Fähigkeiten

- »Ich kann Sie zu einer wirklichen Frau machen.«
- »Ich mag Sie.«
- »Ich kann Ihnen jedesmal einen Orgasmus schenken.«
- »Lieben Sie oralen Sex? Ich liebe oralen Sex.«
- »Ich bin seit drei Jahren enthaltsam.«
- »Ich habe heute nacht sehr erotisch von Ihnen geträumt.«

Sexuelle Anzüglichkeiten gehören zu den ältesten Köderphrasen. Meist sind sie überstrapazierte Erfolgsstrategien von der Stange. Jenen verführerischen Satz, den er bei Ihrer ersten Begegnung häufig anbringt, hat er vielleicht draußen auf der Toilette eine halbe Stunde vor dem Spiegel eingeübt, bevor er Sie in dem überfüllten Raum zum ersten Mal gesehen hat. Was Frauen betrifft, denkt er geschäftstüchtig. Warum auch nicht? Viele der interviewten Männer erklärten, daß Anzüglichkeiten immer noch »ziehen«. Auch die unverschämteste Anzüglichkeit kann die Phantasie entzünden. Deshalb nimmt die Anzüglichkeit unter seinen Marketingstrategien einen bevorzugten Platz ein. Wenn nur eine von fünfzig Frauen auf seinen Köder anbeißt, bringen ihn die nächsten neunundvierzig Fehlschläge nur einem erneuten Erfolg näher.

Ein alleinstehender Dreiundzwanzigjähriger äußerte sich über das Timing seines unaufrichtigen und abgedroschenen »Ich mag dich«-Köders wie folgt: »Ich lüge nicht, um Frauen ins Bett zu bekommen. Ich sage ›Ich mag dich‹ zwei Wochen, bevor wir miteinander schlafen. Dies ist eine andere Art von Lüge.« Ihm zufolge ein Erfolgsrezept bei Frauen.

Warum sind diese Köder so erfolgreich, wo sie doch oft so abgedroschen und leicht identifizierbar sind? Sind wir Frauen dumm? Oder mögen wir es so?

Sexuelle Köderphrasen machen gleich in den ersten drei Minuten klar, was dieser Mann im Sinn hat: Sex, Sex und nochmals Sex. Wenn Sie miteinander sprechen, können Sie sich vorstellen, wie er im Geiste schon mit Ihnen schläft. Er hält Sie (und sich) nicht mit Geschwätz über seine Leistungen oder seinen Besitz auf. Sein eindeutiges Interesse an Sex bringt Sie dazu, ebenfalls an Sex zu denken – mit ihm als möglichem Partner. Dies ist wesentlich mehr, als die bisherigen Köder leisteten.

Wie erfolgreich sind diese Köder? Beachten Sie, daß selbst ein Mann, der mit seiner Enthaltsamkeit Eindruck zu schinden versuchte, Erfolg hatte. Marie, eine dreißigjährige, alleinstehende Bankangestellte, war fasziniert: »Er war mir ein Rätsel; er sagte, daß er sehr religiös sei.« Kein Mann hatte es bisher bei ihr mit dieser Masche versucht. Sie war sich nicht sicher, ob es nur eine Lüge war. Sie nahm seine Worte als ernsthafte Herausforderung und ging mit ihm aus. Später fragte sie sich, ob dieser Satz vielleicht lediglich verschleiern sollte, daß er schwul war oder Aids hatte. Trotzdem schlief sie mit ihm oder versuchte es jedenfalls: Er erwies sich leider als impotent. Sein Köder war gut, doch er selbst war es nicht.

Erstaunlich häufig folgt auf die Eröffnungsphrase »Ich liebe oralen Sex« die höfliche Erkundigung, ob man selbst ebenfalls oralen Sex liebe. Zumindest ein Mann, der diesen Köder benutzte, beklagte sich: »Meine Frau mag das nicht.« Seiner Anmache lag der unerfüllte Wunsch zugrunde, mit einer Frau, die dies gern mochte, den Cunnilingus zu praktizieren. Weil dies kein Bettgeflüster, sondern eine Aussage bei der ersten Begegnung war, gingen die meisten Frauen auf diesen sehr persönlichen und doch nichtssagenden Köder nicht ein.

Einer Frau zufolge, die oralen Sex liebte, kommen Männer sehr oft mit der Frage: »Lieben Sie auch oralen Sex?« Aber: »Sie sagen, daß sie es mögen, aber dann ist es gar nicht so. Es ist für sie nur ein Köder. Wenn es darauf ankommt, kneifen Sie, oder es macht ihnen überhaupt keinen Spaß.«

Trotzdem bleibt es immer schwierig zu sagen, ob es wirklich eine Vorliebe oder nur eine List ist. Eine fünfunddreißigjährige, alleinstehende Frau sagte mir, daß sie die diesbezügliche Aussage eines Mannes ernst nahm. Später mußte sie erkennen, daß es eine Lüge war. Nachdem sie sexuelle Beziehungen aufgenommen hatten, praktizierten sie nur selten oralen Sex. Er löste seine Versprechungen nicht ein. Da sie annahm, daß er die Wahrheit gesagt hatte, erwog sie, mit ihr selbst könnte etwas nicht in Ordnung sein. Sie stellte ihn nicht direkt zur Rede, konnte aber das Thema zur Sprache bringen. Seine Antwort bestätigte ihre schlimmsten Befürchtungen: Er behauptete, daß ihr Schamhaar zu kratzig sei. Sie überlegte und wurde wütend: »Wenn er wirklich oralen Sex so sehr liebte und mein Schamhaar ihn kratzte, dann hätte er sich wohl etwas einfallen lassen, um dies zu ändern.« Die Beziegung ging auseinander. Liebte er oralen Sex wirklich so sehr, wie er behauptet hatte, oder war dies nur ein Lippenbekenntnis, um eine sexuelle Beziehung mit ihr anknüpfen zu können?

Er ist bereit, sich zu binden

- »Ich möchte eine ernsthafte, langfristige Beziehung.«
- »Ich bin seit kurzem wieder allein und möchte mit Ihnen meine Scheidung hinter mich bringen.«
- »Hallo! Ich habe Sie beobachtet und möchte mit Ihnen ausgehen.«
- »Ich war mit einer wunderbaren Frau verheiratet, die von einem Betrunkenen überfahren wurde.«
- »Sie sind verheiratet? Ich auch. Wir sagen ihnen einfach nichts davon.«
- »Ich habe mich mit meiner Freundin gestritten.«

Sein Köder posaunt seine Verfügbarkeit wie einen primitiven Brunftschrei heraus. Sie sind ganz angetan davon, wie offen er ist, um mit Ihnen eine Beziehung anzuknüpfen.

Doch Sie täuschen sich. Oft ist er alles andere als frei.

Ein vierundvierzigjähriger, verheirateter Mann, der mehrmals mit seinem »Ich suche eine ernsthafte Beziehung« Erfolg gehabt hatte, sagte: »Ich lüge ihnen gleich bei der ersten Begegnung vor, daß ich an einer ernsthaften, langfristigen Beziehung interessiert bin. Ich habe durch Probieren entdeckt, daß dies funktioniert. Frauen möchten, daß man sein ganzes Herz in die Beziehung einbringt. So kam ich zum Ziel. An den Schmerz denke ich nicht. Wenn es mich langweilt, schicke ich die Frau weg, der Schmerz wird schon nachlassen.«

Nicht sehr schön für die Frauen!

Selbst der harmloseste Satz aus dieser Gruppe: »Ich habe Sie beobachtet und möchte mit Ihnen ausgehen«, erwies sich als böse Lüge, nachdem die achtundzwanzigjährige Alice, die einen Monat lang mit dem Mann, der dies behauptete, zusammen war, ein Foto entdeckte, das ihn mit seiner Frau und zwei Kindern zeigte.

Manchmal wird aus dem Verfügbarkeitsköder auch eine bewußte, krasse Lüge. Die fünfunddreißigjährige Kristin begegnete einem interessanten Witwer, der ihr eine herzzerreißende Geschichte erzählte: »Er sagte mir, daß er mit einer wunderbaren Frau verheiratet gewesen sei. Sie ging einkaufen und wurde von einem Betrunkenen überfahren.«

Sie dachte sich nichts dabei, mit ihm auszugehen oder in sein Appartement hinaufzugehen. Etwas schien nicht zu stimmen. Es gab nichts, was an seine Frau erinnert hätte. Später öffnete ihr ihr Cousin, der den Betreffenden kannte, die Augen. Die verstorbene Frau dieses Ärmsten war gesund und munter. An dem, was er ihr erzählt hatte, war nur so viel wahr, daß er von seiner Frau frei sein wollte.

Und wie verhält es sich mit dem Köder »Ich habe mich mit meiner Freundin gestritten«? Selbst wenn dieser Mann wirklich frei ist – was seine Beziehung und seine Emotionen betrifft –, ist doch das Timing falsch. Typisch ist jedenfalls Marlenes Erfahrung. Jack hatte im Gegensatz zu seiner Behauptung keine Auseinandersetzung mit seiner Freundin Jody gehabt. Als ihm die gutmütige Marlene glaubte und ihn in ihre Wohnung ließ, um darüber zu sprechen, war die einzige Auseinandersetzung jene zwischen ihr und diesem Mann, als seine Lüge offenbar wurde und sie ihn hinauswarf.

Er auch! – Ihre Interessen sind seine

- »Ich liebe lateinamerikanische Tänze.«
- »Auch ich gehe sehr gerne im Wald spazieren.«
- »Sie laufen? Ich trainiere gerade für einen Marathonlauf.«

Sie haben sich gerade kennengelernt, und schon scheint es, als wären Sie ein perfektes Paar. Vielleicht eine Spur zu perfekt? Wie kommt es, daß dieser Mann, den Sie kaum kennen, genau dieselben Interessen hat, genau dieselben Bücher liest und genau wie Sie um fünf Uhr morgens joggen geht?

Ganz einfach: weil er alles erfunden hat. Er hat Sie dazu gebracht, daß Sie etwas über sich selbst erzählen. Dabei hat er Ihnen gut zugehört und sich anschließend nach Ihrem Vorbild geformt.

Er sagt also, daß er sich für lateinamerikanische Tänze interessiert, doch zeigt sich bei näherem Hinsehen, daß er nicht einmal einen Twostep beherrscht und lateinamerikanischer Tanz für ihn das gleiche wie russisches Ballett ist. Eine vierzigjährige Börsenmaklerin, deren Ehe auf der Kippe stand, erzählte: »Mein Mann behauptete damals immer, daß wir so viele Gemeinsamkeiten hätten, daß auch er sportlich sei und wie gerne er spazierenging.« Sie nahm es für bare Münze und heiratete ihn. Sie glaubte, zumindest einen Lebenspartner für ihre Lieblingsaktivitäten gefunden zu haben. Nachdem sie verheiratet waren, mußte sie feststellen, daß ihr Mann seit zehn Jahren keine Wanderungen mehr unternommen hatte, daß er völlig unsportlich war und daß auch sein letztes Karatetraining zehn Jahre zurücklag. Hinzu kam, daß sie sich nicht einmal für dieselben Filme oder Bücher interessierten. Zu spät entdeckte sie die einzige Schutzmaßnahme gegen den Köder »Deine Interessen sind meine Interessen«: erst prüfen, dann investieren.

Er hat keine materiellen Interessen

- »Ich bin nicht materialistisch eingestellt. Ich bin Sozialarbeiter.«
- »Ja, doch, ich studiere Jura. Aber ich werde mich auf öffentliche Wohlfahrt spezialisieren.«
- »Ich bin ehrenamtlich für die Gesellschaft für Menschenrechte tätig.«

Er gibt sich überaus selbstlos und altruistisch. Er ist ein Mann mit dem Engagement einer Mutter Teresa und dem sozialen Bewußtsein eines Karl Marx. Sie haben den Konsumrausch der Yuppies satt, und die sanfte, altruistische Art dieses Mannes zieht Sie an. Sie können sich vorstellen, gemeinsam in einem Indianerreservat oder im Friedenskorps zu arbeiten. Irgendwie wäre dies doch die wahre Liebe.

Auch die frisch geschiedene Michelle dachte das, als sie ihrem ach so idealistischen Mann begegnete. Seine Werte konnte sie achten. Sie traute jedoch ihren Augen nicht, als er dann mit seinem nagelneuen Mercedes davonbrauste. Sie fragte sich, wie ein Mann seinen Besitz bei der ersten Begegnung so herunterspielen konnte. Warum konnte er nicht einfach sagen, wer er ist, und sehen, was passiert?

Warum tun manche Männer dies? Vielleicht um Ihretwillen, vielleicht auch nicht. Vielleicht versucht er seine Glaubwürdigkeit zu erhöhen, indem er seinen Idealismus betont, und er tut dies ebensosehr für sich selbst wie für Sie. Vielleicht spiegelt sich in seinem erfundenen Altruismus ein innerer Kampf zwischen seinen Idealen und seinem wirklichen Selbst. Vielleicht möchte er sich damit nur als sozial verantwortungsbewußt und empfänglich darstellen, während er in Wirklichkeit ein geriebener Opportunist ist, weil er glaubt, daß Sie darauf ansprechen werden. Das Problem ist nur: Sie können es im Augenblick noch nicht beurteilen.

Was meinen die Männer dazu? Meist ist es den von mir interviewten Männern zufolge nichts als Selbstschutz. Dies überrascht Sie vielleicht: Sie sind ihm doch eben erst begegnet – und schon schützt er sich und seinen Reichtum vor Ihnen? Ja – Sie, nicht der Kapitalismus, sind der Feind, Sie und alle anderen Frauen, die ihm sein Spielzeug wegnehmen wollen. Vielleicht ist er gewarnt, daß Frauen ihn nicht um seinetwillen lieben, wenn sie gleich am Anfang sehen, was er alles besitzt.

Ein neununddreißigjähriger Investmentberater: »Ich lüge ›nach unten‹, nicht nach oben. Ich sage ihnen, daß ich Kassierer in einem Discountladen bin. Ich nehme meinen Kleintransporter, nicht mein Auto für die Stadt. Ich glaube, daß viele Frauen bei Männern nur auf das Geld schauen.«

Vielleicht spukt hier ein stereotypes Bild in seinem Kopf, daß Frauen nur aufs Geld aus seien. Ein vierunddreißigjähriger Anwalt sagt: »Ich glaube, daß dies die richtige Vorgangsweise ist. Ich würde es nicht Lügen nennen... ich lasse sie im unklaren über mein Geld. Ich sage ihnen nicht, wieviel ich verdiene und erspart habe... ich möchte nicht, daß sie in finanziellen Dingen eine falsche Vorstellung bekommen, daß ich so reich bin, daß sie ganz von mir abhängig sein könnten.«

Ob es eine Köderphrase ist, ein Verschweigen der Wahrheit oder eine echte Lüge hängt vielleicht davon ab, wann, wie und ob er Ihnen überhaupt die Wahrheit sagt. Wenn er seine nichtmaterielle Einstellung allzusehr hinausposaunt, sollten Sie auf der Hut sein. Vorsichtiges Abwarten lohnt sich. Wenn er von Anfang an sehr ernsthaft tut, kann dies eher ein Hinweis auf eine Lüge sein, als wenn er beiläufig darüber spricht.

Einen Fuß in die Tür bekommen

- »Dürfte ich bei Ihnen kurz die Toilette benutzen?«
- »Ich komme an meinem freien Tag vorbei und schaue nach Ihrem Computer.«
- »Ich habe ein riesiges Aquarium mit Zierfischen. Kommen Sie doch einmal vorbei, damit ich sie Ihnen zeigen kann.«

Wir würden eine solche Taktik bei einem Vertreter erwarten, nicht aber dort, wo es um unser intimstes Privatleben geht. Seien Sie also auf der Hut.

Köder dieses Typs sehen oft besonders harmlos aus, so daß Sie gar nicht daran denken, eine Verteidigungshaltung einzunehmen. Sie nehmen die unschuldig klingende Bitte oder Einladung für bare Münze. Sobald Sie aber auf sein ganz vernünftig klingendes Ansinnen eingehen, setzt er den Fuß in die Tür: »Jetzt habe ich dich, und jetzt wird um höheren Einsatz gespielt.«

Als ich in einem Café auf meinen Espresso wartete, wurde ich zufällig Zeugin eines Gesprächs, in dem es um Köderphrasen dieses Typs ging (»Dürfte ich kurz hereinkommen?«). Zwei junge Frauen unterhielten sich angeregt über ihre Erfahrungen mit den Männern in ihrem Leben, und in ihrem Gespräch schwang unverkennbar der Unterton mit: »Du wirst es nicht glauben...« Weil ich gerade fünfundachtzig Interviews durchgeführt hatte, erregte dieses Gespräch meine Aufmerksamkeit. Ich fragte daher die beiden Frauen, ob ich sie interviewen dürfte. Sie sagten zu, und einige Tage später berichtete mir Gina, eine achtundzwanzigjährige, frisch verheiratete Immobilienmaklerin, worüber sie sich mit Gwen unterhalten hatte: »Als mein Chef mich am Ende des Abends nach Hause brachte, sagte er, daß er dringend bei mir austreten müsse. Dann sagte er, daß er sehen wollte, wie mein Schlafzimmer eingerichtet sei. Als nächstes kam dann: ›Meine Frau ist sooo langweilig‹.«

Dies ist ein klassisches Muster. Er benutzte einen Trick, um wie ein Hausierer einen Fuß in die Tür zu bekommen. Drinnen verlangte er sofort mehr. Nachdem er ins Allerheiligste, Ginas Schlafzimmer, gelangt ist, ohne daß bei Gina die Alarmglocken geschrillt hätten, folgte Phase zwei des Anschlags: »Meine Frau ist sooo langweilig.« Gina lachte jetzt zwar darüber, aber es ist klar, daß es sie persönlich verletzt hat. Zum einen handelte es sich um ihren Chef, der hier berufliche Schranken gegenüber einer Mitarbeiterin mißachtete, und Gina kann dabei nur verlieren, egal, wie sie reagiert. Zweitens war sie verlobt und stand kurz vor der Heirat, weshalb auch ihre persönlichen Grenzen mißachtet wurden. Drittens geriet Gina, ob sie nun aus Naivität oder stillschweigend diese Zudringlichkeiten zuließ, in eine emotional prekäre Situation. Er bezog sie in ein »gemeinsames kleines Geheimnis« ein.

Den Köderphrasen dieses Typs ist gemeinsam, daß sie unter einem scheinbar berechtigten Vorwand in den privaten Bereich einer Frau eindringen beziehungsweise eine Frau dazu verurteilen, sich in den privaten Bereich eines Mannes zu begeben, wo er seine Absichten ungestört weiterverfolgen kann.

Er sagt, daß er bei ihr vorbeikommen und nach ihrem Computer sehen will. Es hört sich wie ein großherziges Angebot an. Was könnte daran nicht in Ordnung sein? Eine ganze Menge, meint Susan, eine siebenundzwanzigjährige, verheiratete Kommunikationstrainerin. Susan sprach von niemand anderem als dem Mann ihrer besten Freundin, der unter dem Vorwand, ihren Computer reparieren zu wollen, zu ihr kam, während er in Wirklichkeit einen Annäherungsversuch starten wollte. Susan betont zwar mit Hilfe großer Gesten, daß sie Hals Annäherungsversuche zurückgewiesen hätte, aber sie gesteht, daß sie insgeheim an ihn denkt. Dies verschärft das Problem.

Wie paßt das sehr offensichtliche »Kommen Sie mit herauf in meine Wohnung, ich zeige Ihnen meine Zierfische« (oder »meine Radierungen«, »meine elektrische Gitarre«, etc. – Sie kennen den Dreh) in dieses Bild? Craig, ein vierzigjähriger Investmentanalytiker und der Mann, der diese Köderphrase zum besten gab, schrieb sie seinem besten Freund zu (und betonte, daß er selbst es niemals nötig hatte, Frauen mit Köderphrasen auf sich aufmerksam zu machen). Aber warum sollte jemand eine so abgedroschene Phrase benutzen? Ganz einfach: weil sie funktioniert. Craig sagte: »Man trifft eine Frau und weiß, daß sie an einem interessiert ist, aber sie kann einfach nicht gleich mit einem ins Bett gehen. Sie käme sich sonst wie eine Hure vor. Man muß also irgendeinen spontan aussehenden Trick anwenden, so daß es nicht geplant aussieht und sie bei dem, was du mit ihr vorhast, ein gutes Gefühl hat.«

Die Hausierertaktik beruht meist auf der Annahme, daß beide dasselbe möchten. Er glaubt, Sie mit einer Phrase bedienen zu müssen, die Sie das Gesicht wahren läßt, damit Sie tun können, was Sie, wenn Sie wirklich ehrlich wären, ohnehin tun würden, und dies ist selbstredend, mit ihm ins Bett zu gehen. Bei den beiden ersten erörterten Beispielen hatten die interviewten Frauen eine emotional zwiespältige Haltung gegenüber den Männern, die diese Taktik anwandten. Hierin liegt der Schlüssel, denn ohne diese Ambivalenz geht die Taktik nicht auf. Wenn Sie nicht in irgendeiner Weise doch offen wären für das, was er im Schilde führt, wäre diese Taktik nichts weiter als eine kleine Unerfreulichkeit am Rande.

Ein anderer schickt ihn

- »Es ist mir sehr peinlich. Aber wenn ich es wagen darf, Sie zu fragen... ich soll Sie um Ihre Telefonnummer bitten. Würden Sie sie mir geben?«
- »Ich möchte meinem Freund einen Gefallen tun, der Sie gerne treffen mochte, aber zu schuchtern ist, Sie anzusprechen.«

Sie sind die aufregendste Frau, der er jemals begegnet ist. Aber er traut sich nicht, sich Ihnen unter eigener Flagge zu nähern. Er ist ganz verrückt danach, mit Ihnen zusammenzukommen, aber er will für seinen Antrieb nicht die Verantwortung übernehmen. Hier stört *seine* Ambivalenz, nicht Ihre. Dieses »Ich spreche für jemand anderen« ist meist recht harmlos, aber Sie sollten sich dennoch die Frage stellen, was dieser Mann Ihnen damit über sich verrät. Sie haben in einer Cafeteria einen Mann in den Zwanzigern vor sich, dem offenbar der Gedanke Unbehagen bereitet, Sie nicht nur als Tischbekanntschaft kennenzulernen.

Wenn jemand diesen Köder auswirft, muß damit die Beziehung nicht von vornherein scheitern. Allerdings sollte man in den nächsten Phasen des Kennenlernens gut darauf achten, ob er weiterhin seine eigenen Empfindungen verleugnet oder jemand anderen vorschiebt. Gefahr erkannt, Gefahr gebannt!

Macho oder Softie?

Viele Männer rümpfen über Köderphrasen die Nase. Sie halten sie weder für witzig noch sexy, sondern für einen klaren Beweis dafür, daß sich jemand nicht gut genug fühlt, um damit herauszurücken, wer er wirklich ist. Einige der interviewten Männer reagierten mit aufrichtiger Empörung auf den Gedanken, daß sie eine Köderphrase nötig hätten:

»Ich kann jederzeit und überall etwas erfinden, um ein Gespräch anzuknüpfen. Ich brauche da nicht zu lügen.«

Alleinstehender, 32

»Ich brauche so etwas schon lange nicht mehr.«

Alleinstehender, 42

»Ich benutze bei Frauen keine Köder. Ich bemühe mich um sie.«

Verheirateter, 35

»Ich mache keiner Frau etwas vor, dafür bin ich zu anständig.«

Verheirateter, 38

Für diese Männer ist es ein Zeichen von Schwäche, wenn man eine Köderphrase benötigt, um eine interessante Frau auf sich aufmerksam zu machen. Die Männer, die sich auf Köderphrasen verlegten, waren eine eigene Spezies. Im Gegensatz zu meiner Erwartung vor den Interviews waren dies gerade die romantischeren und kreativeren Männer. Einige von ihnen hatten Köderphrasen aus alten Filmen auswendig gelernt, die sie mit augenzwinkerndem Pathos zum besten gaben. Manche benutzten auch ungewöhnliche Köder wie jenen, mit dem ein sechsundzwanzigjähriger Vertreter sehr erfolgreich zu sein schien: »Ich sage, daß ich den treibenden Wolken zusehe oder Stürme beobachte. Dies fasziniert Frauen. Sie mögen verträumte Männer, die für die kleinen Dinge empfänglich sind und ästhetisches Empfinden zeigen.«

Andere sagten, daß sie keine Köder mehr benutzten und ein gutes Gefühl dabei hatten: »Früher habe ich immer behauptet, daß ich ein guter Tänzer sei, was nicht stimmt... Für mich war die Erkenntnis sehr befreiend, daß all die schrecklichen Dinge, die ich über mich selbst weiß, von anderen als gar nicht so schrecklich wahrgenommen werden« (siebenunddreißigjähriger, alleinstehender Computerfachmann).

Die Diskussion geht also weiter. Ist die Köderphrase eine Lüge, eine Selbsttäuschung oder ein schöpferischer Akt? Kommt darauf an, wie man es sieht.

Umgang mit Flirt und Köderphrasen

Er ist an Ihnen interessiert. Er eröffnet mit einer Köderphrase: »Sind wir uns nicht schon einmal begegnet?« Sie bemerken, daß er nicht besonders originell ist. Sie kennen diese Köderphrase im Stil Cary Grants, weil Sie sie gestern abend im Fernsehen auf dem Oldie-Kanal gehört haben. Aber jetzt sind Sie am Zug.

Wie sollen Sie reagieren? Sie können ihn abblitzen lassen oder Vorsicht walten lassen. Aber Sie werden es nicht tun, wenn Sie interessiert sind. Der Mann, der hier mit Ihnen flirtet, könnte ja ein ganz ehrlicher Mensch sein, der seinen Spaß haben, mit jemandem wie Ihnen in Kontakt kommen möchte und mit Hilfe der Phrase und des Flirts signalisiert, daß er in einer Welt, in der es zusehends nur um Arbeit und Fortkommen geht, auf der Suche nach einer spielerisch nichtplatonischen Beziehung ist, in der endlich nicht von Arbeit die Rede ist. Was Sie also im folgenden tun, hängt davon ab, wie Sie sich fühlen und was Sie wollen.

Wenn Sie in der entsprechenden Stimmung sind, lachen Sie, und zeigen Sie ihm dadurch, daß es für Sie ebenfalls nur ein Spiel ist. Geben Sie ihm zu erkennen, daß Sie Sinn für Humor haben. Sagen Sie etwas leicht Skeptisches, oder geben Sie ihm eine schlagfertige Antwort. Wenn er Ihnen sagt, daß er ein Zwilling ist und sein angeblicher Zwillingsbruder zu diesem Abend offensichtlich aus ganz anderem genetischen Holz geschnitzt ist, können Sie lächeln und sagen: »Sie wollen sich wohl über mich lustig machen.« Nehmen Sie es als Anlaß zu einem witzigen zehnminütigen Austausch, bei dem es nicht darum geht, seine Seele bloßzulegen. Wenn er Ihnen sagt, daß er Halstons Sohn sei, machen Sie ihm ein Kompliment über seine Originalität, statt ihn nach Details auszufragen. Seien Sie verspielt, ohne auf Ihre gesunde Skepsis zu verzichten. Betrachten Sie, wenn Sie in der entsprechenden Stimmung sind, diesen kreativen Schlagabtausch als die Unterhaltung des Abends. Verwechseln Sie aber Flirt nicht mit Verliebtheit und einen Köder nicht mit einem ernsthaften Gespräch.

Vergessen Sie dabei nicht, daß er, auch wenn es ein Spiel ist, durch das, was er Ihnen vorsetzt und wie er es tut, viel von sich verrät, auch wenn dies gar nicht seine Absicht ist. Dies sind solide Informationen, die Sie später wieder heranziehen können. Betrachten Sie sich beim Schlagabtausch als Teilnehmerin ebenso wie als Beobachterin, und sehen Sie zu, was Sie herausfinden können. Betrachten Sie es zumindest als Gelegenheit, Ihre Fähigkeiten als Beobachterin und Lügenentdeckerin zu schulen.

Ziehen Sie Ihre Schlüsse aus dem, was er mit seinem Köder erreicht. Stellen Sie sich beim Gespräch folgende Fragen:

Was Sie sich bezüglich seiner Köder fragen sollten

- Welche der oben beschriebenen Köderphrasen passen am besten zu dem, was er tut?
- Was stellt er falsch oder übertrieben dar?
- Geht es in seinen Sprüchen nur um ihn, seine Arbeit, seine Talente und seinen Status?
- Läßt er Sie zu Wort kommen?
- Versucht er, sich so darzustellen, wie er glaubt, daß Sie ihn gerne hätten?
- Verspricht er Ihnen etwas, das er kaum einhalten kann?
- Spricht er über Ihre Vorzüge schmeichelnd oder dreist?
- Inwieweit sagt er Ihnen Dinge, von denen er glaubt, daß Sie sie hören möchten?
- Ist in seinen Geschichten eine Linie erkennbar?
- Was erzählt er Ihnen wirklich über sich?

Vergleichen Sie nach diesen Fragen seine Köder mit dem, was Sie möchten, sei es für die nächsten zwanzig Minuten oder die nächsten zwanzig Jahre. Sie halten die Schlüssel in der Hand. Was als nächstes geschieht, hängt weitgehend davon ab, was Sie zulassen wollen. Auch wenn es nur für den Augenblick ist – Sie bestimmen, wie Sie ihn verbringen möchten.

Beim Flirt und Ködern steht das Spiel im Vordergrund. Ob hier Tatsachen oder Erfindungen präsentiert werden, ist oft nicht so genau zu entscheiden. Auch ein spielerischer Anfang verrät sehr viel über diesen Mann. Dies ist eine »Vorschau«, auf die Sie sich später, wenn sich eine Beziehung entwickelt, wieder beziehen können, die Sie darauf zurückblicken läßt, wie er Sie behandelte, als noch nichts auf dem Spiel stand. Sie haben hier einen ersten Anhaltspunkt, wie er sich allgemein in einer Beziehung verhält.

Wie geht es weiter? In der Nachbarschaft des Flirts und seiner Begleiterin, der Köderphrase, lauert die möglicherweise in die Irre führende Froschkönig-Lüge. Wenn er mit Ihnen eine Beziehung entwickeln möchte, die über ein erstes Geplänkel hinausgeht, wird er sich Ihnen gegenüber im besten Licht darstellen wollen. Dabei könnte er zum Mittel der Froschkönig-Lüge greifen. Durch diese manchmal erheiternden, manchmal verheerenden Lügen präsentiert er sich zu gut, um glaubwürdig zu sein. Von diesen Froschkönig-Lügen handelt das nächste Kapitel.

Kapitel 4

Der Froschkönig

Als er aber herabfiel, war er kein Frosch, sondern ein Königssohn mit schönen freundlichen Augen. Der war nun nach ihres Vaters Willen ihr lieber Geselle und Gemahl. Da erzählte er ihr, er wäre von einer bösen Hexe verwünscht worden, und niemand hätte ihn aus dem Brunnen erlösen können als sie allein, und morgen wollten sie zusammen in sein Reich gehen.

Der Froschkönig oder der Eiserne Heinrich

Wenn wir als Kinder die Geschichte vom Froschkönig hören, lernen wir etwas über die transformierende Kraft der Liebe. Es prägt unsere Erwartungen von dem, was im Leben möglich ist. Die Hoffnungen und Verheißungen des archetypischen Märchens finden ihren Platz unter unseren tiefsten, unausgesprochenen Erwartungen.

Erinnern Sie sich?

Der schöne goldene Ball der Prinzessin fällt in einen tiefen Brunnen, worüber sie sehr traurig wird. In ihrer Not geht sie auf das Angebot des ekligen kleinen Frosches ein, der im Brunnen haust. Er sagt, daß er den Ball herausholen könne, aber er knüpft dies an dreiste Bedingungen: »Wenn du mich liebhaben willst und ich soll dein Geselle und Spielkamerad sein, an deinem Tischlein neben dir sitzen, von deinem goldenen Tellerlein essen, aus deinem Becherlein trinken, in deinem Bettlein schlafen.« Die Prinzessin willigt sofort ein, ohne zu bedenken, was sie dem Frosch damit alles verspricht.

Außerdem glaubt sie, daß ein ekliger und glitschiger Frosch niemals eines Menschen Geselle sein könne (sie weiß nicht, daß sie eine Gestalt in einem Märchen ist, in dem alles möglich ist). Doch sie unterschätzt die Hartnäckigkeit des häßlichen kleinen Frosches. Zu ihrem Entsetzen fordert der Frosch, nachdem er ihren goldenen Ball heraufgeholt hat, ihr Versprechen ein, und auch ihr Vater befiehlt es ihr. Unerbittlich besteht der garstige kleine Frosch auf den Intimitäten, die sie ihm versprochen hat.

Wie wird der Frosch zum Königssohn?

Wie endet das Märchen? Viele Menschen glauben zu wissen, daß die Prinzessin schließlich den Frosch küßt, der sich daraufhin in einen Königssohn verwandelt, und sie fahren gemeinsam in sein goldenes Königreich.

Ein hübscher Schluß – aber so war es nicht. Vor dem Happy-End stehen die Abscheu und der Zorn der Prinzessin: das, was die meisten Männer fürchten. Die Prinzessin ist wütend über die Hartnäckigkeit des Frosches und sträubt sich, ihn in ihr seidenes Bett zu legen. Als der Frosch damit droht, es ihrem Vater zu sagen, wirft sie ihn mit aller Kraft an die Wand. »Als er aber herabfiel, war er kein Frosch, sondern ein Königssohn mit schönen freundlichen Augen.« Der Frosch wird also nicht akzeptiert, sondern im Gegenteil heftig abgelehnt, und doch ist der Schluß der gleiche: Es gibt ein Happy-End, und das Paar fährt in das Reich des jungen Königs.

Der häßliche Frosch wird also durch die Konfrontation mit den wahren Empfindungen der Prinzessin in einen Königssohn verwandelt. Wir lernen hier etwas sehr Wichtiges: Die Äußerung echter Gefühle, sei es liebevolles Akzeptieren oder aufrichtige Empörung, kann auch ein widerwärtiges und garstiges Geschöpf in einen Königssohn verwandeln.

Wie wir aber den Berichten der von mir interviewten Frauen und Männer immer wieder entnehmen, fürchten viele

Männer die Konfrontation mit der wahren Liebe oder dem wahren Zorn einer Frau, die Konfrontation mit ihren wirklichen Emotionen, wie die Pest.

Die Froschkönig-Lüge

Gehen Sie in eine Single-Bar oder zu irgendeiner Tagung, auf der viele Männer zusammenkommen, seien es Buchhalter, Ärzte, Anwälte oder Ingenieure. Achten Sie auf Bruchstücke von Gesprächen zwischen Männern und Frauen. Es spielt keine Rolle, ob die Männer jung, alt, alleinstehend oder verheiratet sind. Sie hören das stetige Quaken eines Chors von Ochsenfröschen. Einer ruft lauter als der andere, um die Aufmerksamkeit möglicher Paarungspartnerinnen zu erregen.

Vielleicht denken Sie von Männern anders (wie übrigens die meisten Frauen), aber Sie würden sich wundern, wie viele Männer ohne weiteres einräumen, in genau dieser Weise zu sprechen und zu handeln.

Darum geht es bei der Froschkönig-Lüge, die der Überwindung der Durchschnittlichkeit dient: Er muß sich gegenüber einem ganzen Chor rivalisierender Frösche durchsetzen, indem er mehr Dominanz, Intelligenz, Potential, Geld, Freizeit oder mehr von irgend etwas anderem suggeriert, das gerade auf dem Paarungsmarkt am heißesten begehrt ist.

Man darf gewiß annehmen, daß er in seinem Inneren sehr wohl weiß, daß er kein Königssohn ist. Allerdings wäre dies das letzte, was er Ihnen gegenüber eingestehen würde. Er bedient sich also der Froschkönig-Lüge, damit er sich Ihnen als Prinz präsentieren kann.

Ein zweiundvierzigjähriger, verheirateter Arzt rückt sich in ein gutes Licht, um die Konkurrenz zu übertrumpfen: »Meine Kollegen sagen, daß ich ein gewohnheitsmäßiger Lügner sei, aber das ist eine Frage des Marketings: Wie verkauft man sich einer Frau am besten? Betont man das Positive, oder fängt man gleich mit dem Negativen an? Wie soll ich mich in einer gegebenen Situation verhalten, um das größtmögliche Maß an Integrität zu wahren? Wie kann ich, ohne anderen zu schaden, dafür sorgen, daß mir die Konkurrenz nicht die Butter vom Brot nimmt?«

Ich definiere die Froschkönig-Lüge wie folgt:

Eine nackte Lüge oder bewußte Falschinformation,
die ihn in ein günstiges Licht rückt und durch die er glaubt,
in Ihren Augen begehrenswerter zu erscheinen.

Wie die Köderphrasen verraten auch die einzelnen Froschkönig-Lügen sehr viel. Was und wie er etwas verzerrt, steht in einem direkten Zusammenhang damit, wer er eigentlich sein möchte und – sofern er das nötige Einfühlungsvermögen besitzt – davon, was seiner Meinung nach Ihr Wunschbild von ihm ist.

Um auf Sie unwiderstehlich zu wirken, schmückt er alles aus, um Ihr Interesse zu wecken und die Chancen zu verringern, daß Sie ihn abweisen. Sein bisheriger Lebenslauf, seine gegenwärtige Situation und seine künftigen Aussichten werden einer mehr oder weniger subtilen Kosmetik unterzogen. Beim Abendessen stückelt er eifrig Fakten und Andeutungen aneinander. Er verwandelt sich vom Frosch in einen Königssohn, bevor noch die ersten Getränke auf dem Tisch stehen. Wenn er ein extravertierter Charmeur ist, bastelt er an seiner neuen Identität, während er spricht. Eine fünfunddreißigjährige, geschiedene Immobilienmaklerin berichtete mir von einem Mann, dem sie in einem Single-Treff begegnete. Völlig unbekümmert machte er ihr die großartigsten Versprechungen einschließlich Bekanntschaft mit Berühmtheiten: »Er sagte: ›Kommen Sie doch mit mir nach Las Vegas. Ich bin ein persönlicher Freund von Wayne Newton*.‹ Er erzählte mir auch, daß er in einem großen Haus, das an einem Berg lag, wohnte. Später fand ich heraus, daß er in irgendeinem Provinznest lebte.«

* Wayne Newton ist ein sehr populärer Sänger (»Mr. Las Vegas«). Anm. d. Übers.

Was stellen sich Männer unter einem Königssohn vor? Bei einigen ist die Antwort einfach: alles, was sie in Wirklichkeit nicht sind oder haben. Nehmen wir jenen neunundzwanzigjährigen, alleinstehenden, konservativen Bankangestellten im Nadelstreifenanzug, der glaubte, Mister Supermacho sein zu müssen, um eine Frau, der er gerade begegnet war, auf sich aufmerksam zu machen: »Ich erzählte einer Frau, daß ich Bodyguard sei und eine Pistole hätte. Sie war fasziniert, sie wollte es glauben. Ich möchte gerne so jemand sein.«

Andere fühlen sich veranlaßt, ihre sexuellen Abenteuer herauszustreichen. Wenn sie keine hatten, erfinden sie einfach welche! Ein fünfunddreißigjähriger, verheirateter Beamter in der Stadtverwaltung reicherte seine Vergangenheit mit Orgien an: »Ich belog Margo, was meine Zeit auf dem Gymnasium angeht. Ich erzählte ihr, daß ich zur Drogenszene gehörte, und ich erfand Geschichten über Orgien.«

Wenn ein Mann keine Probleme damit hat, mit der Wahrheit hinsichtlich seiner Identität, seines Berufs, seiner Finanzen, seiner sexuellen Erfahrungen oder was auch immer lose umzugehen, wird es für die Frau schwierig, die Fakten von der Fiktion, den Königssohn vom Frosch zu unterscheiden.

Wenn es darum geht, den richtigen Mann zu finden, stoßen viele Frauen folgenden Seufzer aus:

Man muß schon ziemlich viele Frösche küssen.

Warum? Weil man den Frosch-Königssohn erst dann vom Frosch-Frosch unterscheiden kann, wenn man ihm nahegekommen ist. *Sehr nahe.* Dies kostet Zeit und Mühe. Der Frosch ist dabei im Vorteil. Und machen wir uns nichts vor: Welcher Frosch würde diesen Vorteil nicht nutzen?

Er sieht es ja nicht als seine vordringliche Aufgabe an, sich zu offenbaren. Er möchte Ihre Aufmerksamkeit erringen und lauter quaken als seine Rivalen. Anders als bei den Lügen als Masken und Vermeidungstaktiken, mit denen wir uns in den nächsten Kapiteln befassen werden und bei denen Männer sich leicht vormachen können, daß sie lügen, um einer Frau nicht weh tun zu müssen, um ihr eine unerfreuliche Wahrheit zu ersparen oder um den Schmerz einer harten Entscheidung zu lindern, dient die Froschkönig-Lüge ganz offenkundig der positiven Selbstdarstellung. Die einzige Absicht ist, Sie glauben zu machen, daß er kein Frosch ist, sondern Ihr ganz persönlicher Königssohn.

Hüten Sie sich vor der Lüge, die Ihnen gibt, was Sie ersehnen

Bevor wir uns nun den zehn häufigsten Arten von Froschkönig-Lügen zuwenden, sollten Sie ein einfaches Prinzip kennenlernen, nämlich das der Gleichzeitigkeit. Immer dann, wenn die Froschkönig-Lüge eines Mannes besonders gut funktioniert, besteht eine verblüffende Übereinstimmung zwischen der Lüge, die er Ihnen erzählt, und den Fähigkeiten, die Sie sich wünschen. Einer Lüge, die genau Ihren Erwartungen entspricht, glauben Sie allzu gerne.

Es ist ein wenig wie beim Einkaufen, nur geschieht es weniger bewußt. Sie entscheiden, was Sie gerne hätten, und sehen dann, ob Sie es bekommen können. Sie bummeln so lange, bis Sie gefunden haben, was Sie suchen, und prüfen, inwieweit das Betreffende mit Ihrem Wunschzettel übereinstimmt. Danach fällt die spontane Kaufentscheidung. Wenn Sie sich zum Kauf entschlossen haben, setzen Sie die rosarote Brille auf und ignorieren alles, was bei dem gekauften Gegenstand nicht zu dem paßt, was Sie ursprünglich wollten. Erst lange danach dämmert Ihnen, daß Sie das Falsche gekauft haben – ein marineblaues Kleid statt des schwarzen, das Sie eigentlich suchten.

Die Konzentration auf Merkmale, die wir gerne sehen wollen, und das gleichzeitige Übersehen anderer Merkmale nennt man selektive Aufmerksamkeit. Dies tun wir alle. Es ist ganz natürlich, daß man jener Sache seine ganze Aufmerksamkeit schenkt, die der Idealvorstellung entspricht, und das übrige ignoriert.

Das Problem ist, daß die meisten Frauen in ihrem Herzen einen schwachen Punkt für Männer haben, die bestimmte vorhersagbare Eigenschaften besitzen. Der falsche Königssohn weiß dies und liefert seiner Prinzessin das Gewünschte. Wenn Sie das nicht wissen, sind Sie am Ende die Geprellte.

Beginnen Sie also Ihre Selbstverteidigung mit der Prüfung der nachfolgenden Liste von Merkmalen, die Frauen mit großer Wahrscheinlichkeit bei Männern als erwünscht ansehen und die das Ergebnis meiner Forschungen und jener von anderen Forschern darstellen. Stellen Sie fest, welche Merkmale Ihnen persönlich ganz besonders wichtig erscheinen.

Sie können hierfür folgende Zehnpunkteskala verwenden:

1 = Damit ködert mich niemand.

5 = Muß nicht unbedingt sein.

10 = Das muß ich haben!

Wie Frauen den Prinzen definieren

Geben Sie auf einer Skala von 1 bis 10 an, wie wichtig Ihnen jedes Merkmal ist.

1. Materieller Besitz

___ Hohes Einkommen
___ Dickes Bankkonto
___ Besitzt die neuesten technischen Apparate
___ Hat ein neues Auto (bezahlt)
___ Ihm gehört ein großes Haus
___ Sonstiger materieller Besitz, der mir wichtig erscheint

2. Sozialprestige

___ Hat einen guten Job
___ Lebt in der »richtigen« Gegend
___ Entstammt einer bekannten Familie
___ Hat viel erreicht

___ Ist auf dem Weg zu Ruhm und Reichtum
___ Hat etwas anderes, dem für mich ein Prestigewert zukommt

3. Berufliche Aussichten

___ Gilt als jemand, der etwas bewegt
___ Hat glänzende berufliche Aussichten
___ Plant einen beeindruckenden beruflichen Aufstieg

4. Intelligenz/Cleverneß

___ Macht einen intelligenten Eindruck
___ Weiß über alles Bescheid, wirkt informiert
___ Scheint eine gute Bildung zu haben
___ Verfügt über einen Titel
___ Hat kluge Ansichten über alles, was ich für wichtig halte

5. Männlichkeit

___ Tritt energisch auf
___ Läßt seine geistigen und körperlichen Muskeln spielen, macht den Eindruck, daß er keine Konkurrenz fürchtet
___ Verhält sich allgemein wie ein Macho
___ Scheint ein hilfsbereiter Beschützer zu sein

6. Bindungsbereitschaft

___ Sendet deutliche Signale aus, daß er zu haben ist
___ Behauptet, bereit, willens und fähig zu sein, eine neue Beziehung einzugehen

7. Sexuelle Zuverlässigkeit

___ Verfügt über keine sexuellen Erfahrungen oder hat derzeit keine Sexualpartnerin(nen)
___ Ist glaubwürdig, was Safer Sex betrifft
___ Möchte eine monogame sexuelle Beziehung
___ Ist heterosexuell orientiert

8. Gesundheit

___ Hat zur Zeit keine sexuell übertragbaren Krankheiten

___ Erzählt mir alle seine Krankheiten

9. Sensibilität

___ Weiß mit seinen Gefühlen umzugehen und kann seine Haltung zu Fragen und Problemen begründen

___ Ist in der Lage, seine Gefühle mitzuteilen

___ Kann sich in meine Empfindungen und Haltungen zu Problemen und Fragen einfühlen

10. Ehrlichkeit/Charakter

___ Gibt sich so, wie er wirklich ist

___ Auf sein Wort ist Verlaß

___ Wenn er etwas nicht erwähnt, beabsichtigt er damit keine Irreführung

---

Die am höchsten bewerteten Aussagen demonstrieren, was Ihnen am wichtigsten ist. Ihre Punktzahlen lassen sofort Ihre schwachen Stellen erkennen. Sie sind leichter in der Lage festzustellen, für welche Froschkönig-Lügen Sie am ehesten empfänglich sind, weil sie genau das verheißen, was Sie suchen. Wenn für Sie etwa die Bereitschaft eines Mannes, sich zu binden, entscheidend ist, sprechen Sie am ehesten auf seine Behauptung an, er sei an einer ernsthaften Bindung interessiert. Wenn Ihnen ein forscher Geist besonders wichtig ist, wird jemand, der mit dem richtigen Titel aufwartet und seinen Verstand funkeln läßt, Ihre schwache Stelle treffen. Indem Sie sich der Vorlieben bewußt sind, die Sie für bestimmte Arten von Lügen anfällig machen, können Sie dem Prinzip der Gleichzeitigkeit entgehen. Anderenfalls wirkt es sich eher zu seinen Gunsten aus, wenn er Ihnen erzählt, was Sie gerne hören möchten.

Es kommt hier also darauf an, daß Sie Ihre eigenen Verwundbarkeiten erkennen, gleichgültig, was Sie jeweils ersehnen. Diese empfindlichen Stellen werden am ehesten zu einem blinden Fleck, es handelt sich um jene Behauptungen, die sich genau mit dem decken, was Sie von ihm erwarten.

Was Sie suchen und am meisten ersehnen, disponiert Sie dazu, dem Möchtegern-Königssohn zu glauben und Ihre gesunde Skepsis zurückzustellen.

Versuchen Sie, auf seinem Seerosenblatt zu sitzen

Versetzen Sie sich an seine Stelle. Nehmen wir Robb als Beispiel, der nicht reich, durchschnittlich intelligent ist und lieber »Eine schrecklich nette Familie« sieht als sein Gehirn strapaziert, um einen Titel zu erlangen. Was Sex betrifft, liebt er ein wenig die Abwechslung. Er möchte Sie für eine schnelle Liebelei oder vielleicht sogar für eine längere Beziehung haben – solange Sie nicht versuchen, ihm die Flügel zu stutzen.

Er ist zwar eine rechte Couchkartoffel, doch wenn es darauf ankommt zu wissen, was Frauen bei Männern suchen, ist er nicht auf den Kopf gefallen. Er und seine Freunde haben sich Ihren Wunschzettel genau eingeprägt. Sie kennen Sie sogar besser als Sie selbst. Er ist bestens gerüstet, Sie zu ködern.

Dann aber muß er sich mit der Wirklichkeit auseinandersetzen. Er blickt in den Spiegel und sieht einen enttäuschend gewöhnlichen Frosch, der vor der Aufgabe steht, lauter und cleverer zu quaken als die anderen.

»Cleverer« bedeutet vielleicht nichts weiter, als einige Zeit aufmerksam zuzuhören. Dann wählt man, wie jener fünfunddreißigjährige, alleinstehende Programmierer, die richtige Antwort und sagt einer Frau, was sie hören möchte: »Ich habe die Erfahrung gemacht, daß Frauen bestimmte Dinge gerne hören, wie zum Beispiel ›Nein, ich habe keine andere‹. Aber ich gehe mit einer anderen ins Bett. Frauen interpretieren immer gerne in einer für sie exklusiven Weise. Sie hören auch gerne, daß man zu früheren Freundinnen ein gutes Verhältnis hat. Ich sage also nur nette Dinge über meine verflossene Freundin. Oder daß man seit einiger Zeit keinen Sex mehr hatte. Man lügt also bezüglich seiner sexuellen Erfahrungen und verschweigt die gelegentlichen Bettgeschichten.«

Man muß diesen Froschkönig-Lügen jedoch keinen Glauben schenken. Vertrauen ist gut, Kontrolle besser. Wenn wir seine Froschkönig-Lügen zerpflücken, entdecken wir, daß viele seiner Behauptungen bloße Paarungssignale und nicht geeignet sind, seine Ehrlichkeit und Aufrichtigkeit zu bestätigen.

Eine aus Schaden klug gewordene Frau, die ich interviewte, sinnierte: »Wenn es zu schön ist, um wahr zu sein, ist es meistens auch so. Ich nenne dies ›Parallelisieren‹ – was Sie mögen, mag er auch. Durch dieses Parallelisieren möchte er sich bei Ihnen einschmeicheln. Er macht Sie glauben, daß etwas Besonderes entstehen könnte, eine besondere Beziehung, aber ihm geht es nur darum, die richtigen Bedingungen für schnellen Sex zu schaffen.«

Was er »Sagen, was Sie hören möchten« und Sie »Parallelisieren« nennt, sind in Wirklichkeit nur unterschiedliche Betrachtungsweisen des beabsichtigten Gleichlauts. Er will ein Königssohn sein und von Ihnen geachtet werden – jedenfalls bis zum Morgengrauen –, auch dann, wenn es ihm zunächst nur um ein Sexabenteuer geht.

Die Hitliste der Froschkönig-Lügen

Es lohnt sich, die häufigsten Formen von Froschkönig-Lügen zu kennen. Folgende Liste ist durchaus nicht erschöpfend, doch sie bietet Ihnen eine gute Grundlage. Vergleichen Sie die zehn häufigsten Lügen mit den Merkmalen, die Ihnen an Ihrem Traummann am wichtigsten sind. Vergessen Sie nicht, daß Sie in jenen Punkten, wo die Übereinstimmung zwischen Ihrem Ideal und seinen Vorspiegelungen am größten ist, am stärksten für seine Froschkönig-Lügen anfällig sind. Auf welche sind Sie schon einmal hereingefallen?

Die zehn häufigsten Formen von Froschkönig-Lügen

1. Lügen bezüglich des Geldes

»Ich verdiene hervorragend. Mein Mercedes ist bezahlt.«

»Ich verdiene sehr viel Geld an der Börse. Ich lebe von meinem Treuhandvermögen.«

»Wir werden in die teuersten Restaurants gehen.«

2. Lügen bezüglich des Sozialprestiges

»Mein Urgroßvater war Bürgermeister dieser Stadt.«

»Alle Männer in der Familie meiner Mutter waren auf der Westpoint-Akademie.«

»Eines Tages werde ich mich um einen Sitz im Kongreß bewerben.«

3. Lügen bezüglich des Berufs

»Nächsten Monat trete ich eine hervorragende neue Stelle an.«

»Im Herbst beginne ich mit dem Jurastudium.«

»In der nächsten Saison wird mein neues Stück in New York gespielt.«

»Ich bin Arzt.«

»Ich bin Selbständiger.«

»Ich arbeite für den CIA.«

4. Lügen bezüglich der Intelligenz

»Ich bin Mitglied der Akademie.«

»Ich war immer Klassenprimus.«

»Ich schreibe gerade meine Doktorarbeit.«

»Ich habe für meine Prüfungen nie gelernt.«

5. Lügen bezüglich der Bindungswilligkeit

»Ich möchte eine feste Beziehung eingehen.«

»Ich habe diese Bettgeschichten für eine Nacht satt.«

»Ich möchte heiraten und eine Familie gründen.«

6. Lügen bezüglich der sexuellen Erfahrungen

»Ich hatte nie eine Geschlechtskrankheit.«

»Ich bin HIV-negativ.«
»Im vergangenen Jahr habe ich nur mit zwei Frauen geschlafen.«
»Ich praktiziere immer Safer Sex.«

7. Lügen bezüglich der Sensibilität
»Ich gehöre einer Männergruppe an.«
»Ich schreibe Gedichte.«
»Das Kind in mir ist noch lebendig.«
»Ich betrachte mich als Feministen.«

8. Lügen bezüglich der Verfügbarkeit
»Ich bin Single.«
»Ich habe zur Zeit niemanden.«
»Ich lasse mich scheiden.«
»Ich habe mit meiner Freundin Schluß gemacht.«

9. Lügen bezüglich des Interesses an flüchtigem Sex
»Ich möchte eine ganz lange Beziehung mit Ihnen.«
»Ich bin monogam.«
»Mich werden Sie nie mehr los.«

10. Lügen bezüglich der Ehrlichkeit und anderer Werte
»Ich würde Sie nie belügen.«
»Ich bin kein Lügner.«
»Spiritualität ist mir wichtig.«
»Ich lebe nach der goldenen Regel.«
»Ich mache Ihnen nichts vor.«

Welches sind die häufigsten Lügen? Zwei davon ragen besonders heraus: Lügen bezüglich der beruflichen Tätigkeit und der Ehe.

Wenn sich ein Mann durch das, was seinen Lebensunterhalt ausmacht, definiert, sprechen sehr viele Männer in wesentlichen Belangen nicht die Wahrheit. Fast ein Drittel der von mir interviewten Frauen berichteten, daß Männer bezüglich ihrer beruflichen Tätigkeit entweder übertrieben oder einfach logen. Er hatte irgendwann einmal *Psychologie heute* abonniert und nennt sich jetzt Psychologiejournalist; er hat im vergangenen Jahr einmal für den Paritätischen Wohlfahrtsverband gespendet und bezeichnet sich jetzt als Mäzen. Ob Sie es glauben oder nicht – ein ganzes Heer von Aufschneidern kämpft um Ihre liebevolle Zuwendung. Wer sind sie? Jeder könnte es sein, und genau hier liegt das Problem. Die langweiligsten Büromuffel oder Bürokraten können sich mit einem einzigen überzeugend hingeworfenen Satz in einen aufregenden Piloten, Designer, Schauspieler, Sportjournalisten oder Lobbyisten verwandeln.

Die zweithäufigste »Korrektur«, nämlich diejenige bezüglich des Familienstands, ist das größere Problem. Es könnte Ihnen ja gleichgültig sein, ob er Bäcker ist oder Chirurg, aber Sie würden es sich gründlich überlegen, ob Sie sich mit einem verheirateten Vater von fünf Kindern einlassen sollen. Familienstandslügen entstehen fast immer spontan und verlaufen immer in derselben Richtung: Er verwandelt sich, während er redet, vom verheirateten Mann zum Alleinstehenden und begründet diese Verwandlung mit einer ganzen Litanei von Ausflüchten: Er sei schließlich erst ein Jahr verheiratet – warum sollte er nicht sagen, daß er noch alleinstehend ist? Er hat sich gerade von seiner Frau getrennt – warum sollte er sich nicht als geschieden betrachten? Es mag schon sein, daß er gerne unverheiratet oder frisch geschieden wäre, doch wenn er den Ehering einfach abstreift, darf man wohl sagen, daß er zu weit gegangen ist.

Ein weniger offensichtlicher Grund für Froschkönig-Lügen

Hat man das Muster seiner Froschkönig-Lügen einmal durchschaut, kann man auch die Gründe hierfür verstehen.

Wir haben bereits erörtert, wie Männer mit Hilfe von Froschkönig-Lügen versuchen, Sie in eine Beziehung hineinzuziehen. Von den fünfundneunzig interviewten Männern und Frauen erklärten fünfzig Prozent der Männer und sechzig Prozent der Frauen, daß Männer am häufigsten zu Beginn der Beziehung lügen, wenn sie Eindruck schinden wollen.

Diese Froschkönig-Lügen dienen noch einem ganz anderen Zweck: Froschkönig-Lügen können helfen, die Kluft zwischen Ideal und Wirklichkeit schmäler zu machen, zwischen dem, der sie wirklich sind, und dem, der sie sein möchten.

Das Problem ist in seinem Inneren zu finden

In Wirklichkeit tobt in seinem Inneren ein Kampf. Manche Frauen überrascht das, weil viele Männer, die das Gefühl haben, daß ihr wirkliches Selbst nicht im Einklang mit ihrem idealen Selbst steht, eher wie ein Königssohn und nicht wie ein Frosch wirken – an der Oberfläche zumindest. Er verfügt sogar über die meisten Merkmale, die Sie an einem Mann suchen. Er sieht so aus und gibt sich so, wie der Traummann in den Frauenzeitschriften aussieht: strahlend, dynamisch, mit guter Schulbildung, in gesicherten Verhältnissen, sensibel und gutaussehend. Wo liegt also das Problem?

Das Problem liegt in seinem Inneren. Oft hilft ihm auch noch soviel Erfolg nicht darüber hinweg. Aus Gründen, die möglicherweise ihren Ursprung in seiner Kindheit haben, der damaligen familiären Situation und der Wirkung gnadenloser und unrealistischer Erwartungen davon, was einen erfolgreichen Mann ausmacht, ist er mit sich nicht zufrieden. Wenn die Kluft zwischen Ideal und Wirklichkeit zu groß wird, ergibt sich ein schweres Problem. Er wird seinen eigenen strengen Standards nicht gerecht – wie könnte er die Ihren erfüllen?

Tief in seinem Inneren fühlt er sich ganz als Frosch.

Für ihn steht fest, daß auch Sie ihn für unzulänglich halten würden, wenn Sie wüßten, wer er in Wirklichkeit ist.

Die objektive Wahrheit seiner Leistungen und seiner Attraktivität ist für ihn irrelevant. Bei einigen potentiellen Königssöhnen tritt sogar ein paradoxer Effekt auf: Je mehr sie erreichen, desto weniger haben sie das Gefühl, um ihrer selbst willen geliebt zu werden. Gleichzeitig mißt er sich gnadenlos mit anderen, die er für besser, ansehnlicher und erfolgreicher hält. Unter diesen Umständen könnte sich selbst ein um Ihre Zuneigung Freiender, der Erfolg und Ansehen hat, schmerzlich unzulänglich fühlen, wenn es darum geht, sich gegenüber anderen Freiern auszuzeichnen.

Dies verleitet ihn manchmal zum Lügen.

Ein pragmatisch denkender und noch alleinstehender vierunddreißigjähriger Ingenieur sagte: »Ich lüge immer dann, wenn mich Ehrlichkeit aus dem Rennen werfen würde.«

Er unternimmt alles, damit Sie ihn nicht wieder zurück in den Brunnen zu den anderen Fröschen werfen. Warum? Derselbe Mann fügte später hinzu: »Ich lüge, um eine Zurückweisung zu vermeiden… weil ich mir nicht sicher sein kann, daß ich um meiner selbst willen akzeptiert und geliebt werde.«

Er sieht sich vor der Aufgabe, Sie *und sich selbst* davon zu überzeugen, daß er kein Frosch ist. Eigenartigerweise sind Sie vielleicht eher davon zu überzeugen als er selbst.

Es ist wohl das Vernünftigste, diese Froschkönig-Lügen letztlich als *sein* Problem zu betrachten. Sie schützen ihn vor der Öde seiner eigenen Wirklichkeit. Das traurige Paradoxon ist, daß er dann, wenn er bei Ihnen Erfolg hat, erst recht davon überzeugt ist, niemand würde ihn um seinetwillen lieben.

Diese Lügen bringen etwas sehr Wichtiges zum Ausdruck:

Wer auch immer er wirklich ist,
er fühlt sich nicht wohl dabei.
Und wenn Sie ihn noch so mögen,
ist es ihm vielleicht auch nicht recht.

Die Froschkönig-Lüge aufdecken

Viele Frauen können sich nicht vorstellen, wie sehr Männer ihre Identität beschönigen, obwohl sie mit der Wahrheit genausoweit kämen. Behalten Sie immer die Möglichkeit einer Froschkönig- oder sonstigen Lüge im Auge, ohne dabei zynisch zu werden.

Wenn Sie also wieder einmal den Verdacht haben, man tischt Ihnen eine Froschkönig-Lüge auf, lassen Sie es nicht einfach dabei bewenden, sondern:

- Lassen Sie die Lüge auf sich wirken. Denken Sie ein wenig nach.
- Setzen Sie das Ergebnis in Beziehung zu dem, was Sie erwarten. Prüfen Sie, ob seine Lüge etwas betrifft, was Ihnen wichtig ist.
- Achten Sie auf selektive Aufmerksamkeit. Fragen Sie sich, ob Sie bei ihm nur hören, was Sie gerne hören möchten.
- Prüfen Sie die Struktur seiner Lügen. Prüfen Sie anhand der nachfolgenden Checkliste, inwiefern er in bezug auf seine Vergangenheit, Gegenwart und Zukunft lügen könnte.

Diese Techniken schärfen Ihre Aufmerksamkeit. Sie helfen Ihnen auch, Ihre eigenen Reaktionen wahrzunehmen, so daß Sie eine Selbstverteidigungsstrategie entwickeln können. Froschkönig-Lügen reichen vom Banalen (verschiedene Frauen erklärten im Interview, daß Männer eine andere Augenfarbe vortäuschten, indem sie farbige Kontaktlinsen trugen, daß sie sie bezüglich ihrer Größe und ihres Gewichts und sogar ihrer Hemdengröße belogen) bis zum Unverzeihlichen (Straftaten, sexuelle Erfahrungen, Gesundheit und Familienstand).

Einige dieser Lügen zu Beginn einer Beziehung sind so rührend hilflos, daß man geneigt ist, sie zu verzeihen. Leider entpuppen sie sich schließlich nur als die ersten in einer endlos langen Kette von Lügen. So auch in Marisas Beziehung mit Saul, der sich als äußerst geschickter Schwindler herausstellte und ihr Zeit und Geld raubte. Doch trotz verlorener Zeit, verlorenen Vertrauens und verlorenen Geldes, und trotz ihres tiefen Zorns läßt sie ihm Sympathie und nicht Gerechtigkeit angedeihen: »Saul sagte bezüglich seines Alters nicht die Wahrheit; er behauptete, neunundvierzig zu sein, während er in Wirklichkeit dreiundfünfzig war. Ich entdeckte dies sechs Monate nachdem wir uns kennengelernt hatten. Ich bin sensibel für die Unsicherheiten der Menschen, nicht für ihre Lügen. Er log, um seine Selbstachtung zu wahren und weil er mich für viel jünger hielt.«

In der Erregung des Augenblicks oder bei jemandem, dem man so gerne sein Vertrauen schenken möchte, übersieht man nur allzu leicht die kleinen Dinge. Verwenden Sie die nachfolgende Checkliste, um der doppelten Fallgrube der Gleichzeitigkeit und der selektiven Aufmerksamkeit zu entgehen. Frischen Sie Ihr Gedächtnis auf hinsichtlich der Fülle von Ereignissen, Orten, Tatsachen und Absichten, die sich jeder nach Belieben aus den Fingern saugen kann. Fügen Sie eigene Kategorien, die Ihrer Erfahrung entstammen, hinzu.

Checkliste für Froschkönig-Lügen

Seine Vergangenheit

___ Wo er aufwuchs
___ Seine Familie
___ Schulen, die er besuchte
___ Was er bisher verdiente
___ Sein früheres Vermögen
___ Wo er arbeitete
___ Die Anzahl seiner Kinder
___ Seine Ehen
___ Seine sexuellen Erfahrungen

___ Seine Krankengeschichte
___ Was er erreicht hat
___ Wohin er gereist ist

Seine Gegenwart
___ Wo er lebt
___ Mit wem er lebt
___ Sein Bildungsniveau
___ Sein derzeitiges Einkommen
___ Wo er arbeitet
___ Kinder, die er versorgen muß
___ Derzeitiger Familienstand
___ Derzeitige Sexualpartner
___ Seine Gesundheit/Fitneß
___ Seine Leistungen
___ Seine Abenteuer

Seine Zukunft
___ Wo er leben möchte
___ Seine familiären Bindungen
___ Pläne, sich weiterzubilden
___ Künftiges Einkommen
___ Finanzielle Ambitionen
___ Berufliche Pläne
___ Kinderwunsch
___ Heiratswunsch
___ Sexuelle Exklusivität
___ Wie fit er körperlich sein möchte
___ Seine Ambitionen
___ Seine Wanderlust

Warnzeichen

Achten Sie bei Lügen zu Beginn der Beziehung auf die nachfolgenden Warnzeichen:

- Er lügt hinsichtlich einer eventuellen Ehe oder Beziehung.
- Er stellt seine derzeitige Situation falsch dar: Arbeitsplatz, Wohnung, Freundschaften und so weiter.
- Seine Angaben zu den persönlichen Daten sind eine Kette von Lügen: Alter, Größe, Gewicht, ethnische Herkunft, Staatsangehörigkeit, Heimatort.
- Er erzählt wahllos Lügen, deren Zweck nicht ersichtlich ist.
- Er verwickelt sich in Widersprüche bezüglich seiner Vergangenheit oder seiner derzeitigen Verhältnisse.
- Er macht Aussagen über Ihre gemeinsame Zukunft, die Sie als verfrüht oder übertrieben empfinden (»Ich möchte, daß du zu mir ziehst« oder »Ich kaufe dir ein Collier«).

Wenn Sie eines dieser Warnzeichen feststellen, sollten Sie sorgfältige Erkundigungen einziehen. Lassen Sie sich nicht von seinen Worten täuschen – prüfen Sie die Fakten. Sie können niemals schlimmer sein als die Lüge. Um es nochmals zu wiederholen: Weh tut Ihnen nur das, was Sie *nicht* sehen. Seien Sie Ihr eigener Detektiv. Stellen Sie fest, ob er wirklich unverheiratet, ob er wirklich geschieden oder ledig ist. Wenn Sie etwas für ihn empfinden und einen starken Verdacht hegen, müssen Sie hinter sein Geheimnis kommen.

Wenigstens können Sie sich darauf verlassen, daß Sie ihn irgendwann erwischen werden. Ob es einen Monat, ein Jahr oder länger dauert – eines Tages ertappen Sie den Frosch, der behauptet, ein Königssohn zu sein, denn das einzige, was er letztlich nicht abstreiten kann, ist sein wahres Selbst.

Die Frage ist nicht, *ob* Sie ihn erwischen, sondern *wann*.

Es ist viel besser, gleich zu Beginn einer Beziehung die nötige Zeit und Mühe aufzuwenden, als in Luftschlösser zu investieren, die niemals Wirklichkeit werden.

Geschlecht und Täuschungsstrategien

Froschkönig-Lügen sind nicht allzuschwer aufzudecken, wenn man weiß, worauf man zu achten hat. In einer Studie aus dem Jahre 1991 haben die Psychologen William Tooke und Lori Camire einhundertzehn Studentinnen und Studenten befragt, wie oft sie achtundachtzig verschiedene Täuschungstaktiken benutzten, von Aufschneiderei bis zum Einziehen des Bauchs, wenn das andere Geschlecht anwesend war.

Die Ergebnisse sprechen für sich. Männer griffen öfter als Frauen auf Täuschungsstrategien zurück, die ihnen mehr materielle Mittel andichteten, als sie in Wirklichkeit besaßen, und sie als netter, ehrlicher und zuverlässiger darstellten, als sie tatsächlich waren. Wie wirkungsvoll waren diese Täuschungsstrategien?

Wirksame Froschkönig-Täuschungen

Dieselben Psychologen befragten eine weitere Gruppe von einhundertsechzehn Studentinnen und Studenten, wie wirksam dieselben achtundachtzig Täuschungsstrategien waren, um einem Partner begehrenswerter zu erscheinen. Männer stuften die Täuschungen zu Beginn einer Beziehung, die sie am häufigsten benutzten, als die wirksamsten ein. Dies legt den Schluß nahe, daß Männer der Meinung sind, ihre derzeitigen Täuschungen würden ihren Zweck erfüllen. Männer hatten das Gefühl, bei Frauen am besten anzukommen, wenn sie falsch darstellten,

- wie aufrichtig oder gutmütig sie waren;
- wie »macho« sie waren;
- in welch guten Verhältnissen sie lebten;
- wie intelligent oder
- wie sensibel und verletzlich sie waren;
- was ihnen Frauen bedeuteten.

Und die Frauen? Benutzen sie nicht andere, aber gleichwertige Froschkönig-Lügen? Ja – doch da war ein bedeutsamer Unterschied.

Froschkönig-Lügen der Frauen

Die Täuschungsstrategien von Frauen gegenüber Männern bestanden hauptsächlich darin, daß sie besser auszusehen versuchten, als sie es in Wirklichkeit taten – körperlich attraktiver, schlanker, größer, dunkler, jünger, sexyer. Die häufigsten Froschkönig-Lügen der Frauen bestanden also darin, eine Fassade aus Make-up, falschen Fingernägeln und schlankmachenden senkrechten Streifen zu errichten, während Männer ein vielfältigeres Lügengeflecht aus materiellen Mitteln, der Bereitschaft zu einer echten Beziehung und einer Mischung aus Haltungen, Verhaltensformen und »Männlichkeit« knüpften. Diese Unterschiede sind ebenso lehrreich wie erstaunlich.

Sie beinhalten eine deutliche Warnung, was die Froschkönig-Lügen der Männer sind und was nicht. Während die Täuschungen der Frauen zu Beginn einer Beziehung vorwiegend im Einsatz von Make-up und Kleidern bestehen, um hübscher, sexyer und schlanker auszusehen, sind jene der Männer keine harmlosen kosmetischen Korrekturen, sondern oft erhebliche chirurgische Eingriffe. Es geht nicht nur darum, die Aufmerksamkeit auf sich zu ziehen. Diese Froschkönig-Lügen beginnen vielleicht mit einem kleinen Köder, doch meist bleibt es nicht dabei. Wenn Lügen eine wirksame Möglichkeit darstellen, um ein Ziel zu erreichen, sind sie nur eine Taktik unter anderen, die man bei Bedarf einsetzt.

Welche der Froschkönig-Lügen der Frauen erfüllten ihren Zweck? Hier sind sich die Frauen weitgehend einig: Sie schätzten ihre harmlosen, nonverbalen Täuschungen wie Make-up, eng anliegende Kleidung, raffinierte Frisur und betont weibliches Verhalten als wirksamste Taktik bei Männern ein. Um zu beeindrucken, ziehen Männer Worte und Handlungen vor, während Frauen mehr auf das Optische setzen: Make-up, Kleidung und Weiblichkeit wie in den Frauenmagazinen.

Unterscheiden sich Männer und Frauen also diesbezüglich? Vielleicht. Die entscheidende Frage sind die Folgen. Es ist klar, daß Frauen gelegentlich Männer übertreffen können, wenn es darum geht, die Wahrheit zu verzerren und zu verdunkeln. Doch worin bestehen zu Beginn einer Bekanntschaft die schlimmsten Folgen, wenn sie sich als Blondine gibt, während sie in Wirklichkeit brünett ist, oder als drahtige Sportlerin, die ihren Speck verbirgt? Oder nehmen wir an, ihr Dekolleté *wird* durch einen Bügel-BH verbessert: In welchem Verhältnis steht dies zu seiner Behauptung, an Ihnen interessiert zu sein, wenn dem nicht so ist, oder daß ihm die Themen wichtig sind, die auch Sie wichtig finden, zumindest für die Dauer Ihres Gesprächs?

Warum Frauen glauben, daß der Frosch ein Königssohn sein könnte

Er ist also ein Frosch. Sie haben ihn erwischt. Er ist nicht ledig. Er ist verheiratet, hat drei Kinder, ein viertes ist unterwegs, und ein Haus in einem Vorort. Und sonst? O ja: Er ist nicht stellvertretender Direktor, sondern arbeitet in der Betriebskantine. Er schreibt auch nicht an seiner Doktorarbeit in Psychologie, sondern ist seit sechs Jahren in einer Gruppentherapie. Alle diese Lügen wurden Frauen erzählt, mit denen ich sprach!

Ziemlich offensichtlich und relativ leicht zu entdecken! Warum also lassen sich Frauen von Froschkönig- und anderen Lügen zu Beginn einer Beziehung ködern?

Die Haltung des falschen Königssohns

Merkwürdigerweise sind Frauen selbst dann, wenn sie den Frosch enttarnt haben, bereit, ihm zu vergeben. Warum? Weil er erreichte, daß sie sich für etwas Besonderes hielt, obwohl seine Identität sich als schillernde Seifenblase erwies. Er hat sie an seinem glanzvollen Leben teilnehmen lassen, wie fiktiv es auch war. Dafür ist sie bereit, ihm alles zu verzeihen.

Warum? Weil der falsche Prinz oft ein mit allen Wassern gewaschener Charmeur ist. Und weil er sie davon überzeugen möchte, daß er kein Frosch ist, bringt er es fertig, all das zu tun, was wirkliche Prinzen angeblich tun. Für viele Frauen ist dies Verführung ersten Ranges. Er ist ein Romantiker, der ihre neuen Kleider, ihre neue Frisur wahrnimmt. Er schreibt ihr Billetdoux und Briefe. Er denkt daran, daß sie sich vor einem Monat zum ersten Mal begegnet sind, schickt ihnen Blumen, Pralinen und Geschenke. Er läßt sie lachen, bevor er sie zum Weinen bringt.

Wenn Ihnen schließlich die Augen aufgehen, fallen Sie auch noch auf die Botschaft des Märchens vom Froschkönig herein, daß nämlich jeder Frosch ein Königssohn sein könnte, der auf die Prinzessin wartet, die ihn erlöst. Doch Sie bringen es nicht fertig, ihn an die Wand zu schleudern und ihn die Wucht Ihres Zorns über seine Lügen spüren zu lassen. Dieser Prinz ist nicht das, wozu er sich gemacht hat, doch Sie reden sich ein, daß Sie und nur Sie ihm helfen können, trotz allem ein Königssohn zu werden.

Pech für Sie, daß Ihnen nach drei Monaten mit diesem Mann auch die letzten Illusionen vergangen sind. Sie gesellen sich zur ernüchterten Schar jener Frauen, denen nur bitteres Bedauern geblieben ist: »Wenn er mir doch die Wahrheit gesagt hätte«, »Ich habe neun Jahre meines Lebens mit einem Mann vergeudet, der mir etwas vorgegaukelt hat«, »wenn ich ihm doch nie begegnet wäre«.

Hämmern wir uns also die Wahrheit über den Froschkönig-Lügner ein, indem wir das Mantra wiederholen: Frosch ist Frosch ist Frosch – so lange, wie es nötig ist.

Was tun mit einem falschen Prinzen? Rochelles Geschichte

Wie überzeugend ist der Froschkönig-Charmeur? Selbst kluge Frauen, die es besser wissen müßten, lassen sich täuschen.

Rochelle, eine hübsche, alleinstehende achtundzwanzigjährige leitende Angestellte, bat mich um Rat. Nachdem sie drei Jahre lang niemanden gefunden hatte, der zu ihr gepaßt hätte, lernte sie einen Kollegen kennen, mit dem sie an einem gemeinsamen Projekt arbeitete. Er lud sie auf einen Drink ein, und beide amüsierten sich den ganzen Abend. Sie hatten dieselben Interessen: Tanzen, Musik, Sport. Als sie diesen Mann beschrieb, wie sie seine Gesellschaft genoß, freute ich mich mit ihr, daß sie jemanden gefunden hatte, der sich für sie interessierte. Ich fragte sie lächelnd: »Wofür brauchen Sie denn meinen Rat?«

»Nun«, sagte sie, »bevor ich mit Larry ausging, befragte ich einige Leute, die ihn kannten. Ich bekam das übliche ›sehr netter Kerl‹ zur Antwort. Man sagte mir auch, daß seine Scheidung bevorstand und die beiden Kinder bei seiner Frau seien. Er lebte in einem hübschen kleinen Haus in einem Vorort.

Als wir ausgingen, fragte ich ihn, wie alt seine Kinder seien. Er ging fast an die Decke. Er sagte, er hätte keine. Er wäre einmal verlobt gewesen, aber nie verheiratet. Jetzt war es an mir, verblüfft zu sein! Ich konnte ihm natürlich nicht sagen, daß ich mich schon erkundigt hatte. Ich sagte also nichts, was mir aber eine ganze Woche schwer im Magen lag. Nach dem Gespräch ging ich mit ihm in ein phantastisches Restaurant essen. Er fasziniert mich immer noch, doch irgend etwas stimmt nicht.«

Wahrscheinlich werden Sie jetzt sagen, daß ich immer einen Grund finde, um etwas Vielversprechendes abzubrechen. Soll ich die ganze Geschichte mit seiner Frau und den

Kindern nicht mehr erwähnen? Fest steht, daß sie sich scheiden lassen.«

Ich fragte sie, ob sie bei ihren Gewährsleuten nachgefragt hätte, ob sie auch den richtigen Larry gemeint hätten?

»Aber natürlich! Am nächsten Morgen! Ich sagte: ›Sie haben sich bezüglich Larry wohl getäuscht? Oder wollten Sie mich veralbern? Er hat gar keine Kinder, er war nie verheiratet, und er lebt in einem kleinen Appartement in der Stadt und nicht in einem Haus!‹ Meine Freundin in seiner Abteilung sagte, daß sie seine Frau und die Kinder beim Einkaufen getroffen hätte. Vor der Scheidung hatte er sogar Bilder von ihnen auf seinem Schreibtisch stehen. Er erzählte allen, daß er jetzt den Mietvertrag für sein Haus verlängern wollte. Dr. Hollander, soll ich das Ganze auf sich beruhen lassen, den Dingen ihren Lauf lassen und mich einfach amüsieren?«

Was hätten Sie Rochelle geraten?

Die düstere Wahrheit ist, daß Larry *ohne Grund* ihr Vertrauen mißbrauchte. Dadurch ließ er erkennen, daß er innere Konflikte offenbar nicht mitzuteilen vermochte. Sich zu seiner Ehe und Vaterschaft zu bekennen, stellte für ihn eine große Herausforderung dar. Larry übersah dabei, daß unsere Handlungen wie ein Bumerang uns immer wieder einholen. Obwohl Rochelle nun weiß, daß Larry sie belügt, ist sie nicht wütend. Statt dessen zweifelt sie lieber an ihrem eigenen Urteil. Sie kann sich einfach nicht vorstellen, daß ein Kollege auf die Frage, ob er Kinder habe, die Unwahrheit sagen würde. Sie kann nicht glauben, daß er Frau und Familie abstreiten würde, weil sie ihn ja nicht zurückweisen würde, nur weil seine Ehe gescheitert ist. Nachdem aber die Lügen offenbar geworden sind, zweifelt Rochelle nicht etwa an ihm, sondern an sich. Sie fragt sich, ob es unvernünftig sei, von ihrem Möchtegern-Prinzen die Wahrheit und nichts als die Wahrheit zu verlangen. Sie möchte die Beziehung sehr gerne fortsetzen, doch seine Lüge hängt ihr wie ein Klotz am Bein.

Wie soll es also weitergehen? Was würden Sie Rochelle raten?

Ich sagte ihr folgendes: »Rochelle, wir wissen beide nicht, warum Larry Sie belog. Aber diese Lüge betraf nicht seine Hemdengröße. Er sagt die Unwahrheit darüber, wer er ist. Dies wird nicht besser, wenn Sie sich zu ihm hingezogen fühlen. Andernfalls wären Sie nicht hier. Dieses Gernhaben läßt Sie lediglich den Kontakt fortsetzen, um zu prüfen, welche Gemeinsamkeiten Sie sonst noch haben. Als nächstes müssen Sie herausfinden, ob Larry ein Mann ist, dem Sie vertrauen können. Und hier beginnt Larry bereits sein wahres Gesicht zu zeigen. Denken Sie einmal darüber nach, wie die Geschichte weitergehen soll. Ein paar Nächte im Bett mit einem Lügner? Sich in einen Lügner verlieben? Fragen Sie sich selbst, ob Sie dies in einer wichtigen Beziehung möchten. Wenn nicht, sollten Sie einen Gang zurückschalten. Stellen Sie sich harte Fragen, was Ihnen wichtig ist. Eines sollten Sie jedenfalls vergessen: daß Sie ihn ändern könnten. Selbst wenn es Ihnen gelingen sollte, wird immer ein Rest von Mißtrauen die weitere Beziehung trüben. In der Hitze des Gefechts werden Sie es beide gelegentlich mit der Wahrheit nicht so genau nehmen. Wenn dies der Fall ist, wird Ihnen jedesmal sofort wieder vor Augen stehen, wie dieser Mann Sie gleich bei den ersten Drinks schamlos belog.

Wenn Sie wieder mit Larry ausgehen, genießen Sie das Essen, die Musik und das Gespräch. Dann reden Sie Klartext. Sagen Sie ihm ins Gesicht, daß Sie ihm nicht glauben. Sagen Sie ihm, warum. Dann sehen Sie, wie er reagiert. Wenn er auf seiner Geschichte beharrt, fragen Sie ein letztes Mal bei seinen Mitarbeitern nach. Dann werden Sie endgültig von der richtigen Meinung überzeugt sein. Schlagen Sie in einem alten Telefonbuch nach, wo er gewohnt hat und welche Nummer er hatte. Wenn es eine andere Nummer ist, rufen Sie an, um zu sehen, wer antwortet.

Wenn er erklärt: ›Ich wollte nicht, daß du etwas von meiner Frau und den Kindern weißt, damit du mich nicht geringschätzt‹, sprechen Sie darüber, wie Sie *beide* dies empfinden. Wenn das Gespräch zu Ihrer beider Zufriedenheit ausfällt, machen Sie weiter. *Aber bleiben Sie auf der Hut.* Vielleicht sagt er die Wahrheit; vielleicht sagt er aber das, was Sie hören wollen. Hier können nur die Zeit und sorgfältige Beobachtung Klarheit schaffen.

Wenn er weiter lügt, gehen Sie. Drehen Sie sich nicht um. Seien Sie froh, daß er seine Karten frühzeitig aufdeckte. Stellen Sie sich vor, Sie würden sich in ihn verlieben. Was hätten Sie davon? Den großen Kummer, einen bedenkenlosen Lügner zu lieben. Sie verfügen nicht über die Macht, *diesen* Frosch in einen Königssohn zu verwandeln. Frosch bleibt Frosch.«

Selbstschutz: Jemand muß es tun

Was können Sie tun, um sich vor einem Mann zu schützen, der sich als etwas anderes darstellt, als er ist? Eine ganze Menge! Entwickeln Sie eine Reihe von Selbstschutzstrategien, die *Sie* schützen, nicht ihn. Beginnen Sie mit der folgenden Liste von Vorschlägen. Gewähren Sie ihm keinen Vertrauensvorschuß. Denken Sie daran, daß Vertrauen erst verdient werden muß. Achten Sie darauf, daß Sie möglicherweise zwar *wissen*, wie notwendig und wichtig Selbstschutz ist, aber trotzdem nicht daran denken – weil Sie zu Beginn einer Beziehung alles andere im Kopf haben, nur nicht das Bedürfnis, Detektiv zu spielen. Sie möchten nichts als herrlich verliebt sein und Ihren Spaß haben! In Ordnung – aber müssen Sie deshalb gleich zum leichtgläubigen Opfer der zu jedem Zeitpunkt möglichen Froschkönig-Lügner werden? Müssen Sie sich unbedingt in jemanden verlieben, um dann, zu spät, herauszufinden, daß er nicht ist, was er zu sein vorgab?

Bewahren Sie also Ihren kühlen Kopf und bleiben Sie neugierig. Stellen Sie ihm in frühen Stadien Ihrer Beziehung eindringliche Fragen.

Wenn Sie es nicht sehr romantisch finden, überall nachzuhaken und Lügen nicht durchgehen zu lassen, sollten Sie sich das Beispiel jenes sechsundzwanzigjährigen, unverheirateten Charmeurs vor Augen halten: »Ich hatte eine eher harmlose Geschlechtskrankheit im Verlaufe eines früheren Verhältnisses. Am Anfang einer neuen Beziehung sage ich den Frauen nichts davon. Ich bin doch nicht verrückt – ich habe mein Eigeninteresse im Auge. Ich möchte mir die Möglichkeit erhalten, daß sich die Beziehung entwickelt, und ich möchte nicht wegen einer Angelegenheit, die jedem fünften, der sexuell aktiv ist, passiert, zum Aussätzigen gestempelt werden.«

Er und andere haben keine Probleme, auf ihr Eigeninteresse zu achten, auch wenn es zu Ihren Lasten geht. Sollten Sie in diesem Fall nicht lieber doch auf Ihren Selbstschutz achten? Wer sollte es sonst tun?

Eine siebenunddreißigjährige, verheiratete Frau, die ich interviewte, sagte: »Am Anfang kann man nicht ohne weiteres sagen, daß sie lügen, weil man ihnen vertraut. Mit dem Fragen beginnt man erst später.« Dann kann es jedoch bereits zu spät sein. Sie haben an seinem Köder angebissen. Wenn Sie dies vermeiden wollen, sollten Sie die folgenden Selbstverteidigungsstrategien anwenden.

Einige Selbstverteidigungsstrategien gegen Froschkönig-Lügen

Was Sie tun sollten:

- Machen Sie es sich zur Gewohnheit, nichts für bare Münze zu nehmen.
- Stellen Sie Tatsachenfragen, wie ein Reporter, der Daten sammelt.
- Bitten Sie ihn, seine Freunde und Verwandten kennenlernen, seinen Hund ausführen zu dürfen.
- Besuchen Sie ihn am Arbeitsplatz, und nicht erst, wenn es zu spät ist.
- Prüfen Sie seine Telefonnummer, seine Adresse, die Firma, in der er arbeitet. Rufen Sie ihn morgens und mittags zu Hause

an. Achten Sie auf Überschneidungen zwischen Ihren Wunschvorstellungen und seinen Angeboten.

- Sagen Sie ihm, daß Sie ihn beim Wort nehmen.
- Stellen Sie ihn bei Unstimmigkeiten stets zur Rede.
- Nehmen Sie es zur Kenntnis, wenn er Selbstwerbung betreibt, und prüfen Sie, was er damit beabsichtigt.
- Sagen Sie ihm, was Sie unter Ehrlichkeit und Aufrichtigkeit verstehen, und prüfen Sie, ob er sich danach richtet.
- Wenn er weiterhin lügt, sollten Sie gemeinsam zu einer psychologischen Beratung gehen oder die Beziehung beenden.

Was Sie nicht tun sollten:

- Vor allem: Brav alles glauben.
- Höflich zuhören und alles in sich aufsaugen.
- Sich von Menschen fernhalten lassen, die ihn kennen.
- Sich mit ihm nur auf neutralem Boden treffen: im Museum, irgendwo am Hafen.
- Darauf verzichten, seine Telefonnummer zu erfragen; sich anrufen lassen.
- Davon ausgehen, daß er mit niemandem zusammenlebt.
- Davon ausgehen, daß er in seinen Reden widergespiegelt wird und nicht Sie.
- Eine Laissez-faire-Haltung einnehmen.
- Über Unstimmigkeiten hinwegsehen, Entschuldigungen für ihn erfinden.
- Seinen Reden gemäß zum Schluß gelangen, daß er ein toller Typ ist.
- Schweigend alles mitmachen und abwarten, wie es ausgeht.
- Sich bei Ihren Freundinnen ausweinen, wenn er nicht aufhört zu lügen.

Vom Märchen zum wirklichen Leben

Was können wir aus diesen Froschkönig-Lügen lernen? Das Märchen enthält ein wichtiges Paradigma: Wenn man seine Gefühle aufrichtig mitteilt, bekommt man die Chance, etwas zu verändern.

Wir haben gesehen, wie oft die Angst vor einer Zurückweisung die Ursache für Froschkönig-Lügen bei Männern ist. Sie haben Angst, daß eine starke Frau sie in den Brunnen zurückwerfen könnte. Dabei sehnen sie sich nach Intimität und Verbundenheit. Ihre Lügen könnten eine Strategie zur Bewältigung dieses Dilemmas sein. Froschkönig-Lügen erlauben es ihnen, sich in einem guten Licht darzustellen, der Zurückweisung durch eine Frau vorzubeugen und zeitweise ihre Aufmerksamkeit und Bewunderung zu gewinnen.

Das Dilemma der Frauen ist ein anderes. Sind Sie auf der Suche nach einem Königssohn, auf den alle Eigenschaften, die auf Ihrem Wunschzettel aufgeführt sind, zutreffen, und achten Sie zugleich auf irreführende Übereinstimmungen und Froschkönig-Lügen? Oder akzeptieren Sie einen liebenswerten, aber gewöhnlichen Mann, der sich und seine Fehler ehrlicher darstellt? Es ist schwierig, eine Entscheidung nur mit dem Verstand zu treffen, wenn ein Mann einer Frau das bietet, was sie am meisten ersehnt. Sie möchten sich schließlich verlieben, nicht Detektiv spielen.

Wie das Märchen ausgehen kann

Prüfen wir, wie das Märchen zu Ende gehen könnte. Er verbirgt vor Ihnen seine wahre Identität, damit Sie ihn lieben und er seine Beschämung darüber verbergen kann, daß er ein Frosch und kein Königssohn ist. Sie lieben in Ihrer Naivität den falschen Königssohn und sein *Bild* von Erfolg und Männlichkeit, nicht ihn selbst. Indem er sich Ihnen als Prinz präsentiert, gewinnt er Ihre Liebe, die auf einem falschen Bild von ihm basiert. Leider ist zur Aufrechterhaltung dieser Liebe eine Kette immer neuer Täuschungen erforderlich. Diese Lügen schotten Sie beide gegenüber der Wahrheit, doch auch gegenüber jeder intimen Vertrautheit ab. Sie sind beide die Verlierer.

Im weiteren Verlauf der Entwicklung sind Entdeckungen unvermeidlich, die einen Strom von Ausflüchten, Enttäuschungen und Unzufriedenheit auslösen. Märchen lehren uns hier etwas sehr Wichtiges: Liebe wie Zorn sind mächtige Emotionen, die das Potential für eine dauerhafte intime Vertrautheit schaffen. Falsche Posen und Vorspiegelungen erzeugen hingegen Schranken und Distanz. Männer, die sich den Mantel einer falschen Großartigkeit umlegen oder eine andere Identität annehmen, müssen ständig der Wahrheit und Intimität ausweichen. Sie werden vielleicht geliebt, doch nicht um ihrer selbst willen.

Die Alternative besteht darin, Froschkönig-Lügen sofort beim Namen zu nennen und alle Hoffnungen zu begraben, daß man den Froschkönig-Lügner erlösen und verwandeln könnte. Am wahrscheinlichsten ist es, daß man am Ende einen Frosch und einen Lügner hat! Sein bisheriges Verhalten ist immer der beste Maßstab dafür, was Sie noch zu erwarten haben. Die Verwandlung in einen Prinzen ist recht unwahrscheinlich, auch wenn Sie es sich noch so wünschen. Sie müssen ihn entweder akzeptieren, wie er ist, und damit zurechtkommen oder ihn in den Brunnen zurückwerfen und Ihrer Wege gehen.

Vom Köder zur Maske

Der Flirt, der Köder und die Froschkönig-Lüge bringen Mann und Frau nahe genug zusammen, um prüfen zu können, ob sie in ihrer Beziehung einen Schritt weiter gehen wollen. Wenn die gewünschte Intimität hergestellt ist, kann ein neues Element hinzukommen. Während Lügen als Köder dazu dienen, ihn in ein gutes Licht zu rücken und attraktiv erscheinen zu lassen, verbergen und verzerren Lügen als Masken, wer er wirklich ist. Lügen als Masken erzeugen daher Distanz und verringern die Intimität, während sie scheinbar das Gegenteil bewirken. Sie sind wesentlich schwieriger zu erkennen als Köderphrasen oder Froschkönig-Lügen, und sie können für Ihre Beziehung viel schlimmere Folgen haben.

Lügen als Masken und wie sie zu bekämpfen sind, bilden das Thema des nächsten Kapitels.

TEIL III

Lügen als Masken

Kapitel 5

Maskerade

Die meisten Männer bauen eine langfristige Beziehung zu Frauen auf und wecken ihr Interesse, indem sie nicht sie selbst sind. Dann entdecken die Frauen, daß man ein anderer ist: nicht so reich, nicht so witzig, oder man hat einen anderen Beruf. Ich lüge Frauen nichts vor. Ich tue, was ich tun möchte, und ich mache keine falschen Vorspiegelungen.

Politologe, 31, geschieden

Ich kann in jeder Phase der Beziehung lügen, je nachdem, ob ich nicht entdeckt werden will, die Kontrolle behalten oder nicht in eine Richtung gedrängt werden möchte, die mir nicht paßt. Meine Lügen helfen mir, eine Fassade aufrechtzuerhalten, die ich darstellen möchte.

Managementberater, 43, verheiratet

Selbstoffenbarung gehört nicht zu meinen Prioritäten.

Jurastudent, 29, unverheiratet

Eine Maske verbirgt. Sie präsentiert der Welt eine trügerische Fassade, die Freund und Feind, einen selbst und andere in die Irre führt. Die Täuschung durch eine Maske kann absichtlich oder unabsichtlich, bösartig oder unschuldig sein. Weil es jedoch zum Wesen einer intimen Beziehung gehört, daß man einen anderen Menschen kennt und sich diesem zu erkennen gibt, muß der (oder die) Maskierte letztlich scheitern.

Lügen haben oft nicht sofort die Form von Masken, sondern erst allmählich. Man macht schon sehr früh die Erfahrung, daß man so, wie man ist, für seine Familie und Freunde nicht akzeptabel ist. Oder man stellt fest, daß man einem kulturellen Ideal nicht gerecht wird, das vorschreibt, wie ein Junge oder Mädchen auszusehen oder sich zu verhalten hat. Man schließt also die Fensterläden und Türen seines wahren Wesens und verbirgt seine Geheimnisse vor der Welt. Manchmal belügt man nur die anderen, manchmal hütet man jedoch seine Geheimnisse so gut, daß man sich selbst zu belügen beginnt.

In Beziehungen sind die Masken bestimmter Männer eine Fortsetzung der Köder, mit denen sie Frauen in die Falle ihrer Phrasen oder Froschkönig-Lügen lockten. Wenn er ihr erklärt, er sei Bankier (und in Wahrheit bloß Kassierer ist), hält er seine Lüge vielleicht für harmlos und nur für vorübergehend notwendig. Er denkt sich die Lüge als technische Wahrheit zurecht. Schließlich arbeitet er doch in einer Bank! Er redet sich ein: »Ich werde ihr die Wahrheit sagen, wenn wir uns besser kennen und sie versteht, wer ich bin.« Nur: Je länger die Lüge Bestand hat, desto schwieriger wird es, die Wahrheit zu offenbaren. Was als zeitweilige Übertreibung begann, verdichtet sich unerwartet zu etwas Bleibendem, zu einer bequemen Maske, die er sich nicht mehr abreißen kann oder will.

Die Folge ist, daß Sie schließlich etwas ganz anderes bekommen als das, was Sie hören und sehen. Die Lüge als Maske verbirgt seine Gefühle, die Motive seiner Handlungen und seine Gedanken. Sie wirkt schließlich wie eine zweite Haut, die er selbst Mühe hat zu entfernen.

Männer und Frauen tragen Masken. In diesem Kapitel geht es uns hauptsächlich um die Lügen der Männer, doch werden wir uns auch mit den Masken der Frauen befassen und demonstrieren, wie solche Masken bei beiden Geschlechtern auf subtile Weise intime Vertrautheit unmöglich machen und selbst in engsten Beziehungen Lügen gebären.

Drei Vettern: Köder, Masken und Vermeidungslügen

Es gibt viele Arten von Lügen und viele Möglichkeiten, sie zu kategorisieren. Eine Möglichkeit besteht darin, Lügen anhand der Funktion zu betrachten, die sie in einer Beziehung ausüben: Köder, Masken und Vermeidungslügen. Was haben diese Lügen gemeinsam, und wodurch unterscheiden sie sich?

Gemeinsam ist ihnen, daß sie demselben Zweck dienen: Er soll darüber bestimmen, wer die Wahrheit erfährt, und nicht Sie.

Die drei Vettern Köder, Masken und Vermeidungslügen kann man genau identifizieren, wenn man sich vor Augen führt, daß jeder Lügentypus etwas anderes verbirgt:

- Der *Köder* lockt Sie näher an ihn heran, indem er Ihnen verschiedene Dinge anbietet, die seiner Meinung nach auf Ihrer Wunschliste ganz oben stehen.
- Die *Maske* verbirgt, wer er ist, was er fühlt und was er denkt.
- Die *Vermeidungslüge* verwehrt Ihnen den Einblick in seine Handlungen, so daß er tun und lassen kann, was er will, ohne sich Ihren Fragen stellen zu müssen.

Alle diese Formen von Lügen lassen Sie im dunkeln tappen. Manchmal verschwimmen die Grenzen zwischen Ködern, Masken und Vermeidungslügen, so daß man sie kaum voneinander unterscheiden kann. Dadurch ist es noch schwieriger, seine Lügen zu entlarven. Wie sollen Sie also hinter die Wahrheit kommen? Gönnen wir uns für eine Weile das Vergnügen, Köder, Masken und Ausflüchte voneinander zu trennen, indem wir uns den drei kleinen Wörtern zuwenden, die Männer Frauen gegenüber am häufigsten aussprechen.

Die allergrößte Lüge entlarven

Er sagt: »Ich liebe dich.« Den meisten Frauen diktieren Hoffnung und Vertrauen, daß ein Mann es auch so meint, wenn er behauptet: »Ich liebe dich.« *Manchmal* trifft es ja auch zu. Leider mußten jedoch allzu viele Frauen die Erfahrung machen, daß »Ich liebe dich« oft die allergrößte Lüge ist.

Werfen Sie einmal einen Blick auf die drei folgenden Lügen, die jeweils eine Variante von »Ich liebe dich« sind.

Welche von ihnen ist ein Köder, welche eine Maske und welche eine Vermeidungslüge?

- Lüge 1: »Ich wußte, daß ich dich lieben würde, schon als du durch die Tür hereinkamst.«
- Lüge 2: »Ich liebe dich.«
- Lüge 3: »Du weißt, daß ich dich noch liebe.«

Worin besteht der Unterschied? Der einzige Unterschied besteht in seiner Absicht, die im Augenblick nicht eindeutig ist. Sie können dies nur herausfinden, indem Sie den Zusammenhang und die Umstände der Lüge klären und intensive Nachforschungen anstellen. Versuchen wir, die drei ähnlich klingenden Liebeserklärungen zu entwirren.

Ähnlich klingende Lügen auseinanderhalten

■ **LÜGE 1:** »Ich wußte, daß ich dich lieben würde, schon als du durch die Tür hereinkamst.«

Lüge 1 ist ein Köder.
Absicht: Nähe schaffen und sie erhalten.
Dieses »Ich wußte, daß ich dich lieben würde, schon als du durch die Tür hereinkamst« ist ein Köder, der seine unverdiente Glaubwürdigkeit aus dem Mythos der Liebe auf den ersten Blick bezieht, der eine Romantisierung des magischen

Augenblicks der ersten Begegnung ist. Diese Lüge verführt Sie mit ihrem Märchenkolorit. Mit ein wenig Romantik und der Schubkraft Ihrer Erwartungen kann er mit Hilfe dieses Köders mühelos Nähe schaffen und Sie einlullen. Wenn diese Lüge zu früh kommt, wenn Sie beide noch kaum Zeit hatten, einander kennenzulernen, dann können Sie sicher sein, daß er gar nichts wußte, als Sie durch die Tür hereinkamen. Vielleicht hatte er Appetit auf Sie. Vielleicht fand er, daß Sie offen und freundlich wirken. Im schlimmsten Fall haben ihn nur seine Kumpels angestachelt, sich an Sie heranzumachen.

Kurzfristig ist es für Sie am besten, diesen Köder als harmlos zu betrachten. Bedenken Sie, daß dieser Köder nur deshalb wirkt, weil der Betreffende es versteht, Ihre Bedürfnisse in bezug auf seine eigenen geschickt zu deuten. Er setzt darauf, daß Sie als attraktiv und sexy gelten möchten. Und natürlich möchte er, daß Sie ihn für ungeheuer romantisch und charmant halten. Die Lüge als Köder soll zwei Fremde zusammenbringen. Die ganze Absicht ist, Sie zu ihm hinzuziehen. Das Problem besteht hier darin, daß Sie sich im Augenblick vielleicht so sehr nach Liebe und einer Beziehung sehnen und dabei vergessen, daß sich dieser Köder normalerweise aus sechzig Prozent Heuchelei und vierzig Prozent Testosteron zusammensetzt. Wenn er Ihnen seine Liebe so schnell und direkt gesteht, bevor er Sie überhaupt kennt, dann ist es sehr wahrscheinlich, daß er mit diesem Trick schon einmal Erfolg hatte und daß es ihm nach der ersten Nacht mit Ihnen gleichgültig ist, wer Sie wirklich sind.

In einem späteren Stadium der Beziehung könnte er dieselbe Lüge (»Ich wußte vom ersten Augenblick an, daß ich dich liebe…«) benutzen, um einen eigenen romantischen Mythos zu schaffen. Dieser Mythos ist ein wirksamer Köder, weil er Ihnen das Gefühl gibt, etwas Besonderes zu sein. Er hält Sie beide zusammen. Natürlich dürfen wir – dies macht die Sache noch komplizierter – nicht vergessen, daß es einige wenige wirklich romantische Seelen gibt, die tatsächlich an

Liebe auf den ersten Blick glauben und bei denen diese Aussage keine Lüge ist.

■ **LÜGE 2:** »Ich liebe dich.«

Lüge 2 ist eine Maske.
Absicht: Zu verbergen, was er wirklich denkt und empfindet.

Wie viele verführerische Lügen, die Männer und Frauen einander erzählen, gewährt Ihnen dieses »Ich liebe dich«, auch wenn es eine enttäuschende Lüge ist, etwas, wonach Sie sich aufrichtig, vielleicht sogar verzweifelt sehnen. Dies führt dazu, daß Sie die Maske des »Ich liebe dich« weniger leicht in Frage stellen.

Leider verschleiert die Lüge des »Ich liebe dich« die Tatsache, daß er statt Liebe bloß Lust empfindet oder jedenfalls herzlich wenig. Als Maske gibt ihm dieses »Ich liebe dich« die Möglichkeit, einer Frau das zu geben, was sie seiner Meinung nach möchte: ein aufrichtiges Geständnis seiner Gefühle. Damit tut er das Richtige: Er gewinnt Ihre Zuneigung, indem er Ihnen gibt, was Sie – wie er *glaubt* – hören möchten.

Die Tatsache, daß ein »Ich liebe dich« natürlich auch wahr sein kann, macht die Mehrdeutigkeit um so schmerzlicher und gefährlicher. Sie stehen vor dem Dilemma, wie Sie Wahrheit und Lüge voneinander unterscheiden sollen.

Vielleicht sagt er »Ich liebe dich« beim Liebesspiel. Sie entspannen sich und genießen es, geliebt zu werden. Sie erkennen nicht, daß er keineswegs eine dauerhafte Liebe im Sinn hat.

Den von mir interviewten Männern und Frauen zufolge ist »Ich liebe dich« eine der häufigsten Lügen, die Männer Frauen erzählen. In einer Studie, über die David Buss in seinem Buch *Die Evolution des Begehrens* (Hamburg 1994) berichtet, erklärten über siebzig Prozent der Männer im College-Alter, daß sie hinsichtlich ihrer Empfindungen übertrieben, um Sex mit einer Frau zu haben, und nicht weniger als siebenundneunzig Prozent der Frauen dieser Altersgruppe behaupteten, dies wäre ihnen in ihren Beziehungen mit Männern schon widerfahren.

Sherman, ein zweiundvierzigjähriger, unverheirateter Informatiker, sagt, daß sein »Ich liebe dich« nur ein Köder ist, »um Frauen ins Bett zu bekommen«. Er erinnert sich, daß seine erste Lüge, die er einer Frau – seiner ersten Freundin – erzählte, »Ich liebe dich« war. Warum belog er ein fünfzehnjähriges Mädchen? »Ich wollte einfach schnell ans Ziel kommen.« In seiner baptistischen Erziehung wurde ihm beigebracht, »daß man nur dann miteinander sexuell verkehrt, wenn man sich liebt; deshalb sage ich ›Ich liebe dich‹, um mir die Türen zu öffnen.«

Wenn er sie im Bett hat, behauptet Sherman, lüge er nicht mehr. Warum? Weil er nicht mehr zu lügen brauche: »Dann ist ja klar, daß man ans Ziel kommt.« Dann geschah im Interview etwas Seltsames: Sherman widersprach sich vollständig und behauptete, wenn er eine Frau im Bett habe, lüge er oft, »um ihre Erregung zu steigern – ich sage ›Ich liebe dich‹ und rede beim Sex.«

Seiner Liebeserklärung zum Trotz erklärte er: »Ich hatte keine Gewissensbisse, meinen Trieb auch bei anderen Frauen zu befriedigen. Meine Hormone haben das Sagen. Nach einer Weile wußten wir beide, daß dieses ›Ich liebe dich‹ eine Lüge war. Ich hatte mich an dieses Verhaltensmuster gewöhnt, und es war so erfolgreich, daß ich einfach dabei blieb.«

Shermans anfänglicher Köder war zu einer Maske geworden. Sie war erfolgreich, verschaffte ihm, was er wollte, und war so bequem, daß es ihm schwergefallen wäre, auf sie zu verzichten.

Sherman ist keine Ausnahme. Seine Absicht (und die vieler anderer Männer) ist es, eine Frau sexuell zu erregen, um die eigene Lust zu steigern, und irgendwann hat er entdeckt, daß dieses »Ich liebe dich« der magische Schlüssel zu ihrer Leidenschaft ist. »Ich liebe dich« ist für Sherman also teils ein Köder, um Frauen ins Bett zu bekommen, teils eine Maske, um seine Gleichgültigkeit gegenüber seinen und ihren Empfindungen sowie sein wahres Motiv (Steigerung der sexuellen Lust) zu verbergen.

Es ist nur natürlich, daß für die meisten Frauen auch das achtlos dahingesprochene »Ich liebe dich« eines Mannes seine aufrichtigen Gefühle zum Ausdruck bringt (»Wir gingen schon länger miteinander; es gab keinen Grund, ihm nicht zu glauben«). Die drei Wörtchen sind ihnen vielleicht so heilig, daß sie gar nicht daran denken, an ihrer Echtheit zu zweifeln. Für ihn ist »Ich liebe dich« vielleicht alles andere als heilig. Vielleicht sagt er »Ich liebe dich« sogar, um seine Schuldgefühle darüber zu verbergen, daß ihn nach anderen Frauen gelüstet oder daß er sexuelle Phantasien hat, in denen Sie nicht vorkommen.

Natürlich kann »Ich liebe dich« auch echt sein. Schön, wenn es so ist. Im anderen Fall sind diese Worte jedoch eine hinterhältige Maske, die seine wahren Gedanken und Empfindungen verbirgt.

■ **LÜGE 3:** »Du weißt, daß ich dich noch liebe.«

Lüge 3 ist eine Vermeidungslüge.
Absicht: Sein Tun zu verschleiern, um sich vor Ihren Nachforschungen zu schützen.

Es fällt Ihnen auf, wie kühl er Ihnen gegenüber ist. Wie ihn irritiert, was ihn einst bezauberte. Die Spannung zwischen Ihnen ist mit Händen zu greifen. Sie fragen ihn also: »Was ist los?«, und er überhäuft Sie mit beruhigenden Sätzen: »Aber, Liebes, du weißt doch, daß ich dich noch liebe.« Vielleicht stimmt es, vielleicht auch nicht. Wenn diese Aussage eine Vermeidungslüge ist, dann ist das, was sie verschweigt (wohin er geht und mit wem er sich trifft), das entscheidende Stückchen Information. Er sagt Ihnen, was Sie hören möchten, und hofft, auf diese Weise zu vertuschen, was er wirklich mit seiner Zeit und seinem Leben anfängt – was Ihnen vielleicht mißfallen könnte. Die Vermeidungslüge verschafft ihm die Freiheit, zu tun, was er will, und seiner eigenen Wege zu gehen.

Köder, Masken und Vermeidungslügen erkennen

Natürlich ist es verwirrend. Lügen sind immer verwirrend. Versuchen Sie, es so zu sehen: Der Hauptunterschied zwischen diesen Lügen liegt in der Absicht. Wenn Sie zum ersten Mal mit der Lüge konfrontiert werden, ist Ihnen möglicherweise nicht sofort klar, welche Absicht dahintersteckt. Um dies zu klären, sind Zeit und Beobachtung erforderlich. Was tun Sie solange?

Machen Sie sich mit den gebräuchlichsten Ködern, Masken und Vermeidungslügen sowie den Begründungen vertraut, die Männer vorgeben. Üben Sie ein wenig. Greifen und benutzen Sie dieses Wissen, um etwas kritischer darüber nachzudenken, was in Ihrer Beziehung abläuft. Treten Sie einen Schritt zurück und hören Sie genau hin. Fragen Sie sich, was die Lügen verbergen oder verheimlichen. Seien Sie neugierig. Verschaffen Sie sich zusätzliche Informationen. Beobachten Sie genau, welchen Verlauf die Ereignisse nehmen. Im Umfeld der Lüge finden Sie Entscheidungshilfen. Hören Sie auf die Erfahrungen anderer Frauen und versuchen Sie von ihnen zu lernen, um sich unnötigen Kummer zu ersparen, und zwar ohne dabei zynisch zu werden.

Sie wissen vielleicht noch nicht, was er vorhat, aber seine Lügen werden konkrete Folgen haben – triviale oder lebensbedrohliche –, die sich auf Ihr Vertrauen, Ihre Beziehung und Ihre Gesundheit auswirken können.

Wenn Masken zur Gewohnheit werden

Lügen, die wir uns in Beziehungen erzählen, sind selten Eintagsfliegen. Sie sind tief in der Person des Lügners verwurzelt. Natürlich sind Lügen auch Ausdruck der Situation und dessen, was der Lügner zu einem bestimmten Punkt der Beziehung zu gewinnen oder zu verlieren hat. Meist aber haben diese Lügen viel mehr damit zu tun, wer er ist, als wer Sie sind. Die Lüge wird schnell zu einer Gewohnheit.

Unser Freund Sherman meint, daß er, was das Lügen betrifft, sehr einem Trinker ähnlich ist, der die Gemeinschaft anderer Menschen sucht: »Ich erzähle Frauen nur ›Geselligkeitslügen‹, damit ich positiv wahrgenommen werde – bis sich etwas Besseres ergibt.« Sherman benutzt die Lüge, um seine derzeitige Freundin zu halten und sich abzusichern, während er auf die nächste Beute lauert. Und plötzlich läßt er die verführerische Natur der Lüge als Maske erkennen, als er mit vor Bewegung rauher Stimme sagt: »Ich weiß nicht, ob meine Lügen aufhören werden, wenn ich einmal die Richtige gefunden habe.«

Das Problem, mit dem Sherman hier zu kämpfen hat, liegt darin, daß Lügen, einmal in die Welt gesetzt, beginnen, ein Eigenleben zu führen. Er fühlt sich als Zuschauer. Es ist, als ob die Lüge, nicht er, den weiteren Gang der Ereignisse bestimmen würde.

Auch wenn sich Sherman so anhört, als wäre er lügensüchtig, begannen seine Lügen ganz unschuldig. Sie waren praktische Köder, die sein Image so aufpolierten, daß er eine Beziehung mit einer begehrenswerten Frau anknüpfen konnte. Bei seiner Traumfrau wird es jedoch schwierig werden, auf das Lügen plötzlich zu verzichten und zu zeigen, wer er wirklich ist, um eine echte Beziehung entstehen zu lassen.

Die Frage ist: Wie kann ein Lügner oder ein Belogener diesem Teufelskreis entkommen?

Jeremiah, ein fünfunddreißigjähriger, verheirateter Leiter einer Agentur, benutzt Lügen, »um die Betreffende anzuziehen und Nähe und Interesse zu erzeugen«. Wenn er der Auserwählten jedoch näherkommt, wird es für ihn problematisch: Der Köder, den er so erfolgreich einsetzte, muß durch eine Maske ersetzt werden, die nicht automatisch fällt, je enger die Beziehung wird. Jeremiah über die Geheimnisse, die er vor den Frauen bewahrt: »Ich möchte nicht über meine Vergangenheit, meinen Hintergrund ausgefragt werden. Frauen stellen gerne Fragen über meinen Hintergrund. Ich möchte mich mit einer schützenden Hülle umgeben, damit ich nicht verletzt werde. Dafür verletze ich jedoch andere Menschen.«

Seine Maske ist – wie viele andere, von denen in diesem Kapitel noch die Rede sein wird – zu zwei Drittel passive und zu einem Drittel aktive Lüge. Er versteckt sich, indem er jedes Eindringen in sein inneres Heiligtum stumm abwehrt. Indem er die Lüge als Maske trägt, schützt sich Jeremiah davor, erkannt und beurteilt zu werden, aber verhindert auch, wirklich geliebt zu werden.

Kann er die Frauen, vor denen er sich verbirgt, hinters Licht führen?

Jeremiah verneint dies: »Sie merken es sehr schnell. Sie sagen: ›Es gibt eine Menge Dinge, die Sie mir nicht erzählen. Nur Sie selbst kennen die ganze Geschichte.‹« Jeremiah übersieht dabei (vielleicht absichtlich), daß sie ihm an diesem Wendepunkt der Beziehung eine goldene Brücke bauen möchten, daß er alles erzählen kann. Jeremiah hat die Wahl, die Wahrheit zu sagen und dafür das Risiko einzugehen, verletzbar zu sein, ihr aber näherzukommen. Er kann jedoch auch leugnen, daß er etwas verschweigt, und den bequemen Status quo beibehalten.

Er entscheidet sich für das Abstreiten und wechselt von der passiven zur aktiven Lüge: »Natürlich behaupte ich, daß ich ihr alles erzählt habe.« Dann macht er das Ganze noch schlimmer, indem er ihr weismachen will, daß er nichts zu verschweigen hätte, und isoliert sich gegenüber der Frau, die ihm näherkommen möchte. Auf der anderen Seite verschafft er sich dadurch einen privaten Raum und Sicherheit. Er hat, bewußt oder unbewußt, die Möglichkeit der Intimität gegen die einsame Gewißheit der Kontrolle eingetauscht und sich in den Zug der Masken eingereiht.

Die Maskerade

Es gibt Zeiten, in denen wir alle – nicht nur die Männer – unser Gesicht verbergen, damit uns niemand sehen kann.

Maskenball 1

Die häufigsten Masken der Männer

1. Die Maske der Unerschütterlichkeit

»Ich hatte mich von meinen Gefühlen entfremdet. Ich leugnete die Wahrheit. Ich verheimlichte meine Gefühle immer mehr und versank zunehmend in meinem eigenen Dreck.«

»Ich stelle mich als den großen Schweiger dar. Es ist mir lieber, nichts zu sagen und nicht als Narr dazustehen, als etwas zu sagen und als der Dumme zu gelten.«

»Ich zeige nicht offen, wie ich zu einer Sache stehe. Wenn ich mich öffne und meine wahren Gefühle zeige, muß ich vielleicht mehr Zeit in die Situation investieren, als ich möchte.«

»Ich verberge meine Gefühle; wie ich auf die Handlungen der anderen, auf ihre Offenheit reagiere.«

2. Die Maske der undurchdringlichen Vergangenheit

»Ich erzähle keine Einzelheiten über mich und meine Vergangenheit.«

»Ich erzähle nichts, was andere vielleicht für falsch erachten. Die Vergangenheit hat mit der Gegenwart nichts zu tun; sie sollte keine Rolle spielen.«

»Ich erzähle keine politischen Geheimnisse, erzähle nicht, was auf der Universität war, nichts über Radikalität oder die Anzahl meiner Arbeitsstellen. Frauen mögen das nicht, sie haben keinen Zugang zu solchen Geschichten.«

3. Die Maske des »Alles in bester Ordnung«

»Ich sage ihnen, daß alles in bester Ordnung ist, auch wenn es nicht so ist.«

»Ich verberge, was ich hinsichtlich einer bestimmten Angelegenheit wirklich empfinde; ich behaupte, alles sei in Ordnung. Auf diese Weise möchte ich vor allem Auseinandersetzungen vermeiden.«

»Wenn sie mich berührt, ist sie manchmal ein wenig grob. Ich sage nichts. Ich sage ihr nicht: ›Mache es so oder so.‹ Ich sage statt dessen: ›Das ist sehr angenehm.‹«

4. Die Maske der finanziellen Verschwiegenheit

»Wenn jemand bei mir vorbeikommt, schiebe ich meine Kontoauszüge in meiner Schublade ganz nach hinten. Marge fragte mich nach meiner finanziellen Situation. Darüber gebe ich aber keine Auskunft. Ich halte das für gefährliche Informationen.«

»Zu Beginn der Beziehung sage ich nichts über mein Vermögen (vierhunderttausend Dollar). Ich möchte nicht, daß mich eine Frau auf dieser Grundlage beurteilt.«

»Ich behalte alle finanziellen Informationen für mich; ich habe große Angst, abgelehnt zu werden, weil ich nicht so reich bin.«

»Ich glaube, daß ich gesellschaftlich nicht so anerkannt bin wie andere, und versuche, diesen Mangel auszugleichen, indem ich das Thema Finanzen vermeide.«

5. Die Maske der Potenz und der harmlosen sexuellen Vergangenheit

»Ich glaube, daß ich bei meiner Potenz übertreiben muß. Ich weiß, das ist völlig idiotisch, aber ich muß dafür sorgen, daß die Spannung aufrechterhalten bleibt.«

»Ich gebe vor, mehr Erfahrung zu haben, als dies in Wirklichkeit der Fall ist. Ein richtiger Mann in meinem Alter muß mehr Erfahrungen gehabt haben.«

»Ich lüge, wenn es darum geht, wie viele Frauen ich hatte. Ich bleibe im zweistelligen Bereich.«

6. Die Maske der falschen Verbundenheit

»Ich log ihr vor, daß ich den Rest meines Lebens mit ihr verbringen wollte.«

»Daß ich sie auf der Stelle heiraten wollte.«

»Sie fragte, ob ich eine andere hätte. Ich sagte nein, obwohl es nicht stimmte, weil ich in einer schwierigen Lage war.«

7. Die Masken der Abstinenz

»Ich habe einer Frau nicht erzählt, daß ich einmal mit dem Gesetz in Konflikt geraten bin und im Gefängnis saß. Das würde mich in ein schlechtes Licht rücken.«

»Ich rauchte Marihuana, obwohl ich einer Frau, mit der ich ging, sagte, daß ich damit aufgehört hätte. Vier Jahre lang rauchte ich hinter ihrem Rücken.«

»Als wir uns das erste Mal begegneten, sagte ich zu ihr: ›Ich war ein Trinker, aber ich trinke nicht mehr.‹«

8. Die Maske der Ehrlichkeit

»Ich lüge nicht, aber ich sage ihr auch nicht die Wahrheit.«

»Ich bin in meinen Beziehungen ehrlich. Natürlich sage ich zu Frauen ›Ich liebe dich‹ und ›So guten Sex hatte ich noch nie‹, obwohl es eine Übertreibung und Schmeichelei ist – aber ich betrachte das nicht als Lügen.«

»Am Anfang unserer Beziehung versprachen wir, offen und ehrlich miteinander umzugehen. Wenn man sich nicht alles sagt, ist das noch nicht Lügen.«

Welches Gefühl haben Sie, wenn Sie hinter diese acht Masken blicken und die entsprechenden Zitate lesen? Vielleicht sind Sie solchen Masken schon begegnet. Was halten Sie von den Männern, die sich dahinter verbergen?

Ich erinnere mich an eine Studie, in der es darum ging, wie sich Männer und Frauen fühlen, wenn sie in ihre Berufskleidung schlüpfen. Es schien so, als würden Männer ihre Anzüge wie eine Rüstung tragen. Niemand konnte durch das trist graue Flanelltuch einen Blick auf ihre Unvollkommenheiten und Schwächen werfen oder sie beurteilen.

Frauen sahen dies anders. Sie meinten, ihre Kleider seien geradezu durchsichtig und würden sie mit all ihren Unvollkommenheiten zeigen. Auch wenn sie völlig eingehüllt waren, blieben sie verletzlich.

Lügen als Masken scheinen für Männer eine ähnliche Funktion zu erfüllen wie ihre Anzüge: die einer undurchsichtigen psychologischen Rüstung. Diese Masken verschaffen Männern ein undurchdringliches Äußeres. Denen, die sie lieben möchten, wird die Wahrnehmung der wirklichen Absichten, Gefühle sowie der aktuellen und früheren Situation dieser Männer äußerst wirkungsvoll versagt. Offenbar fühlen sich letztere hinter ihrer Maske freier. Man kann das nur so deuten, daß der Durchschnittsmann mehr Vertrauen in seine Maske hat als Frauen.

Das ist auch verständlich. Seine Masken verschaffen ihm viele Vorteile. Er vermeidet damit, sich Ihnen umständlich erklären zu müssen. Er braucht sich nicht mit Ihrer Aufregung auseinanderzusetzen, Ihrem Bedürfnis, seine Haltung oder die Beziehung verstehen zu wollen. Die undurchdringliche Maske eines Mannes schottet seine Macht ab und macht anderen gleichzeitig deutlich, daß sie ihn schützt. Ein zweiunddreißigjähriger, alleinstehender Flugzeugbauer: »Muß ich mich in eine Situation bringen, in der ich verletzlich bin und jemand wütend auf mich ist? Fühle ich mich sicher, dies tun zu können?... Eine Zurückweisung kann ich nicht einfach so wegstecken.«

Da ist es einfacher, sich zu verschließen. Hinter der imponierenden Macho-Maske der unerschütterlichen Ruhe und der unergründlichen Vergangenheit verbirgt sich oft nichts als seine konkrete Angst vor Ihrem Zorn und Ihrer Zurückweisung.

Es gibt noch einen weiteren Aspekt der diversen Masken, hinter denen er es sich so bequem gemacht hat: Sie hindern ihn daran, seinen eigenen Zorn zu ergründen und rauben ihm die Möglichkeit, seinen eigenen emotionalen wunden Punkt zu berühren. Seine undurchdringliche Maske verschließt ihn vor sich selbst ebenso wie vor der äußeren Welt. Seine Masken verhindern Selbsterkenntnis ebenso wie Intimität.

Die Masken der Frauen

Auch Frauen tragen Masken. Wenn es dieselben wären wie die der Männer, würden wir die Lügen der Männer sofort als Masken durchschauen. Dem ist jedoch nicht so. Als die Frauen von ihren Lügen und Geheimnissen gegenüber Männern erzählten, konnte ich viele Unterschiede und nur wenige Gemeinsamkeiten bei den Masken feststellen. Vergleichen Sie die folgenden sechs Masken, mit denen die von mir interviewten Frauen sich in Beziehungen mit Männern schützten und verbargen.

Maskenball 2

Die häufigsten Masken der Frauen

1. Die Maske des positiven Denkens

»Ich gebe mich stark, doch im Inneren bin ich sehr zerbrechlich. Ich verberge, daß Männer mir angst machen und daß ich mit keinem gehe.«

»Ich verberge meine Unausgeglichenheit, damit ich nicht verletzlich erscheine.«

2. Die Maske der sexuellen Unerfahrenheit

»Ich sage ihnen nicht, mit wie vielen Männern ich intim war, damit sie nicht schlecht von mir denken. Es wird nicht akzeptiert, daß Frauen sexuell aktiv sind.«

»Ich lüge, was meine bisherigen sexuellen Aktivitäten betrifft, weil ich befürchte, ungerecht beurteilt zu werden.«

3. Die Maske normaler familiärer Verhältnisse

»Ich verschweige, daß meine Mutter Alkoholikerin war. Es ist mir peinlich.«

»Ich erzähle nie, daß meine Mutter manisch-depressiv war und daß wir zwei Jahre lang ohne festen Wohnsitz waren, weil sie es nie lange bei einer Arbeitsstelle aushielt. Alle glauben, ich hätte eine normale Kindheit gehabt.«

»Ich erzähle nichts, auf was ich nicht stolz sein könnte, wie zum Beispiel, daß ich in einer Alkoholikerfamilie aufgewachsen bin. Ich stelle nicht alles perfekt dar. Ich erzähle einen

Teil der Wahrheit, lasse aber Einzelheiten weg. Ich möchte nicht gleich die Horrorgeschichten erzählen.«

4. Die Maske sexueller Erregung

»Ich täusche einen Orgasmus vor, damit unsere Beziehung nicht auseinandergeht.«

»Ich sage ihm nicht, was mir wirklich angenehm ist. Mein Mann hat ein aufgeblähtes Ego; er kommt sich vor wie ein Geschenk des Himmels. Ich versuche, ihn zu bessern, aber ich bringe es nicht fertig, ihm im Bett die Wahrheit zu sagen. Ich glaube aber nicht, daß es etwas Schlimmes ist, im Schlafzimmer zu lügen, wenn es ihm guttut.«

5. Die Maske der Unversehrtheit

»Ich verschweige, daß ich vergewaltigt wurde und danach eine Abtreibung vornehmen ließ.«

»Vor fünf Jahren wurde ich vergewaltigt. Ich erzählte es niemandem, nur meiner Schwester... Wenn man so etwas erzählt, gilt man als Schlampe und wird an den Pranger gestellt.«

6. Die Maske der finanziellen Vernunft

»Ich spreche nie darüber, wieviel Geld ich für Kleider und Geschenke ausgebe. Ich tue so, als würde ich fast kein Geld in meine Garderobe investieren, und deswegen ist das kein Thema. Ich verheimliche meine Einkäufe vor ihm und wieviel alles kostet. Es ist mir peinlich, daß es mir peinlich ist.«

»Ich verschweige, daß meine Verwandten Geld von mir leihen. Oder ich behaupte, daß es nur fünfundzwanzig Dollar sind, während es sich in Wirklichkeit um fünfzig handelt.«

»Ich verschweige mein Einkommen. Ich sage nichts, weil ich in einer noblen Gegend lebe, die ich mir gar nicht leisten kann.«

Die Unterschiede zwischen den Masken der Männer und denen der Frauen in persönlichen Beziehungen sind offensichtlich. Während Männermasken oft dem Zweck dienen, eine emotionelle Entblößung zu verhindern, verbergen Frauen ihre innere Ängstlichkeit und Unsicherheit oft hinter einem nicht nur neutralen, sondern sogar glücklichen Gesicht. Die Frauen, mit denen ich sprach, neigten mehr dazu, unerfreuliche Gedanken, Beziehungen und Biographien ins Positive zu wenden. Viele Frauen übertünchten eine Kindheit in zerrütteten Familienverhältnissen mit einer angenehmen Bilderbuch»wahrheit«, während Männer einfach einen Schlußstrich unter ihre Vergangenheit zogen und nicht mehr darüber sprachen. Männer schützen sich davor, erkannt zu werden, Frauen wollen nicht als bedürftig, abseits der Norm oder mit Fehlern behaftet gelten.

Viele Frauen versuchen mit Hilfe ihrer Kleider ihre körperlichen Mängel zu verbergen und geben sich stärker und optimistischer, als sie sich in Wirklichkeit fühlen; sie behaupten, ein glücklicheres und normaleres Elternhaus gehabt zu haben, als es in Wirklichkeit der Fall war, und geben ihre vergangenen oder gegenwärtigen Verletzungen auch gegenüber denjenigen nicht preis, die ihnen am nächsten stehen.

Wie die Heldinnen jener alten Unschuld-vom-Lande-Filme der vierziger und fünfziger Jahre geben sich viele Frauen sexuell unerfahren, aber dennoch interessiert und bereit, sich vom richtigen Mann einfangen zu lassen. Viele Frauen zeigen sich auch betont bemüht, als finanziell kompetent zu erscheinen, damit sie nicht als ungeschickt, verschwenderisch oder geldgierig gelten. Aber einige der von mir interviewten Buchhalterinnen und Firmeninhaberinnen erklärten, daß sie sich vordergründig den falschen finanziellen Entscheidungen ihrer Männer fügten, während sie hinter den Kulissen die Hand auf dem Scheckbuch hatten und über das Haushaltsvermögen wachten. Vor allem verheiratete Frauen schienen nicht gerne einzugestehen, daß sie etwas für sich selbst ausgeben wollten, für ihr Äußeres, ihre Garderobe oder ihr allgemeines Wohlbefinden.

Die Masken der Frauen machen deutlich, daß es ihnen eher peinlich ist, irgendeinem Ideal nicht zu entsprechen. Viele von uns vollführen Verrenkungen, um den vermuteten Erwartungen eines Mannes gerecht zu werden. Und wir nehmen hin, daß wir uns deshalb mit vielen unrealistischen Erwartungen messen müssen. Wir nehmen hin, daß unsere Masken durchsichtig sind und alle Welt unsere Unvollkommenheit sehen kann.

Der Mann hinter der Maske

Ich lebte mit ihm zusammen und wußte nicht, daß er heimlich trank, bis ich eines Tages in seinem Schlafzimmer eine Schublade öffnete und eine Flasche Wodka herausfiel.

MTA, 42, unverheiratet

Manchmal funktionieren seine Masken. Wir verlieben uns dann in die Maske und nicht in den Mann dahinter. Wenn es vorbei ist, fragen wir uns, wen und was wir eigentlich liebten. Und wir fragen uns, warum er eine Maske trug, statt sich uns zu erkennen zu geben.

Hinter unseren Masken liegen die Geheimnisse, die wir vor uns und den uns nahestehenden Menschen haben. Weil Männer und Frauen mit unterschiedlichen Erwartungen davon aufwachsen, wie man erfolgreich ist, akzeptiert und geliebt wird, haben sie teils unterschiedliche, teils die gleichen Geheimnisse. Er bewahrt seine Geheimnisse, sie die ihren.

Daß es sehr vielen Männern schwerfällt, ihre innersten Empfindungen wahrzunehmen und mitzuteilen, ist nicht neu. Männer haben gelernt, Empfindungen des Schmerzes, des Verletztseins und der Zuwendung automatisch zu verbergen, so daß ihnen dies nicht einmal als Geheimnistuerei erscheint. Manche Männer sind sogar, wie Männer und Frauen der neunziger Jahre gerne bemerken, außerordentlich erfolgreich darin zu verbergen, daß sie überhaupt über Gefühle verfügen. Bei diesen Männern funktioniert die Maske der unerschütterlichen Ruhe zu gut. Sie verbergen ihre Freude ebenso wie ihre Unsicherheit. Die einzige Emotion, die bestimmte Männer auszudrücken gelernt haben, scheint leider Aggressivität zu sein.

Es stimmt ja nicht, daß Männer keine Gefühle hätten. Im Gegenteil. Doch nur allzu viele haben die verletzlicheren und emotionaleren Aspekte ihres Lebens für sich selbst, aber auch für Sie zu einem Sperrgebiet erklärt. Weil sie von ihrem inneren Leben abgeschnitten sind, neigen sie dazu, ihren Wert nach den Kritierien der äußeren Welt des Erfolges und der Leistung zu bemessen, und sie können sehr erfolgreich darin sein, eine möglicherweise reiche Welt der Emotionen und Selbstwahrnehmung zu ignorieren.

Es ist daher nicht überraschend, daß die beliebteste Maske der Männer nicht das glückliche Gesicht ist. Es ist vielmehr die kantige Maske stoischer Unerschütterlichkeit. Ein siebenunddreißigjähriger, alleinstehender Graphiker sagte: »Mein Geheimnis war, daß ich Gefühle *hatte*, daß ich nicht unerschütterlich war. Das große Geheimnis der Männer ist ihre Geschlechtsrolle der Unerschütterlichkeit.«

Die Maske der Unerschütterlichkeit erleichtert auf jeder Stufe einer Beziehung das Verbergen von Wahrheit und erschwert Offenheit und Intimität. Sie bewirkt für ihn eine Trennung von Ihnen und von seiner Umwelt im allgemeinen. Aufrichtigkeit kann hier kaum gedeihen.

Welche Geheimnisse verbergen Frauen hinter ihren Masken?

Hinter ihrem fröhlichen Gesicht: ihre Geheimnisse

Manchmal kann das Verständnis der Geheimnisse, die wir vor Männern haben, Aufschluß über Geheimnisse geben, die sie vor uns haben. Was könnten wir aus unseren Geheimnissen lernen? Die folgenden Beispiele erscheinen Ihnen vielleicht wohlbekannt. Sie können den Blick dafür schärfen, was Sie in Ihren persönlichen Beziehungen verbergen.

Als ich Frauen und Männer bat, über die Geheimnisse zu sprechen, die sie vor dem anderen Geschlecht hatten, zeigte sich, daß nicht weniger als fünfundvierzig Prozent der von den Frauen angesprochenen Geheimnisse negative Empfindungen, unerwünschte Gedanken und persönliche Ängste betrafen. Eine Auswahl:

- Negative Empfindungen bezüglich ihres Körpers. (»Es ist mir peinlich, daß ich bestimmte Bereiche meines Körpers hasse. Deshalb spreche ich nicht über sie.«)
- Niedergeschlagenheit oder Zorn. (»Meine schwarze Lust, das Auto mit dem widerwärtigen Aufkleber an der Stoßstange zu rammen... wenn sie es wüßten, würden sie schlecht von mir denken. Ich habe mir angewöhnt, fröhlich zu sein.«)
- Interessante Gedanken und Einfälle. (»Ich verschweige kleine Nichtigkeiten wie die Theorien, die ich mir in meinem Kopf bilde, weil er mich sonst vielleicht für albern hält.«)

Das Geheimnis eines Gesichts ohne Lächeln

Ich versuche, möglichst positiv zu sein. Ich habe Angst, daß andere mich nicht für so nett halten, wie ich bin.

Leiterin einer Werbeagentur, 24

Ist Ihnen jemals aufgefallen, wie viele Frauen neben ihren Namen ein fröhliches Gesicht zeichnen? Was hat es mit diesem fröhlichen Gesicht auf sich? Zum einen stellt ein fröhliches Gesicht für niemanden eine Bedrohung dar. Zum anderen haben Studien gezeigt, daß Männer ein offenes und freundliches Äußeres einer Frau sexy finden. Wenn Ihnen dieses fröhliche Gesicht einen Augenblick lang abhanden kommt, keine Sorge: Irgend jemand wird Sie sicherlich auffordern, es möglichst schnell wieder aufzusetzen, egal, was in Ihrem Leben geschieht. Denken Sie nur daran, wie oft Sie schon von einem Mann, den Sie kaum kannten, gebeten wurden zu »lächeln«. Weitere Studien zeigen, daß Frauen und Mädchen öfter lächeln als Männer. Dieses Lächeln ist wohl Teil des Netten-Mädchen-Images von Frauen in aller Welt – das gesellschaftliche Diktat, besser zu erscheinen, als man sich fühlt. Finden Sie es selbst heraus. Ein erzwungenes Lächeln um den Mund ohne Beteiligung der Augen kann einer Frau genügen, um ihren Zorn völlig zu verbergen. Warum tun Frauen dies? Weil die offene Zurschaustellung von Zorn – so wirkungsvoll sie auch sein mag, um ein Problem aufs Tapet zu bringen – als unweiblich, ungehörig oder sogar als Ausdruck eines prämenstruellen Spannungssyndroms oder eines emotionalen Ungleichgewichts betrachtet werden kann!

Das Geheimnis eines unvollkommenen Elternhauses

Während Männer sich verstecken, indem sie ihre Gefühle luftdicht abschotten und eine bruchstückhafte Vergangenheit, aus der alle unerfreulichen Details ausradiert sind, zur Schau stellen, gehen Frauen einen Schritt weiter und gaukeln die perfekte Familie vor. Hinter dieser Maske verbergen sich diffizile Biographien, die einen Menschen prägen und in denen oft Alkoholismus, seitens eines Elternteils, sexueller Mißbrauch durch Verwandte oder finanzielle Belastungen durch ein Familienmitglied zu finden sind. In dieser Hinsicht sah keiner der interviewten Männer die Notwendigkeit, etwas zu verschweigen. Dabei sind solche Lebensgeschichten unter Männern nicht seltener als unter Frauen zu finden. Es liegt wohl daran, daß viele Frauen im Laufe ihres Lebens engere Beziehungen zu Familienmitgliedern – auch schwierigen – aufrechterhalten als Männer. Solche Frauen identifizieren sich stärker mit den Problemen ihrer Familie und fürchten, dadurch in ein schlechtes Licht gerückt zu werden. Weil Frauen weniger um ihrer selbst willen – unabhängig von ihrem Elternhaus – geschätzt werden, bekommt das Elternhaus mehr Gewicht.

Das Geheimnis schlimmer Erfahrungen

Die interviewten Frauen äußerten sich auch zu einer anderen Gruppe von Geheimnissen, die sie von Männern unterscheiden: die schmerzlichen (und oft demütigenden) Ereignisse im Zusammenhang mit einer Vergewaltigung, einer Beziehung zu einem prügelnden Mann und Abtreibungen, die sie hinter der beruhigenden Maske eines ganz gewöhnlichen und ereignislosen Lebens verbergen. Wiewohl auch viele Männer im Elternhaus und in Beziehungen mißbraucht wurden, sind solche Erfahrungen bei Frauen häufiger. Von den sechzig interviewten Frauen erzählten sieben, daß sie vergewaltigt wurden und wie schwierig es für sie immer war, diesen Teil ihrer Vergangenheit den Männern in ihrem Leben mitzuteilen. Andere sprachen davon, daß sie als Kinder mißbraucht wurden und sich noch immer nicht überwinden konnten, über dieses düstere Geheimnis zu sprechen. Diversen Schätzungen zufolge gibt nicht weniger als jede vierte Frau an, einmal vergewaltigt oder mißbraucht worden zu sein. Jede zweite Frau wurde schon einmal am Arbeitsplatz sexuell belästigt. Andererseits gehen Schätzungen auch davon aus, daß nicht einmal fünf Prozent der Frauen solche Erfahrungen zur Anzeige bringen. Wenn so viele Frauen traumatische Erfahrungen dieser Art haben, warum schweigen wir dann darüber? Vielleicht scheuen sich viele Frauen, mit diesen intimen Dingen an die Öffentlichkeit zu gehen, weil sie nur zu gut wissen, daß unsere Gesellschaft dazu neigt, dem Opfer die Schuld zu geben und es an den Pranger zu stellen.

Unsere gemeinsamen Masken

Welche Geheimnisse waren bei Männern und Frauen ähnlich? Beide änderten die Geschichte ihrer bisherigen sexuellen Erfahrungen, wenn auch meist in unterschiedlicher Richtung, und beide waren nicht ganz ehrlich in bezug auf ihre finanziellen Verhältnisse.

Geheimnisse hinsichtlich der sexuellen Erfahrungen

Es hat den Anschein, als ob Männer und Frauen hinsichtlich ihrer bisherigen sexuellen Erfahrungen je nach Bedarf mogeln und Tatsachen korrigieren, um sich bei ihrem Partner in ein günstiges Licht zu setzen. Beide Geschlechter setzen die konservative Maske einer eher ruhigen sexuellen Vergangenheit auf, wenn sie eine längerfristige Beziehung anstreben. Allerdings gibt es deutliche Unterschiede. Generell neigen Frauen dazu, weniger Partner zuzugeben, egal, ob es sich um eine ernsthafte Beziehung oder nur um ein kleines Abenteuer handelte. Sie korrigieren ihre sexuellen Erfahrungen nach unten im Sinne eines idealisierten Standards weiblicher Unschuld und Unerfahrenheit. Bei Männern ist das Muster weniger klar. Je weniger Partnerinnen ein Mann in Wahrheit hatte, desto eher wird er ihre Zahl nach oben berichtigen. Manche Männer verleitet dies dazu, die tatsächliche Zahl ihrer Sexualpartnerinnen erheblich zu übertreiben. Allerdings wird ein Mann, der sich als Don Juan aufspielt, eher am Stammtisch als bei einer erhofften sexuellen Beziehung Eindruck schinden können. Seit es Aids gibt, ist die Prahlerei mit sexuellen Eroberungen zu einer riskanten Taktik geworden. Wer sich zu vieler Partnerinnen oder Partner rühmt, setzt seine aktuelle Beziehung aufs Spiel.

Natürlich gibt es viele Ausnahmen. Nehmen wir das Beispiel einer frisch geschiedenen Frau. Sie befürchtet, den ersten

Liebhaber nach ihrer Scheidung abzuschrecken, wenn er wüßte, daß sie nach ihrer Scheidung noch keinen anderen hatte, was sie ihm deshalb verschweigt. Weiter gibt es eine erstaunlich große Zahl von Frauen ohne jede sexuelle Erfahrung und ohne längere Beziehungen, die nicht zugeben, daß es so ist. Trish, eine dreißigjährige, geschiedene Drehbuchautorin, verheimlicht die Tatsache, daß sie nicht viele ernsthafte, dafür aber häufig oberflächliche Beziehungen hatte. Oder Gwen, eine zweiunddreißigjährige, alleinstehende PR-Frau: »Ich verschweige den Männern, daß keine meiner Beziehungen länger als sieben Monate hielt, was sie abzuschrecken scheint. Wenn sie sagen: ›Erzähle mir etwas von deinen früheren Bekanntschaften‹, dann weiche ich aus… es ist mir unangenehm.«

Der Sinn dieses Verschweigens besteht darin, sich eine neue Freundschaft nicht dadurch zu verderben, daß man als zu mängelbehaftet und möglicherweise abhängig oder chronisch zu kurz gekommen erscheint. Wenn man nichts sagt, muß man auch nichts erklären. Eine weitere Ausnahme ist der Mann mit den unzähligen Sexabenteuern. Er verringert die Zahl seiner Liebschaften vielleicht auf ein erträglicheres Maß wie zum Beispiel sechs oder acht Beziehungen. Wegen Aids und wegen sexuell übertragbarer Krankheiten sind sich Männer ebenso wie Frauen bewußt, daß zu viele sexuelle Erfahrungen bei potentiellen künftigen Partnern einen ungünstigen Eindruck hinterlassen könnten. Unter den von mir interviewten Personen räumten immerhin fünf Männer – doch nur eine Frau – ein, sich die Maske der Abstinenz und physischen Gesundheit anzulegen, um ernsthafte sexuell übertragbare Krankheiten zu verheimlichen.

Finanzgeheimnisse

Ich ging mit einem reichen Mädchen aus. Ich behauptete, daß finanziell bei mir alles in bester Ordnung sei, während ich gerade eines meiner schlimmsten Jahre hinter mir hatte. Ich hungerte und sparte zweihundert Dollar, um mit ihr essen gehen zu können. Mein ganzes Vermögen befand sich in meinem Geldbeutel, und ich stand im Begriff, es für ein Essen auszugeben!

Verkaufsleiter, 30, alleinstehend

Es gilt als Volksweisheit, daß Männer behaupten, mehr zu verdienen, während Frauen behaupten, weniger auszugeben. Tatsache oder Fiktion? Auf unser Beispiel trifft diese Erkenntnis weitgehend zu. Unter den von mir interviewten Personen halten die Männer eher ihr Einkommen geheim und die Frauen eher ihre Ausgaben. Die Behauptung, finanziell erfolgreich zu sein, und zwar erfolgreicher, als es wirklich der Fall war, stand bei Männern auf der Liste der finanziellen Lügen ganz oben. Wenn ein Mann knapp bei Kasse ist, verschweigt er dies ebenso, wie wenn er im Geld schwimmt – um nicht im einen Fall als arm zu gelten und im anderen an Frauen zu geraten, die nur hinter seinem Geld her sind.

Die Sache ist allerdings nicht ganz so einfach. Zehn der von mir interviewten Frauen erklärten, daß sich ihre »finanziell erfolgreichen« Bekanntschaften als gewohnheitsmäßige »Schnorrer« erwiesen, die nur darauf aus waren, sich von einer Frau ihren neuen Lieferwagen finanzieren oder ihr Kredikartenkonto auffüllen zu lassen. Um eine Erfahrung reicher, doch um ihr Geld ärmer, erkannten einige Frauen zu spät, daß die Männer hier in ihrem Privatbereich umsetzten, was bei vielen Firmen an der Tagesordnung steht: Sie blähten ihre Vermögen auf und verheimlichten ihre Schulden. Ein Mann bekannte: »Ich sage ihnen nicht gleich bei der ersten Begegnung, daß ich dreihunderttausend Dollar Schulden habe.«

Wie verhalten sich die Frauen? Die interviewten Frauen neigten eher dazu, ihre finanzielle Naivität zu verbergen, um nicht als leichtgläubiges Opfer dazustehen. Zu ihren finanziellen Geheimnissen gehörten unter anderem nicht zurückbezahlte Darlehen, die sie früheren Ehemännern, Verlobten,

Liebhabern und Familienangehörigen gewährten. Eine Frau verschwieg, daß sie auf Drängen ihres Mannes, der drogensüchtig war, gestohlen hatte. Andere Frauen verheimlichten, daß sie über ihre Verhältnisse lebten. Beim Konsumverhalten gab es deutliche Unterschiede zwischen den Geschlechtern. Viele verheiratete Frauen bestätigten das alte Klischee, wonach die Ehefrau ihre Einkäufe auf Sonderangebote reduziert. Diese Frauen dachten nicht im Traum daran, ihren Partnern zu sagen, wie teuer etwas wirklich war. Auch bei Männern kam es zu geheimen Ausgaben, die jedoch nur selten dazu dienten, die eigene Garderobe zu erweitern. Statt dessen verheimlichten sie Aufwendungen für Affären mit anderen Frauen, für eine zweite ausgewachsene Beziehung und eine Fülle sonstiger Laster wie Alkohol, Drogen, Glücksspiel oder Prostituierte. Der vierundfünfzigjährige Gordon, unterdessen geschieden, ließ »einige tausend Dollar verschwinden«, stritt es jedoch ab. Warum? »Weil es mein Geld und mein Recht war. Ich brauchte das Geld für meine Affäre.« Der fünfunddreißigjährige Lief erfand für seine Verluste von zweihundert Dollar an einem Abend in Spielsalons den hübschen Euphemismus »negative Einkäufe«. Dann gab es noch jene, die zugaben, auf versteckten Konten Geld für eine zu erwartende, noch nicht rechtlich vollzogene Scheidung in naher Zukunft zu horten.

In Beziehungen, bei denen die Macht-Geld-Dynamik in umgekehrter Richtung verlief und die Frau über das Haupteinkommen verfügte, waren die Ergebnisse oft vorherzusehen. Männer logen manchmal bei ihren Ausgaben, während die Frauen bei ihrem Vermögen logen, wie im Falle eines mittlerweile geschiedenen Neunundzwanzigjährigen: »Ich verheimlichte mein Barvermögen und meine Einkäufe vor meiner Frau. Sie wollte jeden Pfennig kontrollieren. Ich hatte zwei Jobs zu gleicher Zeit. Meine Frau prüfte genau, wieviel Geld hereinkam. Ich mußte mich für jede Anschaffung vor ihr rechtfertigen und begann deswegen, Geld beiseite zu schaffen, um mir etwas kaufen zu können. Wenn ich das einer anderen Frau erzähle, wird sie sich fragen: ›Wird er bei mir auch so handeln?‹ Deshalb sage ich nichts.«

Die sechsunddreißigjährige Hannah lügt, um die Waffenleidenschaft ihres Mannes in Grenzen zu halten: »Ich verwalte das Scheckbuch und lüge hinsichtlich des verfügbaren Geldes, denn wenn er erfährt, daß wir mehr Geld haben, als er angenommen hat, kauft er sich noch mehr Waffen.«

Macht und Geld scheinen in jedem Bett Hand in Hand zu gehen. Der Partner mit dem höheren Verdienst und der größeren Macht neigt dazu, hinsichtlich seiner Finanzen verschlossener zu sein. Wenn Frauen auch in Zukunft fünfunddreißig bis vierzig Prozent weniger verdienen als Männer, mehr leisten müssen als sie, um Karriere zu machen und von den oberen Managementrängen praktisch ausgeschlossen sind, ist es nach wie vor nicht schwer zu erraten, welches Geschlecht dem anderen etwas verheimlicht.

Warum wir Masken tragen und Geheimnisse verbergen

Unsere Geheimnisse bestimmen die jeweiligen Masken, die wir uns aufsetzen. Doch warum haben wir Geheimnisse? Wir tragen Masken, um

- uns eine schnelle Zuflucht, ein »Image« zu schaffen, das unsere persönlichen Unebenheiten mildert und glättet (unsere größte Angst ist es, als absonderlich, unerträglich oder auf andere Art unangenehm betrachtet und zurückgewiesen zu werden);
- die Kontrolle darüber zu behalten, was wir letztlich wollen (wir fürchten, unser wahres Selbst zu zeigen und dadurch die Kontrolle zu verlieren und in der Liebe und im Leben als Verlierer gebrandmarkt zu sein);
- uns einen privaten Freiraum zu schaffen und unsere finsteren Geheimnisse zu verbergen (unsere größte Angst: Wenn

sie wüßten, wer wir wirklich sind, würden sie laut schreiend davonrennen);

- unsere wirklichen Gefühle und Verletzlichkeiten zu kaschieren (wir haben eine Heidenangst davor, unsere wirklichen Gefühle preiszugeben und meinen, niemand könnte jenes Häuflein Unsicherheit und Ängstlichkeit lieben, das uns nur allzu vertraut ist);
- das Fehlen echter Empfindungen oder Bindungswilligkeit zu verbergen (wir befürchten, er/sie wird herausfinden, daß wir im Grunde viel seichter und hohler sind, als wir uns den Anschein geben).

Es ist eine Tatsache, daß wir alle etwas mit uns herumtragen, das uns unangenehm ist oder wofür wir uns schämen. Wir sollten uns jedoch die Frage stellen, ob wir deshalb unweigerlich dazu verdammt sind, in Beziehungen Geheimnisse, Masken und Lügen dulden zu müssen.

Wollen wir die Maskerade wirklich?

Zunächst sind es Darstellungslügen: Man versucht beim ersten Kontakt, sich so günstig wie möglich zu verpacken und zu verkaufen. Es sind Lügen darüber, wer man ist, was man tut. Man übertüncht seine Fehler. Wenn man sich näherkommt, werden diese Lügen schnell durchschaut. Man muß dann vorsichtiger sein. Sonst ist es vorbei. Die späteren Lügen sind kosmetische Lügen, damit die Beziehung fortgesetzt werden kann. Ich bin kein Lügenbaron, aber wenn sie mich fragt, wo ich war und in Wirklichkeit bin ich mit meinen Kumpels herumgezogen, erzähle ich ihr etwas anderes.

Unternehmer, 25, alleinstehend

Wenn sich Männer und Frauen in einen Maskenumzug einreihen, bei dem die Geschlechter die unterschiedlichsten Kostüme tragen, so wirft dies ernsthafte Fragen auf. Welchen Preis zahlen wir individuell und gemeinsam dafür, daß wir dieses Ritual pflegen? Muß man sich einfach damit abfinden, oder können wir unsere Masken ablegen, damit in unseren Beziehungen größere Ehrlichkeit und Aufrichtigkeit möglich ist?

Wenn wir Menschen zum ersten Mal begegnen, präsentieren wir uns ihnen im besten Licht. Wir möchten nicht, daß sie wissen, wie es in unserem Inneren wirklich aussieht. Dies ist nur normal. Männer und Frauen fürchten gleichermaßen und mit gutem Grund Zurückweisung und Verletzung. Darin besteht die Grundangst hinter der Froschkönig-Lüge. Allerdings verbirgt sich dahinter erheblich mehr als die Furcht vor Zurückweisung.

Wir möchten, daß neue Menschen uns so sehen, wie wir selbst uns gerne sehen möchten. Die erste Begegnung ähnelt einem Maskenball, bei dem jeder in die Maske und das Kostüm eines idealen Selbst gekleidet ist, das, wie man hofft, für die anderen attraktiv ist.

Warum treiben wir diesen Aufwand? Weil wir uns zunächst jenen Menschen am nächsten fühlen, die uns so sehen, wie wir gern gesehen werden möchten, nicht so, wie wir wirklich sind. Im Eifer des Augenblicks möchten wir uns dazu überlisten, an ein besseres, umgänglicheres Selbst zu glauben. Wenn ein Mann und eine Frau einander durch die rosarote Brille sehen, die dem idealen Selbstbild des anderen sehr nahe kommt, entsteht schnell und mühelos Intimität. Allerdings ist dies auch eine riskante Fiktion, die ein jähes Ende finden kann.

Die Angst vor der Entdeckung und die Erleichterung danach

Warum sollten wir die rosarote Brille abnehmen, wenn uns unsere Masken rasch und problemlos zu Intimität verhelfen? Wenn es einmal funktioniert, warum nicht immer? Es funktioniert deswegen nicht immer, weil die Maske später Intimität und neue Ebenen von Spannung verhindert.

Je weniger wir uns in unserer Haut wohl fühlen, desto größer ist die Diskrepanz zwischen dem, der wir wirklich sind, und dem, als den uns die Masken zeigen. Je länger die Beziehung dauert, desto mehr blättert die Maske ab und desto mehr müssen wir fürchten, entdeckt zu werden. Die Anspannung wächst, je mehr wir versuchen, unser Trugbild aufrechtzuerhalten. Manchmal wird diese Belastung so groß, daß man alles hinwirft und sich aus dem Staub macht, um einfach zu entspannen und zu sich selbst zu finden.

Wenn jedoch unter der Maske ein eingefleischter Lügner oder eine eingefleischte Lügnerin steckt, ist das Problem schwerwiegender. Er/sie weiß nicht, wie er davon loskommen soll. Wie Sherman sagte: »Ich bin mir nicht sicher, daß die Lügen aufhören, wenn ich die Richtige gefunden habe.«

Sherman und all die anderen sollten jedoch wissen: Die Forschung hat gezeigt, daß wir, je länger eine Beziehung dauert, um so mehr von unserem Partner so gesehen und akzeptiert werden möchten, wie wir wirklich sind, ohne unsere Maske. Wir ertragen es nicht mehr, aufgrund eines Images geliebt und bewundert zu werden, das wir nicht wirklich verkörpern und auf die Dauer nicht aufrechterhalten können. Wenn uns in unserer Haut nicht wohl ist, möchten wir von unserem Partner in diesem Zustand akzeptiert und geliebt werden. Selbst die virtuosesten Lügner, die den Kontakt zu sich selbst verloren haben, sehnen sich letztlich nach einer echten Selbstbestätigung.

Wenn wir uns unter der Maske negativ erleben, bestätigt uns ein Partner, der uns allzu positiv einschätzt, keineswegs. Diese Diskrepanz trägt nur dazu bei, die Spannungen in unserem Leben weiter zu erhärten. Wir stehen unter dem Druck, sogar »auf eigenem Territorium« unser wahres Wesen zu verbergen und die Maske anbehalten zu müssen. Je größer die Diskrepanz zwischen unserem wirklichen Wesen und dem Schein ist, mit dem wir uns umgeben, desto größer ist der

Zwang, wider die eigene Natur zu handeln. Wir benötigen immer mehr Energie und Kraft, um die Lüge als Maske beizubehalten, wobei sich der Eindruck, daß es sich um eine Maske handelt, als immer störender erweist. Unaufrichtigkeit der Emotionen und des Verhaltens wird zu einer Lebensform. Im Laufe der Zeit ist es dann immer schwieriger, sich von der Maske zu befreien, seine Geheimnisse zu offenbaren und zu bekennen, wer man wirklich ist. Wir stehen schließlich in einem schiefen Verhältnis zu uns selbst und zu unserem Partner. Wir haben das Reich der Ehrlichkeit und Intimität verlassen und schauspielern nur mehr.

Wenn eine Beziehung länger Bestand hat, sollte man sich folgendes vor Augen halten:

Die größte Intimität erreichen wir mit einem Partner, der uns genauso sieht, wie wir uns sehen.

Maske oder keine Maske?

Was können wir daraus lernen? Vielleicht dies: Lügen und Masken können *in ihrer gutartigsten Form* zu Beginn einer Beziehung Möglichkeiten eröffnen. Sie helfen uns, unseren natürlichen Argwohn und jene Kritik zurückzustellen, mit der wir uns selbst und andere beurteilen. Mit ein wenig gutem Willen können wir unserem Partner mehr Spielraum geben, uns zu akzeptieren. Eine überkritische Haltung in einem zu frühen Stadium würde diesen Prozeß behindern.

Das Problem besteht darin, daß der entschlossene Lügner mit diesem aufgeschobenen Urteil spekuliert. Dies ermöglicht es ihm, sein Lügennetz zu spinnen. Deshalb sind erhebliche Vorbehalte angebracht. Während Sie sich einerseits keine Möglichkeiten verbauen wollen, möchten Sie andererseits darauf gefaßt sein, daß der schöne Schein trügen könnte.

In einer späteren Phase der Beziehung stören Masken immer mehr. Es ist unvermeidlich und auch wünschenswert, daß seine und Ihre Maske transparenter wird, damit Sie füreinander durchschaubarer und berechenbarer werden. Wenn alles gutgeht, wird auch Ihr Partner Sie so akzeptieren, wie Sie wirklich sind, und Sie bleiben auf dem Weg zur Intimität mit beiden Beinen am Boden.

Wenn Masken jedoch gewohnheitsmäßig getragen werden, sind sie ein bloßer Ersatz und Platzhalter für den, der sich hinter ihnen verbirgt. Die Beziehung stagniert, wenn Lügen als Masken gegenseitiges Akzeptieren und emotionale Nähe verhindern.

In den nächsten drei Kapiteln werden wir uns mit den komplexen Wirkungen von Lügen als Masken befassen. Wir alle tragen Masken in unseren Beziehungen, manchmal mehrere gleichzeitig. Nicht alle Masken, die Männer in Beziehungen tragen, können hier erörtert werden. Wir konzentrieren uns auf drei häufige Masken, die sexuelle Intimität, Verbundenheit und Harmonie wesentlich beeinträchtigen, und untersuchen diese Masken an zwei vertrauten Orten: im Schlafzimmer, um zu sehen, wie sich seine Masken im sexuellen Bereich auswirken, und im Wohnzimmer, um zu sehen, wie sie die trügerische Behaglichkeit falscher Verbindlichkeit und die trügerische Sicherheit erzeugen, daß alles in bester Ordnung sei.

Kapitel 6

Lügen im Bett

Es ist das alte Klischee: Männer benutzen Liebe, um Sex zu bekommen, Frauen Sex, um Liebe zu bekommen: Die Männer kommen dabei besser weg.

Redakteurin, 23, unverheiratet

Ich verschwieg ihr, daß ich einen Arzttermin wegen einer Geschlechtskrankheit hatte, eines Condyloms. Ich erzählte ihr, daß ich woandershin müsse, stotterte und wurde rot.

Vertreter, 26, alleinstehend

Im Schlafzimmer legen wir unsere Kleider und viele unserer Schutzmechanismen ab. Weil wir uns hier die größten Blößen geben, wirkt ein Vertrauensbruch hier auch besonders verheerend. Darüber hinaus bedeuten manche Schlafzimmerlügen geradezu eine Gefahr für Leib und Leben, wie zum Beispiel: »Ich habe seit einem Jahr mit niemandem mehr geschlafen«, »Mein HIV-Befund war negativ« oder »Ich hatte nie Herpes«.

Natürlich lügt nicht jeder im Bett. Etwa ein Viertel der von mir interviewten Männer erklärten, im Schlafzimmer am wenigsten zu lügen. Während dieselben Männer ihren Partnerinnen und Geliebten vielleicht die Unwahrheit darüber sagten, wo sie den Nachmittag verbrachten, wie interessiert sie an einer attraktiven neuen Nachbarin waren und wie hoch ihre Provision im letzten Monat ausfiel, wäre es im Schlafzimmer viel leichter für sie, ehrlich zu sein. Sie hatten gewissermaßen das Gefühl, im Bett nicht lügen zu müssen. Einige dieser angeblich ehrlichen Liebhaber sagten, daß sie mit ihren üblichen Lügen ja nichts weiter bezweckten, als eine Frau ins Bett zu bekommen, so daß sie im Bett eben nicht mehr zu lügen brauchten: »Sex ist die Stunde der Wahrheit.« Einige Männer behaupteten, daß sie nur beim Liebesspiel Frauen niemals belogen.

Viele Männer hatten jedoch weit mehr Schwierigkeiten, ihre Masken abzulegen als ihre Kleider. Und viele der interviewten Frauen bestätigten diese Aussagen durch ihre persönlichen Erfahrungen.

Welche Masken sind dies? Er trägt sie, um sie ins Bett zu bekommen, um darin zu bleiben und um den Rückzug anzutreten, wenn es ihm danach ist.

Lügen, mit denen er sie ins Bett bekommt

- *»Ich liebe dich.«*
- *»Du hast einen herrlichen Körper.«*
- *»Ich wollte schon immer mit einem Model schlafen.«*
- *»Es wäre ein große Ehre, mit dir schlafen zu dürfen.«*
- *»Sex mit meiner Frau ist so langweilig.«*

Sie sagten immer, was sie sagen zu müssen glaubten, um mit jemandem schlafen zu können, etwas, wovon sie glaubten, daß ich es gerne hören wollte. Aber ich weiß, daß es eine Lüge ist.

Immobilienmaklerin, 28, frisch verheiratet

Männer (und Frauen) lügen bezüglich ihrer sexuellen Erfahrungen, um sich einzuschmeicheln, um sich als Sexualpartner attraktiver zu machen und um einem Ideal gerecht zu werden, das in ihren Köpfen spukt. Bei manchen Männern bedeutet dies, daß sie die Zahl ihrer bisherigen Sexualpartnerinnen drastisch nach unten korrigieren. Für andere bedeutet es, dick aufzutragen, mit ihrer wirklichen oder eingebildeten Potenz zu prahlen, mit den Wonnen, die sie Ihnen schenken werden, oder mit den sexuellen Raffinessen, die sie kennen. Bei manchen bedeutet es, daß sie ihre angebliche Bereitschaft zu einer Bindung als Köder auslegen, wie andererseits manche Frauen ihr Interesse an einer langfristigen Beziehung verleugnen, um begehrenswerter zu erscheinen. Am schlimmsten ist dabei wohl die Tatsache, daß manche Männer rücksichtslos ihre Geschlechtskrankheiten verschweigen und Sie sowie vielleicht auch Ihren nächsten Partner infizieren.

Die Masken, die Männer tragen, um Sie ins Bett zu bekommen, enthüllen ebensosehr, wie sie verbergen. Wenn man sie zu durchschauen lernt, verraten sie viel über die Kriterien, wie der maskierte Mann sich selbst und Sie beurteilt. Die Maske eines Mannes verrät, was seiner Meinung nach für ihn spricht, sei es hinsichtlich eines rauschhaften Nachmittags oder für eine längerfristige Beziehung. Sie hilft Ihnen auch zu erahnen, worauf seiner Ansicht nach seine Männlichkeit und Ihre Weiblichkeit beruhen.

Doch selbst wenn Sie nichts Neues erfahren, können Sie im Schlafzimmer Überraschungen erleben. Fragen Sie Donna.

Die Lüge der sexuellen Unschuld: Donna und Garth

Dies ist die Geschichte von Donna und ihrer ersten Liebe sowie die Geschichte der Masken, die ihr Liebhaber vor neun Jahren in ihre Beziehung und ihr Leben brachte. Heute ist Donna fünfundzwanzig, verheiratet und in ihrem Beruf erfolgreich. Als ich Donna nach der ersten Lüge fragte, die ihr ein Mann je erzählt hätte, lehnte sie sich zurück und seufzte: »Ich war noch Jungfrau.« Sie war sechzehn, ging noch auf das Gymnasium und war seit vier Monaten mit Garth zusammen.

Er war ein Jahr älter als sie, und sie waren beide verliebt ineinander. Donna beschloß, ihr Bett mit ihm zu teilen. Es war ein sehr romantisches Erlebnis: »Es war wunderschön. Ich liebte ihn, und er liebte mich. Wir beschlossen, gemeinsam unsere erste sexuelle Erfahrung zu machen. Wir gingen in ein Hotel, und er brachte Kerzen, und wir nahmen miteinander ein Bad. Es war eine wunderbar sinnliche Stimmung. Er sagte, daß ich seine erste Frau sei. Es war wunderschön.«

Sie schaute mich an und fügte hinzu: »Und es war erstunken und erlogen.«

Donna ahnte nichts Böses, bis sie sich eine Woche später mit ihren Freundinnen abends bei einer Party traf. Sie sagten ihr: »Donna, wir sagen es dir nicht gerne, aber…« und klärten sie auf. Ihre wunderbar romantische Erfahrung basierte auf der sorgfältig inszenierten Lüge eines notorischen Casanovas, der schon einiges an Erfahrungen gesammelt hatte.

Als ich sie fragte, warum sie Garth geglaubt hatte, bekam ich eine Zusammenfassung der Antworten, die ich von sechzig interviewten Frauen und von Hunderten privater Klienten immer wieder hörte: »Ich glaubte ihm von ganzem Herzen. Er hatte nie etwas getan, was in mir Zweifel hätte wecken können. Ich war vier Monate mit ihm zusammen. Ich bin ein sehr vertrauensvoller Mensch. Er sagte, daß er mich liebte, und ich glaubte ihm. Ich wollte, daß er mein erster ist, und ich dachte nicht im Traum daran, daß er mich betrügen könnte.«

Donna hegte nicht den geringsten Argwohn. Damals noch nicht. Die Lüge bezüglich seiner Jungfräulichkeit war zudem keine typisch männliche Lüge, auf die eine junge Frau achten würde. Um so leichter beging Donna einen der typischsten Fehler, die Frauen begehen – nämlich zu glauben, was er erzählt, die Worte, die sie so gerne von ihm hören wollte.

Welche Nachwirkungen hinterließ die Lüge bei Donna? Noch neun Jahre später sprudeln die Worte nur so aus ihr heraus: »Ich war zerbrochen, fühlte mich verraten, schockiert. Ich wollte es nicht wahrhaben, und dann kroch die kalte Wut in mir empor. Ich hätte ihn umbringen können. Ich ging nach

Hause. Ich grübelte darüber nach. Ich wollte mich in ein Mauseloch verkriechen. Ich zog mich in mich selbst zurück. Meine Welt stürzte ein, als ich entdeckte, daß er mich einfach hereingelegt hatte. Ich sprach nie mehr ein Wort mit ihm.«

Dieser Siebzehnjährige hatte Donna eine erste sexuelle Erfahrung verschafft, die untrennbar mit Lügen verbunden war, was sie den Rest ihres Lebens nicht vergessen würde. Obwohl die Erfahrung selbst wunderschön war, wurden die ganze Zärtlichkeit und Köstlichkeit des Erlebnisses durch die Erkenntnis ruiniert, daß sie hereingelegt und ausgenutzt worden war. Sie war auf einen angehenden Frauenhelden hereingefallen. Als sie am nächsten Tag zur Schule ging, fühlte sie sich zutiefst beschämt. Es schien ihr, alle wüßten die Wahrheit über Garth, nur sie nicht.

Ihre Sehnsucht nach einer romantischen ersten Erfahrung und ihre Bereitschaft, einem Lügner ohne weiteres zu glauben, führten zu einem sexuellen Erlebnis, das sie noch heute peinigt. Sie zog daraus eine Lehre, die sie nicht so leicht vergessen wird.

Donna wollte, daß er ihr erster sei, und sie wollte, daß es auch für ihn ein schönes Erlebnis sein sollte. Sie erkannte die Sychronizität nicht, die er mit seiner »Auch ich«-Lüge erzeugt hatte und mit der er sie in Sicherheit wiegte. Donnas zweithäufigster Fehler bestand darin, daß sie Worten zuviel Glauben schenkte. Wie Frauen aller Altersstufen und unterschiedlichster Herkunft verwechselte sie Gernhaben mit Vertrauen. Natürlich mochte sie diesen jungen Mann. Es ist eine einfache und unmittelbare Erfahrung, daß man jemanden mag. Man weiß dies schon nach wenigen Minuten. Donna hatte aber folgendes noch nicht gelernt:

Vertrauen kann blind machen.
Vertrauen braucht Zeit und muß verdient werden.

Indem Donna einem Mann einfach vertraute, weil sie ihn mochte, fiel sie auf einen Lügner herein und mußte bitteres Lehrgeld bezahlen.

Warum aber sollte ein junger Mann seine sexuelle Erfahrung verleugnen und sich als Jungfrau tarnen? Warum trieb er einen solchen Aufwand? Sie glaubte ja, daß sie sich liebten, und Garth hätte das Ritual wohl nicht gebraucht, um ans Ziel zu kommen.

Masken dienen verschiedenen Zwecken. Zum Beispiel dazu, sich ein Image zu geben oder um etwas Erwünschtes zu bekommen, um sich vor Verletzungen und Zorn zu schützen; vor allem aber, um zu verbergen, wer man wirklich ist. In diesem Fall erfüllte die Maske ihren Zweck. Donna hatte keine Ahnung, mit wem sie in Wirklichkeit ins Bett ging.

Zu Beginn war Garths Jungfräulichkeitslüge ein Köder. Er führte sie näher zusammen. Vielleicht war es ein Spiel, eine Wette, die er mit seinen Freunden eingegangen war. Als sich dann tatsächlich eine Beziehung entwickelte, wußte er nicht, wie er das Spiel beenden und die Wahrheit sagen sollte. Der erfolgreiche Köder hatte sich in eine Maske verwandelt, die ihm zur zweiten Natur wurde und die er nicht abnehmen konnte, ohne seinen Plan zu gefährden. Als er mit ihr im Bett lag, erkannte er, wieviel Donna die Tatsache bedeutete, daß sie beide ihre erste sexuelle Erfahrung gemeinsam machten. Garth wußte nicht, wie er ihr die Wahrheit sagen sollte, ohne ihr weh zu tun, weshalb die Maske der Jungfräulichkeit sich nicht mehr abnehmen ließ. Später mußte er zu Recht ihren Zorn und ihre Zurückweisung fürchten, falls sie je die Wahrheit entdecken sollte.

Garth belog eine Frau, die ihm vertraute. Ihre Freundinnen klärten sie auf. Die Folge waren Verletztheit, Zorn und schließlich Zurückweisung. Garth holte sich einen Abend im Bett mit einer hübschen jungen Frau, die ihn liebte, aber er verlor die Beziehung. Er hinterließ bei Donna, deren Vertrauen ihr größter Fehler war, eine – vermeidbare – Wunde der Demütigung und des Mißtrauens nach einer bewegenden Intimität. Sie trug eine Narbe davon, die sie noch heute schmerzt, die Narbe der Skepsis und des Mißtrauens.

Die Maske der Jungfräulichkeit ist zwar hier für Frauen typisch, doch gaben auch mehrere der interviewten Männer zu, daß sie hinsichtlich ihrer Jungfräulichkeit gelogen hätten. Welche Erkenntnisse gewinnen wir, wenn wir ihren Standpunkt hören?

Die Maske der sexuellen Unschuld: Ted und Lisa

Als Ted, damals noch auf dem College, mit Lisa schlief, war sie seine vierte sexuelle Erfahrung; er war ihr erster. Es stellte sich jedoch heraus, daß Lisa glaubte, sie sei seine erste. Was soll ein Mann also tun? Ganz einfach: »Ich log und sagte ihr, daß sie die erste sei.« Für Ted war jedoch die Lüge im Gegensatz zu Donna kein wesentliches Kriterium. Als er darüber sprach, verharmloste er seinen Betrug wiederholt als kleine Schwindelei.

Es war aber eine Lüge.

Warum legte Ted so großen Wert darauf, unerfahren zu erscheinen? Wollte er Lisa hereinlegen? Ted sah dies anders. Er sah sich als Gentleman, der um Lisas willen die Maske der Jungfräulichkeit aufgesetzt hatte; er »wollte ihr nahe sein«, weil er »sie sehr gerne hatte«. Er sagte, daß er eine »größere Intimität« erhoffte.

Auf die Frage, was er sich dabei dachte, als er Lisa betrog, änderte Ted plötzlich den Ton. Er wollte nichts davon wissen: »Ich hatte keinerlei Schuldgefühle. Ich sagte das nur für mich selbst.«

Hm. Offenbar log er also doch nicht um Lisas willen, sondern um seinetwillen?! Als ich Ted fragte, ob er beim nächsten Mal etwas anders machen würde, gab er eine entlarvende Antwort: »Ich glaube, ich würde es ihr sagen, daß sie nicht meine erste ist. Ich möchte nicht, daß sie Macht über mich hat.«

Ein erstaunlich schneller Wechsel von der Intimität zur Macht? Was steckt dahinter?

Ted erlaubte die Maske der Jungfräulichkeit, eine Illusion

von Nähe zu schaffen, dies war seine Absicht. Sie hatte nicht darum gebeten. Lisas Jungfräulichkeit war nichts als der Hintergrund, ein Rahmen für das Ereignis. Später, nach dem Ende der Beziehung und in der Rückschau, hatte Ted keinerlei Schwierigkeiten, sein Hauptaugenmerk nicht mehr auf die Zärtlichkeit, sondern auf die traditionellere Sorge um die Macht zu richten. Als er darüber nachdachte, verringerte die behauptete Jungfräulichkeit seine Macht in der Beziehung. Sie stellte eine Gleichheit der beiden Partner her, die in Wirklichkeit nicht bestand: Er hatte mehr Erfahrung. Indem er dies leugnete, räumte er ihr mehr Macht ein – und hinterher bereute er es als Einbuße an Männlichkeit. Wenn sexuelle Unschuld und sexuelles Draufgängertum aufeinandertreffen: Könnte es sein, daß sich ein Mann, der sich für die Lüge der Unschuld entscheidet, am Ende als Verlierer fühlt?

Die Lüge vom Super-Sex

Diese Maske ist das Gegenstück zur Maske der sexuellen Unschuld. Er übertreibt seine Potenz in der Annahme, daß jede Frau sich nach einem kundigen Liebhaber sehnt. Diese Maske ist oft mehr ein Versprechen als die Wirklichkeit, aber sie hat ihren Reiz. Er gesteht Ihnen bei der ersten Verabredung seinen starken Trieb. Er berührt Sie erotisch am Nacken, wenn er Ihnen in den Mantel hilft. Dieser Mann hat etwas Überzeugendes, weil er Ihnen deutlich macht, daß er die ganze Zeit an Sex mit Ihnen denkt. Er erzählt Ihnen von seinen Träumen und Phantasien über Sie. Dann möchte er Ihre Träume und Phantasien wissen. Er ist aufregend.

Die Lüge liegt hier nicht im Interesse oder im Versprechen, sondern in der Konkretisierung. Wenn die Beziehung hergestellt ist, könnte seinem Draufgängertum sehr schnell die Luft entweichen. Jedenfalls beruht seine Identität darauf, daß er sich Ihnen gegenüber als der Beste präsentiert. Er verläßt sich auf Sie, daß Sie ihm helfen, seine Zweifel und Unsicherheiten zu überwinden, und dies könnte eine Ganztagsbeschäftigung werden, die vielleicht sogar die Aufmerksamkeit mehrerer Frauen erfordert. Seien Sie also auf der Hut.

Lügen bezüglich der sexuellen Erfahrung

Ist dies Sozialisierung oder Testosteron? Man weiß es nicht genau, fest steht jedenfalls, daß Männer ständig sagen, daß sie mehr Sexualpartnerinnen brauchen als Frauen. Und Männer behaupten auch, daß sie per Jahr und Lebensalter mehr Sexualpartnerinnen haben als Frauen.

Wohin man blickt, überall sind die Daten dieselben. Einer Untersuchung zufolge, über die in der *Washington Post* berichtet wurde, hat die durchschnittliche Amerikanerin drei Sexualpartner, der durchschnittliche Amerikaner hingegen elf. Verhaltensstudien zeigen, daß Männer im Laufe eines Lebens sagen, daß sie gerne achtzehn Sexualpartnerinnen hätten, während es bei Frauen nur vier oder fünf sind. Eine umfassende landesweite Untersuchung mit 1347 Männern und 1418 Frauen (*The Janus Report of Sexual Behavior,* 1993) ergab, daß anteilig doppelt so viele Männer (neununddreißig Prozent) als Frauen (sechzehn Prozent) angaben, dreißig oder mehr Sexualpartner gehabt zu haben. Am oberen Ende gaben achtzehn Prozent der Männer und nur sieben Prozent der Frauen über sechzig Partner an. In der Spitzengruppe über eintausend Partner war das Verhältnis Männer zu Frauen drei zu eins; allerdings war die Zahl der erfaßten Personen hier nur noch sehr klein.

Wer sind diese Partner? Bei Männern kann es jede sein. Einigen Studien zufolge neigen jüngere Männer mehr als Frauen dazu, Sex als wünschenswerte Möglichkeit bei Partnerinnen zu betrachten, die sie kürzer als eine Woche kennen. Bei vielen Männern wäre Sex auch mit einer Frau in Ordnung, die sie noch keine Stunde kennen. Wie verhält es sich bei Frauen? Frauen sind hier wesentlich vorsichtiger. Sie sagen, daß sie gerne mit jemandem ins Bett gehen, den sie fünf Jahre kennen, und sie hätten im besten Fall nichts gegen Sex mit jemandem, den sie nur ein halbes Jahr kennen. Sex mit jemandem, den sie gerade erst eine Woche kennen, kommt nicht in Frage, geschweige denn mit jemandem, den sie erst eine Stunde kennen. Natürlich gibt es viele Ausnahmen. Überraschenderweise behaupten auch viele Männer, eine solche Ausnahme zu sein!

Was hat dies alles mit Masken zu tun? Überlegen Sie einmal: Wie kann der Durchschnittsmann elf Partnerinnen haben, die Durchschnittsfrau aber nur drei? Dies wäre nur möglich, wenn sehr wenige Frauen eine ungeheure Zahl an Partnern hätte, das sogenannte Schlampenphänomen. Oder aber Männer und Frauen lügen mit umgekehrten Vorzeichen bezüglich der Zahl ihrer tatsächlichen Sexualpartner. Die Wahrheit liegt wohl irgendwo in der Mitte.

Vielleicht liegt es nur an unserer schönen neuen Welt der sexuell übertragbaren Krankheiten und von Aids, aber in meinen Interviews neigten sowohl Männer als auch Frauen mit vielen Erfahrungen dazu, gegenüber einem ernsthaften »Kandidaten« die Zahl ihrer Sexualpartner nach unten zu korrigieren. Die Ausnahme waren eine kleine Zahl besonders unerfahrener Männer und Frauen in den Dreißigern. Diesen sexuellen Grünschnäbeln war ihre Unerfahrenheit deutlich peinlich. Die Frauen, mit denen ich sprach, zeigten sich bei diesem Thema zurückhaltend oder wollten es überhaupt vermeiden. So etwa die zweiunddreißigjährige Marcy, die praktisch keine sexuellen Erfahrungen hatte: »Ich sage nicht, wie viele sexuelle Beziehungen ich hatte. Dies würde mich nur bloßstellen.« Oder die gutaussehende und schnell redende Gina, die Männer immer wieder und fälschlich für ein »Betthupferl« halten: »Ich sage nie, mit wie vielen Männern ich geschlafen habe. Es sind nur sechs. Alle glauben, daß es viel mehr sein müßten. Sie glauben mir nicht. Weil dann jedesmal eine unerwünschte Diskussion beginnt, sage ich überhaupt nichts mehr.«

Im Gegensatz dazu übertrieben einige der von mir interviewten Männer, wie zum Beispiel Craig, der Frauen erzählt, er sei mit bestimmten Frauen »im Bett gewesen, obwohl es nicht stimmt«, und der immer noch auf den »großen Durchbruch« hofft. Diese Männer betrachteten ihre sexuelle Unerfahrenheit als ein peinliches Geheimnis, das sie Frauen gegenüber verschweigen mußten. Meist aber berichtigten Männer die Zahl ihrer Sexualpartnerinnen nach unten. Earl erzählte mir: »Natürlich. Ich belüge Frauen bezüglich der Zahl meiner Partnerinnen. Ich untertreibe sehr stark, vielleicht um neunzig Prozent. Ich versuche eine Größenordnung zu finden, die noch glaubwürdig ist. So daß sie wissen, daß ich keine Jungfrau mehr bin, andererseits aber erfahren und liebevoll. Sie glauben es vielleicht nicht, aber es ist besser, sie nehmen es mir nicht ab, als daß ich ihnen eine Wahrheit erzähle, die sie nicht angenehm finden. Meine Lüge sagt ihnen, daß sie keine Angst haben müssen, eine Geschlechtskrankheit zu bekommen. Sie sagt ihnen, daß sie etwas Besonderes sind. Bezüglich der Zahl meiner Partnerinnen erzähle ich nur meinen Freunden die Wahrheit.«

Falls es Sie interessiert: Earl ist kein fünfundvierzigjähriger Romeo. Er hat gerade seinen dreiundzwanzigsten Geburtstag gefeiert.

Die Moral der Geschichte scheint hier darin zu bestehen, daß Sie seinen Zahlen nicht trauen dürfen und er nicht den Ihren. Dies bedeutet, daß man sich nur an die Statistiken halten kann. Und die Statistiken sprechen diesbezüglich, auch wenn sie ebenfalls nur auf persönlichen Angaben beruhen, eine klare Sprache. Die meisten Männer haben demzufolge im Laufe ihres Lebens, vor, während und nach der Ehe mehr Sexualpartnerinnen als Sie. Vielleicht begegnen Sie einer Ausnahme. Wahrscheinlicher aber ist, daß Sie, wie unsere Freundin Donna, hereingelegt werden.

Lebensgefährliche Lügen über sicheren Sex und sexuelle Gesundheit

Nein, er ist nicht unfruchtbar und hat keine Vasektomie durchführen lassen. Er ist nicht enthaltsam, und die Herpessalbe in seiner Jackentasche ist nicht für seinen Zimmerkollegen. Wenn Sie diese und eine Reihe anderer Lügen glauben, die Ihnen Männer ernsthaft anbieten, um Sie zu ungeschütztem Sex zu überreden, dann reihen Sie sich ein in die Schar der vielen vertrauensvollen und verzweifelten Frauen, die ich interviewt habe:

- *»Ich hatte keine Ahnung, daß er lügen könnte.«* Sie berichtet von ihrer Schwangerschaft, nachdem ihr erster Freund ihr sagte, daß er unfruchtbar sei und nichts passieren könne.
- *»Er log mir vor, daß er immer sicheren Sex praktizierte, und in Wirklichkeit konnte er mit einem Kondom seine Erektion keine Minute halten.«* Sie muß feststellen, daß seine Erektion aufhört, sobald er ein Kondom überstreift. »Er hätte sagen müssen: ›Nein, ich praktiziere keinen sicheren Sex, aber ich sollte es tun.‹ Ich hätte damals nicht mit ihm geschlafen. Ich hätte ihn zum Arzt geschickt, um sich untersuchen zu lassen. Ein halbes Jahr später ließ ich einen Aidstest machen. Es gibt Leute, die sexuell verantwortungslos sind.«
- »Mein Ex-Freund hatte Herpes, aber er sagte mir nie etwas davon. Eine Welt brach zusammen. Ich war wütend und frustriert… ich sagte zu ihm: ›Das ist ein gemeiner Betrug, eine Täuschung.‹ Warum konnte er nicht ehrlich mit mir reden?«

Ob ein Mann Herpes oder Aids hat, ist für Frauen immer wieder ein Thema, bei dem sie aus begreiflichen Gründen die Lügen der Männer fürchten. Frauen klagen darüber, daß Männer zu schnell und zu glatt auf Fragen über sicheren Sex und ihre sexuellen Erfahrungen antworten, Fragen, bei denen es für sie um Leben und Tod geht. Eine Frau hatte den Verdacht, daß der Mann, mit dem sie seit zwei Jahren zusammen war, noch andere Freundinnen hatte. Ihr Problem war dabei keineswegs Eifersucht, sondern sicherer Sex. Er weigerte sich, ein Kondom zu benutzen, und wies ihre Bitte um sicheren Sex grob ab: »Glaubst du, daß nur dein Leben hier wichtig ist?« Die Brutalität seiner Abweisung lag zum einen darin, daß er damit ihre legitime Sorge um ihre Gesundheit in eine selbstsüchtige Handlung verkehrte. Zweitens räumte er indirekt damit ein, daß es andere Frauen gab, und überließ es somit seiner eigenen gnädigen Entscheidung, wen er für »sicher« genug hielt, um ungeschützten Sex zu praktizieren.

Viele meiner unverheirateten und frisch geschiedenen Klientinnen erklärten, sie würden enthaltsam leben. Warum? Es liegt nicht daran, daß sie keinen Mann finden, sondern daß sie den ganzen Aufwand satt haben, um seine bisherigen sexuellen Erfahrungen und seinen Gesundheitszustand zu eruieren oder ihn dazu zu bringen, ein Kondom zu verwenden. Sie haben es aufgegeben, weil ihnen ihre Gesundheit wichtiger ist als die Ungewißheit.

Für die von mir interviewten Männer war sicherer Sex fast nie ein Thema. Wenn sie überhaupt davon sprachen, war es ihr erklärtes Ziel, die Verwendung eines Kondoms zu vermeiden, auch wenn dies wider alle Vernunft war. Ein siebenunddreißigjähriger, alleinstehender technischer Zeichner beschrieb sein Liebesgeflüster als »Mittel zum Zweck, um zu bekommen, was man will«. Er sagte: »Meine hauptsächliche Lüge ist, daß ich Frauen erzähle, es sei für ihre sexuelle Erlebensfähigkeit gut, nicht daran zu denken, was sie tun. Sie sagt: ›Das geht alles so schnell.‹ Dann sage ich ihr: ›Mach dir darüber keine Sorgen. Vertrau deinen Gefühlen. Genieße den Augenblick.‹ Was ich den Frauen sage, ist jedoch eine Lüge.«

Was will er damit erreichen? »Ich möchte die Spannung aufrechterhalten und es vermeiden, ein Kondom benutzen zu müssen.« Sicherer Sex ist für ihn offensichtlich kein Thema.

Warum? Wir alle haben Geheimnisse. Wir wissen genau,

mit wem wir uns eingelassen und welchen Risiken wir uns ausgesetzt haben. Unsere Partner, insbesondere neue, haben keinen Zugang zu unseren Informationen. Sie können nur wissen, was wir ihnen freiwillig erzählen, und sich auf ihre »Ahnungen« verlassen.

Viele Männer sind hingegen nach wie vor in den alten Denkmustern verhaftet, wonach sie bei Frauen nichts zu befürchten haben, weil sie sexuell zurückhaltender sind und schon aufpassen werden, oder daß Frauen sie nicht belügen würden. Singt hier nur wieder einmal das gute alte Testosteron ein einschmeichelndes, wenn auch tödliches Liebeslied? Oder ist dies nur das männliche Draufgängertum in Kombination mit einem Mangel an Empathie für den Partner?

Martys Geschichte ist ein gutes Beispiel dafür, wie ein Mann die eigenen Ziele ohne Rücksicht auf die Sicherheit seiner Partnerin durchsetzt. Marty, ein zweiunddreißigjähriger Versicherungsmathematiker, empfand für Jill viel. Er ging sechs Wochen mit ihr, »dann wurde die Beziehung wirklich ernsthaft. Sie wurde immer intensiver, leidenschaftlich, körperlich. Aber sie war Jungfrau, weshalb wir keinen Verkehr hatten.« Trotzdem waren sie fünf Nächte in der Woche beisammen.

Vielleicht wäre mit etwas mehr Zeit und Zärtlichkeit die Beziehung körperlich vollzogen worden, aber Marty hatte bereits eine dreimonatige Reise nach Südostasien geplant, die er auch antrat: »...fortwährend schrieb ich ihr Briefe, sagte ihr, wie sehr sie mir fehlte. Wie gerne ich die Beziehung sexuell vollenden wollte. Während ich weg war, hatte ich Sex. Ich sagte mir: ›Was soll der Quatsch, ich bin schließlich ein junger Mann.‹ Ich hatte diese Reise schließlich schon geplant, bevor ich ihr begegnet war.«

Marty hat eine schöne Zeit und kommt nach Hause zu Jill, die sehnsüchtig seine Rückkehr erwartet. Allerdings gibt es ein Problem: »Sie fragt mich: ›Warst du brav?‹ Ich sage: ›Ja, ich habe mit niemandem geschlafen.‹ Gelogen! ... Dann sagt sie, daß sie Angst vor Aids hat, daß eine Cousine vor ihr daran sterben wird.«

Es stellt sich heraus, daß Jill mit Martys Mutter gesprochen hatte, die wußte, daß er unterwegs einige Male zu Dirnen gegangen war.

Warum machte Marty nicht einfach reinen Tisch und erzählte Jill die Wahrheit? Er konnte es eben nicht erwarten: »Ich wollte ja ehrlich sein, aber dann hätte ich ein halbes Jahr bis zum Ergebnis des Aidstests warten müssen. Deshalb log ich. Kaum zu glauben, aber es war so. Wenn ich ihr gesagt hätte, daß ich zu einer Prostituierten gegangen war, hätte sie Schluß gemacht.«

Aus Martys Perspektive war er in beiden Fällen zum Lügen verdammt.

An diesem Punkt drehte Jill den Spieß um. Sie bot ihm an, ihn vorbehaltlos zu lieben und zu akzeptieren, wenn er aufrichtig wäre: »Jill sagte: ›Ehrlichkeit ist alles. Du mußt mir sagen, wer du bist, damit ich dich so lieben kann, wie du bist.‹ Ich gestand ihr also, daß ich mit einer anderen geschlafen hätte.«

Daraufhin zog sie sofort das Versprechen zurück, ihn zu akzeptieren. »Sie sagte: ›Die Tatsache, daß du mich belügen konntest, bedeutet das Ende. Es ist vorbei…‹ Sie hatte mich so genau festgenagelt und so gründlich durchschaut, daß ich einen Schritt zurücktreten und mich selbst betrachten mußte. Ich erkannte, daß ich meine wahren Absichten tatsächlich verborgen hatte… ich mußte einsehen, welcher Schuft ich diesen Frauen gegenüber gewesen war. Im nächsten Jahr blieben wir Freunde. Wir schliefen im gleichen Bett, aber nicht miteinander.«

Marty bekam also nicht, was er wollte, doch nun konnte er aus der Erfahrung immerhin etwas lernen. Er wollte nun bezüglich seiner Absichten ehrlicher werden. Künftig wird er sagen: »Ich verreise, und vielleicht werde ich unterwegs Sex haben.«

Etwas anderes war freilich, wie er dies alles empfand: »Ich bin sauer. Sie zwang mich, Farbe zu bekennen. Es ist mir auch klar, daß sie ein schwerer Fall ist. Ich weiß nicht, warum wir noch Freunde sind.«

War Martys Haltung gerechtfertigt? Schließlich hatte er vor, unterwegs zu tun, was er wollte. Und er tat es auch. Daß Jill keusch und enthaltsam blieb, während er sich in Manila und Bangkok herumtrieb, war für ihn selbstverständlich. Er war der fahrende Odysseus und sie die treue Penelope. Er ging davon aus, daß sie auf ihn warten würde.

Nach seiner Rückkehr wollte Marty unbedingt noch in der gleichen Nacht mit Jill schlafen, statt ein halbes Jahr auf das Ergebnis seines Aidstests zu warten. Martys sexuelle Bedürfnisse führten Regie. Um sie ins Bett zu bekommen, war Marty ohne weiteres bereit, Jill zu gefährden, obwohl sie ihm gesagt hatte, daß sie Angst vor Aids hatte. Sie appellierte an seine Ehrlichkeit, indem sie von ihrer Cousine erzählte, die an der tödlichen Krankheit litt. Schließlich entlockte sie ihm die Wahrheit, indem sie ihm im Gegenzug für Ehrlichkeit den Köder ihrer unbedingten Liebe hinhielt – und es ihm heimzahlte. Marty hatte gelogen und rechnete nicht damit, daß auch Jill lügen konnte.

Vielleicht kam Jill zum Schluß, daß Marty eine sehr merkwürdige Art hatte, ihr seine Zuneigung zu beweisen, indem er eine herzlose Gleichgültigkeit gegenüber ihrer Gesundheit und Unversehrtheit an den Tag legte. Wenn sie eine langfristige Beziehung mit Marty wünschte, hätte Jill eine Schlacht gewonnen, indem sie es ihm heimzahlte, aber den Krieg verloren. Wenn sie eine dauerhafte Beziehung mit jemandem wünschte, zu dem sie Vertrauen haben konnte, dann hätte sie beides gewonnen, weil sie als Gesunde eine neue Beziehung aufbauen konnte. Es sieht so aus, als ob hier Marty den kürzeren gezogen hätte.

Lügen, damit Sie zumindest noch eine Weile mit ihm ins Bett gehen

»Ich liebe dich«, »Ich habe dies noch nie mit einer anderen getan« und »Du bist die Beste« gehören zur allgemeineren Kategorie der Schlafzimmerlügen des Typs »Sag ihnen, was sie gerne hören«. Diese – sehr wirksamen – Masken erfüllen einen doppelten Zweck. Die eine oder andere hat er benutzt, um Sie ins Bett zu bekommen. Weil sie sich so gut bewährt hat, wird er sie weiterhin benutzen, damit Sie dort auch bleiben, jedenfalls solange er Lust hat.

Das Dilemma besteht in der Tatsache, daß nicht alles eine Maske ist, was er sagt, auch wenn es manchmal den Anschein hat. Wie kann man echtes Gold von Rauschgold unterscheiden? Hierzu muß man sehr tief schürfen. Trotzdem kann auch eine erfahrene Goldsucherin hin und wieder auf Rauschgold hereinfallen.

Eine Antwort auf dieses Dilemma ist Geduld und die Bereitschaft abzuwarten, bis man das Wahre vom Falschen zu unterscheiden vermag. Gundsätzlich können die Masken, mit denen er Sie im Bett hält, die Prüfung der Zeit oder einer intensiven Beziehung nicht überdauern. Sie erfordern so viel Energie und erzeugen so viele Probleme, daß es für ihn schließlich eine große Erleichterung sein wird, wenn er die Beziehung beendet und seine Maske abnehmen kann – bis zum nächsten Mal jedenfalls. Sobald sich aus Gelegenheitssex eine stabilere Beziehung entwickelt, signalisieren seine abbröckelnde Maske und das Fehlen echter Empfindungen, daß Sie vorsichtig sein sollten. Dann können Sie eine Entscheidung treffen, ob Sie an der Beziehung weiter arbeiten oder sie beenden wollen.

Wieso sind diese Lügen so erfolgreich? Betrachten wir die wirksamste und oft schmerzlichste aller Lügen: »Ich liebe dich« – eine Maske, die Sie ins Bett zu locken vermag und eine Weile dort hält. Während sie langsam fällt, suchen Sie schließlich das Weite.

Wann »Ich liebe dich« eine Lüge ist

Die Maske des »Ich liebe dich« ist so allgegenwärtig, daß manche zynischen Frauen automatisch »Bla, bla, bla« sagen, sobald sie diese Worte hören. Wir haben uns bereits mit drei Lügen des Typs »Ich liebe dich«, die alle sehr ähnlich sind, im letzten Kapitel befaßt und erläutert, wie diese drei wichtigen kleinen Worte als verführerische Köder, Masken und Vorspiegelungen benutzt werden können. Sie können die Wahrheit eines Augenblicks ebenso wie eine ewige Wahrheit wiedergeben. Wenn eine Frau sie für wahr hält, obwohl sie eine Lüge sind, wirken sie verletzend.

Wer von uns hat nicht schon einmal versucht, jemanden zu finden, den er ein Leben lang lieben kann und von dem er ein Leben lang geliebt wird? Dennoch betreffen gerade die schlimmsten Befürchtungen von Frauen die Verwendung und den Mißbrauch der Worte »Ich liebe dich«. Sie sind gerechtfertigt, da die meisten von uns Frauen kennen, die Jahre ihres Lebens einem Mann geschenkt haben, an dessen Liebe sie aufrichtig glaubten, um am Ende festzustellen, daß sie sich arg getäuscht hatten. Sie mußten eine bittere Erfahrung machen.

Wie ist das möglich? Die meisten Frauen wissen natürlich, daß ein Mann zu einem falschen Liebesgeständnis fähig ist, um sie ins Bett zu kriegen. Doch warum sollte ein Mann, der sein Ziel erreicht hat, weiterhin behaupten, eine Frau zu lieben, wenn es nicht stimmt? Die meisten Frauen, mit denen ich sprach, empfanden das falsche »Ich liebe dich« in einer fortbestehenden sexuellen oder anderen ernsthaften Beziehung als unerträglichen Vertrauensbruch.

Gina, eine verheiratete achtundzwanzigjährige Immobilienmaklerin, reagierte besonders heftig. Als ich sie nach der letzten Lüge fragte, die ihr im Schlafzimmer erzählt worden war, rasselte sie sofort eine ganze Litanei von Lügen herunter, die ich zu Beginn des Abschnitts »Lügen, mit denen er Sie in sein Bett bekommt« aufführte. Dann fügte sie nachdenklich hinzu: »Als wir uns zwei Monate auf einer eher seichten Ebene kannten, rief er im Bett plötzlich aus: ›Ich liebe dich‹, wie man es in manchen Zeitschriften liest… ich fragte ihn: ›Warum liebst du mich?‹, und er antwortete: ›Es ergab sich einfach so aus dem Augenblick. Es erschien mir jetzt richtig zu sein.‹« Aber er liebt mich nicht, und er kennt mich nicht einmal. Die Männer sagen, was Frauen gerne hören wollen. Ein Mann erzählte mir die ganze Zeit, daß er mich liebte. Dann ließ er mich wegen einer Studentin fallen.«

Was hätte er nach Ginas Auffassung tun sollen? Wieder kam eine prompte Antwort: »Gar nichts. Ich will nicht, daß er im Bett zu mir sagt, daß er mich liebt.«

Margaret, eine fünfunddreißigjährige, verheiratete Büroleiterin, war noch schlechter auf die Männer zu sprechen. Sie erzählte mir von einem Mann, mit dem sie etwa vier Monate ging. Er sagte, daß er sie liebte, und sie glaubte ihm. Als er dann eine andere kennenlernte, rückte er mit der Wahrheit heraus: »Margaret, ich liebe dich nicht. Es war nur ein Spaß, und ich habe mich amüsiert.« Für Margaret war es der Gipfel, daß er auch noch behauptete, sie von Anfang an nicht geliebt zu haben. Die Beziehung war somit gelaufen, nicht jedoch der Schmerz verarbeitet. Margaret blieb »noch eine ganze Weile verbittert«, als sie ihn fröhlich und unbeschwert mit anderen Frauen sah.

Danach wurde ihr klar: »Er wiederholte dasselbe Spielchen mit anderen Frauen in einem viermonatigen Rhythmus. Ich konnte es vorhersagen. Vielleicht mußte ich ihm noch dankbar sein, daß er Schluß machte.« Dieser Mann hatte eine klar erkennbare Vorgehensweise, die jeder, der ihn beobachtete, nachvollziehen konnte. Leider konnten die Frauen, an die er sich heranmachte, nicht von den Erfahrungen ihrer Vorgängerinnen lernen. Margaret hatte zwar sein Problem und seine Vorgehensweise erkannt, aber sie fragte sich trotzdem, wie er mit so etwas Ernsthaftem wie einer Liebeserkärung derart lose umgehen konnte. Wie viele andere Frauen, die auf ähnliche Weise betrogen wurden, wünscht sich Margaret, daß Männer diese drei Worte für eine »Stunde der wahren Empfindung« aufbewahren sollten.

Es gibt auch Männer, die so denken. Ein Mann Ende Zwanzig, der, wie er selbst einräumt, immer wieder gegen sein persönliches Credo verstieß, demgemäß »Ehrlichkeit am besten ist«, erklärte, daß die Worte »Ich liebe dich« für ihn trotz allem heilig sind, und behauptete, diesbezüglich niemals zu lügen.

Die meisten der interviewten Männer waren – zumindest grundsätzlich – derselben Meinung. Aber erinnern Sie sich noch an Sherman, der behauptete, nur zu lügen, um Frauen in sein Bett zu bekommen? Mit dem nächsten Atemzug machte er eine Kehrtwendung und widersprach sich, indem er zugab, mit »Ich liebe dich« die sexuelle Erregung der Frau steigern zu wollen.

Einige Männer äußerten ihr Bedauern darüber, daß sie eine Frau hinsichtlich ihrer Gefühle und Absichten getäuscht hätten. Sie behaupteten etwa: »Ich wollte, ich wäre reifer gewesen. Dann hätte ich vielleicht nicht gesagt, daß ich sie liebte.« Manche lehnten eine Verantwortung überhaupt ab und suchten die Schuld für ihren Treuebruch anderswo: »Wenn ich ein anderes Elternhaus gehabt hätte, wäre ich vielleicht ehrlicher gewesen.«

Viele der Männer, mit denen ich sprach, fanden hingegen kein Wort der Entschuldigung. Wieso auch? Sie benutzten die Lüge des »Ich liebe dich« nur, weil »Frauen es hören wollen« (ein Leitmotiv, das Männer bis zum Überdruß wiederholen) und weil dann die Beziehung, wenn auch noch so kurzfristig, weitergeht.

Für viele Frauen sind die Worte »Ich liebe dich« heilig. Sie repräsentieren den Schlüsselsatz für eine langfristige Bindung, für Hingabe und Verpflichtung. Er besagt, daß jemand bereit ist, seine eigenen Wünsche zugunsten jener des Partners zurückzustellen.

Was auch immer wir mit dem Wort »Liebe« verbinden, für die meisten von uns ist eine auf beiderseitiger Verpflichtung beruhende Liebe ein großes Ideal. Vielleicht betrachten wir sie sogar als Allheilmittel. Manchmal schützt aber sogar Liebe nicht vor Versuchungen. Sosehr wir uns nach Liebe sehnen, so sehr lieben wir auch unsere Unabhängigkeit. Diese natürliche Ambivalenz kann in uns die Bereitschaft zu einem Vertrauensbruch erzeugen. Wir versuchen, den wachsenden Anforderungen unseres Partners bezüglich unserer verfügbaren Zeit, wirtschaftlichen Unterstützung, sexuellen Befriedigung und der Teilnahme am familiären und emotionalen Leben gerecht zu werden, doch es erschöpft uns zusehends. Wir sehnen uns danach, frei von Sorgen und vielleicht sogar frei vom Partner zu sein. Phantasien oder sexuelle Wünsche, die wir nicht mehr wahrgenommen hatten, fordern wieder unsere Aufmerksamkeit. In irgendeiner Phase der Beziehung tritt vielleicht bei beiden Partnern der geheime Wunsch auf, von den zehrenden Zwängen ihrer Bindung frei zu sein.

Der Mann oder die Frau, die sich nach sexueller Freiheit sehnt, nach uneingeschränkter Autonomie und einer Zeitplanung, über die nur er oder sie allein bestimmt, beginnt vielleicht sowohl im Bett als auch außerhalb des Bettes zu lügen. Lügenmasken vom Typ »Ich liebe dich« können dann zu gefährlicheren Vermeidungslügen eskalieren, wie wir noch in Kapitel 9 und 10 sehen werden. Kehren wir jedoch zurück zu den Lügen in Form von Masken, die wir im Schlafzimmer benutzen.

Die Lüge »Du bist die erste«

Ein wenig wundern Sie sich schon: Er ist fünfunddreißig oder fünfundvierzig, und doch tut er so, als wären Sie die erste Frau, zu der er jemals eine gefühlsbestimmte Beziehung hatte. »Natürlich war es nicht das erste Mal«, sagt er, »aber so war es noch nie.« Ist es die Möglichkeit? Und warum sollte er seine bisherigen Erfahrungen falsch darstellen?

Eli ist ein fünfundfünfzigjähriger Unternehmensberater, gutaussehend, redegewandt und einnehmend. Als ich ihn fragte: »Welche Geheimnisse verbergen Sie vor Frauen in Ihrem Leben?« überraschte er mich mit der Antwort: »Ich verberge meine früheren sexuellen Beziehungen mit Frauen.« Er erwartete bestimmte Reaktionen, die er von vornherein vermeiden wollte: »Dies würde sich wie ein Schatten auf die neue Beziehung legen. Sie wird mich fragen: ›Möchtest du immer noch eine sexuelle Beziehung mit dieser Frau haben?‹ Man beruhigt sie natürlich. Aber es wird zu einem Problem, mit dem man sich nicht mehr herumschlagen möchte.«

Eli sind seine früheren intimen Beziehungen nicht peinlich. Er ist nur nicht bereit, Wahrheiten preiszugeben, die ihm Unannehmlichkeiten bereiten könnten. Den Grund könnte seine derzeitige Liebste vielleicht erraten, doch ich habe Eli interviewt, und ich weiß es: Eli ist ein Mann, für den viele Brücken in die Vergangenheit führen. Vergangene Beziehungen sind für ihn nie ganz abgeschlossen. Seine Ehemaligen schreiben ihm, rufen ihn an, auch nach Jahren noch. Eli vermeidet es wie so viele Männer, Beziehungen endgültig abzuschließen, um sich für künftige, magere Zeiten abzusichern. In seinem Leben wimmelt es von Frauen, die in der Hoffnung, die Beziehung könnte wieder weitergehen, immer noch anrufen und schreiben.

Männer wie Eli möchten also nicht über ihre früheren intimen Beziehungen reden. Was auch verständlich ist, sonst kämen Sie vielleicht auf die Idee, sich Ihre eigene Zukunft als Frau Nummer zweiundzwanzig oder sechsunddreißig in seinem elektronischen Telefonbuch vorzustellen.

Eli ist kein Einzelfall. Viele Männer hüllen sich bezüglich ihrer vergangenen und derzeitigen Frauen in Schweigen. Zwanzig Prozent der von mir interviewten Männer sprechen niemals über ihre vergangenen Freundschaften und sexuellen Beziehungen. Sie verbergen diese Beziehungen, weil sie wie Ralph, ein siebenunddreißigjähriger Anwalt von der Ostküste, glauben, daß »ihre derzeitige Partnerin hierin eine Bedrohung sieht«. Dem fügte Ralph allerdings die interessante Erkenntnis hinzu, daß die Enthüllung früherer intimer Beziehungen »mehr Konflikte als notwendig erzeugen« würde. Seine Maske diente also dem Zweck, die neue Beziehung am Laufen zu halten, indem sie der forschenden Neugierde oder dem Zorn einer Frau vorbeugte. Beachten Sie, wie unpersönlich und geschäftsmäßig sich Ralph ausdrückt, wenn er »die derzeitige Beziehung« und »schafft mehr Konflikte als notwendig« sagt. Er könnte genausogut über eine neue Geschäftsbeziehung oder einen Konflikt in seinem Projektteam sprechen. Ging es in diesen Beziehungen wirklich um Frauen? Ralphs Wortwahl läßt darauf schließen, daß Frauen für ihn eher austauschbare Besitzstücke als wirkliche Menschen aus Fleisch und Blut mit Gefühlen und einer Persönlichkeit sind. Dies errichtet eine weitere Schranke auf dem Weg zur Intimität und erleichtert es wiederum, Frauen zu belügen.

Manche Männer halten aus anderen Günden, wie Verlegenheit, Prüderie oder Charme, an dieser Lüge fest. Hank, ein einunddreißigjähriger Lobbyist, hält es »nicht für richtig, über frühere sexuelle Beziehungen zu reden, weil sie vielleicht wissen will, was ich getan habe«. Tim, ein dreißigjähriger Börsenmakler, hat niemandem erzählt, daß er einmal mit einer zwanzig Jahre älteren Frau schlief, die ihm völlig fremd war und ihn am Arbeitsplatz einfach angesprochen hatte; vermutlich hatte sie ihn mit jemand anderem verwechselt, mit dem sie einmal an der Börse gesprochen hatte. Nachdem er mit dieser Fremden essen gegangen war, ging er mit ihr in die Wohnung eines Freundes, wo es einen Nachmittag lang hemmungslosen Sex gab. Und ja, er benutzte ein Kondom. Im Grunde freut ihn dieses Abenteuer noch heute, aber er würde es nie jemandem erzählen: »Ich habe es keiner gesagt. Ich habe das Gefühl, daß so etwas nicht normal ist. Irgendwie schäme ich mich auch. Die Mädchen könnten finden, daß es ein bißchen verrückt ist, mit einer Frau etwas zu haben, die zwanzig Jahre älter ist als ich.«

Indem Tim dieses Abenteuer aus seinem sexuellen Lebenslauf streicht, kann er die Aura der Ehrenhaftigkeit beibehalten, die er für seine Beziehungen zu benötigen meint.

Was diese Männer miteinander gemeinsam haben, ist ein Unbehagen an der eigenen Sexualität und einer Vergangenheit, die, wie sie glauben, ihre derzeitige intime Beziehung oder künftige beeinträchtigen könnte. Eine Frau, die davon Kenntnis hätte, würde ihnen vielleicht peinliche Fragen stellen, alte Gefühle wiederbeleben, ihn als eigenartig empfinden, oder sie könnte den Eindruck gewinnen, nichts Besonderes für ihn darzustellen.

Viele Männer übertragen automatisch ihre Vorstellungen davon, was sich gehört und was nicht, auf ihre sexuellen Beziehungen. Einige der milderen »Anstandsregeln« äußern sich in den männlichen Ritualmasken der sexuellen Etikette.

Die »harmlosen« rituellen Lügen der sexuellen Etikette

Die Schlafzimmerlügen der Männer? Ach, Sie meinen die »Schwätzer«. Sie hören nicht auf, mir zu schmeicheln und mir Komplimente über meinen Körper zu machen. Weil ich es aber im Grunde gerne glaube, bin ich mir heute noch nicht sicher, ob es eine Lüge war.

Verkäuferin, 40, alleinstehend

Freiherr Knigge fände es gewiß in Ordnung. Diese Höflichkeitslügen decken das ganze Spektrum ab, von »Du bist überhaupt nicht dick« und »Du bist hübsch« bis »Ich mag keine großen Brüste«, wenn Sie gerade gesagt haben, daß Sie kleine Brüste haben. Ist es denn möglich, daß dieser Mann über Ihre Schwangerschaftsstreifen, ja sogar die süßen blauroten Äderchen auf der Orangenhaut Ihrer Oberschenkel ins Schwärmen gerät? Er blickt Ihnen tief in die Augen und sagt Ihnen, die Sie nie freiwillig länger als zehn Minuten in der Woche Sport getrieben haben, daß Sie »die Beine einer Tänzerin haben«.

Jetzt wissen Sie mit Sicherheit, daß er lügt. Aber er möchte nett zu Ihnen sein. Er möchte Ihnen Ihre Hemmungen nehmen, damit Sie im Bett sagenhaften Spaß haben. Das eigenartige daran ist, daß er mit seinen beruhigenden Sprüchen manchmal durchschlagenden Erfolg hat.

Wo also liegt das Problem? Manche Frauen kostet es eine ungeheure Überwindung, sich vor einem Liebhaber, erst recht einem neuen, auszuziehen. Die sexuelle Erregung kommt für sie zum Stillstand, wenn sich ihre unbarmherzige innere Kritik zu Wort meldet. Ihr inneres Mantra lautet wie folgt: zu dick, zu schlaff, zuviel Bauch, zuwenig Busen, Schwabbelpo. Wenn seine Höflichkeitslügen Ihr Selbstvertrauen wiederherstellen – was ist schon dabei?

Für manche Frauen nichts. Nehmen wir Cindy, eine achtundzwanzigjährige Sekretärin. Sie behauptet, daß sie es gern hört, wenn Männer sagen, »wie glücklich sie mit meinem Körper sind, so wie er eben ist«. Sie räumt ein, daß ihr Männer vielleicht das sagen, was sie in der Hitze des Augenblicks gerne hören möchte. Sie nimmt an, die Männer wüßten, wie »gehemmt und unsicher« sie in Wirklichkeit sei. Als ich sie fragte, was Männer anders machen sollten, erklärte Cindy, daß sie nichts ändern würde: »Ich höre es gerne. Sollen sie weiter lügen.«

Oder nehmen wir Lill, die vierzigjährige Verkäuferin, die ihre übertrieben höflichen Liebhaber die »Schwätzer« nennt. Sie läßt es sich gerne gefallen, wenn ein Mann zu ihr sagt, daß sie perfekte Brüste habe (»Habe ich nicht«, fügt sie hinzu). Insgesamt findet Lill sexuelle Etikette etwas »sehr Schönes«. Trotzdem würde sie sehr gerne wissen, was dahintersteckt; sie glaubt, daß es vielleicht überhaupt nichts mit ihr zu tun hat, daß es »ihn vielleicht anmacht, etwas über meinen Körper zu sagen«. Manchmal traut sie ihren Ohren sogar (»Vielleicht ist er so verrückt nach mir, daß er mich wirklich für schön hält«). Doch auch Lills Großzügigkeit hat Grenzen. Als ich sie fragte, was ein »Schwätzer« besser machen könnte, machte sie folgenden Vorschlag: »Es macht mich nicht sehr an, wenn meine Körperteile mit denjenigen anderer Frauen verglichen werden. Etwa in der Art: ›Ich gebe dir Note Zwei.‹ Er braucht mir nicht zu sagen, daß ich besser als der Durchschnitt bin. Er soll mir lieber sagen: ›Du hast mich im Bett total wild gemacht.‹«

Mag sein, daß die sexuelle Höflichkeitslüge keinen Schaden anrichtet, aber sie schafft andererseits auch kein Vertrauen, insbesondere, wenn eine anfängliche Schmeichelei sich sehr schnell als haltlos erweist. Als die vierundvierzigjährige, geschiedene Shelly zum ersten Mal mit Todd ins Bett ging, genoß sie seine Lüge, derzufolge sie schlank sei: »Ich fand es wunderbar. Ich stand nackt vor ihm, und er sagte, daß ich schlank sei. Ich wog mehr als je zuvor in meinem Leben, aber ich wollte glauben, daß ich schlank bin.«

Als sie länger zusammen waren, gingen sie irgendwann gemeinsam zu den Weight Watchers. Shelly: »Er wußte, daß ich mir wegen meines Gewichts Gedanken machte, und gestand mir: ›Ich glaubte, daß du es gerne hören würdest.‹« Shelly wußte zwar dem Ganzen etwas Positives abzugewinnen, doch es nagte an ihrem Vertrauen zu ihm. Es wäre ihr nachträglich lieber gewesen, wenn er nichts gesagt hätte.

Todd hatte nichts Schlimmes angestellt. Er hatte nur getan, was unzählige Männer in der Küche, im Wohnzimmer und im Schlafzimmer tun: Er sagte der Frau, die in seinem Leben gerade eine Rolle spielte, das, was sie seiner Meinung nach gerne hörte.

»Sag ihnen, was sie hören wollen.«

Wie wir gesehen haben, ist die Taktik des »Sag ihnen, was sie hören wollen« eine der häufigsten Begründungen von Männern, warum sie Frauen immer wieder belügen. Doch weil es so oft geschieht, ist es noch lange nicht in Ordnung. In diesem »Sag ihnen, was sie hören möchten« kann ein subtiles Problem ihrer Haltung gegenüber Frauen zum Ausdruck kommen: ihre Neigung, Frauen als Objekte zu sehen, die man beschwichtigen, einlullen, erobern und genießen muß. Es kann sich dahinter auch eine mangelnde Fähigkeit zur Empathie verbergen. Im günstigsten Fall handelt es sich um ein gegenseitiges Mißverständnis, beide erleben ein anderes Ritual.

Ein zweiunddreißigjähriger frisch verheirateter Bankkaufmann bekannte, daß es ihm einfach Spaß machte, »einer Frau, die nicht so phantastisch attraktiv ist, zu sagen, daß sie schön ist«. Diese plötzliche Verwandlung des häßlichen Entleins ist aber weder die klassische Pygmalion-Geschichte noch besonders altruistisch. Man muß es sich wohl so vorstellen: Dieser Mann ist der Refa-Ingenieur des Schlafzimmers. Seine Lüge zahlt sich aus, weil sie »die Leistung steigert«. Er bekommt buchstäblich mehr für sein Geld oder, wie er es ausdrückt, »mehr Begeisterung beim Akt«. Ist das häßliche Entlein dankbar, oder hat es eher das Gefühl, benutzt und mißbraucht zu werden? Er kann es nicht sagen, weil ihn jede Reaktion nur bis zum Punkt der sexuellen Leistung interessiert und nicht darüber hinaus. Er vergleicht sich mit einem »Fotografen, der sagt: ›Du bist wunderschön‹, um bessere Bilder zu bekommen«. Die Motivation dieses jungen Profis, ihr zu sagen, was sie hören möchte, setzt sich zusammen aus zwei Teilen Machttrip und einem Teil Intimität.

Was geschieht, wenn eine Frau eine Lüge dieses Typs für bare Münze nimmt? Ein Beispiel hierfür ist Marianne. Sie ist eine aufgeweckte vierunddreißigjährige, geschiedene Vertreterin, die vorhatte, von der Westküste nach New York zu ziehen. Jack, der Mann, mit dem sie ein Verhältnis hatte, war dagegen und versuchte, sie zum Bleiben zu überreden. »Er rief mich zwanzigmal am Tag an.« Als sie ihm offen sagte, daß ihr seine Alkoholprobleme und seine Impotenz Sorgen machten, beruhigte er sie: »Unser Sexualleben wird besser werden, wenn du dich mehr an mich gewöhnst.« An dem Abend, bevor er zu einem Firmenessen ging, sagte er die magischen Worte: »Ich liebe dich.« Und sie glaubte ihm. Warum ist eine clevere Frau wie Marianne bereit, ihre Zukunft einem Alkoholiker mit Potenzproblemen anzuvertrauen, der alles daransetzte, daß sie in seiner Nähe blieb? Sie sagte: »Er sagte, daß er mich liebte und wieviel es ihm bedeuten würde, wenn ich nicht nach New York ginge. Ich traute ihm nicht, aber ich wollte es hören.« Die Konsequenz war, daß sie blieb. Die Beziehung hielt nicht. Die Macht seiner Worte, die genau dem entsprachen, was sie hören wollte, war stärker als ihre Vernunft. Sie vergeudete ein weiteres Jahr ihres Lebens mit dem Versuch, einem Mann zu helfen, der ihr immer mehr entglitt.

Wie kann man sich vor solchen Lügen schützen? Anfängerinnen sei gesagt: Wenn es zu gut klingt, um wahr zu sein, ist es wahrscheinlich wirklich nicht wahr. Fragen Sie sich, was Sie wirklich hören wollen, und vergleichen Sie es damit, was er Ihnen sagt. Wenn beides richtig zusammenpaßt, sollten Sie neugierig und skeptisch sein. Fragen Sie, welchen Vorteil er daraus ziehen könnte, wenn er Ihnen sagt, was Sie hören möchten. Wenn es ihm einen sexuellen oder finanziellen Vorteil bringt, müssen Sie auf der Hut sein. Wenn seine Komplimente allzu dick aufgetragen sind, lachen Sie ihn aus. Wie es Ihnen zu denken gäbe, wenn er Sie die uninteressanteste oder häßlichste Frau der Welt nennt, sollte es Sie auch nachdenklich stimmen, wenn er Ihnen sagt, daß Sie die aufregendste oder schönste Frau der Welt sind.

»Sie sind die Beste.«

Im Zusammenhang mit der sexuellen Etikette war jenen Männern und Frauen zufolge, mit denen ich mich unterhielt, »Du bist die Beste« die beliebteste Schlafzimmerlüge der Männer. Zwanzig Prozent der von mir interviewten Frauen nannten spontan »Du bist die Beste« die letzte Schlafzimmerlüge, die ihnen erzählt wurde, und fünfzehn Prozent der interviewten Männer erwähnten sie ebenfalls. Einige Männer behaupteten sogar, genau geplant zu haben, wann sie diese Lüge anbringen wollten. Für viele Männer gehört »Du bist die Beste« zum Ritual. Sie setzen es mit wahrer Meisterschaft ein: um sie an sich zu binden, um zu schmeicheln und um sie für die nächste Runde scharf zu machen.

Bei sexuell gewitzteren Frauen löst dieses »Du bist die Beste« allerdings nur eine gelangweilte bis gereizte Reaktion aus. Eine Frau vollendete den Satz lapidar auf ihre Weise: »Du bist die beste Kuh in der ganzen Herde.« Für manche ist es eine bloße Leerformel im Szenarium des sexuellen Beziehungstheaters und so aufregend wie der Dialog zwischen zwei Kollegen, von denen der eine sagt: »Wie geht es?« und der andere antwortet: »Phantastisch!« Es ist nichts weiter als ein gesellschaftliches Ritual.

Diese Lüge kann auf den Lügner zurückfallen. Manche Frauen können eine negative Reaktion bei dieser Szene kaum unterdrücken. Eine verärgerte und jetzt von ihrem Mann geschiedene Fünfunddreißigjährige führte Aussagen der Art »Du bist die Beste« und »Unser Sex ist großartig« (sie wußte es besser) auf unterschiedliche Standards und auf Geschlechtsrollenverhalten sowie simplen Selbstbetrug zurück. Für sie war »Du bist die Beste« auch ein bequemer Vorwand, mit dem er seine eigenen Bedürfnisse befriedigen konnte, ohne auf ihre zu achten: »Es ist Sex nach Schema F. Ich weiß zu jedem Zeitpunkt genau, wo seine Hand sein wird. ›Start, stopp, gewonnen!‹ Dabei wollte ich nur ein wenig mehr Zärtlichkeit.«

Wenn Ihnen dies vielleicht ein wenig zu streng erschien, wenden wir uns nochmals einer älteren, klügeren Donna zu, jener Donna, die von Garth nur zum Spaß um ihre Jungfräulichkeit betrogen wurde. Für Donna, die gerade geheiratet hat, ist »Du bist die Beste« eine »dumme Lüge«. »Das kennen wir schon. Es ist *bullshit*. ›Du bist die Beste‹ sagen sie alle und glauben, daß die Frau, die sie im Bett haben, freudig erregt bestätigt, daß sie darauf abfahren wird. Es gehört zu ihrem Ritual. In Wirklichkeit ist es einfach ein anmaßender Vergleich.«

Donna ist also keineswegs geschmeichelt, sondern verwahrt sich dagegen, mit anderen Frauen verglichen zu werden. Für sie ist »Du bist die Beste« eher der Versuch einer Manipulation als ein nettes Kompliment.

Joan, eine unverheiratete Fünfundzwanzigjährige, geht noch einen Schritt weiter. Sie empfindet »Du bist die Beste« als »abstoßend und unpersönlich. Es ist, wie wenn man mit einem Klon reden würde. Sie sagen es, weil sie glauben, daß man es hören möchte. Es ist ein Klischee«. Joan möchte nicht wie ein Objekt beschwichtigt oder behandelt werden. Ihr wäre es lieber, wenn ihrem Partner etwas Intimes zu ihnen beiden einfiele, selbst wenn es so prosaisch wäre wie: »Ich finde es schön, bei dir zu sein.«

Warum greifen so viele Männer zu einem derart hanebüchenen und unpassenden Kompliment? Die Männer, mit denen ich mich unterhielt, sahen diese Lüge in einem ganz anderen Zusammenhang: weniger als Routine, sondern vielmehr als persönlichen Dank, nicht als höfliches Offenhalten einer Tür und jedenfalls als weit weniger ungehörig als eine Lüge. Carl, dreiundvierzig und nach zehnjähriger Ehe geschieden, brachte die Haltung der Männer zu diesem Thema auf den Punkt. Er meinte allen Ernstes, daß »Du bist großartig«, »Ich liebe dich«, »So großartig war es noch nie« höchstens Übertreibungen sind: »Ich kann keine Lügen erkennen.« Carl glaubt, daß Frauen »dies gerne hören« und daß diese »Übertreibungen Stimmung erzeugen«. Plant er diese »Übertreibungen« einzusetzen? Carl zögert keine Sekunde: »Ja, natürlich. Es ist mir sogar ein Bedürfnis.«

Was geschieht, wenn eine naive, unerfahrene Frau diese harmlosen Beschwichtigungslügen für bare Münze nimmt? Wenn sie erkennt, daß seine »aufrichtigen« Komplimente nichts als stereotype Lügen aus einem Sex-Knigge waren und nichts mit ihrer gemeinsamen persönlichen Intimität zu tun hatten, wird sie sich getäuscht vorkommen und beschämt sein. Wenn ihr jemand erklärt, sie sei unübertrefflich, nimmt sie vielleicht an, daß sie etwas Besonderes miteinander verbindet, und schon am nächsten Tag oder einige Wochen später läuft er ihr mit einer anderen über den Weg. Wie häufig kommt das vor? Selbst Frauen in den Vierzigern und Fünfzigern begehen den Fehler, »Du bist die Beste«, »Ich liebe dich« und »Dies war der großartigste Sex meines Lebens« für die Verheißung der Exklusivität und einer sich festigenden Beziehung zu halten. Davon kann keine Rede sein. Immer schön langsam. So weit sind wir noch nicht.

Welchen guten Rat kann man da geben? Denken Sie daran, daß die höfliche Maske der sexuellen Etikette Lügen gebären kann, die für ihn mehr von Vorteil sind als für Sie. Für ihn ist es gut, wenn Sie Ihre Hemmungen ablegen. Von seinen Komplimenten erhofft er sich Genuß. Sofern sich alles auch in Ihrem Sinne entwickelt – gut. Vielleicht ist er ja wirklich nur ein großzügiger und höflicher Mensch. Hüten Sie sich jedoch davor, seine höflichen Lügen für die Wahrheit oder für den Eckstein einer dauernden aufrichtigen Beziehung zu halten. Wahrheit braucht Zeit und muß sich bewähren. Sie haben es hier nur mit einer Floskel zu tun – einer Form ohne Inhalt.

Die Houdini-Maske

Wenn es um sexuelle Intimität geht, sind manche Männer wahre Houdinis des Schlafzimmers. Sobald sie die Vorhänge zuziehen und sich einsperren, verwenden sie ihre ganze Energie darauf, sich wieder zu befreien. Zuweilen tauchen sie in Ihrem Blickfeld auf, dann sind sie wieder verschwunden. Wie sie sich unsichtbar machen können, ist schon Legende. Fragen Sie an irgendeinem Samstagnachmittag bei seinen Kumpels in der Stammkneipe nach.

Diese Houdinis vergessen keinen Augenblick, wohin Sex und das Bekenntnis ihrer Liebe führen könnten. Sie sind Westentaschen-Romeos mit den Obsessionen eines ausgewachsenen Klaustrophoben. Natürlich tut er interessiert, aber noch während er Sie streichelt und Ihnen sagt, wie glatt Ihre Haut sei, schielt er hinter seinen halb geschlossenen Lidern schon wieder nach der Tür. Was er vor Ihnen verbirgt, ist, daß er nach dem Sex nur noch an einem interessiert ist: Wie er schleunigst wieder aus den Laken herauskommt. Deshalb ist er zu allen erdenklichen Lügen bereit. Für ihn wie für andere Klaustrophobe ist die Lüge das Schlupfloch zur Freiheit.

Manche dieser Houdinis benutzen die Maske des freundlichen umgänglichen Menschen, um mit einem Minimum an emotioneller Beteiligung in Ihr Bett und aus ihm wieder heraus zu kommen. Diese Maske ist eher ein Werkzeug als Heuchelei, weil sie nur in der Zeit zwischen dem Betreten und dem Verlassen Ihres Schlafzimmers getragen wird und es ihm erlaubt, das Ganze möglichst effizient abzuwickeln. Wahrscheinlich werden Sie diesen gewieften Burschen kaum je genauer kennenlernen, weil er wendig und geübt ist, wenn es darum geht, ade zu sagen, ohne sich umzublicken.

Philip, ein sechsundzwanzigjähriger Universitätsabsolvent, beherrscht die Maske des heimlichen Houdini bestens. Wenn jene Frauen, die er betört, seine Schlupflochtaktik nur ein wenig kennen würden, hätte er kein so leichtes Spiel mit ihnen. Philip beugt sich mit ernster Miene nach vorn und sagt: »Von Anfang an versuche ich, das Ende im Auge zu behalten, und dies bedeutet immer, Schluß zu machen. Wenn ich zweimal mit einem Mädchen schlafe, fragt sie mich, ob ich sie zum Traualtar führe. Ich sage ja. Aber ich habe es keineswegs vor, vor allem dann nicht, wenn ein gutes Fußballspiel bevorsteht oder etwas im Fernsehen kommt.«

Wie erklärt sich Philip selbst seine Scheu vor einer ernsthaften Beziehung? »Es ist der Weg des geringsten Widerstandes: Erst sagen, was im Augenblick am günstigsten ist, dann die harte Linie einschlagen, um die Sache zu beenden. Für mich geht es darum, wie ich möglichst kurz und schmerzlos und ohne Tränen aus dem Ganzen wieder herauskomme... ich bin so konditioniert, daß ich positiv auf die Anforderungen, Bedürfnisse und Wünsche der Frauen reagiere. Ich versuche, Begegnungen mit Familienangehörigen zu vermeiden.«

Im nächsten Atemzug aber redet Philip davon, daß er sich danach sehnt, häuslich zu werden, die »Richtige« zu finden, eine Familie zu gründen und in ein Häuschen in der Vorstadt mit einem weißen Zaun zu ziehen. Die Phantasie dieses jungen Mannes ist voll von Karikaturen, bei denen keine wirkliche Frau – aus Fleisch und Blut – vorkommt, niemand, der Forderungen stellt und mit dem man sich emotionell verbinden könnte. Was ist hier schiefgegangen? Hat Philip zu viele Doris-Day-Filme gesehen, oder belügt er sich selbst, die Frauen in seinem Leben, uns? Wahrscheinlich nimmt er weder sich selbst noch seine eigenen Widersprüche wahr.

Fest steht nur: Philips opportunistische Auffassung von Intimität ist geprägt von Bilderbuchklischees, die er sogar beim

Liebesspiel nicht los wird. Verständlich, daß er bei der ersten Erwähnung von Kirche, Familie oder Dauerhaftigkeit wie ein Harry Houdini versucht, sich aus einer Zwangsjacke zu befreien. Er hat sich seine eigene Gummizelle geschaffen.

Ehrlichkeit um jeden Preis – keine Maske, keine Schummeleien

Ein Mann, der die Wahrheit sagt, sollte sein Pferd gesattelt lassen.

Russisches Sprichwort

Nun stellt sich die entscheidende Frage: Wie offen und ehrlich möchten Sie Ihren Partner wirklich? Möchten Sie seine geheimen Phantasien kennen und wissen, was er beim Liebesspiel wirklich denkt, was er wirklich von Ihrer Orangenhaut hält, von Ihrem Liebesgestöhn, oder nicht? Wollen Sie wirklich wissen, warum er zu müde war, als Sie ihn gestern nacht verführen wollten? Oder leben Sie ganz gut mit seiner Maske, an der er um Himmels willen nichts ändern soll?

Eine Taktik, mit deren Hilfe Männer und Frauen den Fortbestand einer Beziehung sichern, ist der Pakt der Ehrlichkeit. Verheiratete vereinbaren vor der Ehe oder nach der ersten Untreue, sich immer die Wahrheit zu sagen. Paare vereinbaren Ehrlichkeit, weil sie von den Lügen, den Enttäuschungen und dem Ärger genug haben. Selbst ein Mann, der seine Frau betrügt, kann bei seiner Geliebten auf Ehrlichkeit bestehen, um mit ihr eine größere Nähe zu schaffen, als er in seiner Ehe hat, in der die Aufrechterhaltung einer Fiktion als Wahrheitsersatz dient. Während seine Frau glaubt, daß er Golf oder Squash spielt, hat er sich mit einer anderen Frau, die im Gegensatz zu seiner Ehefrau weiß, wer und wo er ist, in ein Stundenhotel zurückgezogen.

Für viele Männer und Frauen bringt Ehrlichkeit aber auch Nachteile mit sich. In Gesprächen mit Dutzenden von Männern kehrte ein Thema beständig wieder. Ich nannte es »das Problem mit der Ehrlichkeit«. Viele Männer erklärten, daß Ehrlichkeit viel schwerwiegendere Folgen habe als Lügen.

Nehmen wir als Beispiel Nick und Chuck. Ihre Berichte illustrieren, wie sehr Ehrlichkeit Männer bisweilen belastet und wieviel Aufwand und Feingefühl sie erfordert.

Nick saß in meinem Sprechzimmer. Sein Gesicht hatte eine fleckige rosa Tönung angenommen, als ich ihn bat, mir von seiner letzten Schlafzimmerlüge zu erzählen. Er hatte mir erzählt, daß er seine Frau nicht belog. Als er vor zehn Jahren Lynne kennenlernte, vereinbarten sie, daß Ehrlichkeit und Aufrichtigkeit absolute Priorität haben müßten. Nick war einer von einem Dutzend Männern, die zu Beginn des Interviews erklärten, sie würden selten oder niemals lügen.

Ich klopfte auf den Busch und sagte: »Für jemanden, der nicht lügt, sind Sie ganz schön rot geworden.« Er lächelte und rechtfertigte sich: »Es war weniger eine Lüge als ein Verschweigen. Es betraf eine sexuelle Phantasie bezüglich Dominanz und Unterwerfung, in der meine Frau nicht vorkam. Dadurch habe ich das Vertrauensverhältnis zwischen uns strapaziert, aber nicht gebrochen.«

Ich bohrte weiter: »Gehörte es zu Ihrer Abmachung, daß Sie all Ihre Gedanken austauschen wollten?« Nick ging nicht darauf ein. »Das Problem ist, daß ich mich über Computer in eine einschlägige Mailbox-Adresse für Erwachsene eingewählt habe und jetzt per Datenaustausch ein zweites – geheimes – Leben führe. Es war keine geplante Lüge, weil ich zufällig auf diese Mailbox stieß. Sie weiß nicht, welche Gespräche ich führe. Ich habe einen Eckstein unserer Beziehung verletzt. Es ist aber keine kritische Verletzung, sondern eine technische.«

Nick war hin und her gerissen zwischen seiner Verpflichtung zu unbedingter Ehrlichkeit und seinem neuen und befriedigenden geheimen Leben als Besucher der Mailbox. Dennoch rechtfertigte er es als eine ungeplante Lüge, als einen »technischen«, nicht »kritischen« Verstoß. Seiner Auffassung nach hatte er nur gegen den Buchstaben, nicht gegen den Geist des Gesetzes verstoßen.

Ich fragte ihn, warum er nicht reinen Tisch machte und Lynne die Wahrheit sagte. Er gab eine nachdenkliche und nachdenklich stimmende Antwort: »Ich glaube, daß ich mehr sexuelle Phantasien habe als Lynne. Beim Sex bin ich der Aktive, und sie folgt mir, weshalb ich glaube, daß mir eher Vorwürfe gemacht werden könnten, wenn ich an etwas Bestimmtes denke. Es stimmt, was Catherine Mackinnon behauptet – daß jemand, der über eine Vergewaltigung phantasiert, schon ein Vergewaltiger ist. Ich schütze mich vor solchen Vorwürfen, indem ich meine Gedanken geheimhalte. So behalte ich die Kontrolle und habe das gute Gefühl, in unsere Beziehung nichts hineinzutragen, das etwas Vorhandenes zerstören könnte. Ich fürchte, daß ich die Beziehung ruinieren und sie mich verlassen könnte. Das ist alles etwas verwirrend. Ich muß es für mich auf die Reihe bekommen. Ist es wichtiger, etwas durchzuhalten oder es loszulassen? Ich fürchte, sie würde sagen: ›O Gott, das geht mir nun wirklich zu weit, ich verabscheue dich.‹ Lynne würde mich mit anderen Augen sehen, und das könnte unsere Beziehung verändern.«

Nick macht sich Gedanken über seine Versprechungen Lynne gegenüber. Seine Ehrlichkeit ist aber zu einer Maske geworden, die sein inneres Leben verbirgt, ein Leben, das ihm ohne Wissen und Beteiligung seiner Frau sexuellen Genuß verschafft. Seine heimlichen Mailbox-Aktivitäten sind im Grunde harmlos. Vielleicht würden manche Psychologen sogar behaupten, daß sie seinem Sexualleben guttun. Seine Angst vor einer Entdeckung und Zurückweisung beginnt sich jedoch störend auszuwirken. Die aufrichtige Kommunikation zwischen Nick und Lynne ist beeinträchtigt, Teile seiner Persönlichkeit sind abgeschottet, so daß eine Distanz entsteht, die früher nicht bestand. Nick macht sich Gedanken darüber, was Lynne von ihm halten würde, wenn sie es wüßte. Das Problem liegt darin, daß er durch die Verheimlichung seiner Gedanken seinen Ängsten ausweicht und eine unnötige Störung ihres Vertrauens verursacht. Darüber hinaus trennt er seine sexuellen Phantasien nicht von dem Vertrauensbruch, der in seinem Verschweigen liegt. Was wird sie wütender stimmen? Daß er seinen sexuellen Phantasien in der Mailbox freien Lauf läßt oder daß er dies verschweigt und dadurch ihre Vereinbarung bricht?

Nicks Scham und Furcht haben ihren Pakt der Aufrichtigkeit in eine zwanghafte Maske der Heuchelei verwandelt. Indem er sich hinter diese Maske zurückzieht, macht er sich selbst und Lynne zu Opfern des Vergehens sexueller Gespräche in der Mailbox, wiewohl es bei solchen Gesprächen keine Opfer zu geben scheint.

Chuck, ein zweiunddreißigjähriger Manager, ist in einer ganz anderen Situation, obwohl es auch in seinem Fall um Ehrlichkeit geht. Wie Nick hat er sich in seiner Beziehung zu völliger Offenheit verpflichtet. Chuck hat mit seiner Freundin Jennifer vereinbart, immer die ganze Wahrheit zu sagen. Chuck verstand es so, daß er »*wirklich* ehrlich zu ihr« sein müsse. Nachdem sie eines Abends etwas getrunken hatten und sich liebten, bemerkte Chuck »einen Geruch, den er nicht gewöhnt war«. Ohne zu zögern tat er, was ihm seine Verpflichtung zur Ehrlichkeit gebot: »Ich sagte ihr die Wahrheit über etwas sehr Persönliches: ihren Vaginalgeruch. Ich empfahl ihr, sich zu duschen.«

Dies löste eine Reaktion aus, die Chuck nicht gewollt hatte: Jennifer war zutiefst gekränkt, und Chuck war künftig nicht mehr mit dem Problem ihrer Intimhygiene konfrontiert – die Beziehung ging auseinander. Natürlich dürfte dieser Vorfall als Begründung nur ein Faktor von vielen gewesen sein, doch beschäftigte er Chuck noch eine Weile: »Es war mir sehr peinlich, was ich gesagt hatte, ich war auch zu stolz, um zu sagen, daß es mir leid täte. Ich hatte die Wahrheit gesagt, aber es war nicht richtig. Ich hätte den oralen Sex beenden und nichts sagen sollen.«

Es war eine prekäre Situation – und solche Situationen sind häufiger, als man denkt. Wie geht man am besten damit um?

Gibt es ein Patentrezept, wann und wie man ein Thema wie Vaginalgeruch oder sonstige unangenehmen Dinge zur Sprache bringen soll? Chuck hielt sich strikt an die Vereinbarung und ging dabei offensichtlich weit darüber hinaus, was sich Jennifer vorgestellt hatte. Zu allem Überfluß wurde er mitten im Liebesspiel zu Jennifers ärztlichem Berater, als er ihr eine Dusche empfahl.

Vielleicht erlag Chuck dem Rausch der Freiheit, den ihm die Ehrlichkeit einzuräumen schien. Dies lehrte ihn, was jeder aufrichtige Mensch letztlich lernen muß, der etwas bewirken will: die Kunst des Timings. Für den richtigen Zeitpunkt gibt es keine Regel. Die Wirklichkeit kann viele Gestalten annehmen. Entgegen einer weitverbreiteten Meinung braucht sie nicht grausam zu sein. Der Trick besteht darin, eine Wahrheit mit echter Empathie und liebevoller Zuwendung für den anderen zu verbinden und sie nicht wie eine heiße Kartoffel zu behandeln. Jennifer war in diesem Augenblick verletzt, aber es wäre möglich gewesen, daß sie Chuck verziehen hätte, wenn er sich um eine Fortsetzung der Beziehung bemüht hätte. Unglücklicherweise setzte Chucks peinliche Verlegenheit noch eins drauf. Er distanzierte sich, und die Beziehung ging zu Ende.

Kehren wir zur Ausgangsfrage zurück: Wie offen und ehrlich wünscht man sich seinen Sexualpartner wirklich? Ehrlichkeit ist ebenso wie die Täuschung mit Konsequenzen verbunden. Beide Berichte machten deutlich, daß ein Ehrlichkeitspakt keine Patentlösung für die komplexen Herausforderungen und Probleme ist, die in jeder Beziehung auftreten. Liebevolle Zuwendung *und* offene Aussprache sind für eine langfristige Beziehung und den einzelnen immer besser als die Lüge. Allerdings sind hierfür ein Mindestmaß an kommunikativen Fähigkeiten, Augenmaß und ein wenig Mut seitens beider Parteien nötig. Sie müssen in der Lage sein, zuzuhören und seine Absicht, offen über schwierige Probleme zu sprechen, zu respektieren, auch wenn es Ihnen nicht behagt, und Sie müssen beide zur Kenntnis nehmen, daß dieses

Unterfangen vielleicht sogar schwierig, aber immer noch besser als die Lüge ist.

Ehrlichkeit, die »funktionieren« soll, erfordert Engagement, bewußte Anstrengung und ein »dickes Fell«. Für viele Männer und Frauen ist die Lüge immer noch die kurze und schmerzlose Lösung. Doch wenden wir uns nun den Masken zu, die Frauen im Bett tragen.

Die Masken der Frauen im Bett

Unterscheiden sich die Lügen von Männern und Frauen in sexueller Hinsicht? Die Wahrheit ist vielleicht nicht leicht zu verstehen, doch Männer und Frauen scheinen sich darüber einig zu sein, daß Frauen im Schlafzimmer weniger lügen. Fünfundneunzig der von mir interviewten Männer und Frauen glaubten es. Fast die Hälfte der interviewten Männer sind der Ansicht, sie wären im Schlafzimmer noch nie von einer Frau belogen worden! Dies stellt ein eindrückliches Vertrauensvotum für die Ehrlichkeit der Frauen dar. Andererseits behaupteten von den interviewten Frauen, die genau wußten, ob und wie sie gelogen hatten, nur fünfundzwanzig Prozent, daß sie im Bett nicht logen.

Wie steht es mit den fünfundsiebzig Prozent jener Frauen, die Männer im Bett belogen? Welche Masken trugen sie? In den Statements der fünfundvierzig Frauen, die Lügen im Bett einräumten, erwies sich folgende Struktur als signifikant.

Vier Masken, die Frauen im Schlafzimmer tragen können

1. Die Maske der sexuellen Erfüllung

Sie war die Lüge Nummer eins. Von den interviewten Frauen log ein Drittel, daß sie den Sex genossen hätten, daß sie von ihrem Partner sexuell befriedigt würden, daß er ein guter Liebhaber sei und daß sie einen Orgasmus hätten. Geheuchelte Orgasmen stehen an der Spitze dieser Lügen.

Die Lügen der Frauen im Schlafzimmer

»Ich täusche immer einen Orgasmus vor. Einer von ihnen fragte mich immer danach. Er war gut im Bett, aber er glaubte, daß ich jedesmal einen Orgasmus haben müsse. Ich brauche aber nicht jedesmal einen Orgasmus zu haben. Aber ich wollte seine Gefühle nicht verletzen.«

»Ich gab vor, einen Orgasmus zu haben. Ich sagte zu ihm, daß mir der Sex mit ihm Spaß machte, aber ich war nicht besonders erregt.«

»Ich log bei den Orgasmen. Ich erklärte ihm, ich hätte einen gehabt, obwohl es nicht stimmte. Ich wollte ihm einen Gefallen tun. Ich bin nicht mit vielen Menschen sexuell intim.«

»Hinsichtlich des Orgasmus log ich, weil sich Ed soviel Mühe gibt. Er sagt, daß es nicht wichtig sei, aber ich lüge, um ihm eine Freude zu bereiten. Außerdem liebt er oralen Sex. Ich nicht. Ich wurde als Kind mit oralem Sex mißbraucht. Ich lüge ihm vor, ich würde oralen Sex mögen.«

2. Die Maske der sexuellen Etikette

Fünfzehn Prozent aller interviewten Frauen gaben Höflichkeitslügen zu, um ihm Komplimente zu machen bezüglich: der Größe seines Penis (»Er ist so groß«), seines Körpers (»Du hast einen großartigen Körper«) oder seiner Potenz (»Du bist der Beste«), oder indem sie seine Impotenz verharmlosten (»Kein Problem«). Manchmal lauert hinter ihrer beruhigenden Maske der blanke Zynismus.

Die Lügen der Frauen im Schlafzimmer

»Daß er der Größte ist. Seine letzte Freundin gab ihm das Gefühl, ein Versager zu sein. Er hatte in bezug auf seine Sexualität kein Selbstbewußtsein. Um ihn zu stabilisieren, mußte ich es aufbauen.«

»Wenn er einmal versagt: Ich sage, daß es mir nichts ausmacht, kein Problem – aber es stört mich doch.«

»Wenn ich im Schlafzimmer etwas sage, muß ein Körnchen Wahrheit dabeisein. So sage ich zum Beispiel, daß ich seine

Augen oder seine Schultern liebe. Meine Lügen sind Unterlassungslügen. Ich lüge, indem ich ihm nicht sage, daß sein Penis zu klein ist, daß er nicht küssen kann, daß er ein schlechter Liebhaber ist.«

»Ich sage Dinge, die ihn stolz machen: Daß alles großartig gewesen sei, obwohl es nicht wahr ist. Unverblümte Ehrlichkeit im Schlafzimmer ist für Beziehungen nicht gut. Unehrlichkeit kann jedoch ins Auge gehen, wenn nichts stimmt. Man möchte, daß er aufhört, aber dann sagt er: Ich dachte, du magst es.«

»Meine Lüge war zu sagen, daß sein Penis so groß sei. Der Sex war nicht gut. Nach dem Sex mochte ich den Mann nicht. Ich wollte aber nicht diejenige sein, die ihm sagte, daß er im Bett nicht gut sei, daß er keine Persönlichkeit habe und nicht gut aussehe. Deshalb sagte ich etwas über die Größe seines Penis.«

3. Die Maske der legitimen Zurückweisung

Ausreden über Ausreden. Über zehn Prozent der interviewten Frauen trugen die Maske des »Ich bin zu müde«, »Ich habe Kopfschmerzen« oder »Ich habe meine Tage.« (Angesichts der Tatsache, daß dreiunddreißig Prozent einen Orgasmus vortäuschten und/oder logen, daß sie an Sex interessiert seien und sexuell befriedigt wären, ist die Frage eher, warum der Prozentsatz der Ausreden so niedrig ist.)

Die Lügen der Frauen im Schlafzimmer

»Ich log, um keinen Sex haben zu müssen. ›Ich habe meine Tage.‹ Irgend etwas, um Zeit zu gewinnen.«

»Ich habe einem Mann nie gesagt, daß er im Bett nicht gut sei, obwohl es oft so war. Einer, den ich belog, hatte keine richtige Erektion. Nicht fest genug. Um ihm auszuweichen, erklärte ich ihm, daß ich einen Ausschlag hätte und in einer Klinik gewesen wäre.«

4. Die Maske der Unschuld

Sehr wenige Frauen logen bezüglich der Zahl ihrer bisherigen

Beziehungen, was sie in diesen Beziehungen taten und wann sie das letzte Mal Sex hatten. Einige wenige verheimlichten eine düstere oder stürmische Vergangenheit.

Die Lügen der Frauen im Schlafzimmer

»Ich schlage manchmal Dinge vor, die ich in früheren Beziehungen gerne hatte. Ich sage dann aber, daß ich davon gehört oder darüber gelesen hätte, wie zum Beispiel gefesselt zu werden oder tantrischer Sex. Dann sehe ich, ob sie dafür offen sind. Ich gebe nicht zu, daß ich es schon einmal getan habe. Dies hat sich bewährt. Sie fragen: ›Hast du es schon einmal getan?‹ Dann sage ich manchmal ja, manchmal nein.«

»Scott fragte mich, ob ich nach unserer Trennung mit jemand anderem geschlafen hätte. Ich sagte nein, aber ich hatte mit einem Ex-Freund geschlafen. Wir wären sonst nicht mehr zusammengekommen, und ich wollte nicht, daß er böse auf mich ist.«

»Ich verschweige, daß ich drei Wochen beim Telefonsex gearbeitet habe. Diese Arbeit besteht in einer einzigen Lüge – ›Ich bin allein zu Hause, ich bin 1,70 groß, und ich habe rotes Haar.‹ Von wegen.«

Hier fällt vor allen Dingen auf, daß ein Drittel der interviewten Frauen erklärten, daß ihre Lügen sexuelles Interesse (hoch), sexuellen Genuß (super) und Orgasmen (ja, ja, ja) vortäuschten. Es spricht für sich, daß ein Drittel der Lügen die sexuelle Befriedigung betraf, vor allem angesichts einer Frage, die ja nicht lautete, ob sie bezüglich ihrer sexuellen Befriedigung gelogen hätten. Trotz ihres gedämpften sexuellen Interesses sagten sehr wenige dieser Frauen, daß sie Ausflüchte erfänden, um Sex zu vermeiden.

Als ich nachprüfte, welche Frauen Vorwände vorbrachten, um Sex zu vermeiden, zeigte sich, daß sie alle von Frauen stammten, die auch Orgasmen vortäuschten. Eine fünfunddreißigjährige Sekretärin, die inzwischen von ihrem Mann geschieden ist: »Ich verbarg meine Unzufriedenheit, täuschte einen Orgasmus vor, weil er sonst weitergemacht und mich doch nicht erregt hätte. Es war schmerzhaft. Ich log, um ihn einfach wieder von mir herunterzubekommen. Ich wandte die alten Standardausflüchte an: Ich bekomme meine Tage, ich habe Kopfschmerzen, ich bin zu müde.«

Offenbar vermeiden manche Frauen Sex, um dem unerbittlichen Druck zu entgehen, Erregung zu heucheln, und auch, weil sie unbefriedigt bleiben.

Doch nicht alle Frauen, die einen Orgasmus vortäuschen, benutzten Ausflüchte, um Sex zu vermeiden. Die Lüge einer sexuell unbefriedigten Frau in einer schwierigen Ehe war, »jede Nacht Sex« zu haben, damit »die Ehe weiterging«. Sie nahm alles auf sich, um ihre Ehe zu retten. Wie man sich jedoch denken kann, waren die Bemühungen letztlich umsonst, und beide landeten vor dem Scheidungsrichter.

Insgesamt hat es den Anschein, daß jene Frauen alles unternehmen, um gute Sexualpartnerinnen zu sein, auch wenn es ihnen keinen großen Spaß mache. Noch Jahrzehnte nach der sogenannten »sexuellen Revolution« fällt es vielen Frauen offensichtlich schwer, einem Mann ehrlich zu sagen, was *sie* mögen; sie fügen sich seinen sexuellen Vorstellungen.

Interessanterweise erwähnte kein einziger der interviewten Männer Ausflüchte, um Sex zu vermeiden, als typische weibliche Lüge. Einige Männer erachteten die zu unschuldige Selbstdarstellung der Frauen als Lüge. Wie manche andere jedoch auf eine Partnerin mit großer sexueller Erfahrung reagierten, könnte für viele Frauen, die sich an die Maske einer falschen sexuellen Unschuld klammern, eine Überraschung darstellen.

Hören Sie, wie Tim, der dreißigjährige, alleinstehende Börsenmakler, reagierte, als er die geheimen sexuellen Extravaganzen seiner Freundin entdeckte: »Wir gingen schon zwei Jahre miteinander. Catherine tat so, als ob alles, was wir machten, für sie das erste Mal sei. Sie studierte ein Semester in Barcelona und hatte dort einen Freund. Als ich mir eines Tages ihr Auto auslieh, fand ich im Handschuhfach ein Tonband, das er ihr geschickt hatte. Ich spielte es ab. Ein Paar hatte animalischen Sex miteinander. Dieses Band war eine Gebrauchsanweisung für Catherine. Ich sagte ihr nichts davon. Nein: Ich nutzte die Information.«

War Tim wütend und verletzt, daß er getäuscht worden war? Wenn ja, dann verbarg er dies im Interview sehr gut. Für Tim stellte das Band eine Art sexuelle Aufklärung dar, einen Ratgeber für neue sexuelle Abenteuer. Was vermuten Sie – wie viele Frauen würden auf eine solche Entdeckung ebenso reagieren?

Was man aus diesen Erfahrungen lernen kann

Sex kann eine flüchtige Angelegenheit oder Ausdruck dauerhafter Liebe und Bindung sein. Aber beide Partner können im Schlafzimmer Masken tragen, mit denen sie in jeder Phase der Beziehung das Risiko eingehen, zu überraschen und zu verletzen. Lügen als Masken machen es schwer abzuschätzen, was unser Partner will und was wir selbst wollen. Manchmal sind wir uns selbst nicht sicher, ob wir nur flüchtigen Sex oder aber eine dauernde Beziehung suchen, ob wir eine bestimmte sexuelle Beziehung beenden oder fortführen sollen. Noch schwieriger ist es, festzustellen, was der andere wirklich will, vor allem, wenn er noch unsicherer ist als man selbst. Manchmal weiß er es jedoch genau, und dies kann das diametrale Gegenteil davon sein, was Ihre Zustimmung finden könnte.

Aus diesem Grund ist es so wichtig, nicht anzunehmen, daß man sich durch eine grundlegende Selbstverteidigungsstrategie die Freude an einer Beziehung verderben könnte. Stellen Sie es sich am besten so vor: Selbstverteidigung ist nur eine Einladung, nicht zu vergessen, wie wichtig Sie selbst sind, und soll nicht zu Zynismus führen.

Nehmen Sie sich also etwas Zeit, um Ihre sexuelle Selbstschutzstrategie zu definieren. Prüfen Sie anhand der »Checkliste für den Selbstschutz vor sexuellen Masken«, mit welchen Selbstschutzprinzipien Sie sich wappnen wollen, bevor Sie sich ernsthaft auf ihn einlassen.

Checkliste für den Selbstschutz vor sexuellen Masken

1. *Prägen Sie sich die häufigsten Schlafzimmermasken ein:* Sexuelle Unschuld, Erfahrung, Super-Sex, sicherer Sex, sexuelle Gesundheit, »Ich liebe dich«, »Erzähle ihnen, was sie hören möchten«, der verborgene Houdini und so weiter.
   Fragen Sie sich, welche Masken er schon benutzt hat. Sichten Sie die Informationen, die er Ihnen unfreiwillig darüber gegeben hat, wer er ist – seine bisherigen Erfahrungen, seine Bindungsbereitschaft, seine sexuelle Etikette.
   Denken Sie daran, daß die Maske bezweckt, etwas zu verheimlichen und Sie zu veranlassen, eine Entscheidung zu fällen, die gut für ihn ist, aber nicht unbedingt für Sie. Vermeiden Sie dies. Fragen Sie sich vielmehr, was Sie selbst wollen.

2. *Lassen Sie sich nicht von seinen schönen Worten verführen.* Die Versuchung ist groß, doch bedenken Sie, daß es nur Worte sind. Je mehr Sie von seinen Worten fasziniert sind, desto mehr sind Sie geneigt, sie für bare Münze zu nehmen. Richten Sie Ihre Aufmerksamkeit vielmehr auf sein Verhalten.
   Verhält er sich wie jemand, der in Sie verliebt ist, oder benutzt er nur die richtigen Phrasen?
   Prüfen Sie seine Worte. Bitten Sie ihn, für Sie etwas zu tun, das er nicht gerne tut. Prüfen Sie, wie bereitwillig er sich zeigt oder wie einfühlsam er es Ihnen abschlägt.

3. *Stellen Sie ihm harte Fragen.* Bohren Sie nach. Warten Sie ab, was geschieht. Stellen Sie fest, ob er sich in Widersprüche verwickelt. Achten Sie auf Unstimmigkeiten in seinen Antworten.

Genieren Sie sich nicht. Fragen Sie: »Du hattest also immer nur sicheren Sex? Jedesmal? Und hast es kein einziges Mal vergessen?«

Wenn Sie ihn ertappen, geht die Welt nicht gleich unter. Es ist besser, sofort ein Gespräch zu führen, weil Sie es – in drei Monaten oder einem halben Jahr – ohnehin führen müßten. Möglicherweise schaffen Sie damit sogar die Grundlage für eine besonders vertrauensvolle Beziehung.

Hören Sie ihm genau zu. Sagte er zuerst New Jersey und dann New York? Hat er behauptet, daß er ein Jahr enthaltsam war, und war es dann plötzlich nur noch ein halbes Jahr? Sprechen Sie ihn auf die Unstimmigkeiten an. Machen Sie es ihm nicht zu leicht, indem Sie gutwillig Entschuldigungen für ihn erfinden. Achten Sie auf das, was er tut. Betrachten Sie es als interessantes Experiment, so wie Sie einen Rauchmelder in Ihrer Küche installieren.

4. *Befragen Sie andere Frauen und seine Freunde.* Wie gut kennen sie ihn?

   Stellen Sie hartnäckige Fragen. Was geschah wirklich, als er sich von seiner Frau trennte?

   Warum bekam er nicht das Sorgerecht für die Kinder?

   Setzen Sie keine Scheuklappen auf. Selbst wenn das, was Sie hören, für Sie nicht erfreulich sein sollte – Tatsachen sind Tatsachen. Sie bewahren sich auf diese Weise die Möglichkeit, rechtzeitig die Flucht zu ergreifen.

5. *Unterscheiden Sie zwischen Vertrauen und Gernhaben.* Natürlich werden Sie ihn mögen. Er wird alles unternehmen, um Sie zu betören. Schön. Aber vergessen Sie nicht, daß Gernhaben nur auf einem spontanen Verständnis beruht, was für den Anfang zwar nicht schlecht ist, aber möglicherweise nicht genug. Vertrauen muß erst verdient werden.

   Vermeiden Sie überstürzte Entscheidungen nur auf der Grundlage des Gernhabens, wenn dies schwerwiegende Konsequenzen haben könnte. Geben Sie der Beziehung ein wenig mehr Zeit.

Wenn Sie ihn jetzt mögen, dann mögen Sie ihn später auch noch.

6. *Achten Sie darauf, ob er zu früh, zu wehleidig oder zu oft auf seine Ehrlichkeit pocht.* Betrachten Sie dies als ein schlechtes Vorzeichen für wirkliche Aufrichtigkeit und als ernstzunehmenden Hinweis für eine Maske der Ehrlichkeit (oder ein früheres Problem mit Lügen).
Achten Sie darauf, wie oft er behauptet, nicht zu lügen, wenn Sie ihn gar nicht der Lüge bezichtigt haben. Gebraucht er Einleitungsfloskeln wie »Ich schwöre, daß dies wahr ist« oder »Du mußt mir glauben« oder »Ich würde dich niemals belügen«?

7. *Prägen Sie sich das Prinzip des »Erzähle ihnen, was sie hören wollen« ein.* Kleben Sie sich diesen Satz an die Kühlschranktür. Dieses Problem können Sie nur lösen, wenn Sie genau wissen, was Sie selbst gerne hören oder glauben wollen. Denken Sie daran, daß das Prinzip der Synchronizität sehr leicht Ihr Urteil trüben und Sie zur Marionette machen kann.
Vergleichen Sie Ihre Wunschliste mit den »Bonbons«, die er Ihnen anbietet. Wenn der Vergleich zu schön ausfällt, um wahr zu sein, sollten Sie davon ausgehen, daß er unwahr ist, und die Liste nochmals von vorne durchgehen.

Die Masken, die er im Bett trägt, können Ausdruck verschiedenster Macho-Haltungen, Geschlechtsstereotypen und pauschaler Ängste vor Abhängigkeit und Bindung sein. Diese Masken haben ihre Wurzeln in seinem Wesen, nicht einfach in der Zeit, den Umständen oder in Ihnen.

Es ist hilfreich, sich daran zu erinnern, daß das Verhalten von Menschen konstant ist und Lügen diesbezüglich keine Ausnahme darstellen. Wenn Sie diese einfache Tatsache einmal verstanden haben, können Sie erkennen, wie die Köder, mit denen er Sie »herumbekam«, zu den darauffolgenden Ereignissen passen. Was er gestern und letzte Woche tat, läßt die sichersten Schlüsse darauf zu, was er morgen tun wird, nächste Woche und nächstes Jahr. Natürlich kann sich ein Mensch ändern, doch stellt dies die Ausnahme und nicht die Regel dar. Auch wenn manche Männer behaupten, im Bett nie zu lügen, sind doch die wenigsten dazu fähig, im Schlafzimmer oder sonstwo ihr wahres Wesen so ohne weiteres zu ändern. Wie man in Augenblicken sexueller Intimität ist, so ist man auch die übrige Zeit des Tages, der Woche und des Jahres. Dieser Grundsatz gilt für Frauen ebenso wie für Männer.

Masken, die er zu Beginn einer Beziehung trägt, sind ein Abbild weitaus beständigerer Masken, die auch später sein wahres Wesen verschleiern werden. Die Folge ist, daß nie wirkliche Intimität entstehen kann. Wenn wir uns nun vom Schlafzimmer ins Wohnzimmer und in andere Lebensbereiche zurückziehen, stoßen wir auf neue schmerzliche Täuschungen: die Täuschung falscher Verbundenheit und die »Schönwettermaske«. Damit beschäftigen wir uns im folgenden Kapitel.

Kapitel 7

Falsche Verbundenheit

Sie wünschte sich eine Beziehung fürs Leben. In einem schwachen Moment sagte ich ihr, daß ich sie liebte.

Kommunalbeamter, 43, geschieden

Ich band sie immer enger an mich, obwohl ich es eigentlich nicht wollte. Ich brachte mich überhaupt nicht in die Beziehung ein. Ich belog mich selbst. Ich stellte meine Interessen immer über alles.

Unternehmensberater, 37, alleinstehend

Er versprach, verheiratet zu bleiben, weil wir das so abgesprochen hätten. Nach all den Lügen ließ er sich schließlich scheiden. Die Beziehung, aus der eine Ehe wurde, ging bereits zehn Jahre vor ihrem offiziellen Ende auseinander.

Lehrerin, 49, geschieden

Bindung ist ein Begriff, der bei Männern und Frauen ebenso intensive wie ambivalente Empfindungen auszulösen vermag. In einer Beziehung gebunden zu sein bedeutet, sich jemandem emotionell und/oder finanziell verbunden *und* verpflichtet zu fühlen. Verbundenheit hat aber auch die Bedeutung, wider Willen eingeengt zu sein, wie in einem Gefängnis oder einer psychiatrischen Anstalt. Bei einigen Männern und auch

Frauen bewirkt eine emotionale und finanzielle Bindung an einen anderen Menschen eine Beziehungsklaustrophobie und das spontane *Gefühl,* wider Willen eingeengt zu sein. Es ist nur allzu verständlich, daß Bindung und gleichzeitig das Bestreben, Bindung zu vermeiden, so viele Masken, Mißverständnisse und Lügen hervorbringen.

Wie wirkt sich dieses Paradoxon der Bindung vor dem Hintergrund unseres eigenen Lebens aus? Denken Sie an die verschiedenen Verpflichtungen, die Männer Ihnen gegenüber im Laufe Ihres Lebens eingegangen sind. Welches war die erste? Es könnte der Vater, ein älterer Bruder, ein Verwandter, ein Lehrer, der erste Freund oder jemand anders gewesen sein. Für mich war es mein Vater, der mir versprach, daß wir, »so Gott will« (sein Lieblingsvorbehalt), in jenem fernen Sommer des Jahres 1950 in South Haven am Michigansee Ferien machen würden.

Wenn man einmal darüber nachdenkt, hat man es auf allen Ebenen mit Verpflichtungen zu tun, von den alltäglichen bis zu den einmaligen, von den gewöhnlichen bis zu den subtilen. Die nachfolgende Checkliste soll Ihnen Verpflichtungen, die Ihnen gegenüber eingehalten und solche, die nicht eingehalten wurden, ins Gedächtnis zurückrufen.

Verschiedene Verpflichtungen, von gewöhnlichen bis zu speziellen

Eingehalten	Nicht eingehalten	Verpflichtung
___	___	1. Sie in der Schule, am Flughafen, im Krankenhaus abzuholen.
___	___	2. Ein geliehenes Buch oder Video zurückzugeben.
___	___	3. Zu einer Party zu kommen, die Sie geben.
___	___	4. Irgendwo rechtzeitig zu sein.
___	___	5. Irgendwohin zu kommen.

___ ___ 6. Sie am nächsten Tag oder nächste Woche anzurufen.

___ ___ 7. Die Verantwortung für die Familienplanung zu übernehmen.

___ ___ 8. Sie in einer bestimmten Weise zu lieben.

___ ___ 9. Sie zu lieben und sich um Sie zu kümmern.

___ ___ 10. Mit Ihnen eine ausschließliche Beziehung zu haben.

___ ___ 11. Ehrlich zu sein.

___ ___ 12. Über Gefühle zu sprechen.

___ ___ 13. Es Ihnen zu sagen, wenn die Beziehung zu Ende ist oder es eine andere gibt.

___ ___ 14. Sich mit Ihnen zu verloben oder Sie zu heiraten.

___ ___ 15. Monogam zu bleiben.

___ ___ 16. Eine Familie zu gründen.

___ ___ 17. Bei Ihrer Entbindung dabeizusein.

___ ___ 18. Seinen Anteil an der Kindererziehung zu übernehmen.

___ ___ 19. Die Kinder in einem bestimmten religiösen Glauben zu erziehen.

___ ___ 20. Die Familie zu unterstützen oder zum Familieneinkommen beizutragen.

___ ___ 21. Sich um Ihre Finanzen zu kümmern.

___ ___ 22. In einer bestimmten Gegend zu wohnen.

___ ___ 23. Sie zu unterstützen, ein Studium wiederaufzunehmen.

___ ___ 24. Sich Zeit für die Familie zu nehmen.

___ ___ 25. Die Zeit für Familie und Arbeit richtig zu verteilen.

___ ___ 26. Alkohol, Drogen, exzessives Essen seinzulassen.

___ ___ 27. Zum Eheberater oder Psychologen zu gehen, sich helfen zu lassen.

___ ___ 28. Mit Ihnen ein Herz und eine Seele zu sein, bis daß der Tod euch scheidet.

Wählen Sie einige Verpflichtungen aus, die er Ihnen gegenüber eingegangen ist und die Ihnen immer noch wichtig erscheinen. Denken Sie zurück, wie es war, als er sich dazu verpflichtete: Haben Sie ihn beim Wort genommen, ohne an seiner Aufrichtigkeit zu zweifeln? Waren Sie begeistert, entzückt, erschrocken, voller Zweifel? Was waren Ihre größten Hoffnungen und Ihre größten Befürchtungen? Ich kann mich zum Beispiel noch erinnern, wie ich mich nach dem Versprechen meines Vaters fühlte: Ich war das glücklichste kleine Mädchen der Welt. Ich konnte den Sommer kaum erwarten. Schreiben Sie auf, wie Sie sich fühlten.

Vergegenwärtigen Sie sich jetzt im einzelnen, was aus den Verpflichtungen wurde. Wenn sich seine Verpflichtungen als falsche Versprechungen erwiesen: Waren Sie wütend auf sich selbst, daß Sie ihm glaubten, und auf ihn, daß er Ihren naiven Glauben ausnutzte?

Was beabsichtigte er Ihrer Meinung nach wirklich, und wie verhält sich seine Absicht zu dem Ergebnis, das jetzt auf Dauer in Ihre Biographie eingeprägt ist? Hatte er eine Erklärung, die Ihnen Trost oder Kraft gab? Im Falle meines Vaters verhielt es sich so, daß ich mich noch trotz der Tatsache, daß er schwer krank wurde und nicht verreisen konnte, enttäuscht und im Stich gelassen fühlte. Wie erging es Ihnen? Fühlten Sie sich in einem ähnlichen Fall gedemütigt, im Stich gelassen, niedergeschlagen?

Mit welchem Mißtrauen begegnen Sie dem nächstbesten Mann, der schwört, Sie anzurufen, zu lieben, zu heiraten, Ihnen treu zu sein, die Kinder nach Ihrem religiösen Glauben zu erziehen oder was auch immer zu unternehmen, das Ihnen als verführerische Verpflichtung erscheinen könnte? Was haben Sie aus allen Ihren Erfahrungen gelernt?

Unsere Erfahrungen prägen die Perspektive, mit der wir eine neue Beziehung eingehen. Verpflichtungen, die eingehalten oder nicht eingehalten wurden, sind uns eine nachdrückliche Lehre. Um aus dieser Lehre Nutzen ziehen und uns schützen zu können, müssen wir jedoch in der Lage sein, zwischen der Absicht eines Menschen und seinem Handeln sowie den daraus resultierenden Ergebnissen zu unterscheiden.

Was aus den guten Absichten wird

Zwischen guten Absichten und dem, was aus ihnen wird, ist oft ein großer Unterschied. Wenn ein Mann Ihnen etwas verspricht, kann dies in ehrlicher Absicht geschehen oder auch nicht. Doch selbst, wenn er aufrichtig ist, können sich die Umstände ändern. Er kann – auch unbeabsichtigt – bei Ihnen eine Spur der Enttäuschung hinterlassen (und umgekehrt). Bei unseren Partnern, Freunden und Liebsten bleibt immer das Ergebnis unserer Versprechungen zurück, egal, was wir beabsichtigt hatten.

Stellen Sie sich einmal vor, Sie wären imstande, auf alle Versprechungen zurückzublicken, die Ihnen jemand zu Beginn einer Beziehung macht, und sehen gleichzeitig, was aus ihnen Monate oder Jahre später geworden ist. Die Wahrheit wäre dann klar von der Lüge zu unterscheiden. Lügner hätten bei Frauen keine Chance mehr, die wüßten, wem sie vertrauen können und wem nicht. Sie würden aufgrund der tatsächlichen Handlungen ihres Partners und nicht aufgrund seiner Worte entscheiden.

Janus, römischer Gott der Anfänge, konnte nach vorwärts und nach rückwärts blicken. Die Römer stellten ihn mit einem nach vorne und einem nach hinten gewandten Gesicht dar, so daß Janus gleichzeitig in beide Richtungen blicken konnte.

Die meisten von uns haben kein Janusgesicht und müssen erst durch Erfahrung klug werden. Ihr einziger Trost ist die Erkenntnis, daß diese Erfahrung für Ihr Leben auch eine Bereicherung darstellt.

Was würden wir sehen, wenn wir ein Janusgesicht hätten? Wir würden eingehaltene Verpflichtungen sehen, Menschen, die sich anstrengen, um zu innerer Harmonie zu finden und die ehrlich im Umgang miteinander sind. Wir würden verheißungsvolle und weniger verheißungsvolle Beziehungen beginnen und mache glücklich enden sehen. Dazwischen läge das ganze Spektrum der Lügen und zurückgehaltenen Wahrheiten. Wir wären auch erstaunt darüber, wie groß die Verführungskraft dieser Lügen sein kann.

Dies gilt insbesondere für Beziehungslügen. Das Versprechen der Bindung ist für unsere Ohren angenehm, denn wenn es echt ist, bedeutet es etwas Wunderbares. Für manche Männer ist allerdings ein Bindungsversprechen einer Frau gegenüber wenig mehr als ein Mittel zum Zweck. Manche verspüren Gewissensbisse und ändern sich. Für andere sind Sie nur ein Opfer unter vielen, eine derjenigen, die sie in jeder Beziehung »aufs Kreuz legten«. Doch auch jene, die gute Absichten hegen, können ihre Versprechen nicht immer so einfach halten. Die Kunst der gehaltenen Versprechungen ist eine aussterbende Kunst. Sie verlangt Offenheit uns selbst und unseren Gefühlen gegenüber. Sie erfordert Disziplin und Widerstandskraft gegenüber anderen verlockenden Möglichkeiten zu widerstehen. Doch auch wenn wir noch so entschlossen sind – vieles kann sich ändern – wir selbst, die Umstände, unser Partner. Unsere Versprechungen können also zu völlig anderen Ergebnissen führen, als wir ursprünglich beabsichtigten.

Formen falscher Bindung

Seine Lüge? Daß wir für immer zusammenbleiben würden (oder zumindest so lange, bis ich aus der Wohnung ausziehe).

Verkaufsleiterin, 30, alleinstehend

Seine Lüge war, daß er bei mir bleiben wollte, daß er mehr Dinge mit mir teilen und mehr Intimität wollte.

Köchin, 38, alleinstehend

Die Maske der Bindungsunwilligkeit erlaubt es ihm, weit über die ersten schnellen Trips in Ihr Schlafzimmer hinaus in jene anderen Bereiche Ihres Lebens einzudringen, wobei seine wahren Motive so kunstvoll getarnt sind wie ein Raumkreuzer der Klingonen in *Star Trek*.

Was verbirgt er und warum? Identifizieren wir zunächst die Masken falscher Bindung, mit denen Frauen am häufigsten konfrontiert sind:

Drei Formen falscher Bindung

1. Die hohle Bindung

Aber gewiß – er hat sich an Sie gebunden. Fragen Sie nur nicht, warum. Vielleicht war es Zeit für ihn: seine Freunde heirateten, oder er war das Herumstreifen satt. Vielleicht schämte er sich, Ihnen zu sagen, was er wirklich empfand oder was er wollte. Sie sagen sich, daß es einfach Macho-Schweigen ist. In Wahrheit weiß er es selber nicht, und wenn ihn in fünfzehn Jahren seine Kinder fragen werden: »Warum hast du Mama geheiratet?«, dann wird er wie viele andere Männer die Stirn in Falten legen und sagen: »Schien mir damals eine gute Idee zu sein« oder »Keine Ahnung, weiß ich wirklich nicht«. Und sie meinen es wirklich! Weil seine Bindung von Beginn an hohl war, müssen Sie leider damit rechnen, daß sie urplötzlich zusammenbrechen und zu einem verheerenden Ende führen kann, manchmal wie aus heiterem Himmel.

2. Die minimalistische Bindung

Was Beziehungen betrifft, ist er ein Meister des Minimums. Genauer gesagt: Er bindet sich überhaupt nicht. Er steckt seine Energie in seinen Beruf, in die Kinder, in Training und Fitneßcenter-Posen oder in andere Frauen. Jedenfalls nicht in Sie und in die Beziehung, aber das wissen Sie zunächst noch nicht. Vielleicht hat er sich über Sie geärgert und hält seine Zärtlichkeitsbedürfnisse zurück, um sich zu rächen.

Wahrscheinlich aber denkt er sich überhaupt nichts und ist ebensowenig glücklich wie Sie.

3. **Die opportunistische Bindung**
   Der klassische Fall. Er erzählt Ihnen alles, was ihm nötig erscheint, um Sie sexuell, emotional und sogar finanziell an sich zu binden. Dabei hat er keinerlei bleibendes Interesse an Ihnen. Vielleicht sehen Sie sehr gut aus, und er betrachtet Sie als Trophäe, sind intelligent genug, um ihm seine Semesterarbeiten zu schreiben, verdienen viel Geld, oder vielleicht geht er einfach gerne mit Ihnen ins Heu. Sie haben ihm etwas zu bieten, was er braucht oder möchte, und er läßt sich die Gelegenheit nicht entgehen. Aber es ist vorbei, wenn er sagt, daß es vorbei ist, und das kann jederzeit der Fall sein.

Diese Masken einer falschen Bindung stellen einen schweren Vertrauensbruch zwischen Männern und Frauen dar, gleichgültig, wie eine Beziehung letztlich endet. Oft bedeuten diese Masken, daß er ebensowenig in Verbindung mit sich selbst wie mit Ihnen ist. Weil er jahrelang seine Gefühle unterdrückt hat, ist ihm die Fähigkeit zur Selbsterkenntnis abhanden gekommen. Seine wahren Absichten verbirgt er vor sich selbst ebensosehr wie vor Ihnen. Weil er versucht, es allen recht zu machen, macht er es niemandem recht, am wenigsten sich selbst. All die Jahre, in denen er versucht hat, Frauen in sein Bett zu bekommen, hat er sich auch nicht die richtigen gesellschaftlichen Fähigkeiten erworben, um überzeugend darlegen zu können, daß es letztlich nicht so ernst gemeint war.

Was ist der Kern dieser Masken? Der Harvard-Psychologe Samuel Osherson hat sicher recht, wenn er in seinem 1992 erschienenen Buch *Wrestling with Love* von den »Zuneigungskämpfen« der Männer spricht. Damit meint Osherson, daß bei Männern »... der Wunsch nach einer Verbindung und der Impuls, Intimität zu vermeiden, gleichzeitig entstehen«. Osherson sagt zu Recht, daß wir unsere Aufmerksamkeit auf »den Wunsch der Männer, vor Beziehungen davonzulaufen« richten und dabei »ihren Bindungsversuch übersehen«. Daß sie den intensiven Kampf eines Mannes um Intimität nicht wahrnehmen, ist jedoch im Leben von Frauen ein häufig vorkommender und schwerwiegender Fehler.

Weil sich Frauen auf die Bindungsbemühungen der Männer konzentrieren, übersehen sie ihren Drang, vor Beziehungen davonzulaufen.

Aus diesen »Zuneigungskämpfen« der Männer entsteht ein wankelmütiges »Ich will bei dir bleiben/ich will nicht bei dir bleiben«, das viele Frauen in Unsicherheit und Kummer stürzt. Wenn Sie ein wenig an der Oberfläche kratzen, stellen Sie fest, daß die Wurzel seiner Bindungs- und Harmonielügen oft diese Ambivalenz ist.

Nehmen wir Andrew und Jake. Betrachten wir zunächst ihre Masken hohler Bindung.

Hohle Verpflichtungen: jetzt und für alle Zeit

Andrew und Jake trennen altersmäßig Jahrzehnte, sie leben in verschiedenen Teilen Amerikas, haben jedoch etwas miteinander gemeinsam: Beide benutzten die Maske der hohlen Bindung, um sich und ihre Zuneigungskämpfe zu tarnen. Beide behaupteten einer Frau gegenüber, sie heiraten zu wollen, und setzten ihr Vorhaben sogar in die Tat um.

Sie haben richtig gelesen. Wo ist die Lüge, wenn man etwas verspricht und dieses Versprechen auch einhält? Ist nicht bei Millionen glücklicher Paare genau dies geschehen? Worin besteht das Problem, wenn ein Mann behauptet, er möchte seine Auserwählte heiraten, und gibt ihr sein Jawort?

Bedenken Sie zunächst, daß die Maske der falschen Bindung eine Maske ist, der die meisten Frauen in der Hoffnung auf eine ernsthafte Beziehung gerne glauben. Er sagt: »Heiraten wir.« Sie sagt: »Ist das dein Ernst?« Er nickt, und schon sind die beiden auf dem Standesamt. Wenn er es gesagt hat, wird er es auch so meinen. Und weil die meisten Männer bekanntermaßen bindungsscheu sind, wird eine Frau, die die beiden Zauberwörter »Heiraten wir« hört, verständlicherweise das Eisen schmieden wollen, solange es noch heiß ist – bevor er es sich wieder anders überlegt.

Leider sind die Worte »Heiraten wir« ebenso wie »Ich liebe dich« billig und oft hohl. Ob Sie es glauben oder nicht: Er hatte nicht unbedingt eine echte Bindung im Sinn, als er diese Worte ausgesprochen hat. »Ich möchte dich heiraten« bewirkte vielleicht nichts weiter, als ihn vorübergehend vergessen zu lassen, daß er nicht weiß, was er empfindet oder empfinden möchte. Vielleicht fühlt er sich im Augenblick allein, oder er möchte nicht hinter seinen Freunden zurückstehen, die einer nach dem andren die Frau, nach der sie gesucht haben, heimführen. Deshalb scheint es ihm im Augenblick eine gute Idee zu sein. Diese willkürliche Entscheidung hat jedoch weitreichende Auswirkungen auf sein und *Ihr* Leben. Ohne es sich richtig zu überlegen, läßt er sich auf Verpflichtungen ein, die er emotional nicht einhalten kann. Er tut es, weil es keine echten Verpflichtungen für ihn sind. Sie sind innen hohl.

Wie ist so etwas möglich? Man muß wohl mit beiden Parteien Mitgefühl haben. Einunddreißig Jahre danach dachte Andrew, ein Mann Mitte Fünfzig, darüber nach. Er sprach langsam und bedächtig: »Irgendwie ging um 1963 ein eigentümlicher Druck von ihrer Familie und der ganzen Gesellschaft aus. Es schien einfach an der Zeit zu sein. Alle meine Freunde waren schon verheiratet. Ich wollte sie nicht verlieren. Ihr Drängen und ihre Andeutungen machten klar, daß sie mich sonst verlassen würde. Zu einer emotionellen Bindung konnte ich aber nicht gelangen.«

Auf die Frage, wie er sich fühlte, blickte er zu Boden und sagte: »Ich wollte, es hätte irgendeinen Ausweg gegeben. Es war mir bewußt, daß ich mich damals nicht wirklich wohl fühlte in meiner Haut. Allmählich wurde mir klar, daß ich eigentlich nicht heiraten wollte.« Das Ergebnis: »Wir heirateten schließlich doch und ließen uns achtzehn Jahre später wieder scheiden.«

Andrew war in den Veränderungen der sechziger Jahre gefangen. Wie Barbara Ehrenreich in ihrem Buch *The Hearts of Men* (1983) bemerkt, war die Ehe damals ein Beweis für Reife. Es ging darum, »eine funktionierende Partnerschaft zu schaffen«, in der man »die romantische Liebe zugunsten einer realistischen Auffassung der Ehe überwand« und »einen beiderseitigen Zustand emotionaler Reife« erreichte. Ein dreiundzwanzigjähriger Amerikaner an der Schwelle zum Erwachsenenleben empfand zu jener Zeit einen »eigenartigen Druck«, wenn er in die Rolle des Ernährers, Ehemanns und Vaters schlüpfen sollte. Heiraten galt in der Tat als »das Richtige«. Andrew war es als Absolvent der Air-Force-Akademie gewöhnt, das Richtige zu tun, Erwartungen und Regeln zu entsprechen. Wenn er ein Versprechen gab, hielt er es auch. Es stellte für ihn eine Verpflichtung und Aufgabe dar, keine Bindung des Herzens. Er wollte einen Schritt weiterkommen und als Mann, als Erwachsener gelten. Die Ehe war für Andrew einfach ein weiteres Übergangsritual wie ein Studienabschluß oder eine Beförderung. Seine wahren Empfindungen waren ihm selbst ebenso verborgen wie seiner Braut. Andrews Maske täuschte eine emotionale Bindung vor, die in Wirklichkeit nicht bestand. Letztlich forderte dieses Gefühlsvakuum seinen Tribut. Andrew und seine Frau lebten sich auseinander, hatten Affären und ließen sich schließlich scheiden.

Bei Jake, einem Filmproduzenten, begann der Weg zum Altar mit einer lapidaren Bemerkung. Heute bezeichnet er sich als pathologischen Lügner auf dem Weg der Besserung. Er hatte damals ein wenig getrunken. Im Überschwang entschlüpften ihm am Telefon im Gespräch mit einer alten College-Freundin in Phoenix die Worte: »Wenn es jemanden gibt, mit dem ich den Rest meines Lebens verbringen möchte, dann mit dir.« Jake behauptet, daß diese Lüge, obwohl sie schon vor über einem Jahrzehnt geschah, die letzte gewesen sei, bei der man ihn erwischt hätte, und erwischt hatte es ihn in der Tat: »Martha faßte dies als Heiratsantrag auf. Aber ich wollte gar nicht heiraten… Sie nahm den Bus zu mir nach Tuscon, da sie glaubte, ich hätte ihr einen Heiratsantrag gemacht. Ich ließ ihr diesen Glauben. Das war im März. Im Juni beendete ich die Schule und fuhr zu ihr nach Phoenix. Im November heirateten wir.«

Das Schockierende daran ist nicht die Tatsache, daß Martha Jakes lockere Bemerkung für einen Heiratsantrag hielt, sondern daß Jake sie in ihrem Glauben beließ. Er hätte sagen können: »Hör mal, ich finde dich wirklich furchtbar nett, aber ich weiß noch nicht, was ich will. Ich kann mich im Augenblick noch nicht binden.« Statt aber die Peinlichkeit und Ambivalenz der Situation zu ertragen, setzte er ihren Vorstellungen nichts entgegen. Was dachte er sich dabei eigentlich? Und was ist aus dieser Zufallsehe schließlich geworden?

Zunächst war Jakes »Heiratsantrag« Ausdruck des Zuneigungskampfes, den Jake ausfocht, und verschärfte diesen. Jake war innerlich zutiefst gespalten und konnte nicht verstehen, warum. Er wollte eine Bindung und gleichzeitig Distanz. Dementsprechend war auch sein Verhalten.

Er begann »sich die Hörner abzustoßen« – eine altehrwürdige männliche Tradition –, und zwar gewaltig. Jake hatte sich ein »lebenslänglich« mit Martha eingehandelt und konnte nur mehr neun Monate die Freiheit genießen, bevor die Tür endgültig zufiel. »Zwischen März und November hatte ich vier Affären in Tuscon und in Phoenix.« Sein Verhältnis mit Martha bestand in einer hohlen Maske und war nichts als Heuchelei. Martha vermochte dies jedoch nicht zu erkennen. Ihr Hintergrund diktierte ihr: »Man muß seinen Liebsten vom College heiraten.« Sein Heiratsantrag kam, »als sie gerade mit dem College fertig war, einsam, wie sie war…« Die Ehe mit Martha hielt Jake nicht von seinen Liebeleien ab. Er hatte auch nach der Heirat Affären und belog Martha. Jake mußte sich allerdings nicht besonders anstrengen, weil Martha seine

Lügen bereitwillig akzeptierte: »Martha glaubte mir alle Lügen; sie waren nie besonders ausgefallen.« Jake, ein Meister der Lüge. »Deine Lügen sollen simpel sein. Bleibe immer bei derselben Masche.«

Während Martha brav die Ausreden ihres Mannes für bare Münze hielt (und damit ein weiteres Beispiel dafür abgibt, daß Frauen dem Wort eine größere Macht beimessen als der Tat), perfektionierte Jake die Kunst der Täuschung.

Schließlich verliebte er sich in eine der Frauen, mit denen er eine Affäre hatte, und verließ eine völlig überraschte Martha. Wie vorauszusehen war, behielt Jake seine Lügen bei, und seine Beziehungsambivalenz bestimmte auch seine beiden folgenden Ehen.

Verstöße gegen Verpflichtungen, die eine Beziehung beenden

Ein Versprechen oder eine Vereinbarung, die für beide Parteien ein Eckstein der Beziehung war, zu brechen stellt einen schwerwiegenden Verstoß gegen Bindungsverpflichtungen dar. Solche Verstöße können alles betreffen, was für ein Paar von Bedeutung ist: wo sie leben werden, wessen Berufstätigkeit Vorrang haben und wie ausschließlich die Beziehung sein soll, ob sie heiraten wollen, sich Kinder wünschen, ihr Einkommen auszugeben oder zu sparen beabsichtigen, welcher Religion sie angehören wollen.

Warum sollte jemand falsche und hohle Verpflichtungen in so ernsthaften Angelegenheiten eingehen? Aus den folgenden Gründen:

- *Es war Taktik.* Die Bindung war der kürzeste und schnellste Weg von A nach B, zu irgendeinem Ziel, das der Betreffende erreichen wollte: Sex, Ehe, Kinder, ein Häuschen im Grünen. Der Betreffende dachte darüber nach, was die Verpflichtung für den nächsten Tag, den nächsten Monat und für das nächste Jahr bedeutet und – zum Schaden der Beziehung – leider auch eintreten wird.

- *Gedankenlosigkeit.* Die Einwilligung beruhte mehr auf einem gedankenlosen »Es wird schon klappen« als auf einem rücksichtslosen »Ich sage jetzt zu und überlege es mir später anders«. Die Zustimmung entspringt hier mehr einem gutwilligen Impuls als einer wirklichen Bindungswilligkeit. Sie schafft aber trotzdem die Voraussetzungen für einen späteren Bruch, wenn sich schließlich die Erkenntnis der langfristigen Auswirkungen der Bindung durchsetzt.
- *Die Umstände haben sich geändert.* Damals schien alles in Ordnung zu sein, doch nachdem man eine Weile mit der Verpflichtung lebte und sah, wie sie sich im täglichen Leben auswirkte, wurde klar, daß es ein Fehler gewesen war, sie einzugehen. Diese Erkenntnis führt zu einem Verhalten, das einen Bruch der Verpflichtungen darstellt.

Was bei diesen Begründungen fehlt, ist der Versuch, offen zu sagen: »Halt, warte. Ich habe einen Fehler gemacht. Ich habe nicht genügend darüber nachgedacht« oder »Ich habe es mir anders überlegt«, und die Vereinbarung zu ändern. Die Partei, die es sich anders überlegt hat, ändert einseitig und überstürzt die Regeln, ohne vorher zu sagen, wodurch der Verstoß mit einem zerstörerischen Potential befrachtet wird.

Ein Paar kann zum Beispiel an irgendeinem Punkt der Beziehung oder Ehe beschließen, Kinder großzuziehen oder kinderlos zu bleiben. Irgendwie einigen sie sich schließlich, obwohl sie unterschiedliche Ansichten vertreten. Wenn die Entscheidung gefallen ist, sind die Konsequenzen klar: Sex nur zum Vergnügen oder zur Erzeugung von Nachkommen.

Madeleine und Ned wurden mit diesem Problem konfrontiert. Sie waren sieben Jahre lang verheiratet und hatten zwei Kinder. Madeleine wollte mit ihren siebenunddreißig Jahren ein weiteres Kind, und ihre biologischen Alarmglocken schrillten. Sie »hatten darüber gesprochen«, und Madeleine war sich sicher, daß »Ned auf ihrer Wellenlänge lag.« Eines

Nachts liebten sie sich nach einem kurzen Streit. Dann geschah es: »Mittendrin entschuldigt er sich und sagt, daß er ins Bad müsse. Nachdem er aus dem Bad wieder zurück ist, kommen wir irgendwie zum Ende, aber mir fällt auf, daß er halb erschlafft ist, und ich spüre, daß er keinen Orgasmus hatte. Ich frage ihn, ob er gekommen sei, und er bejaht es. Ich frage ihn nochmals, ob es wirklich so war, und er bejaht es erneut. Am nächsten Tag sprechen wir darüber. Ich wußte, daß er keinen Höhepunkt hatte und hätte normalerweise die Angelegenheit auf sich beruhen lassen. Aber ich wußte, daß er log und ließ nicht locker. Schließlich sagte er: ›Also gut, ich bin nicht gekommen… ich möchte kein Kind mehr. Ich bin ins Bad gegangen, um abzuspritzen.‹«

Madeleine war empört. Ihre Wut war berechtigt. Sie wollte schwanger werden. Ned hatte ihr seinen Samen entzogen und sie belogen. Sie warf ihm vor: »Du willst mir doch nicht erzählen, daß du wegen eines kleinen Streits kein Kind haben willst?« Er gab nach und willigte ein, es noch einmal zu versuchen. Aber durch die Lüge änderte sich für Madeleine etwas Grundsätzliches: »Ich hatte kein Vertrauen mehr zu ihm. Auch er wurde verschlossener. Die Lüge hatte uns erledigt. Sie ließ die Luft aus unserer Beziehung.«

Was war schiefgegangen? Sie waren nicht unterschiedlicher Meinung. Ned war auf Madeleines Wunsch eingegangen, ohne wirklich darüber nachzudenken und ihr ehrlich zu sagen: »Ich weiß nicht, ich muß es mir noch überlegen. Eigentlich will ich kein Kind mehr.« Nachdem er in etwas eingewilligt hatte, was Madeleine sehr viel bedeutete, versuchte er, sie auszutricksen und es zu leugnen. In einem Augenblick nicht ganz verrauchten Ärgers brach sich die Wahrheit Bahn. Madeleine ertappte Ned in der Maske der hohlen Verpflichtung und, schlimmer noch, bei einer Lüge, um einen Konflikt zu vermeiden. Natürlich wäre eine hitzige Diskussion unerfreulich gewesen. Sie hätte aber die Tür zu einem echten Dialog geöffnet. Die Lüge war Symptom und Katalysator: Zwei Jahre später ließen sie sich scheiden.

Die minimalistische Bindung

Der Betreffende verfügt über ein großes Herz – er will es aber nicht in Sie oder die Beziehung investieren. Oft verrät er sich schon früh, indem er zu einer zweiten oder dritten Verabredung nicht kommt, Ausflüchte macht, um zu verbergen, daß seine Zuneigung nicht einmal so weit reicht, daß er den Hörer abnimmt, wenn Sie ihn anrufen. Doch wenn Sie es nicht gleich begreifen, werden Sie es später nachholen müssen: Er ist bindungsunfähig und hat schon viele Frauen wartend und kopfschüttelnd zurückgelassen. Mit Ausnahme einzelner Augenblicke sexueller Verbundenheit hat er den Zuneigungskampf meist verloren und beschränkt sich auf oberflächliche Beziehungen ohne tiefere Bindung. So verheißungsvoll er Ihnen im Augenblick auch erscheinen mag – am Ende werden auch Sie sich in die Schar der Zurückgelassenen einreihen.

Die minimalistische Verpflichtung, seine Frau zu verlassen

Er behauptet, seit zehn Jahren nicht mehr mit seiner Frau geschlafen zu haben und daß sie getrennte Schlafzimmer hätten. Sie sei eine Xanthippe, deren Hobbys aus Keifen und Kaufen bestünden. Er hat sich einen Anwalt genommen, bringt sein Vermögen in Sicherheit (woraus Sie Ihre Schlüsse ziehen könnten) und ist auf der Suche nach einer Wohnung. Außerdem liebt er Sie und möchte mit Ihnen zusammensein, sobald die finanzielle Seite und die Frage des Sorgerechts geregelt, Schwägerinnen und Schwager informiert sind und so weiter und so fort.

Was er tut, ist weniger wichtig als das, was er nicht tut: Die Zeit vergeht, und er ist immer noch bei seiner Frau.

Tanja könnte Bände über diese Minimalistenmaske schreiben. Sie glaubte Al durchaus, daß er in seiner Ehe unglücklich war. Sie kannte ihn schon sehr lange: »Wir waren schon auf dem Gymnasium ineinander verliebt. Zwanzig Jahre später gehörte er immer noch zu den alten Freunden. Vor etwa eineinhalb Jahren schlief ich dreimal mit ihm. Als er sagte: ›Ich trenne mich von meiner Frau. Ich gehe nach Hause und packe meine Sachen‹, glaubte ich ihm. Die beiden hatten viele Probleme miteinander. Ich war Zeuge, als er zu ihr sagte, daß er sie verlassen würde.«

Warum erzählte er Tanja, daß er sich von seiner Frau zu trennen beabsichtigte, wenn es nicht der Wahrheit entsprach? Tanja redet Klartext: »Er log, um mich ins Bett zu bekommen. Er glaubte selbst, daß er sie verlassen würde, aber irgendwie wollte er es doch nicht. Er war deprimiert.« Das Ergebnis war, daß »ich schwanger wurde. Aber ich erzählte ihm erst davon, nachdem ich eine Abtreibung hatte, weil ich (damals) mit jemand anderem ein Verhältnis hatte«.

Tanja schlief auch danach mit ihm, und er erzählte ihr weiter, daß er seine Sachen packen und sich von seiner Frau trennen wollte. Fast zwei Jahre später unterhält er mit seiner »Hausgenossin« noch immer eine von Streit erfüllte »konfliktbesetzte« (so nennen es die Soziologen) eheliche Beziehung.

Auf die Frage, ob sie es bedauere, antwortet Tanja: »Ja, ich hätte nicht mit ihm geschlafen, wenn ich gewußt hätte, daß er sich nicht von seiner Frau trennen würde.« Und sie beweist, daß sie ein großes Herz hat: »Nachdem ich am Samstag die Abtreibung hatte durchführen lassen, besorgte ich ihm am Montag darauf einen Job in meiner Firma. Er wußte es noch nicht.« Er erzählte ihr immer wieder dieselbe Lüge, und sie versäumte es, ihm die eine wichtige Wahrheit mitzuteilen.

Um dieses Phänomen besser verstehen zu können, kehren wir zu Andrew zurück, dessen hohle Einwilligung in eine Ehe mit seiner Freundin vor dreißig Jahren zu einigen Affären auf beiden Seiten führte. Er hatte auch eine der anderen Frauen hinsichtlich seiner Bindungswilligkeit belogen. In diesem Fall wurde Andrew zum Minimalisten, der seine Worte sorgfältig wählt, um sein schlechtes Gewissen zu beruhigen: »Ich sage niemals direkt ›heiraten wir‹. Ich sagte ihr, daß ich mich scheiden lassen würde und daß wir dann ins Auge fassen könnten zu heiraten. Ich sagte es, um mit mir selbst im reinen zu sein. Dann kam mir meine Frau auf die Schliche... Meine Freundin war sehr unglücklich und wütend.«

Als ich ihn fragte, warum er meinte, daß sie ihm glaubte, gab er eine Antwort, in der all seine Scham, Reue und Selbstvorwürfe zum Ausdruck kamen: »Warum ließ sie sich täuschen? Weil sie es wollte... aber das ist natürlich keine Entschuldigung für mich.«

Andrew hatte viel Zeit, über die Folgen seiner hohlen Bindung (zu seiner Frau) und seiner minimalistischen Bindung (zu seiner Geliebten) nachzudenken. Seine häufigsten Lügen sind »Ich stehe zu dir« und »Ich möchte dich heiraten«. Aus seiner jüngeren Vergangenheit berichtet er: »In zwei Fällen habe ich Frauen zugesichert, sie zu heiraten. Nun gibt es zwei weitere Frauen, die mir nicht mehr vertrauen. Sie wollten mich heiraten... ich sagte mir jeweils: Sie ist eine großartige Frau, zu der man freundschaftliche sexuelle Beziehungen haben kann, aber keine Frau für den Rest des Lebens... was ich wollte, war eine ›bereinigte‹ Version meiner früheren Frau.«

Was würde Andrew heute anders machen? »Ich hätte die Affären nach wie vor. Aber ich würde klarstellen, daß es eine Affäre ist. Ich würde keine Versprechungen mehr machen. Ich würde ehrlich sein.«

Mit dreiundfünfzig also und aus bitteren Erfahrungen klug geworden, entscheidet sich Andrew für Ehrlichkeit, weil sich seine »Lügen langfristig als zu schmerzlich erwiesen haben«.

Wie Al und Andrew zögert der Minimalist eher, wenn es darum geht, eine Frau tatsächlich zu verlassen. Einige Männer, mit denen ich sprach, und nicht wenige Frauen erwähnten den abgedroschenen Kinosatz: »Ich möchte dich nicht verlieren« im Zusammenhang mit solchen Dilemmasituationen. Ist dieser Satz eine Lüge oder die Wahrheit? Ich glaube, daß in ihm ein wahrer Kern steckt. »Ich möchte dich nicht verlieren« erfaßt die Wirklichkeit des Minimalisten sehr gut. Er *möchte* sie nicht verlieren, aber er will sich auch nicht bemühen, es zu verhindern. Andrews Erklärung war folgende: »Ich möchte die Betreffende in meiner Nähe behalten, weshalb ich ihr kleine Lügen mit großen emotionalen Konsequenzen erzähle.«

Männer wie Andrew haben vielleicht noch den nötigen Anstand, um ihren Geliebten nicht die dicke Lüge »ich liebe dich« zu erzählen. Er schätzt, was Sie ihm bedeuten (Akzeptiertwerden, Trost, Befreiung von seiner Ehe, Absicherung, ein sicherer Hafen, Muttersatz), und er würde Sie gewiß einige Zeit schmerzlich vermissen, wenn Sie es eines Tages satt haben sollten zu warten. Doch erwarten Sie nicht, daß er mehr zum Ausdruck bringen würde als seine Angst, Sie zu verlieren. Seine Bindung an Sie, die auch eine Trennung von seiner Frau beinhalten muß, ist in der Tat auf ein Minimum beschränkt.

Versprochen und versetzt: die Geschichte eines Minimalisten

Gut, er hat Sie nicht vor dem Traualtar versetzt, aber Sie empfinden es so. Er behauptete, Sie in New Orleans treffen zu wollen, wo Sie mit Ihrer Mutter und Ihrem Bruder eine Woche zu verbringen beabsichtigten. Nun sind Sie angekommen, doch wo bleibt er? Keine Vorwarnung, keine Entschuldigungen, er ist einfach nicht da. Wie oft kommt so etwas vor? Ich habe das Thema des Fernbleibens immer wieder gehört – Fernbleiben von Verabredungen, Wegbleiben bei Wochenenden, die seit Monaten geplant sind, spurloses Verschwinden, nachdem schon das Hochzeitskleid gekauft wurde und der Pfarrer bereitsteht. Wie viele Frauen sind nicht schon dagesessen und haben allein und ungläubig auf den Mann gewartet, der nicht erschien und nie mehr kommen würde?

Eine von ihnen ist Gwen, und es nagt immer noch an ihr. Es gibt Tage, an denen sie die ganze Geschichte immer wieder im Geiste durchgeht. Gwen ist zweiunddreißig und hat das frische, offene Gesicht eines Mädchens. Es fällt ihr schwer, die Schatten der Trauer aus ihren Augen zu verbannen, als sie davon erzählt, wie sie das letzte Mal von einem Mann namens Larry belogen wurde. »Ich wurde getäuscht und versetzt«, sagt sie. »Der Typ, mit dem ich zusammen war, wollte immer bei mir sein. So wie er sich verhielt, mußte ich glauben, daß ihm mehr an der Beziehung lag, als es in Wirklichkeit der Fall war. Ich glaubte, er müsse mich wirklich gern haben, weil er soviel Zeit mit mir verbrachte. Wenn ich meine Zeit für jemanden opfere, dann nicht für irgend jemanden. Meinen Freundinnen sagte er, daß er mich wirklich gern hätte; mir sagte er es allerdings nie. Es war eine wundervolle Beziehung, bis es mit einem Schlag vorbei war.«

Wie kam es, daß diese Beziehung so plötzlich endete? Gwen hatte bewußt oder unbewußt Larrys minimalistische Bindung überstrapaziert. Nun wollte sie Larry ihrer Mutter vorstellen, obwohl sie dafür durch halb Amerika reisen mußte. Larry hörte nur das Rasseln goldener Ketten: »Wir einigten uns auf New Orleans in einem Hotel. Ich rief ihn an, aber er nahm nicht ab. Schließlich mußte ich einsehen, daß die Beziehung mir mehr bedeutete als ihm. Er konnte sich nicht wirklich einbringen und führte mich durch sein Verhalten, nicht aber wegen seiner Worte in die Irre. Die Beziehung wurde für ihn enger, und er bekam es mit der Angst zu tun. Er hat einfach durchgedreht.«

Gwen rang darum zu begreifen, was sie noch immer nicht begreifen kann. Wie konnte jemand, dem sie vertraute, mit dem sie eine ernsthafte Liebesbeziehung hatte, sie derart demütigen und hintergehen, noch dazu in Anwesenheit ihrer Mutter? Ich versuchte, sie an den Kern des Problems heranzuführen, und fragte sie: »Wann hatten Sie zum letzten Mal mit ihm gesprochen?« Gwen schüttelte den Kopf: »Zehn Tage davor schien noch alles in Ordnung zu sein. Ich glaubte ihm, weil ich keinen Grund zum Mißtrauen hatte.« Sie wiederholte den Satz.

Egal, was er beabsichtigte, als er ihr versprach, sie in New Orleans zu treffen – Gwen litt immer noch an den Folgen seiner Lüge. Ich stellte die Frage nicht gerne, aber sie mußte gestellt werden: »Gwen, welche Folgen hatte die Lüge für Sie?« Ihre Antwort hätte jeden gerührt: »Ich war völlig durcheinander, ich fühlte mich krank und elend. Ich liebte ihn doch. Seither habe ich niemanden... geliebt. Meine Mutter sagte: ›Vielleicht ging es ihm furchtbar schlecht.‹ Später rief ich ihn an... er war nicht fähig, darüber zu sprechen. Ich wollte einfach seinen Standpunkt kennenlernen. Vielleicht wollte er mir die Wahrheit nicht von Angesicht zu Angesicht sagen. Ich weiß es nicht. Ich sagte: ›Du Mistkerl! Du Schuft!‹ Seine einzige Reaktion war: ›Ich habe im Moment viel um die Ohren. Du hast schon recht.‹«

Wenn Gwen mit dem Wissen, wie minimal seine Bindung wirklich war, das Drehbuch zu diesem schrecklichen Wochenende neu schreiben könnte, was würde sie daran ändern? Gwens Antwort spricht für sich: »Ich wollte, er hätte mich nicht so brutal versetzt. Ich weiß jetzt, daß er ein wirklich rücksichtsloser Mensch ist. Ich hatte ihm ja die Wahl gelassen: Wenn du mich dieses Wochenende nicht sehen willst, geht das auch in Ordnung. Ich habe ihm einen Ausweg gelassen. Er hätte ihn nutzen können, und ich hätte mir meinen Teil dabei gedacht. So aber habe ich noch immer daran zu kauen.«

Gwen ist kein Dummchen. Sie ist eine erfolgreiche Public-Relations-Managerin und Unternehmensplanerin. Sie versuchte, ihn und sich zu schützen, indem sie ihm jede Möglichkeit offenließ, nein zu sagen und sein Gesicht zu wahren, ohne ihr unnötig weh zu tun. Die Tatsache, daß er von dieser Möglichkeit nicht Gebrauch machte, war für die feinfühlige Gwen, die es gewohnt war, zwischen den Zeilen zu lesen, eine klare Aussage. Für sie bedeutete es, daß seine Absichten ernsthaft waren und daß er kommen würde. Es war für Gwen unvorstellbar, ihrerseits unter umgekehrten Vorzeichen Larry zu versetzen. Gwen hätte ein solches Verhalten als rücksichtslos betrachtet. Gwen weiß sich in einen anderen Menschen hineinzuversetzen.

Während der zweiten und dritten Stunde des Interviews schien auch Gwens Geduld und Gutwilligkeit gegenüber den Männern, die sie belogen hatten, immer mehr zur Neige zu gehen. Hatte sie sich zunächst noch gefragt, ob sie »irgend etwas Wichtiges übersehen«, »Warnzeichen zu spät beachtet« hätte, klagte sie nun, auf ihre Geschichte zurückblickend: »Wie blöd war ich doch. Ich wünschte, ich könnte noch einmal von vorne beginnen... ich habe das Gefühl, daß ich zuviel Gepäck mit mir herumschleppe.« Ihre Verzweiflung und Enttäuschung begannen sich in Zorn zu verwandeln. Seine minimalistische Bindung hatte in ihr eine Spur bitteren Schmerzes hinterlassen. Dieser Mann hatte das Seinige dazu beigetragen, daß die Kluft zwischen den Geschlechtern wieder etwas breiter wurde. Beim nächsten Mal erwartet Gwen, weniger naiv, dafür aber zynischer zu sein. Auch wenn Larry diese Folgen nicht beabsichtigt hatte.

Bindung unverbindlich: »Ich rufe dich an«

Ist es eine Lüge? Bei diesem so minimalistischen Versprechen gehen die Meinungen von Männern und Frauen völlig auseinander. Fragen Sie die Männer Ihres Lebens, als wie schwerwiegend sie es empfinden, das Versprechen, eine Frau nach der ersten Verabredung, einige Monate nach Beginn der Beziehung oder am Ende einer Beziehung anzurufen, nicht einzuhalten. Befragen Sie danach Ihre Freundinnen.

Zwanzig Prozent der von mir interviewten Frauen nannten dieses »Ich rufe dich an« eine der drei häufigsten Männerlügen, doch nur ein einziger Mann war ebenfalls dieser Ansicht. Weitere fünfundzwanzig Prozent der Frauen erwähnten diese Lüge im Verlaufe der Interviews (gegenüber fünfzehn Prozent der Männer). Außer bei diesen sechzig interviewten Frauen hörte ich von Hunderten anderer Frauen Klagen über dieses nicht eingehaltene Versprechen. Natürlich ist diese Lüge nicht so schmerzlich wie »Ich liebe dich«, doch manche Frauen nennen sie die häufigste und unangenehmste Lüge der Männer.

Kaum zu glauben, daß die Männer das völlig anders sehen. Sie halten »Ich rufe dich an« nicht einmal für eine Verpflichtung, geschweige denn eine Lüge. Viele glauben sogar, die Frauen bräuchten dieses Nichtanrufen doch nicht persönlich zu nehmen. Einige waren sogar empört darüber, dies als Lüge zu bezeichnen. Sie fragten mich fassungslos: »Erwarten die meisten Frauen wirklich einen Anruf, wenn man sagt: ›Ich rufe dich an‹?« Sie fanden: »Es ist nur eine Floskel, die nichts zu bedeuten hat.«

Nicht für sie vielleicht: Für die meisten Frauen ist dieses »Ich rufe dich an« eine der verbreitetsten und verwirrendsten Lügen. Wäre der Satz von ihr, hätte sie ihn auch wirklich so gemeint. Warum sollte es bei ihm anders sein?

Man kann dies im Vergleich mit Aussagen wie »Ich werde dich heiraten«, »Ich werde für den Unterhalt der Kinder sorgen« oder »Ich werde monogam sein« als relativ harmlose Verpflichtung betrachten. Trotzdem stellt es einen Vertrauensbruch dar. Wenn dieses nicht eingehaltene »Ich rufe dich an« aus dem Mund eines neuen Bekannten kommt, ist es für die Eingeweihte vielleicht nicht überraschend, doch zumindest irritierend. Wenn von einer längerfristigen Beziehung jedoch nichts zurückbleibt als ein nicht eingelöstes »Ich rufe dich wieder an«, wird auch eine erfahrene Frau noch Wochen oder sogar Monate in ängstlicher Unruhe warten, ob das Telefon nicht doch noch klingelt.

Frauen haben einen anderen Bezug zur Sprache als Männer. Für Frauen ist »Ich rufe dich an« eine Aussage, mit der er sein Interesse an der Fortsetzung der Beziehung bekundet. Es bedeutet nichts anderes als »Ich mag dich« und »Ich möchte weiter mit dir zusammensein«. Es ist eine Bekräftigung, in der letztlich auch eine Verpflichtung liegt. Mit einem »Ich rufe dich an« bleibt der Weg frei für mehr Intimität.

Für einen Mann ist »Ich rufe dich an« wohl mehr ein »Tschüß, war schön, dich kennengelernt zu haben, aber ich muß weiter«: eine kurze Abschiedsfloskel, mit der er nichts verspricht und nichts erwartet. Er kommt auf die Weise ungefährdet fort von ihr. Oder schlimmer: Der Satz kann für ihn eine schmerzlose Möglichkeit sein, Schluß zu machen.

Für Sie ist es ein Versprechen, von dem Sie annehmen, daß er es einhält. Für ihn ist es eine minimalistische Phrase, die ihm den Weg frei macht.

Opportunistische Verpflichtungen

Sie sind jemandem begegnet und offen für alles, was da kommen mag. Bewußt oder unbewußt haben Sie ihm ein Angebot gemacht, dem er nicht widerstehen kann. Was immer Sie zu bieten haben – Schönheit, Klugheit, Körper, Sex, Status, Geld, Freundschaft –, er kommt daran nicht vorbei. Er hat aber nur vor, sich möglichst viel zu »holen« und dann seiner Wege zu gehen. Vielleicht sagt er es Ihnen. Dann ist es keine Lüge, sondern einfach ein Geschäft zwischen zwei Erwachsenen mit gleichen Interessen. Oft aber sagt er es Ihnen nicht, auch wenn ihm schon ganz klar vor Augen steht, wie es ausgehen wird. Sie sind diejenige, die es unverhofft trifft und die schwer getäuscht wird. Während Sie sich auf der Grundlage Ihrer gegenwärtigen Seligkeit eine herrliche Zukunft ausmalen, überlegt er sich bereits, wie er sich wieder aus dem Staub machen kann. Wahrscheinlich hat er schon einen Plan.

Das Versprechen der Exklusivität

Das Versprechen der Exklusivität ist ein falsches Versprechen, das ihm die Freiheit gibt zu tun, was er will, ohne daß Sie etwas davon wissen. Manchmal ist das Versprechen der Exklusivität auch eine opportunistische Fassade, die ihm nur zum Erreichen eines kurzfristigen Ziels dient. Es läuft eher auf eine Transaktion als auf eine Bindung hinaus.

So sieht es auch Stuart. Stuart ist ein Mann im mittleren Lebensalter, gut aussehend, selbstsicher und sehr charmant. Er lachte bei dem Gedanken an die erste Lüge, die er jemals einer Frau erzählte, das wissende Lachen eines Mannes, der die Lüge inzwischen viele Male erfolgreich eingesetzt hatte: »Ich log: ›Du bist das wichtigste Mädchen in meinem Leben‹ – eine Exklusivitätslüge, denn in meiner Gesäßtasche hatte ich ein kleines schwarzes Büchlein mit zwölf weiteren Namen, die ich am Sonntagmorgen anrufen würde.«

Stuart gehörte wie fast ein Drittel der interviewten Männer zu den Anhängern der Strategie des »Erzähle ihnen, was sie hören wollen«. Er wandte die Lüge der Exklusivität an, weil »ich annehme, daß die Frauen dies im allgemeinen gerne hören, daß sie auf ausschließliche Beziehungen Wert legen«. Worauf Stuart Wert legte, war »Sex, Status und eine Freundin als Besitz«. Wußte sie, daß seine Verpflichtung ein Schwindel war? Stuart wischte meine Frage vom Tisch: »Sie wußte es, ich wußte es, unsere Freunde wußten es. Die Burschen redeten darüber, die Mädchen redeten darüber. Wir kamen nur nie zusammen.«

Für Stuart war Bindung nichts Persönliches. Sie war nur Element eines geschäftsmäßig abzuwickelnden Tauschhandels. Als die Beziehung endete, war auch dies nichts Persönliches: »Sie ging weg, und eine andere nahm ihren Platz ein.« Einige Namen wurden von der Liste gestrichen, andere hinzugefügt. Stuart wollte sich alle Optionen offenhalten.

Nennen Sie es, wie Sie wollen – es ist nur vorübergehend

Ich verheimlichte: meine Gefühle, indem ich absichtlich wenig sprach; daß die Beziehung etwas Vorübergehendes war; daß ich mich nicht mit ihr eingelassen hätte, wenn sie nicht weggezogen wäre. Ich wollte sexuelle Erfüllung. Sie auch. Aber sie mochte mich mehr, als ich sie mochte. Ich hatte kein Interesse daran, daß sie dies entdeckte, und verheimlichte die Wahrheit. Ich sagte nichts.

Versicherungsmathematiker, 32, alleinstehend

Ja, Sie haben das Gefühl, es wäre das Wahre. Er ist interessiert, aufmerksam, romantisch und hat jede Menge Zeit für Sie. Leider wissen Sie nicht, daß er sich mit Ihnen nur deswegen abgibt, weil (wählen Sie aus der nachfolgenden Liste):

1. Sie in einer anderen Stadt leben;
2. er weiß, daß er in zwei Monaten eine neue Stelle in Westafrika antreten wird;
3. Sie in einem halben Jahr in eine ferne Stadt ziehen, (was Sie ihm gesagt haben);
4. Sie beide verheiratet sind;
5. er nur beabsichtigt, Sie nächstes Jahr um dieselbe Zeit am selben Ort wieder zu treffen.

Bei Marty war es Option drei. Marty ist, wie Sie sich vielleicht erinnern, der Mann, der auf die Philippinen und nach Thailand reiste, ohne seiner jungfräulichen Freundin zu erzählen, daß es auch eine sexuelle Abenteuerreise werden sollte. In der neuen Situation sucht Marty intensiv nach einer bindungsfreien sexuellen Beziehung, und dies schien ihm in den Schoß zu fallen: Courtney stand im Begriff, nach Oklahoma zu ziehen, während Marty fest an die Ostküste gebunden war und keine Geschäftsreisen plante. Marty betrachtete dies als Gelegenheit, als ein großes Geschäft für beide. Sie würden sich amüsieren und danach ohne Bedauern voneinander verabschieden. Marty war begeistert. Hier war eine Beziehung, bei der er am Beginn bereits das Ende sehen konnte. Das einzige Problem bestand darin, daß er es versäumt hatte, Courtney in die Vereinbarung einzuweihen.

Für Marty war es von großem Vorteil, daß er die Beziehung nach seinen Bedingungen gestalten konnte. Marty behauptet, daß er keineswegs beabsichtigte zu lügen oder seine wahren Motive zu verbergen. Zunächst jedenfalls nicht. Er glaubte, sie hätten sich beide verstanden. Sie zog immerhin fort, und er nahm an, daß sie es genauso sah wie er. Zu dumm für ihn, daß er sie darüber nicht aufklärte.

Für Courtney waren geographische Grenzen ohne Bedeutung. Im Zeitalter der Flugzeuge, Telefone und Faxe stellten für sie dreitausend Kilometer keine Entfernung dar. Allmählich dämmerte es Marty: »Ich erkannte, daß sie mich ziemlich mochte. Sie fing an, mich immer öfter anzurufen. Ein paarmal pro Woche. Manchmal noch öfter. Sie wurde ziemlich anhänglich. Aber ich sagte ihr nichts.«

Marty setzte sich also die Maske der Verbundenheit auf. Er verbarg sein Unbehagen und sagte kein Wort davon, daß er die Beziehung abrupt beenden wollte, sobald Courtney weggezogen wäre. Er akzeptierte ihre Bedingungen und tat so, als ob seine Zuneigung ebenso groß wäre wie ihre, was nichts anderes als eine opportunistische Lüge war. Schließlich mußte Courtney nach langem Ringen die schmerzliche Wahrheit erkennen, und sie verschwand aus seinem Leben.

Marty wollte eine Beziehung auf Zeit, und die bekam er auch. Er empfand aber keine Erleichterung. Es blieb bei ihm das Gefühl zurück, daß er ihr ein Unrecht getan hatte, und gleichzeitig war er auf sich selbst wütend wegen seiner Schuldgefühle: »Ich fühle mich schuldig. Aber ist es ein Verbrechen, daß sie mich mehr liebt als ich sie? Warum muß ich deswegen Schuldgefühle haben?«

In der Rückschau empfindet er auch so etwas wie Bedauern: »Ein Teil von mir ist nicht offen und ehrlich. Wenn ich mehr ich selbst gewesen wäre – so bin ich eben, akzeptiere es oder laß es –, hätte ich mich besser gefühlt.«

Martys dachte nur an sein eigenes Interesse. Dasselbe galt für Courtney. Wenn Marty ihr seine wahren Absichten zu erkennen gegeben hätte, dann hätten sie die gleiche Basis gehabt, und es wäre eher möglich gewesen, Gemeinsamkeit entstehen zu lassen. Vielleicht hätte die Beziehung auch geendet, unter anderen Vorzeichen. Beiden wären Vorwürfe, Schuldgefühle und Schmerzen erspart worden.

Vorzeitige Bindung

Es war unsere allererste Verabredung, aber ich fragte sie gleich: »Ziehe doch zu mir. Ich habe ein großes Haus, und es wäre doch dumm, wenn wir beide Miete zahlen.«

Arzt, 44, geschieden

Ich sagte zu ihr: »Du hast mir letzte Woche gesagt, daß du einen Monat lang um die Welt reisen willst. Ich habe mein Reisebüro schon angerufen!«

Anwalt, 65, geschieden

Dann sagte Bill: »Ich werde dir meinen Freund Harvey vorstellen, mit dem ich aufgewachsen bin, und Charlie, meinen Geschäftspartner. In etwa einem Monat wirst du dann auch die Kinder kennenlernen.« In etwa einem Monat rief er nicht mehr an. Ich sah ihn nie wieder.

Sozialarbeiterin, 38, geschieden

Manche Männer scheinen zu einem Syndrom der »vorzeitigen Bindung« zu neigen, wie ich es nenne. Sie lernen Sie kennen und finden, daß Sie innerhalb der Standards liegen, die sie für akzeptabel halten. Sie haben die erforderlichen Mindesteigenschaften. Sie sind ziemlich attraktiv, körperlich fit, clever genug, witzig genug, talentiert genug und machen einen recht guten Eindruck. Vielleicht liegen Sie als Trophäe sogar am oberen Ende des für ihn Akzeptierbaren. Diese Männer sind keine einfachen Käufer: Sie sind Geschäftemacher. Sie haben es sehr eilig damit, ihr Angebot zu machen und den Handel abzuschließen. Oft sind sie erfolgreich in den Medien oder im Hochschulbereich tätig; gewohnt, rasche Entscheidungen zu treffen, zu bekommen, was sie wollen, und sich danach neuen Themen zuzuwenden. Was ihnen fehlt, ist eine Partnerin, eine Liebste, und Sie scheinen geeignet, die Lücke zu schließen. Für sie bedeutet es nichts anderes, als in ein Kaufhaus zu gehen, sich eine Hemdenkollektion zeigen zu lassen, rasch die richtigen Farben und die richtige Größe auszuwählen und zurück ins Büro zu gehen. Das Ganze wird unpersönlich und möglichst effizient abgewickelt. Sie stehen lediglich eine oder zwei Stufen über den Impulskäufern. Dabei geht es jedoch um Sie.

Indem diese Männer auf Tempo setzen, hoffen sie oft, die mühsame Phase des Kennenlernens zu umgehen. Sie möchten sich nicht damit aufhalten, Ihre Stimmungen und Meinungen, Ihre Bedürfnisse und Nöte kennenzulernen. Sie möchten Sie lieber in Besitz nehmen oder zumindest die Idee von Ihnen. Sie setzen darauf, daß ein schnelles, hohes Gebot den Weg verkürzt, um von A nach B zu gelangen. Sie gehen also eine vorzeitige Verpflichtung ein.

Manchmal tun sie so, als ob der Handel bereits perfekt wäre, als ob Sie schon übereingekommen wären, den Rest Ihres Lebens miteinander zu verbringen. Gwen, unsere freundliche und attraktive zweiunddreißigjährige PR-Managerin, drückte es folgendermaßen aus: »Sie schmieden Ketten, die gar keine Ketten sind.« Sie sagten »zuviel – und das zu früh«, so als ob »wir einander sofort kennenlernen (...) und am Ende des Abendessens die besten Freunde sein müßten«. Als sie mit einem Mann ausging, der ihr nach dem Essen erklärte: »Sie sind genau die Frau, nach der ich suche«, fühlte sie sich durchaus nicht geschmeichelt: »Er kannte mich gar nicht. Er wollte einfach eine Frau, und ich kam ihm gerade recht. Ich fühlte mich wie eine Sache behandelt. Wenn nicht ich, dann eben die nächste. Ich war ein Platzhalter. Ich sagte ihm, daß ich es nicht so eilig hätte wie er.«

Gwens Einsicht bewahrte sie davor, seine erste Traumfrau zu sein und dann einen Fußtritt zu bekommen.

Problematisch wird es erst, wenn eine Frau das voreilige Angebot akzeptiert. Diese selbstsicheren, schnellentschlossenen Käufer erfaßt ebenso unweigerlich und schnell die Reue. Ein schwerer Zuneigungskampf beginnt. Von Selbstzweifeln verzehrt, stürzen sie sich auf jeden Ihrer eingebildeten oder tatsächlichen Fehler. Ihr ganzes Denken kreist nur noch darum, aus der Beziehung herauszukommen und ihren Kauf ungeöffnet zurückzugeben.

Was zunächst so absolut sicher klang, ist nun aussichtslos. Sie können mit tausend Ausflüchten rechnen: »Meine Mutter sagt, ich hätte noch nicht genügend Erfahrung im Umgang mit Frauen.« (Seine Mutter? Er ist fünfundvierzigjährig und beruflich arriviert!) »Meine erste Frau würde mit dir nicht auskommen.« (Von der ersten Frau war noch nie die Rede, und warum interessiert es ihn überhaupt, was sie denkt?) »Ich kann mich noch nicht binden, bis die Probleme bei meiner Arbeit bereinigt sind.« (Welche Probleme, und was hat dies mit der Beziehung zu tun?) Die Botschaft hinter seinen Ausreden ist klar: »Ich bin noch nicht soweit, mir ein Auto zu kaufen, geschweige denn zu heiraten oder mit dir zusammenzuziehen oder dich zum Brunch auszuführen.« Oder wozu er sich sonst noch verpflichtet hatte. Rechnen Sie damit, daß er Sie in letzter Minute anruft, um die Einladung zum Abendessen oder Ihren Wochenendausflug abzusagen.

Machen Sie sich deshalb keine Gedanken: In neun von zehn Fällen einer opportunistischen Verpflichtung hat dies nichts mit Ihnen zu tun. Der Betreffende war darauf eingestellt, sich der nächstbesten Frau gegenüber zu verpflichten, die ihm zu passen schien. Und dann danach einen Rückzieher zu machen. Zufällig hat es Sie getroffen. Sein Verhalten hat nicht das geringste mit Ihnen persönlich zu tun. Es liegt nur an ihm. Werfen Sie ihn also zurück in den Brunnen, und fischen Sie anderswo. Und wenn es doch etwas mit Ihnen zu tun hat, sollten Sie es lieber gleich als erst in einem halben Jahr wissen, wenn Ihr Hausrat im Möbelwagen steht und Sie Ihren Telefonanschluß gekündigt haben.

Verpflichtung als Vergeltung

Die meisten Verpflichtungen werden deswegen nicht eingehalten, weil eine Partei nicht ehrlich war oder sich aus den falschen Gründen oder zu einem ungünstigen Zeitpunkt gebunden hat. Jeder dieser Faktoren allein genügt, um den Bruch herbeizuführen. Bisweilen werden Verpflichtungen nicht eingehalten und später als Waffe benutzt, um den Partner zu verletzen, der den Bruch verursachte.

Im gegebenen Fall ist Donna untreu, und Lance versucht, sich bei ihr zu rächen. Donna war achtzehn, als sie sich mit Lance verlobte. Beide wollten heiraten, nachdem er im Frühjahr die Marineakademie absolviert hätte. Im Sommer des Vorjahres mußte er zu einem Lehrgang, während Donna als Betreuerin in einem Ferienlager arbeitete und dort eine Sommeraffäre hatte. »Ich erzählte Lance nie etwas davon. Ich schrieb Briefe an ihn, während ich mit dem anderen knutschte. Ich war sechs Tage im Lager und fuhr am siebten nach Hause, wobei ich meinen Liebhaber mitnahm, um mit ihm zusammensein zu können. Wir schliefen im selben Bett, duschten miteinander. Dann sah ich das Auto meines Verlobten in der Auffahrt stehen – er war Tag und Nacht gefahren, um bei mir sein zu können. Lance und ich hatten vereinbart, keinen Sex mit anderen Partnern zu haben. Ich warf eine Decke auf die Couch, rückte alles zurecht, richtete alles her. Dann ging ich hinaus und tat, als ob ich die Zeitung holen wollte. Ich rief: ›Lance! Wie schön, daß du gekommen bist.‹ Ich führte ihn herein. Stellte ihm meinen Liebhaber vor und sagte: ›Ein Bekannter aus dem Lager.‹ Es war eine Lüge. Er fragte nie weiter nach.«

Lance kam dahinter, allerdings erst ein Jahr später. Donna hatte ihm gesagt, daß er nie ihr Tagebuch lesen dürfte, doch einmal konnte er der Versuchung nicht widerstehen und entdeckte die schockierenden Details ihrer Affäre; den Betrug. Donna erzählt: »Er befand sich in einem Dilemma. Er hatte in meinem Tagebuch gelesen und mein Vertrauen mißbraucht. Ich hatte ihm gesagt, daß er nie mein Tagebuch lesen dürfe. Er las es und erzählte mir zunächst nichts ... dann ging er mir aus dem Weg und wollte mit mir nicht mehr intim sein. Eine Woche später stellte er mich zur Rede: ›Du willst wissen, was los ist? Ich habe dein Tagebuch gelesen.‹ Ich war schockiert. ›Wie weit hast du es gelesen?‹ ›Ich weiß alles vom letzten Sommer.‹ Panik überfiel mich. Mein Mund war wie ausgetrocknet. Der Schweiß brach mir aus. Mein Herz hämmerte. Ich war mit diesem Mann verlobt, und er wußte alles. Wie idiotisch von mir, es aufzuschreiben. Ich dachte: ›Er wird mich fallenlassen. Ich werde ihn verlieren. Wie konnte er mir das antun?‹ Ich schluchzte: ›Ich liebe dich doch. Verlaß mich nicht.‹ Wir sprachen darüber. Wir versuchten, daran zu arbeiten. Er sagte: ›Ich kenne dich nicht. Ich dachte, ich würde dich lieben.‹ Er beschimpfte mich nicht und brüllte nicht. Er ist ein passiver Mensch. Er war verletzt und wütend. Doch er ließ sich keine Emotionen anmerken.«

Inmitten der Tränen Donnas und seiner Vorwürfe und Anklagen bleibt Lance der vollendete Offizier und Gentleman, der sich keine Gemütsregung anmerken läßt. Er hatte den Schmerz über ihren Betrug eine Woche lang mit sich herumgetragen. Die Maske der Unerschütterlichkeit stand ihm gut. Sie setzten sich mit Donnas Lüge auseinander. Sie sagte, es täte ihr leid, konnte ihre Untreue aber nicht erklären. Es war ein Ereignis, das sich dem rationalen Denken entzog. Sie kämpften und kamen schließlich damit klar, glaubte Donna zumindest.

Lance war in seinem Innersten verletzt und wollte Vergeltung und Genugtuung. Er legte die Maske falscher Verbundenheit an, allerdings in anderer Form, als wir sie bisher kennengelernt haben: die Maske der falschen Verbundenheit als Vergeltung, als Möglichkeit, seine Ehre wiederherzustellen.

Ein halbes Jahr lang behauptete er, daß alles wieder in Ordnung sei, während er nur auf die Gelegenheit wartete, es ihr heimzuzahlen: »Nachdem Lance mein Tagebuch gelesen und meine Lüge entdeckt hatte, behauptete er während des letzten halben Jahres unserer Beziehung, daß er mich noch liebte, während er in Wirklichkeit vorhatte, die Beziehung gleich nach der Marineakademie zu beenden. Dann machte er ohne jede Vorwarnung Schluß.«

Lance führte den Trennungsschnitt mit chirurgischer Kühle und Exaktheit aus: »Lance absolvierte die Akademie. Dann sagte er: ›Ich will nicht, daß du mitkommst.‹ Zwei Wochen später schickte er mir einen Brief: ›Ich will dich nie wiedersehen. Den Ring kannst du behalten.‹ Ich rief ihn an. Ich war wütend. Warum spielte er dieses Spiel mit mir? Er sagte: ›Ich möchte, daß du das College beendest. Ich brauche etwas Abstand zu allem.‹ Er kam wieder auf das besagte Thema zurück.«

Donna war zutiefst betroffen. Sie konnte an nichts anderes mehr denken. Schließlich richtete sich ihre Wut auf ihn: »Wie konnte er mir das antun? Ich hatte einen Ring. Ich fühlte mich betrogen, gedemütigt. Er tat mir weh. Ich war drei Jahre lang deprimiert. Meine Gefühle kümmerten ihn nicht.«

Dann sagte sie sich, daß er eben doof sei, und heiratete schließlich einen anderen. Aber wenn Donna nochmals von vorne beginnen könnte, würde sie ihn nicht mehr betrügen: »Er war meine erste echte Liebe und ein wunderbarer Mann.«

In Donnas Bericht sind alle Elemente des großen Dramas und des wirklichen Lebens vereinigt: Bindung, nicht eingelöste Versprechungen, Betrug, Täuschung und Rache. Im Kern ist es die Geschichte von falscher Verbundenheit und deren Macht zu verletzen. Lance wollte Rache – im Gegensatz zur Mehrheit der interviewten Frauen, denen nicht daran gelegen war, es »ihm« mit gleicher Münze heimzuzahlen, auch wenn der Betrug noch so gemein war. Donnas Vertrauensbruch animierte Lance zu einem versteckten Racheplan. Seine Worte nach der Entdeckung ihrer Untreue sind aufschlußreich: »Ich kenne dich nicht.« Er hatte recht. Er kannte sie nicht, und wie sich zeigte, kannte sie ihn auch nicht.

Zu schön, um wahr zu sein: ein Maskenpotpourri

Ein Märchenprinz! Er ist aufmerksam, charmant und küßt den Boden, auf dem Sie gegangen sind. Es begann mit einem Köder, doch dann machte er reinen Tisch. Er ruft Sie von seinem Autotelefon aus an, und bei den Zwischenstopps seiner Flüge schickt er Ihnen Liebesgedichte per Fax und sogar per E-Mail. Er kann es kaum erwarten, Sie zu sehen, läßt Ihnen Blumen in die Arbeit schicken, wenn er sich auswärts aufhält – was oft der Fall ist –, und beseitigt alle eventuell noch auszuräumenden Zweifel, indem er Ihnen ein wunderschönes goldenes Medaillon mit der Inschrift »Ewig dein« kauft. Es ist wie im Märchen, zu schön, um wahr zu sein.

Sie können beruhigt sein. Es ist ein Märchen.

Sie gehören einfach zum Inventar seines reichen Innenlebens, das sich im Zusammenhang mit seiner ersten, zweiten oder möglicherweise chronischen, auf jeden Fall schweren Midlife-Crisis manifestiert. Er kämpft dagegen an, alt, müde und von seinem Leben enttäuscht zu sein. Er wird seinen Traum nie erfüllen. Sie sind Teil seiner eskapistischen Phantasie, mit deren Hilfe er sich durch den Tag schleppt. Dieser Mann könnte ein pathologischer Lügner sein oder eine erste Depression haben. Vielleicht auch beides. Er belügt Sie hinsichtlich seiner Verbundenheit. Falsche Verpflichtungen spuckt dieser Mann aus wie ein Spielautomat: reihenweise hohle, opportunistische und minimalistische Verpflichtungen. Und wenn Sie nur lange genug bei ihm bleiben, werden Sie entdecken, daß er *nichts* davon wirklich so meint. Es ist für Sie verheerend, aber stellt erst die eine Hälfte des Schadens dar: die andere trifft möglicherweise seine Frau und seine Familie.

Lassen Sie die Finger von ihm.

Was von den Masken der Verbundenheit übrigbleibt

Daß Männer viele Masken einer falschen Verbundenheit tragen, ist klar. Weniger klar ist, warum sie es tun. Oscar Wilde hat einmal gesagt, daß es nur zwei wirkliche Tragödien im Leben gibt. Die eine besteht darin, nicht zu bekommen, was man will; die andere bedeutet: es zu bekommen. Irgendwie schaffen wir es, das zu wollen, was wir nicht haben, und es anschließend zu verwerfen.

Die tiefere Ursache dieses Kampfes ist unsere ambivalente Grundhaltung. Wir wollen frei sein und uns gleichzeitig binden. Psychologen haben dieses Bedürfnis nach Nähe und Distanz zugleich das Stachelschwein-Dilemma genannt – Stachelschweine möchten sich aneinanderkuscheln, um sich gemeinsam vor der Kälte zu schützen, doch je näher sie sich kommen, desto mehr stören die spitzen Stacheln des Gegenübers. Früher oder später zieht und zerrt diese Ambivalenz an Männern ebenso wie an Frauen. Die intensiven Zuneigungskämpfe der Männer können für sie und ihre Partnerinnen gleichermaßen verwirrend sein, vor allem, wenn dieser innere Konflikt sie machtvoll zu einer Beziehung drängt, die sich gerade abzuzeichnen beginnt – wenn bereits der Rückzug eingeleitet wird. Eine echte Beziehung erscheint möglich, und plotzlich entdecken Männer, daß sie in Wirklichkeit Freiheit wollen. Weil er Sie aber nicht verlieren will, macht er kehrt, sobald er seine Freiheit wiedergewonnen hat, und hält nach Ihnen oder einer neuen Version von Ihnen Ausschau. Die Wahrheit ist, daß er sich nicht binden, aber andererseits auch nichts aufgeben wollte.

Angesichts des Dilemmas einer dauerhaften Bindung neigen viele Männer dazu, nach Maßgabe eines kurzfristigen Vorteils zu handeln. Pragmatische Beschwichtigung ziehen sie einer langfristigen Beständigkeit vor. Sie sagen Ihnen, was Sie hören wollen *und worauf Sie vermutlich programmiert sind.*

In einer Gesellschaft, in der die Bindung an die Familie ein Ideal darstellt, sieht er eine ernsthafte Beziehung als ein Ereignis, das ihn auf dem Weg zum Erfolg weiterbringt. Seine Beziehung mit Ihnen ist für ihn vielleicht mehr eine Frage des Aufstiegs als ein emotionelles Ereignis. Für ihn (wie auch für viele Frauen) sind Ehe und Familie einfach Stationen auf dem Lebensweg. Zu einer bestimmten Zeit hat man sie eben erreicht. Wenn Sie zufällig innerhalb des Spektrums seiner Wunschvorstellungen liegen, fällt seine Wahl aus allgemeinen und unpersönlichen, nicht aus persönlichen und spezifischen Gründen auf Sie.

In diesem Fall entscheidet er sich nicht für Sie, sondern für eine Lebensart. Als ein signifikantes Gegenüber sind Sie vielleicht nicht mehr als ein temporäres Phänomen im Bühnenstück seines Lebens. Dieser Theatereffekt wird auf die Spitze getrieben, wenn eine Frau aufgrund ähnlicher Bedürfnisse (Druck der Gleichaltrigen, Timing, Angst vor dem Alleinsein und Familienwunsch) zu einer Bindung gedrängt wird. Doch selbst wenn Männer eine echte Verpflichtung eingehen, fehlen vielen von ihnen die nötige Beziehungsfähigkeit und die Fähigkeit zur kritischen Kommunikation. Deshalb wahren sie (und vielleicht auch Sie) den schönen Schein. In diesem Fall legen sie die Maske des »Alles in bester Ordnung« an.

Diese Maske wehrt Konflikte, Zorn und Auseinandersetzungen ab, während ihre Träger ungestört ihrer Wege gehen. Um den Preis einer wirklichen Verbundenheit, einer produktiven Auseinandersetzung und Offenheit erlaubt sie es dem Paar, nach außen hin harmonisch zu erscheinen. Monate oder auch Jahre später fragen Sie sich dann: »Wer war dieser Maskierte?«

Mit dieser Maske, die er so geschickt trug, werden wir uns als nächstes befassen. Die Lüge der falschen Harmonie ist die logische Folge der Lüge der falschen Verbundenheit. Die emotionale Trennung, die die »Schönwettermaske« zur Folge hat, ebnet wiederum den Weg für die düsterste aller Lügen, die Vermeidungslüge.

Kapitel 8

Wenn »Alles bestens« eine Lüge ist

Männer sprechen nie über ihre Gefühle. Aber ich bin mir sicher, daß sie Gefühle haben. Vielleicht können sie sie nicht identifizieren. Sie streiten ihre Gefühle ab, weil sie nicht als schwach erscheinen wollen.

Studentin, 34, geschieden

Ihre starken Gefühle verheimlichen sie. Um einen Streit zu vermeiden, lügen sie lieber.

Verkäuferin, 28, alleinstehend

Mein Mann lügt, weil er sich nicht mit meinem Zorn auseinandersetzen will. Wenn ich wütend werde, versteht er nicht, warum, und das läßt die Kluft zwischen uns wieder ein wenig größer werden. Wenn ich ihm aber dahinterkomme, dann bin ich wütender, als wenn er nichts sagt.

Sekretärin, 33, verheiratet

Er wollte mir nicht weh tun. Er dachte, daß ich wütend werde. Er wollte sich auch nicht zur Rede stellen lassen. Ich weiß nicht, ob er damit sich selbst oder mich schützen wollte.

Ärztin, 24, verheiratet

Graben Sie in Ihrer Vergangenheit. Sie werden ein Kaleidoskop von Happy-End-Träumen entdecken, die vom Häuschen im Grünen bis zu Yuppie-Machtallianzen reichen, von romantischen Spaziergängen zu zweit bis zum eng umschlungenen Tanz auf der Veranda, von langen Winterabenden am Kamin bei einem Gläschen Cognac bis zu den gesunden und hübschen Kindern, die Sie großziehen werden. Der graue Alltag sieht dann freilich anders aus. Selbst in den Grimmschen Märchen fällt gnädig der Vorhang, wenn der Prinz und die Prinzessin glücklich vereint im milden Licht der Abendsonne miteinander fortreiten, und die unerquicklichen Details des künftigen tristen Alltags bleiben uns erspart.

Bei dauerhaften Beziehungen spielen Lügen in verschiedenen Phasen eine Rolle. Am Anfang halfen uns Flirts, Köderphrasen und Froschkönig-Verheißungen zueinanderzufinden. Dann hinderten uns die Masken daran, den, der uns geködert hat, genauer kennenzulernen.

Die Masken bleiben, leider, und die meisten von uns haben keine Ahnung, wie sie das idyllische Leben verwirklichen sollen, nach dem sie sich sehnen. Trotzdem versuchen wir es. Konflikte können wir dabei nicht gebrauchen. Genau dies bekommen wir jedoch: Konflikte und Ärger.

Der Grund dafür ist die Tatsache, daß Männer und Frauen nicht gelernt haben, den Behauptungskampf auszutragen, der entsteht, wenn zwei Menschen mit unterschiedlichem Hintergrund versuchen, ihre Zielsetzungen auf dem engen Raum zu verwirklichen, den sie miteinander teilen wollen. Dabei sind es nicht nur die Frauen, die Konflikte abwiegeln oder ihnen auszuweichen versuchen. Männer verstecken sich oft hinter der Maske der Unerschütterlichkeit und tun so, als ob alles in bester Ordnung sei. Sie leugnen ihre Gefühle. Wir alle kennen Frauen, die darüber klagen, daß Männer mit ihnen nicht über ihre Gefühle oder über Dinge sprechen, die ihnen persönlich wichtig sind. Dieselben Frauen sorgen jedoch dafür, daß sich an diesem Mißstand nichts ändert, wenn sie angestrengt und höflich darüber hinwegsehen. Wenn Frauen die ersten Anzeichen von Schwierigkeiten ignorieren und Männer behaupten, daß alles in bester Ordnung sei, werden weder Fragen gestellt noch Antworten gegeben. Eine Scheinharmonie greift um sich.

Viele der von mir interviewten Männer bestanden auf der Notwendigkeit von »Schönwetterlügen«. Für sie waren solche Lügen »läßliche Sünden«. Die Schönwettermaske macht ihnen das Leben erträglich, weil sie ihnen ihre Ruhe garantiert. Genauer gesagt: Die Masken schützen ihn auch vor Ihrem Zorn darüber, daß Sie aus der Welt seiner wahren Gefühle ausgeschlossen bleiben. Sie sind aber nicht die einzige, die keinen Zugang zu seiner Gefühlswelt hat – oft gilt dies auch für ihn selbst.

Haben sie keine Gefühle?!

Da muß es doch auch Gefühle geben. Männer sprechen nur nicht darüber.

Laborantin, 23, alleinstehend

Männer verbergen ihre innersten Gedanken. Sie halten ihre Emotionen geheim.

Krankenschwester, 27, geschieden

Ich verschwieg meine Gefühle. Jetzt bin ich erbarmungslos ehrlich. Es ist schwer, ehrlich zu sein. Ich weiß nie, wie ich wirke. Ich war in meinen Antworten sehr ausführlich. Als ich die Wahrheit verschwieg, glaubte ich, alles unter Kontrolle zu haben, aber das war nur in meinem Kopf.

Computergraphiker, 37, alleinstehend

Ein anscheinend ratloser Sigmund Freud stellte einst die oft zitierte Frage: »Was will die Frau?« Eine Frage, die Frauen ratlos macht, lautet: »Was empfinden die Männer?« Für etwa ein Viertel der interviewten Frauen und Hunderte meiner Klientinnen und Studentinnen aus den letzten fünfzehn Jahren ist dies die große Frage. Und was die Lügen der Männer bezüglich einer falschen Harmonie betrifft, wird hier die richtige Frage denjenigen gestellt, die sie auch beantworten können.

Louise verstand die Frage erst einige Jahre nach ihrer Scheidung. Sie glaubte, den Mann, den sie neun Jahre zuvor geheiratet hatte, dessen Karriere sie willig unterstützte und dem sie Kinder gebar, zu kennen und zu verstehen. Zu spät entdeckte sie, daß sie ihn um einiges weniger gut kannte als die fiktiven Helden der Geschichten, die sie so gerne las und selbst schrieb. Der Mann, den Louise geheiratet hatte, entwickelte sich zu einem erfolgreichen Fremdgänger. Er täuschte sie so gründlich, daß sie noch fünf Jahre nach der mühevollen Scheidung ihrer, wie sie geglaubt hatte, stabilen und vertrauensvollen Ehe damit beschäftigt war, die Bruchstücke seiner Identität, seiner Liebschaften und seiner Lügen zusammenzusetzen. Sie mußte einsehen, daß er sie schon lange vor diesen Affären aus seiner Gefühlswelt ausgeschlossen hatte.

Zwischen Zorn und Verzweiflung schwankend, mußte sie erkennen, daß er wie viele Männer vermutlich gelogen hatte, um die Leerräume zu füllen, wo sich, wie er meinte, seine Gefühle befinden sollten. Es wurde ihr klar, daß er sich unzulänglich fühlte, weil er mit seinen Gefühlen nicht klarkam.

Die Fassade von Gelassenheit war für ihn ein praktisches Mittel, seine Unsicherheit und seinen inneren Aufruhr zu verbergen. Mit der Maske falscher Verbundenheit und falscher Harmonie versuchen Männer, ihre Unfähigkeit zu kaschieren, sich über ihre Gefühle auszusprechen, sich Rechenschaft zu geben, und sie auf diese Weise wieder zu kontrollieren.

Ich habe mit vielen Männern gearbeitet, die den Mut besaßen, in den tiefen Brunnen ihrer Gefühle zu tauchen – und frustriert mit leeren Händen wieder auftauchten. Immer wieder hörte ich die verschiedensten Varianten von: »Sie fragen mich dauernd, was ich fühle, was ich fühlte. *Ich weiß es nicht. Ich weiß einfach nicht, was ich fühle.*« Sie haben schon so lange nicht mehr auf ihre Gefühle geachtet, daß sie selbst dann nicht in der Lage sind, sie zu erkennen, wenn sie direkt mit ihnen konfrontiert werden. Wenn Ihnen das nicht einleuchtend genug erscheint, denken Sie an eine Situation zurück, als Sie wütend leugneten, wütend zu sein. Ihr Zorn war »blind«, selbst wenn er sich in Ihrer Stimme und der Anspannung Ihrer Muskeln äußerte. Andere sehen und hören ihn, aber nicht Sie selbst.

Genau dieses Problem scheinen viele Männer in weiten Bereichen ihrer Gefühlswelt zu haben. Doch warum kommen so viele Männer mit ihren Gefühlen nicht zurecht? Warum weichen sie ihnen aus? Manche Männer tun es deshalb, weil sie glauben, daß Gefühle etwas für Frauen, nicht für richtige Männer sind. Sie haben als Kinder gelernt, daß große Jungen Verletzlichkeit, Schmerzen oder Verunsicherung nicht zeigen dürfen. Ich habe Männer Anfang Zwanzig erlebt, die noch so sehr mit der Ablösung von einer starken Mutter und der Bestätigung ihrer Männlichkeit beschäftigt waren, daß sie, von ihrer emotionalen Sensibilität peinlich berührt, verächtlich über sich selbst sagten: »Warum kleide ich mich nicht gleich rosa wie die Mädchen?«

Die Maske der Intoleranz hat ihm vielleicht gute Dienste erwiesen, um sich von seiner Mutter und jetzt von Ihnen zu trennen. Bei vielen Männern hinterläßt die Leugnung der Gefühle jedoch eine große Leere. Sie haben größte Schwierigkeiten, ihre Gefühle mit dem richtigen Ton, den richtigen Worten und den subtilen Nuancen so zum Vorschein zu bringen, wie es nötig wäre. Viele Männer, vor allem in Männer-Selbsthilfegruppen, erfahren ein Gefühl der Machtlosigkeit statt der Stärke, wenn sie sich Gefühle erlauben. Die Entdeckung ihrer Gefühle kann für sie eine schwer zu bewältigende Herausforderung darstellen.

Der Ehe- und Familienberater John Amodeo schrieb 1994 in seinem Buch *Love and Betrayal:* »Wirkliche Kommunikation ist nur insofern möglich, als wir für die Vorgänge in unserem Inneren offen sind.« Man kann statt »Kommunikation« durchaus auch »Ehrlichkeit«, »Intimität« oder »Verbundenheit« sagen.

Hier liegt der Kern des Problems. Wenn Intimität auf Offenheit und der Fähigkeit beruht, Zugang zu seinen Gefühlen zu finden und sie mitzuteilen, stellt sie für viele Männer keine leichte Aufgabe dar. Wenn Intimität, echtes Gefühl und Machtlosigkeit zusammengehören, dann ist für viele Männer das Maß dessen, was sie ertragen können, bei weitem überschritten.

Stuart, der verheiratete Arzt im mittleren Lebensalter mit dem kleinen schwarzen Büchlein, brachte dies auf eine kurze Formel, als ich ihn fragte, was für ihn der häufigste Grund war zu lügen: »Gefühle. Ich lüge hinsichtlich meiner Gefühle Frauen gegenüber, meiner Reaktionen auf ihre Handlungen, ihre Offenheit. Ich lüge angesichts vieler verschiedener und gefährlicher Wahrheiten: Wahrheiten, die verletzen, Wahrheiten, die klären, Wahrheiten, durch deren Verbreitung man sich Feinde schaffen kann. Warum soll man die Wahrheit sagen, wenn sie weh tut? Ich lüge, um meinen eigenen Schmerz so gering wie möglich zu halten. In Beziehungen mit Frauen ist es besser, früh und leicht als spät und schwer verletzt zu werden.«

Lügen sind ein praktischer Weg, um Gefühle und die Wahrheit zu vermeiden, ein bequemer Schutz vor Intimität und der Konfrontation mit dem Selbst. Sobald Lügen jedoch zu einem Teil der Beziehungslandschaft geworden sind, vergrößern sie die Distanz zwischen den Partnern.

Wenn Sie diese Distanz nicht überbrücken, entsteht zwischen Ihnen und Ihrem Partner ein immer schwerer zu überwindendes Niemandsland. Nichts gedeiht auf diesem Land, und doch leben Sie weiterhin dort. Oft geben die Partner vor, ihre Beziehung sei noch lebendig. Sie haben aber nur einen Stillhaltepakt geschlossen.

Wenn Friede zum Ersatz für Harmonie wird

Friede und Harmonie werden wie Liebe und Ehe oft im selben Atemzug genannt. Friede und Harmonie können aber zwei völlig verschiedene Dinge sein. Für viele Paare wie für kriegführende Nationen bedeutet Friede nichts weiter als die

Abwesenheit offener Feindseligkeiten. Dies ist zwar bei weitem besser als Krieg, hat aber überhaupt nichts mit Harmonie zu tun. Ein oberflächlicher Friede ist nicht unbedingt das Ziel aller Wünsche, sondern stellt eine Form von Scheinharmonie dar, die nur duldet, lähmend wirkt und die Beziehung schließlich zum Stillstand bringt.

Harmonie erfordert eine bewußte und gegenseitige Offenheit und Vertrauen. Sie zwingt uns, der Beziehung den Vorrang zu geben, wenn Arbeit, Freunde, Kinder und persönliche Bedürfnisse ebenfalls unsere Aufmerksamkeit beanspruchen.

Für viele Männer hört sich das verdächtig nach Arbeit an. Wenn es darum geht, sich mit Unerfreulichem und Konflikten – die hatte er schon im Büro – auseinanderzusetzen, streikt er. Er möchte nichts weiter als:

Keine Auseinandersetzung. Keinen Streit. Keine Konflikte.

Im Grunde möchte er überhaupt nicht mit Gefühlen konfrontiert werden, egal, ob angenehme oder unangenehme. Wenn Männer nach Hause kommen, sind sie oft wie mittelalterliche Ritter, die nach der Heimkehr von ihrem Kampf mit dem bösen Drachen die Zugbrücke hochziehen und ihre Ruhe haben wollen. Sie glauben, ein Recht zu haben, sich eine Weile von Mühsal und Plagen, neugierigen Fragen und der gnadenlosen Kunst des Umgangs miteinander ausruhen zu können – auch um den Preis des Verlustes jeglicher Vertrautheit mit Ihnen.

Er entscheidet sich also für Frieden ohne Harmonie. Nachfolgend einige Techniken und Taktiken, mit denen er sich schnell Ruhe verschafft. Sie entstammen dem Erfahrungsschatz Hunderter von Paaren, deren Beziehung den »Frieden um jeden Preis« nicht überlebte.

Patentrezepte für Frieden und Harmonie:

- Quittiert alle Fragen des Typs »Was hast du, Liebling?« mit
  - Schweigen
  - Themenwechsel
  - Leugnen

- vermeidet es, Reizthemen anzusprechen;
- bricht das Gespräch ab, wenn es brenzlig wird;
- lügt, wenn Sie ihn vor vollendete Tatsachen stellen;
- gibt sich keine Blößen;
- ist immer viel zu beschäftigt, um Zeit für ein Gespräch zu haben;
- erteilt Auskünfte nur über das, was Sie unbedingt wissen müssen;
- tut so, als ob alles immer in bester Ordnung wäre, egal, was wirklich »läuft«;
- hält ein Geschenk für Sie bereit, um Sie zu besänftigen, wenn gar nichts mehr läuft.

Diese Taktiken bewirken nichts als Entfremdung. Den Frauen, die zu Hause bleiben, kann die unzugängliche männliche Person, die sie an der Tür begrüßen, das Gefühl vermitteln, in ihrem Leben unerwünscht zu sein. Die vielen anderen Frauen, die ebenfalls im Beruf ihren »Mann« stehen und am Abend in ihr Nest zurückkehren, suchen dort ebenfalls nach einer Insel, die frei ist von den Konflikten und Auseinandersetzungen der Arbeitswelt. Sie möchten einen Freiraum, in dem sie akzeptiert und verstanden werden. Rückzug ist aber meist nicht ihre Art. Beide Gruppen von Frauen betrachten das Zuhause als Heiligtum zur Pflege der sinnvollen Beziehung, nicht als Ort des Rückzugs, und meinen damit Gespräche, Diskussion und Verbundenheit.

Da ist er wieder, der grundlegende Unterschied, wie Männer und Frauen kommunzieren, den Lillian Rubin in *Intimate Strangers* so gut beschrieben und Deborah Tannen in *You Just Don't Understand* dokumentiert hat. Es ist, als ob Männer und Frauen unterschiedliche Idealvorstellungen davon hätten, wie alltägliche Beziehungen aussehen müßten – unterschiedliche Zielsetzungen und andere Interessen. Welcher Weg führt zur Harmonie?

Der Weg zur Harmonie

Denken Sie an die Ehen zurück, die Sie als Kind beobachten konnten. Wer umtänzelte wen? Wieviel Wut und Haß gärte unter der glatten Oberfläche? Wie oft brach sich die blanke Gehässigkeit Bahn? Erinnern Sie sich an einen Familienausflug oder an ein gemeinsames Essen, bei dem Sie zufällig Zeugin einer Eheszene oder eines regelrechten Rosenkriegs zwischen Tante Frieda und Onkel Erwin waren?

Sind Sie in Ihren langfristigen Beziehungen für Frieden um jeden Preis? Brodeln Spannungen unter einer trügerisch ruhigen Oberfläche, oder gibt es erbitterte Grabenkämpfe? Wie können zwei Menschen mit den unvermeidlichen Meinungs- und Auffassungsunterschieden so miteinander umgehen, daß sich kein verdrängter Groll aufbaut, der schließlich in einer großen Explosion zur Entladung kommt?

Wenn Sie in Ihrer Beziehung dauernde Harmonie erstreben, müssen Sie folgendes vereinbaren:

- Harmonie sollte ein wesentliches Element Ihrer Beziehung sein.
- Klären Sie gemeinsam, was in Ihrer Beziehung unter Harmonie zu verstehen ist.
- Nehmen Sie sich Zeit, um über die Schwachstellen in Ihrer Beziehung zu reden.
- Kommunzieren Sie miteinander *auch und gerade dann,* wenn es Ihnen schwerfällt.
- Erarbeiten Sie sich wirksame Konfliktbewältigungsstrategien.
- Lassen Sie sich durch Rückschläge nicht entmutigen und legen Sie sich zu diesem Zweck vielfältige Strategien zurecht.
- Seien Sie guten Willens, und bringen Sie viel Energie füreinander auf.

Wenn Sie glauben, daß dies nach Arbeit aussieht, dann haben Sie recht. Langfristig wird es sich für Sie mehr als bezahlt machen.

Wenn der Weg zur Harmonie nicht eingeschlagen wird

Wie können zwei Menschen, die sich mögen, einander entfremdet werden? Viele Männer und Frauen glauben, sich nicht mehr anstrengen zu müssen, wenn sie sich für eine dauerhafte Beziehung entschieden haben. Sie haben getan, was zu tun notwendig war, und möchten sich nun auf ihren Lorbeeren ausruhen. Paare achten nicht mehr darauf, was in ihrer Beziehung tatsächlich »läuft«, und beschränken sich darauf, die Tageskrisen zu bewältigen. Als der Mönch von Heisterbach schlief, drehte sich die Erde so wie immer und veränderte sich. Plötzlich werden Sie unsanft wachgerüttelt. Vielleicht starrt Ihnen aus dem Badezimmerspiegel das »Mittelalter« entgegen, vielleicht verlieren Sie Ihre »Anstellung auf Lebenszeit«, vielleicht verlieben Sie sich in ein aufregendes junges Blut.

Was ist also so schlimm daran, wenn Sie mit Lügen einen Modus vivendi gefunden haben und die Beziehung in »ruhigen« Bahnen verläuft? Das Problem besteht darin, daß Bequemlichkeitslügen Sie gerade dann in Sicherheit wiegen, wenn bei Ihnen die Alarmglocken schrillen und Sie Ihre Differenzen ausdiskutieren sollten. Diese Beruhigungslügen mögen alles mögliche bewirken, doch eines sicher nicht: dauerhafte Harmonie.

Wenn Schönwetterlügen Verunsicherung kaschieren

Die meisten Männer spüren, wenn irgend etwas nicht in Ordnung ist, auch wenn sie keinen Zugang mehr zu den spezifischen Gefühlen haben, die ihr Verhalten steuern. Manchmal bewirkt dies bei ihnen eine unangenehme Verunsicherung, die sich nur beseitigen läßt, indem man den Empfindungen und Motivationen nachspürt, die tief unter der Oberfläche mahlen. Statt ihre Gefühle und ihre Unsicherheit an die Oberfläche zu holen und sich mit ihnen auseinanderzusetzen, stülpen sie eine Schönwettermaske über ihre Zweifel, um wieder die Kontrolle über sich zu erlangen.

Jeff ist ein Beispiel dafür. Der noch unverheiratete Siebenunddreißigjährige erzählte von den Schwierigkeiten, seine Beziehung zu Amy, seiner ersten Freundin auf dem Gymnasium, zu beenden: »Meine erste Lüge bestand in meinem Unvermögen, ihr zu sagen, daß ich sie nicht heiraten wollte. Ich war drauf und dran, sie zu fragen, ob sie mich heiraten wollte, und in meinem Kopf hämmerte es: ›Das geht nicht gut, das geht nicht gut.‹«

Jeff wußte, daß etwas nicht in Ordnung war, doch er mußte in einem Gewirr von Beziehungen und Gefühlen, seinen eigenen und ihren, Klarheit schaffen. Was er suchte, war Gewißheit und eine saubere Lösung. Jeff hat offensichtlich sorgfältig über die Schwierigkeit, seine eigene Unsicherheit wahrzunehmen und mit ihr klarzukommen, nachgedacht: »Hinter der Lüge stand die Tatsache, daß ich keine Verantwortung für meine eigenen Erkenntnisse übernehmen wollte. Ich mußte alles unter Kontrolle haben. Ich war unfähig zu sagen: ›Ich weiß nicht, wie ich mir diese Beziehung künftig vorstellen soll, doch ich möchte es herausfinden.‹ Ich brachte es nicht fertig, ihr zu sagen: ›Ich bin mir nicht sicher, daß du diejenige bist, mit der ich den Rest meines Lebens verbringen möchte.‹ Mein Unbehagen war so groß und meine Entschlußkraft, die Beziehung zu beenden, so gering, daß ich hoffte, sie würde es für mich tun, weil ich es nicht konnte.«

Jeff bringt damit sehr viel zum Ausdruck: Er hatte das unabweisbare Bedürfnis, Herr der Lage zu sein, eine Entscheidung zu fällen und eine klare Antwort auf die schwerwiegende Frage der emotionalen Bindung zu finden. Dieses

Bedürfnis hat nicht nur Jeff, es stellt ein wesentliches Element der Rolle des Mannes in unserer Kultur dar. Trotzdem wirkte sich dieses Bedürfnis nach Kontrolle und Gewißheit auf ihn negativ aus. Als er beides nicht erreichen konnte, wußte er nicht, wie er Amy die unerfreuliche Wahrheit seiner Sicht ihrer gemeinsam ins Auge gefaßten Zukunft beibringen sollte. Jeff wußte, daß er Zweifel hatte, doch er fühlte sich nicht in der Lage, es Amy zu sagen. Er hatte keine Ahnung, wie er mit ihrer Erschütterung umgehen sollte. Als Jeff einen Versuch unternahm, Schluß zu machen, schien ihm Amy so bestürzt zu sein, daß er es sein ließ und danach so klug wie zuvor war.

Schlimmer noch: Als Amy ihrerseits auszubrechen versuchte und sich mit jemand anderem traf, holte Jeff sie zurück; obwohl er sie nicht wollte, machte er auf der Stelle Besitzansprüche geltend. Jeffs Ambivalenz führte dazu, daß Amy aus ihm nicht schlau werden konnte. Schließlich schob er ihr die Verantwortung für das Ende ihrer Beziehung zu und ärgerte sich immer mehr darüber, daß Amy sich nicht entschied. Amy erkannte schließlich, wo das Problem lag, und erbarmte sich seiner, indem sie die Beziehung definitiv beendete und einen anderen Mann heiratete.

Jeff versagte nicht nur insofern, als er unfähig war, seine eigene emotionale Ambivalenz und seine Unentschlossenheit zu akzeptieren und darüber zu sprechen. Er litt auch an einem Mangel an Empathie. Jeff wollte Amy die Verantwortung für seine Gefühle übergeben; sie sollte eine entsprechende Entscheidung fällen, während er seinerseits unfähig war, sich in sie hineinzuversetzen und herauszufinden, was sie wollte. Sein Mangel an Selbsterkenntnis und sein Mißbehagen waren zwar verständlich, doch weil er sich nicht ehrlich damit auseinandersetzte, verletzte er Amy.

Natürlich kann Jeff noch dazulernen. Wenn er noch mehr Erfahrungen sammelt, wird es ihm vielleicht besser gelingen, sein Bedürfnis nach Wohlbefinden mit der Ehrlichkeit in Einklang zu bringen, die für eine vertrauensvolle Beziehung notwendig ist. Jeff steht aber mit seinem Verhalten nicht allein da. Es ist in jeder Lebensphase schwer, Bande der Zuneigung zu jemandem zu durchschneiden. Männer und Frauen wissen gleichermaßen, wie schwierig dies sein kann. Manche Männer weigern sich, die Verantwortung für ihre eigenen Gefühle zu übernehmen und überlassen es wie Jeff der Frau, Schluß zu machen. Ein Werbegraphiker, seit fünfunddreißig Jahren unglücklich verheiratet, bekannte: »Jeden Tag bete ich, daß meine Frau einen schwerreichen Arzt findet, sich rasend in ihn verliebt und unvorstellbar glücklich ist.« Die Dinge entwickelten sich aber ganz anders: Er fand eine blutjunge Studentin, verliebte sich rasend in sie und war unvorstellbar untreu. Seine Frau ist nun ein Single Mitte Sechzig.

Wenn Gefühle verschleiert werden, ist jede Entschuldigung recht

Manche Männer sind unfähig, die Wahrheit über ihre Gefühle zum Ausdruck zu bringen. Ihnen ist jede Ausrede recht, um eine Veränderung in der Beziehung herbeizuführen. Je ernsthafter die tatsächlichen Gefühle sind, desto trivialer ist oft die Ausrede. Ruth, eine fünfundfünfzigjährige Grundstücksmaklerin, kann ein Lied davon singen. Sie ging seit einem Jahr mit Isaac, und in ihrer Beziehung schien alles gut zu laufen. Eines Tages kaufte sie ein T-Shirt, das Isaac beim Tennisspielen anzog. Danach bat er sie, sein T-Shirt zu waschen; sie lehnte dies ab – ein Alltagsereignis, das normalerweise keine große Affäre wäre: »Er machte mir aber eine Szene, weil ich sein Hemd nicht waschen wollte, und lief davon. Ich dachte mir, daß er einfach schlechter Laune sei, doch dann erkannte ich, daß er allen Ernstes die Beziehung beenden wollte. Wie trivial.«

Es war trivial. Weniger trivial war die Tatsache, daß er sich für eine andere interessierte. Ruth weiß heute, im nachhinein klüger geworden, daß er nach einem Grund suchte, *nach ir-*

gendeinem Grund, um die Beziehung zu beenden. Was wäre ihr lieber gewesen? Die Antwort, die auch Tausende anderer Frauen geben würden: Sie wollte die Wahrheit hören. Ruth wäre es lieber gewesen, wenn er »die Wahrheit gesagt hätte, daß er eine andere hatte, auch wenn es weh tat. Ich wollte wissen, was der eigentliche Grund war«.

Lügen, um ihrem Zorn zu entgehen

Lügen haben kurze Beine, und irgendwann kommt die Wahrheit zutage. Warum also erst lügen? Warum nicht gleich Farbe bekennen? Dies sind Fragen, über die sich nicht wenige kluge und wache Frauen den Kopf zerbrechen. Die Antworten sind komplex und müssen sich an den verschiedenen Persönlichkeiten, Beziehungen und Situationen orientieren. Wäre ich zu einer kurzen Antwort verpflichtet, würde ich sagen, daß es die Angst der Männer ist, sich dem furchtbaren Zorn einer Frau auszusetzen.

Die Vorstellung, daß Männer lügen, um dem Zorn einer Frau zu entgehen, überrascht manchmal sogar sehr klarsichtige Frauen, die dann zugeben, daß Männer alle Fäden der Macht in den Händen halten und daß Konfrontation und Dominanz die Domäne der Männer seien. Darauf sollten Sie sich nicht verlassen. Denken Sie daran, daß jeder erwachsene Mann einmal ein kleiner Junge war und daß die Mehrzahl dieser kleinen Jungen von einer mächtigen Mutter erzogen wurden, die sie bestrafen und demütigen konnte. Aus der Sicht des Kindes konnte diese weibliche Autorität in einer bedrohlichen, unvorhersehbaren und einschüchternden Weise agieren. Ebenso unangenehm für einen kleinen Jungen ist eine zu starke Identifizierung mit dieser mächtigen Frau, die sein Leben kontrolliert, bei der er riskiert, für ein Muttersöhnchen gehalten zu werden und Beschämung und Demütigung auf sich zu laden. Schließlich stehen kleine Jungen im Gegensatz zu kleinen Mädchen vor der großen Aufgabe herauszufinden, wie sie sich von dieser starken und mächtigen Mutter trennt und mit anderen Jungen und Männern verbündet. Am Ende dieser Trennung müssen sie im Verlauf ihrer Kindheit zu ihrer Identität finden und ihre Unabhängigkeit in einer Weise darstellen, die der Welt unmißverständlich kundtut, daß man »Mann« nicht »Frau« ist.

Zu diesem Zweck suchen Männer seit jeher Stimme und Identität in der Welt außerhalb ihres Zuhauses, außerhalb der Kernbeziehung. Diese Stimme ist typischerweise in der Berufswelt und in der Öffentlichkeit zu vernehmen. Sie brauchen nur im amerikanischen Radio ein Programm mit Wortbeiträgen einzustellen, um die öffentliche männliche Stimme in unverfälschter Form zu hören: Ihr Ton läßt alles Persönliche vermissen.

Frauen dominieren in der Privatsphäre, in der Welt der persönlichen Bindungen. Männer fühlen sich hier äußerst unwohl und neigen sehr stark dazu, sich zu isolieren, wenn ihre schnellen Lösungsmodelle den Schmerz ihrer Partnerinnen nicht ändern oder sie selbst vor bohrenden Fragen nicht schützen können. In diesem Bereich klagen Frauen am beredtsten über die Unfähigkeit der Männer, mit ihnen über ihre Gefühle zu sprechen, sie ernst zu nehmen und mitfühlend auf die Person einzugehen. Hier werden die Lügen und das Schweigen der Männer darüber, wer sie sind, von den Frauen in ihrem Leben als besonders treulos empfunden.

Das Groteske daran ist, daß Frauen an den Männern die Tatsache erzürnt, nicht Klartext zu reden und nicht auf sie einzugehen, während Männer lügen und sich isolieren, um den Zorn der Frauen zu vermeiden. Offenbar drehen wir uns hier im Kreise, was erhebliche Folgen für den Dialog und die Wahrhaftigkeit zwischen den Geschlechtern mit sich bringt.

Werfen wir einen Blick hinter die »Schönwettermaske«, um zu sehen, wie sie Intimität verhindert.

Wenn die »Schönwettermaske« seine Beschämung und seinen Zorn verschleiert

Ich sage ihnen, daß alles in bester Ordnung ist, auch wenn es nicht stimmt. Ich verschweige Dinge, die meine Partnerin verletzen oder enttäuschen könnten.

Jake, Filmproduzent, 35, verheiratet

Erinnern Sie sich noch an Jake, nach eigenem Bekunden pathologischer Lügner auf dem Wege zur Besserung? Er ist nun zum dritten Mal verheiratet und kann stolz auf über zwanzig Affären zurückblicken. Welche Beziehungslüge steht bei ihm an erster Stelle? Ohne eine Spur von schlechtem Gewissen sagt Jake: »Ich sage ihnen, daß alles in bester Ordnung ist, auch dann, wenn es nicht stimmt.« Und er fügt in einer Parenthese hinzu: »Einer der Gründe, warum ich so gut log, war, daß ich nicht wirklich log – ich sagte nur nicht die ganze Wahrheit.«

Jake gibt bereitwillig zu, daß er sich nicht gerne mit seinem Zorn und dem seiner Frau auseinandersetzt. Er erzählt, daß er vorige Nacht seiner Frau Christy erklärt hatte, er sei zu müde, um mit ihr zu schlafen. Die Wahrheit war: »Ich wollte nicht mit ihr schlafen. Ich ärgerte mich noch über etwas, was sie an diesem Tag getan hatte.«

Die Lüge, die Maske des »zu müde zum Sex«, war eine Strafe, weil Christy ihn brüskierte, als er eine CD nicht in die Hülle zurückgesteckt hatte.

Obwohl Jake der Arbeit an seinem Lügenproblem Priorität eingeräumt hatte, löst sich sein Vorsatz, ehrlich zu sein, in nichts auf, als Christy ihn fragt, ob er ihr böse sei. Seine reflexartige Reaktion ist: »Nein.« Es ist sehr wahrscheinlich, daß sich unter der Oberfläche von Jakes Zorn Scham und Demütigung verbergen. Bewußt oder unbewußt fällt es ihm immer noch schwer zuzugeben, wie sehr ihn etwas offensichtlich Geringfügiges irritiert hat.

Jake behauptet, er lüge, um eine Konfrontation zu vermeiden. Seine Frau erwartet, »daß ich mich bemühe, die Wahrheit zu sagen«. Stellt sie ihn zur Rede? »Ganz vorsichtig«, behauptet Jake. »Sie weiß Bescheid. Sie ist nicht dumm. Sie sagt: ›Willst du mir nicht etwas sagen?‹« Beachten Sie, wie schnell sie in die typisch weibliche Rolle der Beziehungsbewahrerin schlüpft. Jake will jedoch nichts davon wissen. Er bockt und versucht sie zu beruhigen, indem er erklärt, daß alles in bester Ordnung sei.

Nichts ist in Ordnung, gar nichts – darin besteht die große Lüge der falschen Harmonie. Für Jake bringt die Konfrontation mit Christy die Gefahr mit sich, seine Beschämung und Hilflosigkeit sich selbst und ihr eingestehen zu müssen. Sie würden zu jener empfindlichen Stelle vordringen, die ein Potential an Intimität, Selbsterkenntnis und gegenseitigem Verständnis in sich birgt. Jake ist noch nicht soweit. Er weist ihr Angebot zurück und zieht sich hinter seine Maske zurück.

Eiertanz

Viele Männer und Frauen setzen nicht erst nach zwanzig Jahren Ehe die Schönwettermaske auf, um Konflikte zu unterdrücken. Bei ihnen beginnt diese Strategie schon früh und hat lange Bestand.

Lenn ist Informatiker, ein ansehnlicher Mann und erst dreiundzwanzig Jahre alt. Im fünften Jahr seiner Beziehung mit Ellen weiß er schon ganz gut, was eine langfristige Beziehung ist. Als wir auf seine letzten Lügen zu sprechen kommen, bei denen ihn Ellen ertappte, wiegelt er ab und behauptet, er sei nur bei »winzigen Lügen« ertappt worden. Ich greife den Köder auf und frage: »Welche winzigen Lügen?« »Ich habe die dumme Gewohnheit, Tabak zu kauen, und meine Freundin fragte mich, ob ich jemals Tabak gekaut hätte. Ich leugnete es ab. Später erwischte sie mich mit dem Priem im Mund.«

Ich frage ihn, warum er deswegen log. Er blickt mich ungläubig an und erklärt geduldig: »Ich habe es verschwiegen, damit sie sich nicht aufregt und wir ein Gespräch führen müssen, das nichts bringt. Um nicht ihrem Zorn ausgesetzt zu sein, damit sie mich nicht anschreit.«

Dann fügt er hinzu: »Wir gehen schon fünf Jahre miteinander«, als ob dies seinen Worten erst ihr wahres Gewicht verleihen würde. Ich frage ihn: »Hatten Sie die Absicht, es zu verschweigen?« Ja. Und wie plant Len, diese »winzige Lüge« Ellen gegenüber einzusetzen? »Durch meine Lüge wollte ich Rücksicht auf ihre Verfassung nehmen, ohne dabei zu weit zu gehen. Für sie macht es doch nichts aus. Ihre Frage ist ebenso wie ihr Zorn nur eine konditionierte Reaktionsform.«

Lenn betrachtet also Ellens Fragen als Reaktionsreflexe, während seine Lüge reine Nächstenliebe, nicht Selbstschutz ist. Dann denkt er nach und fügt hinzu: »Die meisten Lügen erzähle ich ihr, wenn sie ihre Tage hat, weil es dann immer kritisch ist. Dann giftet sie mich mehr an als sonst. Ein wahrer Eiertanz. Ich erzähle ihr Lügen, um nichts anbrennen zu lassen. Es sind Vermeidungslügen. Ich lüge, um ihren Zorn zu vermeiden und sie nicht zu enttäuschen; ich behelfe mir mit Ausflüchten.«

Lenn wirkt überzeugend. Seiner Beschreibung zufolge führt Ellen ein wahres Schreckensregime. Verständlich, daß er »winzige Lügen« erzählt. Nur keine Schwierigkeiten! Wenn man seine Geschichte hört, gewinnt man allerdings den Eindruck, er berichte über seine Erfahrungen mit einer anspruchsvollen und zornigen Mutter, die die Macht besitzt, ihn zu demütigen und zu beschämen.

Die Gefühle unterschlagen, damit sie sich nicht aufregt

Es war eine Unterlassungslüge, meiner Frau nicht zu sagen, wie ich über ihr Geschäft, das kein Geld abwarf, dachte. Wir benötigen ihr Einkommen, damit es uns halbwegs gutgeht.

Geschäftsleiter, 44, verheiratet

Warren, glücklich verheiratet, erzählt, wie er im Laufe seiner zehn Ehejahre ehrlicher wurde, wobei er hinzufügt, daß seine Frau »von Beginn an absolut ehrlich zu mir war«. Welche Geheimnisse verbirgt Warren immer noch vor seiner ehrlichen Frau? Ach, nur seine Gefühle: »Wie ich etwas wirklich empfinde; ich behaupte, daß irgend etwas in Ordnung ist. Schon okay.«

Warum lügt er bei seinen Gefühlen, wenn er sonst versucht, ehrlich zu sein? »Ich belüge meine Frau, indem ich ihr etwas verschweige, das ihre Gefühle verletzen könnte.« Er meint also, auf ihre Gefühle Rücksicht zu nehmen, indem er die eigenen zurückhält. Aber weiß sie nicht dennoch, was er empfindet? Ich insistiere, und in seinen Worten kommt der Rhythmus der Wahrheit zum Vorschein: »In der Ehe... wird man verletzlicher. Hier gibt es eine gewisse Offenheit. Vielleicht ärgert man sich darüber, was sie gerade tut, doch man sagt: ›Geht in Ordnung‹, weil man die Beziehung nicht gefährden will. Man befürchtet, verlassen zu werden... ich mag die damit verbundenen Auseinandersetzungen nicht. Ich verberge meine Gefühle hauptsächlich, um Konfrontationen aus dem Wege zu gehen; man wird verletzlicher, wenn man ein intimeres Verhältnis zueinander hat; ich versuche, Streit zu vermeiden.«

Gibt es zur Zeit ein Problem zwischen ihnen? Zum Beispiel ein Problem finanzieller Art: »Sie hat ein eigenes Geschäft, mit dem wir nicht unser Auskommen finden. Es wäre mir lieber, wenn sie sich wieder eine Festanstellung suchen würde, damit wir mehr Geld zur Verfügung haben. Aber was soll ich ihr sagen? ›Warum verdienst du nicht zwanzigtausend Dollar mehr?‹ Ich mag keine Konfrontationen.«

Obwohl Warren behauptet, daß er sich in der Beziehung mit seiner Frau verpflichtet hat, ehrlich zu sein, trägt er am Ende doch die Maske des Friedens um jeden Preis. Warum? Weil er eine unüberwindbare Konfliktscheu hat und fürchtet, seine Frau zu beleidigen. Ist es denn so schlimm, seine Gefühle zu unterdrücken, weil man Angst vor einer Konfrontation mit seiner Frau hat?

Allerdings. Untersuchungen haben gezeigt, daß die glücklichsten Paare diejenigen sind, die Auseinandersetzungen haben, streiten und sich über den jeweiligen Partner beschweren. Sie bringen regelmäßig ihre Meinungsverschiedenheiten zum Ausdruck und tun nicht so, als ob alles in Ordnung wäre, indem sie ihren Ärger, der nach Monaten, Jahren oder auch Jahrzehnten explodiert, hinunterschlucken. Die »Schönwettermaske« ist hingegen das Alltagsgewand, das tägliche Rüstzeug der Beschwichtiger und Vermeider, die jeder Konfrontation aus dem Weg gehen. Diese Friedfertigen um jeden Preis haben größte Mühe, jene unvermeidlichen Konflikte aufzuarbeiten, die in jeder engen Beziehung vorkommen. Sie haben eine nicht zu unterdrückende Neigung, alles Unerfreuliche unter den Teppich zu kehren. Dort sammeln sich dann im verborgenen alle möglichen Verletzungen, Kränkungen und Demütigungen an. Eines Morgens während eines Streits darüber, wer den Kaffee machen soll, bricht sein Unglück hervor, und er schafft seinem Ärger über eine Bemerkung Luft, die sie vor zwei Jahren auf einem Firmenfest gemacht hat, läßt eine Andeutung fallen über eine Affäre, die er vor einem Jahr hatte. Nicht aufgearbeitete Probleme schwären so lange, bis sie eines Tages mit Macht an die Oberfläche drängen.

Wenn diese wirklichen und eingebildeten Beleidigungen unaufgearbeitet bleiben, entsteht für die Beziehung das Problem:

> Auch wenn er selbstlos zu handeln scheint,
> werden Sie letztlich dafür bezahlen.

Groll und Ärger bleiben selten so unerkannt, wie man es als Betroffener annimmt. Sie finden Einzug in die Gemeinschaftsräume unseres Alltags – in Schlafzimmer, Wohnzimmer und noch weiter –, wo sie eine zerstörerische Wirkung entfalten.

Geschichten aus drei Ehen

Mein erster Ehemann hörte auf, mich zu belügen, als wir drei Jahre miteinander gegangen und zwei Jahre lang verheiratet waren: Er teilte mir mit, daß er unglücklich sei, und ließ die Lüge platzen, wonach alles in Ordnung sei.

Bankrevisorin, 33, verheiratet

Wir haben gesehen, wie die Maske der falschen Harmonie Scham und Zorn verschleiert und Auseinandersetzungen unterdrückt. Die meisten von uns haben in ihren Alltagsbeziehungen irgendeine Form von Schönwettermaske kennengelernt. Diese Lügen sind besonders schwer zu erkennen, weil sie sehr oft Unterlassungslügen und keine dreisten Behauptungslügen sind.

Doch was geschieht, wenn sich die Maskierung zu einer Lebensform entwickelt, wenn Verschweigen für Harmonie gehalten wird statt für jene vorübergehende Einstellung der Feindseligkeiten, die es in Wirklichkeit ist? Wenn man mit seinen Rollen und Aufgaben verheiratet ist, statt mit einem Menschen? Haben wir uns eine Lüge zurechtgelegt, die den Zweck erfüllt, uns vor der Nähe zu einem anderen Menschen, vor dem Risiko der Zurückweisung und der Auseinandersetzung mit unseren eigenen Ängsten zu schützen? Vielleicht sehnen sich alle Menschen nach Verbundenheit und wollen den Preis dafür nicht bezahlen.

Zwei perfekte Ehen

Ich weiß von einem Paar, dessen vollkommene Ehe allseits gerühmt wurde. Auch als vielbeschäftigte Ärztin schien Allison Zeit für Glens Mittagessen und seine Lieblingsleckereien zu finden. Auf Partys küßten sie sich, hielten Händchen, und sie saß auf seinem Schoß. Ständig waren sie füreinander da, nie sah sie jemand einen Streit anzetteln. Jeder Augenblick, jede Interaktion war perfekt choreographiert. Sie bewegten sich wie Eiskunstläufer im sublimen Synchronschritt. Sie machten beide Karriere. Ihr Glück und ihr Leben schienen nahtlos perfekt zu sein. Dann platzte eines Tages die Bombe: Glen verließ Allison wegen einer anderen Frau. Allison war schockiert. Er hatte ihr niemals auch nur den geringsten Hinweis gegeben, daß irgend etwas nicht in Ordnung sein könnte, daß ihr Sexualleben nicht befriedigend, ihr gemeinsames Leben nicht ideal gewesen wäre. Bei all der Perfektion, die sie geschaffen hatten, war kein Raum für Differenzen übriggeblieben. Die neue Frau war nach einigen Monaten wieder verschwunden, doch Glen kehrte trotzdem nicht zurück, und Allison konnte nie verstehen, wie etwas so Vollkommenes hatte scheitern können.

Oder nehmen wir als Beispiel Susan, die perfekte Ehefrau: Sie lernte Stephen während ihres letzten Schuljahres auf einem College in New England kennen. Er besuchte eine technische Fachschule in der Nähe und war der erste Mann, der sie ausführte. Bevor sie Stephen begegnet war, hatten sich Susans Aktivitäten nur auf das College beschränkt. Als Stephen ihr den Hof machte, ließ sie alles liegen und stehen, heiratete ihn noch vor dem Abschlußdiplom und wurde zur vollkommenen Ehefrau. Sie wusch seine Kleider von Hand, backte Brot für ihn, führte einen makellosen Haushalt und ließ zwei Kindern eine überaus sorgfältige Erziehung angedeihen, während Stephen in seiner Firma eine steile Karriere machte. Stephens Aufmerksamkeit für Susan beschränkte sich auf die knappe Zeit zwischen den langen Stunden im Büro und zahlreichen Geschäftsreisen, doch er schien wirklich glücklich zu sein. Zwanzig Jahre tat Susan alles für ihn und war die vollkommene Ehefrau und Mutter. »Eines Tages lud er mich zu einem Spaziergang in einem Park in der Nähe unseres Hauses ein. Er nahm meine Hand in die seine, blickte mir in die Augen und sagte: ›Susan, ich liebe dich nicht mehr.‹ Ich war fassungslos und völlig überrascht. Dafür hatte es bislang nicht den geringsten Hinweis gegeben. Sooft ich ihm eine entsprechende Frage stellte, sagte er: ›Alles läuft bestens.‹ Eine Woche später verließ er mich und zog zu einer Achtundzwanzigjährigen. So ging eine zwanzigjährige Beziehung zu Ende. Wenn er irgend etwas gesagt hätte, hätte ich etwas daran ändern können, aber er sagte nie ein Wort.«

Diese beiden Berichte veranschaulichen ein schwieriges Problem. Diese Paare führten keine perfekte Ehe, sondern lebten mit einer perfekten Arbeitsteilung, die keinen Raum für wirkliche emotionale Ehrlichkeit, geschweige denn für Intimität ließ.

Mann und Frau richteten in diesen perfekten Ehen ihre Eitel-Sonnenschein-Beziehung nach ihrer jeweiligen Rolle aus. Sie erfüllten ihre Pflichten und Aufgaben mit militärischer Korrektheit. Er war der Ernährer, sie die treusorgende Hausfrau. Doch wo war der private Austausch, die Bereinigung von Differenzen, das Ringen um eine gemeinsame und ständig sich wandelnde Lebensauffassung? Diese vollkommenen Paare vergaßen, daß es in Beziehungen letztlich um Bezogenheit geht – Bezogenheit aufeinander.

Tom, Unternehmensberater, faßt dies so zusammen: »Frauen lügen, um dem männlichen Ego zu schmeicheln, und Männer lügen, betrügen und unterdrücken Informationen, um Beziehungen herzustellen und am Laufen zu halten, ohne Rücksicht auf das wirklich Nötige.« Diese Paare haben die Person des Partners aus den Augen verloren und somit auch die verwirrende Regellosigkeit zweier Menschen, die erst eine echte Verbundenheit ermöglicht.

Wenn die verborgene Wahrheit zum Vorschein kommt

Es folgt die außergewöhnliche Geschichte eines Friedens ohne Harmonie, einer Verleugnung ohne Konfrontation und des letztendlichen Durchbruchs der Wahrheit, die zur Kenntnis genommen werden will. Die Akteure verhalten sich auf den ersten Blick wie Durchschnitts-Vorstadtbewohner aus der Mittelschicht irgendwo in Amerika.

Veronica, Rektorin einer Sonntagsschule, ist heute geschieden und lebt im Südwesten. Sie war zweiundzwanzig Jahre lang verheiratet und glaubte an das große Glück, das sich in ihrer Ehe jedoch nicht einstellte. Im Rückblick sind die Warnzeichen deutlich zu erkennen, doch damals wollte Veronica sie nicht zur Kenntnis nehmen. Die ersten Anzeichen machten sich kurz nach der Geburt des ersten Kindes bemerkbar. Das Problem schien eine Bagatelle zu sein. Jerry wollte ins Lebensmittelgeschäft etwas einkaufen gehen: »Es dauerte Stunden. Er behalf sich danach mit Ausflüchten. Mir wurde klar, daß er log, aber er rückte nie mit der Wahrheit heraus. Etwa vier Monate später wurde mir klar, daß er mehrere Freundinnen hatte. Ich war schockiert, fühlte mich betrogen, stellte ihn jedoch nie wegen seiner Lügen zur Rede.«

Trotz ihres Verdachts, daß Jerry mit ihrer besten Freundin eine Affäre hatte, tat Veronica so, als ob alles in Ordnung sei. Er spielte dasselbe Spiel. Zwölf Jahre später gab er die Affäre zu. Warum gestand er alles nach so vielen Jahren?

Es geschah nicht freiwillig. Veronica ging für die Steuererklärung die Abrechnungen der Kreditkarten durch, als sie etwas fand, das »nach einem Stapel von Quittungen von Prostituierten aussah«. Veronica erzählt weiter: »Ich wußte, daß er erhebliche Probleme hatte. Ich machte mir Sorgen um seine psychische Verfassung. Ich fürchtete, ihn völlig fertigzumachen. Ich beriet mich mit einer Psychologin. Dann rief ich ihn an. Ich sagte zu ihm: ›Da ist irgend etwas auf der Kreditkarte. Irgend etwas stimmt nicht.‹ Aber es sollte noch dicker kommen, als ich dachte... Er telefonierte stundenlang mit mir und teilte mir mit, daß er zu Prostituierten ging und Affären hatte. Ich dachte, vielleicht eine oder zwei. Aber es war schlimmer, als ich mir jemals gedacht hätte. Was er mir verheimlichte, war eine sexuelle Abhängigkeit von Prostituierten. Er gestand alles.«

Veronica wußte, daß sie keine perfekte Ehe führten. Sie verdächtigte Jerry schon seit über zwölf Jahren, sie zu belügen. Doch sie hatte ihn nicht einmal zur Rede gestellt, sondern über alles hinweggesehen. Sie fragte nichts, und er sagte nichts. Jetzt ließ sich die Wahrheit nicht mehr vom Tisch wischen. Wie reagierte sie, als die Schönwettermaske abbröckelte und die bittere Wahrheit zum Vorschein kam? »Ich hatte Angstzustände und Atemnot. Ich dachte, mein Leben wäre vorbei. Eine Woche lang war ich völlig am Boden zerstört. Er erzählte mir noch alles mögliche dazu. Dann begriff ich, es fiel mir wie Schuppen von den Augen. Wenn man so massiv belogen wird, fühlt man sich selbst ein wenig verrückt. Als er alles gestand, fühlte ich mich weder verrückt noch dumm. Meine Angst hatte mich daran gehindert auszusprechen, daß ich befürchtete, meine Familie würde zerbrechen.«

Es ist faszinierend zu beobachten, wie Veronica, als Jerry heraussprudelte, was er ihr so lange verheimlicht hatte, trotz all ihres Schmerzes und ihrer Entdeckungsangst physisch erleichtert war, die Wahrheit zu hören. Sie drückte es zwar anders aus, doch fühlte sie sich letztlich als ganzer Mensch. Die Befürchtung, ihre Familie und ihre wirtschaftliche Sicherheit zu verlieren, war stärker als ihr Bedürfnis, die Wahrheit zu erfahren. Nun war die Maske der falschen Harmonie, die eine existentiell bedrohliche Wahrheit kaum verhüllte und nicht nur ihre Intimität beeinträchtigte, sondern auch ihr Wohlbefinden und ihre seelische Gesundheit, endlich gefallen.

Trotzdem war Veronica noch nicht bereit, Konsequenzen daraus zu ziehen. Sie blieb noch weitere fünf Jahre mit Jerry zusammen, klammerte sich an die Hoffnung, daß sie gemeinsam das Vergangene aufarbeiten könnten und alles wieder gut würde. Praktische Probleme kamen hinzu. Veronica hatte nur eine Teilzeitbeschäftigung; sie war emotional an einem Tiefpunkt angelangt und – wie Jerry – von Scham erfüllt. Sie erzählte, wie überrascht Jerry darüber war zu hören, daß sie bleiben und einen Neuanfang versuchen wollte. Sie stand zu ihrem Ehemann, ließ sich aber dennoch psychotherapeutisch beraten und lernte, sich besser durchzusetzen: »Er nahm an einem Programm für Sexsüchtige teil... und ich versuchte zu verstehen, warum ich diese Beziehung nicht aufgeben wollte. Ich zog Grenzen. Ich sagte zu ihm: ›Wenn du mich noch einmal betrügst, ist es aus mit uns.‹«

Veronica engagierte sich: Beide gingen zu Treffen, lasen Bücher, machten eine Therapie. Sie führten viele Gespräche miteinander, und sie hörte ihm zu, was er über sexuelle Sucht zu sagen hatte. Sie hatte nun das Gefühl, ihm stärker verbunden zu sein. Beide vereinbarten, daß sie keine außerehelichen Beziehungen haben würden. Was dann geschah, ging für Veronica zu weit; sie war glücklicherweise stark genug, um auf ihr eigenes Leben und Wohlbefinden zu achten: »Er rief an. Die Polizei hatte ihn aufgegriffen, weil er sich mit einer Prostituierten eingelassen hatte. Dies ließ ich ihm nicht mehr durchgehen: Wir trennten uns. (...) Danach fand ich heraus, daß er sich schon das ganze Jahr über herumgetrieben hatte. Er belog mich. Ich hatte Angst vor Aids. Ich hatte ihm vertraut, doch er hatte mein Vertrauen nicht verdient. Nun nahm ich meine Zuflucht zu Gott. Ich hielt einen Augenblick inne, und eine Stimme sagte zu mir: ›Folge dem Licht, verlasse die Dunkelheit.‹ Ich blickte nicht mehr zurück. Ich wurde geführt... ich spürte, wie mich ein höheres Wesen aus der Dunkelheit führte...«

Als ich Veronica fragte, was sie heute anders machen würde, antwortete sie: »Ich würde anders damit umgehen. Ich würde meinen Instinkten vertrauen. Den Mut aufbringen, etwas zu tun. Die Scheu überwinden und sagen: ›Da stimmt etwas nicht.‹ Als wir noch miteinander gingen, hätte ich ihm sagen können: ›Wenn du in meiner Gegenwart unaufmerksam bist, verletzt das meine Empfindungen.‹ Ich war viel zu sehr damit beschäftigt, auf seine Gefühle zu achten, statt auf meine eigenen. Ich habe meine Gefühle unterdrückt. Ich hatte nie gelernt, jemanden zur Rede zu stellen, der mich belügt.«

Veronica litt unter einem Lügner, der ihr Ehemann war, doch sie benutzte ihre Erfahrungen, um sich weiterzuentwickeln.

Anderen Frauen rät sie: »Vertraut auf euer inneres Gefühl, wenn irgend etwas nicht in Ordnung zu sein scheint, wenn euch jemand dauernd belügt. Laßt euch von Lügnern nicht für dumm verkaufen. Manche von ihnen sind sehr clever.«

Drei Ehen, drei Masken

Der Dichter John Donne schrieb: »Niemand ist eine Insel.« Die Psychologen sagen, weniger poetisch, daß menschliches Verhalten immer interaktiv ist. Unsere Handlungen beeinflussen andere und werden von anderen beeinflußt. Wir können nichts völlig isoliert von anderen tun. Dies gilt für die Ehe ebenso wie für jede andere Beziehung.

Die Partner der drei Ehen, von denen oben berichtet wurde, hatten die Absprache getroffen, die Maske des »Alles okay« aufrechtzuerhalten und Probleme, die unter der Oberfläche gärten, zu leugnen. Die Männer erzählten nur, was ihre Partnerinnen ihrem Gutdünken nach wissen sollten. Ihre Frauen bestanden nicht auf mehr Informationen und forderten keine Auseinandersetzung. Die Folge war eine oberflächliche Bilderbuchehe, in der kein Raum für die Unvollkommenheiten von Menschen aus Fleisch und Blut war, die sich weiterentwickeln und ändern können.

Bei den ersten beiden Ehen hätten Allison und Susan sowie ihre Ehemänner eine gute Chance gehabt, diese Beziehungen zu retten, wenn sie darüber gesprochen hätten, was mit ihnen als Paar geschah. Um diese Chance zu nutzen, hätten sie darauf achten müssen,

- wahrzunehmen, ob im Paradies etwas nicht mehr in Ordnung war;
- ihr inneres Gefühl, ihre Intuition nicht zu ignorieren;
- den unangenehmen Prozeß in Gang zu setzen, über alles zu sprechen, auch über das, was einem Partner nicht bekannt ist;

- sich mit allen offenen und heimlichen Lügen auseinanderzusetzen;
- Zeit für Intimität einzuplanen;
- sich aufzuraffen, den schmalen Grat der scheinbaren Behaglichkeit zu verlassen und sich mit ihrem Unbehagen auseinanderzusetzen.

Möglicherweise hätten sie auf diese Weise das, was in ihrer Beziehung unter den Tisch gekehrt wurde, und andere heimliche und offene Lügen durch Gespräche, eine ehrlichere Kommunikation und schließlich durch ein berechtigtes Vertrauen ersetzen können.

In der dritten Ehe stand Veronica von Anfang an mit dem Rücken zur Wand. Durch sein chronisches Täuschungsverhalten verschleierte ihr Ehemann eine schwere und existentiell bedrohliche Sexsucht, die vermutlich im dritten Ehejahr begann. Beide hätten sie schon damals professionelle Hilfe benötigt. Veronica hätte ihre eigene Unsicherheit überwinden müssen, um sich gegen Jerry aufzulehnen und von ihm die ganze Wahrheit zu fordern. Sie hätte ihren Willen stärken und Unterstützung für sich selbst suchen müssen, sooft er in sein Suchtverhalten zurückfiel. Sie hätte besser verstanden, was ihnen beiden bevorstand, und vielleicht hätte sie fünfzehn oder achtzehn Jahre früher eine begründete Entscheidung treffen können, bei ihm zu bleiben oder ihn zu verlassen.

Selbst wenn sie sich bei diesem Prozeß Jerry angenähert hätte, wäre sie töricht gewesen, einem Mann zu vertrauen, der an einer ausgewachsenen Sexsucht litt. Indem Veronica ihre Augen davor verschloß, riskierte sie, daß Jerry sie und die Familie in Gefahr bringen konnte. Sie hatte Angst und tat vielleicht ihr Bestes. Indem sie seine Lügen akzeptierte und ihre Ahnung unterdrückte, daß etwas nicht in Ordnung war, verleugnete sie jedoch ihr eigenes Recht auf Gesundheit, Intimität und wirkliche Liebe und vergeudete dadurch wertvolle Jahre ihres Lebens. Diese Geschichte hat kein Happy-End, aber wenigstens stellte sich bei Veronica wieder das Bedürfnis ein, auf andere Menschen zuzugehen.

Nur wenige Paare werden mit solchen Hindernissen konfrontiert. Weitaus häufiger, dafür nicht so ungewöhnlich ist bei vielen Männern ihr schwieriges Verhältnis zur Wahrheit.

Haben Männer Angst vor der Wahrheit?

Männer lügen, um Distanz zu uns zu schaffen oder um ihren Wunsch nach Distanz zu verbergen, während Frauen lügen, um Männern näher zu sein. Männer können diese Distanz nur aus der Entfernung, nicht aus der Nähe verheimlichen.

Veronica, Rektorin einer Sonntagsschule, 45, geschieden

Männer lügen in ihrem täglichen Umgang mit Frauen zu Hause und am Arbeitsplatz, was keine vorübergehende Erscheinung ist, sondern Teil ihrer kulturellen Prägung – wie sie ihren Alltag bewältigen. Bei meinen Interviews und meiner Arbeit mit Männern habe ich unterschiedliche Muster festgestellt, wie Männer und Frauen über Wahrheit und Ehrlichkeit sprechen. Diesen Mustern könnten Machtunterschiede und unterschiedliche Ansichten bezüglich der Rolle und des Werts der Wahrheit im Umgang miteinander zugrunde liegen.

Trotzdem hätte ich nicht erwartet, daß so viele Männer und so wenige Frauen folgende Begriffe benutzten:

- brutale Aufrichtigkeit
- unerfreuliche Wahrheit
- konstruktive Manipulation

Ich war sehr verblüfft, als ich Männer diese Begriffskombinationen zum ersten Mal benutzen hörte und als mir klar wurde, was sie bedeuteten. Wie ist es möglich, daß Männer Wörter, die Tugenden zum Ausdruck bringen, wie zum Beispiel »Aufrichtigkeit« und »Wahrheit«, mit so negativen Begriffen wie »brutal« und »unerfreulich« kombinieren? Und wieso stellen sie die rücksichtslose »Manipulation«, ein Begriff, der für die meisten von uns negativ konnotiert ist, mit einem so positiven Wort wie »konstruktiv« in einen Zusammenhang? Was geschieht dabei wirklich? Warum stellen Frauen keine solchen Verknüpfungen her?

Könnte es sein, daß die spezifische Sprache der Männer ein Hinweis auf ihre kollektiven Erfahrungen ist, wie sie mit der Wahrheit zu Hause und am Arbeitsplatz umgehen? Daß sich dahinter eine unbewußte Bejahung der Ansicht verbirgt, daß man mit der Wahrheit etwas riskiert und daß es besser ist zu lügen? Daß sich hinter der Fassade von Harmonie vorsätzlich unausgesprochene und unerfreuliche Wahrheiten befinden? Diese Wendungen offenbaren eine interessante Sichtweise – daß nämlich Wahrheit und Ehrlichkeit weh tun oder zumindest Unerfreuliches nach sich ziehen, während Lügen das Öl im Getriebe des Alltags sind.

Einer der Männer erklärte: »Das ist nicht Lügen, sondern Probleme lösen.«

Welche Folgen hat eine solche Haltung? Sehen Sie es folgendermaßen: Mit welcher Wahrscheinlichkeit sagt jemand die Wahrheit, der mit »Aufrichtigkeit« spontan das Wort »brutal« verbindet und mit »Wahrheit« das Wort »unerfreulich«? Und wie groß wäre die Bereitschaft eines Menschen, andere auszunutzen, der »konstruktiv« mit »Manipulation« verbindet und nicht das negativer belastete »eifersüchtig« oder »raffiniert«? Unser Denken beeinflußt unser Verhalten, und wenn man die Wahrheit fürchtet, wäre es dann nicht sehr sinnvoll, so zu tun, als ob alles in bester Ordnung wäre?

Ein Beispiel: Vor kurzem sagte ich Fred, einem meiner Klienten, er könne sich darauf verlassen, daß ihm Walt die Situation wahrheitsgemäß schildern, daß er Klartext reden würde. Die Reaktion meines Klienten war ebenso erhellend wie faszinierend. Er unterbrach mich mit der Frage: »Aber Walt ist nicht *brutal*, oder?« Ich hakte nach und fragte: »Was habe ich gesagt, das Sie zu dieser Assoziation veranlaßt?« Er sagte mir, es sei der Ausdruck »Klartext« gewesen – eben das, was sich die meisten Frauen in ihrem Leben von den Männern wünschen. Fred assoziierte Klartext mit Grausamkeit – im Gegensatz zu dem, was die meisten Frauen damit verbinden. Warum löste »Klartext«, eine gängige Formel für die Wahrheit, bei Fred diese Gedankenverbindung aus?

An unserer Sprache zeigt sich, wie wir denken und wie wir uns im alltäglichen Leben verhalten. Welche der drei folgenden Wortkombinationen würden Sie in Ihrem Alltag am ehesten gebrauchen, um Ihr nächstes Ziel zu erreichen: konstruktive Manipulation, unerfreuliche Wahrheit, brutale Aufrichtigkeit? Was verrät Ihnen Ihre Wahl über Sie selbst oder über jemanden, der solche Redewendungen benutzt?

Die folgende Liste beweist, wie viele private Masken in der Öffentlichkeit getragen werden.

Festhalten an falscher Harmonie statt Anerkennen der Wahrheit

1. Er glaubt an Luftschlösser und befürchtet, daß Meinungsverschiedenheiten sie zerstören könnten.
2. Er ist sehr intolerant.
3. Er leugnet ab, wenn es sich nicht um etwas Weltbewegendes handelt, ignoriert er es – es existiert einfach nicht.
4. Er scheut alle Konflikte, die sich im Bereich seines Zuhauses befinden.
5. Er fürchtet, Sie zu verlieren oder der Vorstellung beraubt zu werden, daß Sie der ruhende Pol in der Beziehung sind.
6. Er fürchtet, die Bequemlichkeiten der Beziehung zu verlieren.
7. Ängste zuzugeben bedeutet für ihn, sich in eine untergeordnete Position zu begeben.
8. Er ist der Drahtzieher der Beziehungen und muß die männliche Illusion aufrechterhalten, alles unter Kontrolle zu haben.
9. Er hat gelernt, daß große Jungen nicht weinen.

10. Falsche Harmonie erfüllt für ihn den Zweck, zeitraubenden Diskussionen auszuweichen.
11. Er fürchtet Ihren Zorn und unternimmt alles, um ihn zu vermeiden.
12. Er geht Diskussionen aus dem Wege, weil sie seine Ambivalenz, die er Ihrer Beziehung gegenüber empfindet, an die Oberfläche bringen könnte.
13. Er benutzt die Schönwettermaske, um seine eigenen verwirrenden Gefühle der Unzulänglichkeit und Bedürftigkeit zu kaschieren.
14. Er fürchtet, nicht als der Fels in der Brandung dazustehen oder nicht auf alles sofort eine Antwort zu wissen.
15. Er nimmt an, daß er in Ihrer Achtung sinkt, wenn Sie seine Unsicherheiten erkennen.

Paradox daran ist, daß diese Masken letztlich Distanz und gerade keine Harmonie schaffen, am Arbeitsplatz ebenso wie zu Hause. Im Berufsleben glaubt er vielleicht, daß ihn die Taktik, keine schlafenden Hunde zu wecken und so zu tun, als ob alles in Ordnung wäre, vor Intrigen und Konkurrenz schützen würde. Doch auch hier wird das Wappen der Loyalität oft aus Ehrlichkeit und Vertrauen, nicht aus Vermutungen geschmiedet. Auch im privaten Bereich entstehen Loyalität und Intimität nur dann, wenn einer oder beide Partner in einer Beziehung das Risiko eingehen, offen zu sein, ohne zu fürchten, zurückgewiesen oder im Stich gelassen zu werden. Im anderen Fall drängt man sich in die Isolation.

Dilemmas

Die meisten Frauen behaupten, daß sie die Wahrheit und nichts als die Wahrheit wissen wollen. Doch was geschieht, wenn er irgendwann seine Schönwettermaske ablegt oder sie noch gar nie aufgesetzt hat? Sie haben einen Mann vor sich, der bereit, willens und fähig ist, offen zu sein. Sie haben ihn gebeten, alles zu sagen, was ihn beschäftigt, und nun bricht eine Sturzflut über Sie herein: Gefühle, Vorbehalte, ein Rattenschwanz an Zweifeln, Unsicherheiten, Verletzlichkeiten. Sind Sie darauf vorbereitet? Können Sie damit umgehen? Und wollen Sie es überhaupt?

Vor allen Dingen: Wie wird er mit Ihren aufrichtigen und möglicherweise zornigen Reaktionen auf seine ungeschminkte Aufrichtigkeit umgehen?

Ein Mann Ende Dreißig, der kurz zuvor seine Beziehung mit einer Frau beendet hatte, nahm das Risiko auf sich und erzählte gleich bei seiner ersten Verabredung die ganze Wahrheit. Das Ergebnis seiner Offenheit fiel folgendermaßen aus:

Sie ging mit der Wahrheit wie mit einer Brechstange um.

Sie befand, daß er »Probleme habe und daß sie beide zum Therapeuten – von ihr – gehen sollten«. Diese unterdessen beendete Beziehung wirkte kraß ernüchternd. Sein Fazit: »Nie wieder.«

Vielleicht war das Problem weniger die Aufrichtigkeit als das Timing. Köder, die dazu verführen, das ideale Selbst des anderen zu sehen und zu bewundern, sind oft die Essenz einer aufkeimenden Liebesbeziehung. Wenn die Beziehung länger Bestand hat und sich stabilisiert, möchte man diese idealisierten Selbstdarstellungen wieder ablegen und sein wahres Selbst zeigen. Dann kann man um seiner selbst geliebt und akzeptiert werden und sich auf eine erfolgreiche langfristige Beziehung einrichten.

Auch wenn die meisten Frauen behaupten, daß sie in ihren intimen Beziehungen die Wahrheit zu wissen wunschen, bleibt die Frage offen, wieviel Wahrheit sie ertragen können und wann und unter welchen Umständen.

Kim zum Beispiel ist sich nicht so sicher, ob die Wahrheit immer so optimal ist. Sie ist mit ihren dreiunddreißig Jahren zweimal geschieden, hat ihre eigene Firma und führt einen sehr persönlichen Kampf um Wahrheit und Aufrichtigkeit.

Kim bezeichnet sich als teilweise bekehrte pathologische Lügnerin, während ihr letzter Liebhaber, Russ, wie das Schicksal so spielt, unbarmherzig ehrlich war. Dies hilft ihr vielleicht herauszufinden, was normal ist, doch sie hat erhebliche Mühe mit Russ' Aufrichtigkeit: »Ich bin zur Zeit mit jemandem zusammen, der mir dauernd erzählt, wie er über mich und unsere Beziehung denkt. Seine Worte sind wie ein Barometer seiner Gefühle, und alles entwickelt und verändert sich ständig. Irgendwann ist das für die Beziehung nicht mehr gut. Es ist wie ein Wetterbericht. Ich frage mich, ob ich wirklich alles wissen muß. Früher dachte ich, daß ich ein Recht hätte, es zu wissen. Jetzt möchte ich davon nichts hören. Ich möchte mich in meiner Haut wohl fühlen. Seine negativen Bemerkungen bestätigen jedoch die größten Ängste, die ich mir gegenüber habe.«

Kim und Russ sind Ausnahmen und Lehrbeispiele – sie benutzt das Lügen, um die nicht vorhersagbare Wirklichkeit unter Kontrolle zu bekommen, während er die Wahrheit auf dieselbe rücksichtslose Weise einsetzt. Die verborgene Zielsetzung ist hier Kontrolle, nicht Spontaneität und Intimität. Man kann davon ausgehen, daß sich Kim und Russ in ihrem Bemühen, den anderen zu »managen«, ineinander verkeilen werden. Ihre Auseinandersetzungen über die Wahrheit sind der gleiche Kampf um Macht und Autorität, der nur auf einem anderen Schauplatz stattfindet.

Der Mann hinter der Maske

Durch die Maske entsteht ein falsches Bild. Was wir so dringlich ersehnen, halten wir damit zurück: echte Gefühle, blanke Nerven und die schmerzhafte Verletzlichkeit der Nähe.

Trotz aller Anstrengungen legt unsere Fassade den inneren Aufruhr bloß, den wir nicht zeigen wollten. Masken spiegeln unsere kulturellen Ideale wider, an denen wir uns bewußt oder unbewußt messen.

Wir tragen alle irgendwann irgendwelche Masken – zu unserem Vorteil ebenso wie zu unserem Nachteil. Masken verfälschen und verlocken zugleich – vom harmlosen Posieren bis zur verheerenden Täuschung – und stellen auch einen Schutzschild dar.

Zunächst können Masken Spaß machen in Form charmanter Spiele, bei denen wir Geheimnisse bisweilen verbergen und dann wieder preisgeben. Irgendwann wird die Maske den Mann oder die Frau dahinter mit Sicherheit isolieren.

In diesem und den drei vorangegangenen Kapiteln haben wir die trügerischen Masken untersucht, die Männer und Frauen tragen, um zu sexueller Intimität zu finden, Verbundenheit zu signalisieren und Gefühle hinter einer Schönwetterfassade zu verbergen. Ich bin überzeugt, daß Frauen sich in vielen dieser Masken ebenso zu Hause fühlen wie Männer. Die Masken der Männer und Frauen unterscheiden sich jedoch oft ganz erheblich voneinander. Weil sich jedoch so viele Männer hinter der undurchdringlichen Maske der Unerschütterlichkeit verbergen, entwickelt sich diese zu einer kulturell akzeptierten Maske, die von Jahrzehnt zu Jahrzehnt schwerer abzustreifen ist. Väter geben sie in Form Tausender subtiler Gesten und offener Ermahnungen, ein Mann zu sein (»Zeige deine Verletzlichkeit nicht«), an ihre Söhne weiter. Oft werden Väter und Söhne zu Verschwörern, die eine unerfreuliche Wahrheit von der Frau/Mutter fernhalten und dabei ihre eigenen Gefühle unterdrücken. Für viele Männer ist die Maske der Unerschütterlichkeit und die ganze Familie der Masken, die Gefühle verbergen, zur zweiten Haut geworden. Sie leben im Gehäuse dieser Masken aus Unfähigkeit, Gewohnheit oder Trägheit. Nur allzu leicht werden Männer zu »Anzugshüllen« nicht nur am Arbeitsplatz, sondern auch in ihren Schlafzimmern und Wohnzimmern.

Die Maske an ihrem Platz zu belassen ist der Weg des geringsten Widerstandes, doch ist dafür ein hoher Preis bezüglich der Intimität zu bezahlen. Erstarrt die Maske, verlieren wir buchstäblich unser Gesicht. Die wahren Gefühle werden verschüttet, und was von ihnen noch zum Vorschein kommt, wirkt mechanisch und hohl, wenn sie sich in Beziehungen längerfristig bewähren sollen. Die Maske täuscht. Wenn der Mensch dahinter keinen Zugang zu seinen Gefühlen mehr hat, dann ist sein zersplittertes, von außen definiertes Ich für die nächsten, noch gefährlicheren Lügen anfällig: die Vermeidungslügen.

TEIL IV

Vermeidungslügen

Kapitel 9

Ihrem neugierigen Blick entzogen

Ich traf mich ein halbes Jahr lang mit einem Mann, der mir von einer platonischen Beziehung zu einer anderen Frau erzählte. Ich glaubte ihm. Dann erwischte ich die beiden… er behauptete, er hätte angenommen, daß ich die Wahrheit nicht ertragen könnte. Die Wahrheit hätte mich sicher nicht begeistert, aber ich hätte wenigstens eine Entscheidung treffen können.

Unternehmerin, 33, geschieden

Als wir ins Ausland zogen, verschwieg er mir, daß seine ganze Familie bei uns wohnen sollte und daß dies ein Umzug auf Dauer war, den er mit seiner Familie geplant hatte. Zunächst zog nach einem Monat seine Mutter ein. Er sagte, sie wäre nur zu Besuch. Dann folgten zwei Cousins, und schließlich eine Schwägerin mit drei Kindern… die ganze Familie wanderte ein und zog in unsere winzige Wohnung.

Büroangestellte, 35, getrennt lebend

Wenn du mich nicht danach fragst, brauchst du es auch nicht zu wissen.

Ingenieur, 42, alleinstehend

Was ist ein Mann? Ein erbärmlicher Haufen Geheimnisse.

André Malraux

Nun steigen wir in die tiefste Finsternis hinab. Vermeidungslügen beginnen oft harmlos, und doch können sie uns tief in die Schattenwelt des Verrats und der Täuschung hineinführen. Im günstigsten Fall äußert sich in Vermeidungslügen ein erstaunlicher Mangel an Empathie und Verbundenheit, im ungünstigsten Fall ein niederträchtiger und gefährlicher Hang zur Täuschung.

Gegenüber Vermeidungslügen erscheinen die Köder, die uns ursprünglich betörten, und die Masken, die die Intimität blockierten, geradezu als Bagatellen. Sie sind es nicht. Lügen als Masken sind der Nährboden für Vermeidungslügen, indem sie auf sehr wirkungsvolle Art eine distanzierte Haltung ausgerechnet jenen Menschen gegenüber erzeugen, mit denen wir Tisch und Bett teilen. Vermeidungslügen gehören zu den Lügen, die wir in unseren engsten Beziehungen am meisten fürchten. Sie sind die Lügen, die schwerer zu vergeben und zu vergessen sind als die bisher besprochenen, weil sie bewußt darauf angelegt sind, uns in die Irre zu führen oder zu täuschen. Wie gewitzt, erfahren oder abgebrüht man auch ist, gegen den alles Vertrauen zerstörenden Schlag der Vermeidungslüge kann man sich kaum wappnen, ohne zynisch zu werden.

Martha ist bis heute ihren Groll nicht losgeworden: Nachdem sie jahrelang eine Abendschule besuchte, Kinder großzog und einen Beruf ausübte, begann sie ein Praktikum und hoffte, Ende des Jahres ihren Abschluß zu schaffen. Als sie nach drei Monaten für die Kinder eine Betreuung tagsüber sowie für sich selbst eine Anstellung in der Nähe ihrer Wohnung gefunden hatte, mußte sie von ihrem Mann erfahren, daß er vor zwei Monaten in seiner Firma gekündigt hatte, um ein Angebot in einem dreitausend Kilometer entfernten Ort anzunehmen. Und außerdem müsse sie Ende des Monats alles gepackt haben und zur Abreise bereitstehen.

Oder das Beispiel Cynthias, die feststellen mußte, daß der Mann, den sie unterstützt hatte, seine Zeit tagsüber dazu benutzte, den Nachbarinnen den Hof zu machen, statt sich um

Arbeit zu kümmern. Oder Ellen, die entdeckte, daß der Mann, mit dem sie seit sieben Jahren zusammenlebte, sich nicht im Sportverein fit hielt, sondern im Bett einer anderen Frau. Oder Lydia, deren erster Freund ihr erklärte, daß er noch lernen müsse und den Abend nicht mit ihr verbringen könne, den sie aber am nächsten Morgen, als sie in seine Wohnung kam, mit einer anderen im Bett erwischte.

Diese Frauen können ihre Verbitterung nur sehr schwer verbergen. Solche Lügen zerstören jegliche Liebe und den guten Willen. Man ist körperlich unversehrt, doch emotional bleibt man gebrochen zurück. Erinnerungen – Fotos, Geschenke, Verschwägerte, Kinder – erinnern an glücklichere Zeiten. Vermeidungslügen machen eine ganze Reihe tatsächlicher oder stillschweigender Vereinbarungen und Versprechungen hinfällig. Warum tut er das? Er will Ihren Fragen und Ihrer Mißbilligung ausweichen, damit er, unbeirrt von Ihrem Urteil, seiner eigenen Wege gehen kann. Solche Lügen wirken niederschmetternd und desillusionierend.

Erkunden wir ihr Wesen, um uns Klarheit darüber zu verschaffen, was dabei vermieden wird, wie es geschieht und welche Folgen zu erwarten sind, wenn man ein Opfer solcher Lügen wird.

Das Wesen der Vermeidungslügen

Kaum jemand sucht gerne nach Vermeidungslügen. Die meisten von uns würden lieber einen Vormittag im Zahnarztstuhl verbringen. Es gibt sie aber, und sie finden – meist ausgesprochen leise und unbemerkt – ihren Weg bis zu uns.

Zwischen Vermeidungslügen und Lügen als Masken gibt es einen entscheidenden Unterschied: Bei einer Maske bleiben Ihnen seine wahren Gedanken und Empfindungen unzugänglich, während die Vermeidungslüge Ihnen auch seine Handlungen vorenthält.

Weil seine Masken vorgefaßten Meinungen entsprechen,

zum Beispiel in bezug auf die Geschlechterrollen und hinsichtlich kultureller Stereotypen, die auf ihn zutreffen und die Sie ohne weiteres akzeptieren, trifft Sie der Schaden unverhofft. Im Falle von Masken willigen Sie stillschweigend in seine Maskerade ein, damit er sein wahres Wesen verbergen kann, weil seine Unerschütterlichkeit, Geheimnistuerei oder falsche Verbundenheit so verführerisch normal geworden sind, daß Ihre inneren Alarmglocken erst schrillen, wenn es zu spät ist. Sie fragen nichts, er sagt nichts. Lügen als Masken sind jedoch der Nährboden für Vermeidungslügen.

Vermeidungslügen basieren auf seinen Masken und Ihrem Vertrauen. Später entwickeln sie eine Eigendynamik: Vermeidungslügen beinhalten eine bewußte Unterdrückung, Verzerrung oder Fälschung von Informationen, damit er tun kann, was er will, ohne Sie zu informieren.

Er weiß, was für ihn auf dem Spiel steht. Wenn sein Tun keine schwerwiegenden Folgen hätte, würde er Sie auch einweihen. Wenn Sie es wüßten, wären Sie wütend und verletzt. Sie würden ihn vielleicht verlassen und wieder Ihr eigenes Leben führen. Er müßte sich mit Ihnen als Person ernsthaft auseinandersetzen und auf die schweren Konsequenzen seines Tuns reagieren. Ihm liegt aber nichts daran, Ihnen gegenüber Rechenschaft ablegen zu müssen. Und nicht selten hat er auch noch die Stirn zu behaupten, sein Tun sei »zu Ihrem Besten«.

Was wird vermieden?

Die folgende Liste der Vermeidungslügen kann einen falschen Eindruck erwecken. Die Themen dieser Lügen sind so originell wie eine Seite aus dem Telefonbuch. Lassen Sie sich jedoch vom Sterilen an dieser Liste nicht täuschen. Hinter jedem Begriff verbirgt sich eine Seifenoper mit tragischen und komischen Dimensionen.

Die häufigsten Vermeidungslügen betreffen:

- partnerschaftliche Ausschließlichkeit
- verheimlichtes Suchtverhalten
- Geld
- berufliche Dinge
- gesundheitliche Probleme

Insgesamt gesehen ist Exklusivität – die Lüge »Du bist die einzige« – der »Spitzenreiter« in dieser traurigen Hitliste. Sie wird viermal so oft erwähnt wie alle anderen Vermeidungslügen zusammen. Wir werden uns mit diesen Ausschließlichkeitslügen im nächsten Kapitel ausführlicher befassen.

Die meisten Frauen kennen das. Er behauptet, Sie seien die einzige. Aber die Spatzen pfeifen es von den Dächern, daß es für ihn keinen Unterschied ausmacht, ob Sie seine Frau oder seine Geliebte, seine alte oder neue Freundin oder seine Gymnasiumsflamme sind, die er beim Jubiläumsklassentreffen wiedersieht. Seine Affären und Liebschaften sind legendär, und wahrscheinlich wissen seine Kumpel in der Kneipe oder im Sportverein viel mehr, als Sie jemals erfahren werden. Sie können damit rechnen, daß Sie von seiner Büroaffäre erst erfahren, wenn er deswegen seinen Job verliert oder wenn seine ehemalige Sekretärin oder Mitarbeiterin wegen sexueller Belästigung zum Anwalt geht.

Klingt Ihnen dies alles ein bißchen zu forsch? Vielleicht liegt das nur daran, daß Sie die Tränen, Selbstzweifel, den Zorn und die Enttäuschung jener Frauen nicht erlebten, die mir all diese Geschichten erzählt haben. Vielleicht hatten Sie auch das Glück, daß Ihnen etwas Ähnliches nie widerfahren ist. Oder Sie glauben es zumindest.

Ein homosexueller Fernsehproduzent erzählte mir zwei Jahre vor seinem Aidstod von einem Dokumentarfilm, an dem er arbeitete. Der Film begann damit, daß Hunderte goldener Hochzeitsbänder in die Séparées des örtlichen Bordells herabregneten. Wie viele Ehefrauen dieser Männer ahnten wohl, wo ihre Partner diese gestohlenen Stunden verbrachten?

Als Kind sah ich gerne die spannende Fernsehserie *I Led Three Lifes*, die Geschichte des FBI-Agenten Herbert Philbrick, der die kommunistische Partei unterwanderte. Viele der Männer, die ich interviewte (vielleicht sind es auch sonst mehr, als wir alle glauben), lassen Herbert mühelos hinter sich – mit dem einzigen Unterschied, daß ihre heimlichen Aktivitäten darauf abzielen, statt ausländischer Spione zwei oder mehr Frauen im dunkeln tappen zu lassen.

Die Spitzenreiter unter den Vermeidungslügen: Suchtverhalten, Geld, Arbeit, Gesundheit

Vielleicht haben seine Verpflichtungen und Bindungen nicht unbedingt mit Frauen zu tun. Dafür verteilt er die Zeit, die ihm zur Verfügung steht (und über die Sie ebenfalls nicht Bescheid wissen), auf ein großes Spektrum kunstvoll getarnter Aktivitäten. Er weiß, was es damit auf sich hat, doch er läßt Sie bewußt im unklaren.

Zum Beispiel Suchtverhalten: Alkohol, Drogen und Sex nehmen in der Liste der Vermeidungslügen den zweiten Rang ein, und man kann davon ausgehen, daß diese Lügen jede Beziehung grundlegend verändern. Gehen Sie einmal zu einem Treffen der Anonymen Alkoholiker, um die ganze Bandbreite an Täuschungsmanövern kennenzulernen, zu denen Süchtige Zuflucht nehmen, um an ihren Gewohnheiten festhalten zu können. Da seiner Sucht absolute Priorität zukommt, ringen Sie sich am besten zu der Erkenntnis durch, daß Sie nicht mit ihm, sondern mit seiner Sucht eine Beziehung haben. Der Süchtige verheimlicht, verzerrt und zerstört – sich selbst und Sie.

Den Suchtlügen folgen in einigem Abstand finanzielle Lügen verschiedenster Art: Diebstahl von Bargeld oder die Beschäftigung von Anwälten, die ihm helfen, sein Vermögen zu verschleiern und in Sicherheit zu bringen, damit er sich beispielsweise auf wunderbare Weise, ohne Verpflichtung zu Unterhaltszahlungen, aus seiner Ehe mit Ihnen stehlen kann.

Vielleicht teilt er Ihnen nur mit, daß es finanziell ein schlechtes Jahr war, so daß eben kein Geld für eine neue Küche da ist. Gleichzeitig legt er Geld für einen neuen Ferrari oder eine Yacht auf die hohe Kante. Vielleicht transferiert er auch eifrig Ihr gemeinsames Vermögen zur Vorbereitung der Scheidung auf geheime Konten. Vielleicht braucht er sein Geld, um eine andere Frau, die schon in den Startlöchern steht, finanziell auszuhalten. Manche Geldlügen grenzen ans Pathologische, doch solange Geld mit Macht und Freiheit gleichzusetzen ist, wird jeder Mann, der es zu einem Haufen Geld gebracht hat, Vertuschungsmanöver für notwendig halten, um seine Interessen zu wahren. Wenn er es offen tut, zum Beispiel in einer entsprechenden Güterstandsvereinbarung, ist dies keine Vermeidungslüge. Beide Parteien wissen in diesem Fall Bescheid.

Wie steht es sonst mit beruflichen Faktoren: Wechsel oder Verlust des Arbeitsplatzes und das damit verbundene Unglück, Pläne für die Zukunft sowie, ach ja, die Gerichtsverfahren wegen sexueller Belästigung, von denen Sie nichts wissen? Und weil wir gerade dabei sind: Wie steht es mit seiner Gesundheit? Hat er Ihnen gesagt, daß er diabetesgefährdet ist? Oder daß ihm sein Arzt mitgeteilt hat, seine Gehirn- und Leberzellen würden in Kürze nicht mehr zu erkennen sein, wenn er nicht aufhört zu trinken? Oder daß er wegen eines Condyloms in ärztlicher Behandlung ist?

Wenn Sie doch eine so enge Beziehung haben – wie kommt es, daß Sie von all dem nichts wußten? Ist es die männliche Maske der Unerschütterlichkeit oder des »Alles in Ordnung«, die Sie ahnungslos läßt? Ist die Verbundenheit nicht mehr so groß? Oder geraten wir hier immer tiefer in die trügerischen Abgründe der Ausflüchte? Wenn seine Verschwiegenheit so weit geht, daß er ohne Ihr Wissen in einer Weise handeln könnte, die Sie als völlig inakzeptabel ablehnen würden, dann müssen Sie hier eine ausgewachsene Vermeidungslüge konstatieren.

Schmieden Sie Pläne für Ihre Selbstverteidigung, aber warten Sie nicht bis zu Ihrem goldenen Hochzeitstag.

Sind Vermeidungslügen die häufigsten Lügen?

Natürlich haben Männer nicht das Monopol auf Vermeidungslügen. Ich kenne genügend Männer, deren Vertrauen und Leben von Frauen gründlich erschüttert wurde. Vermeidungslügen sind bei Männern und Frauen erstaunlich häufig; ihre Zahl liegt bei beiden Geschlechtern etwa doppelt so hoch wie die Zahl der Lügen in Form von Ködern und Masken.

Dies wird deutlich, wenn man die Antworten der Männer und Frauen auf meine Frage nach der »letzten Lüge« betrachtet, die der Befragte entweder selbst erzählte oder erzählt bekam. Dabei zeigte sich bei den interviewten Männern und Frauen eine erstaunliche Übereinstimmung: Etwa achtzig Prozent der »letzten Lügen«, die Männer Frauen erzählten, waren Vermeidungslügen. Bei Frauen beliefen sich die Vermeidungslügen auf etwa siebzig Prozent ihrer letzten Lügen. Diese Prozentzahlen verbergen allerdings einen sehr interessanten Unterschied: Nur ein Drittel der Männer und Frauen – Lügner ebenso wie Belogene – konnten sich an die letzte Lüge einer Frau erinnern. Von den Männern hatten hingegen achtzig Prozent keine Schwierigkeiten, über ihre letzte Lüge einer Frau gegenüber zu berichten, und achtundsiebzig Prozent der Frauen erinnerten sich noch genau daran, wann sie zum letzten Mal von einem Mann belogen worden waren.

Bei den Männern standen die Vermeidungslügen mit weitem Abstand an der Spitze. Meiner Analyse zufolge benutzten Männer Vermeidungslügen siebenmal öfter als Masken und fünfzehnmal öfter als Köder.

Wenn Männer häufiger auf Vermeidungslügen zurückgreifen als Frauen, drückt sich darin nur ihre größere Macht und der breitere Entscheidungsspielraum aus, den die Gesellschaft ihnen einräumt? Wenn ein Mann eine Beziehung mit einer Frau eingeht, dann wird allgemein angenommen, daß er, und nicht sie, das größte Potential zu Einkommen, Status, Einfluß und Anhäufung materieller Güter hat. Sollte dies manchen Männern das Gefühl vermitteln, daß sie benachteiligt sind, weil sie ihre verdiente sexuelle und finanzielle Freiheit aufgeben und sich zugleich mehr Verantwortung aufladen? Die Vermeidungslüge wird in diesem Fall ihr Schlupfloch zur Freiheit, einer Möglichkeit, das Gleichgewicht wiederherzustellen, ihren Zorn darüber zu bewältigen, daß sie überwacht und eingeengt sind, und ihre männliche Autonomie bleibt auf diese Weise erhalten.

Mittel und Wege der Vermeidungslügner

Wie gelingt ihm das? heißt die große Frage im Vermeidungsspiel. Bei der Durchsicht Hunderter von Vermeidungsberichten entdeckte ich, daß Vermeidung ihre eigene Methode und ihren eigenen Rhythmus hat. Der Schlüssel zur erfolgreichen Vermeidung liegt darin, daß man das Ungewöhnliche vertraut erscheinen läßt, das Groteske vernünftig und das Unbegreifliche als offensichtlich. Sie sehen dann das, was Sie sehen wollen oder was er Sie sehen lassen möchte, und nehmen die Täuschung als solche nicht wahr. Ihr Bedürfnis, immer das Beste anzunehmen, wird ebenso ausgenutzt wie Ihr Vertrauen in das Gute im Menschen und Ihre selbstverständliche Annahme, daß dieser Mann, den Sie doch lieben, so anständig sein wird, Ihnen die Wahrheit zu sagen. Vermeidungslügen können daher wie jede Betrügerei so mühelos erfolgreich und so überaus verheerend wirken.

Die folgende Checkliste ist eine Aufstellung der Werkzeuge und Tricks, die jeder, der ernsthaft Vermeidungslügen plant, benutzen wird. Ich könnte mir vorstellen, daß Sie aus Ihrem eigenen Erfahrungsschatz selbst noch einiges hinzufügen könnten.

Checkliste: Mittel und Wege der Vermeidungslüge

1. Verleugnen

Verleugnen ist Sigmund Freud zufolge der ursprünglichste Abwehrmechanismus – doch auch der häufigste, wie Sie vielleicht wissen. Vermeidungslügen reichen von harmloseren (er wurde mit der Hand in der Bonbondose erwischt, aber er sagt, daß es nicht seine Hand ist) bis zu solchen Verleugnungen, in denen sich schwerere Vertrauensbrüche ankündigen. Hören Sie nur, wie schnell und entschieden sein »Ich war es nicht« kommt, egal, was »es« war.

Der erste Mann, mit dem ich Sex hatte, als ich siebzehn und er dreiundzwanzig war, belog mich. Ich wurde schwanger und fuhr zu ihm. Seine Lüge war: »Ich weiß, daß es nicht von mir ist – du warst schon schwanger, als ich dich kennenlernte.«

Fertigungsleiterin, 31, alleinstehend

2. Wegerklären

Er versteht so zu argumentieren, daß alles aus seiner spezifischen Sicht und zu seinem Vorteil erklärt wird. Wenn man ihm glaubt, hat man es nicht besser verdient. Nehmen Sie sich also die Zeit, Tatsachen von Erfindungen zu trennen. Betrachten Sie ihn als gewieften »Wegerklärer«, der nicht nur Sie, sondern sogar sich selbst hereinlegen kann. Wenn Ihnen der Überblick verlorengeht, ziehen Sie eine dritte Person hinzu, mit der Sie darüber reden können. Wenn Sie mit einem solchen Mann eine ernsthafte Beziehung haben, brauchen Sie unbedingt Hilfe.

Mein Mann behauptete, daß es keine Affäre gewesen sei, auch wenn sie ein paarmal Sex miteinander gehabt hätten; er hätte es nicht darauf angelegt, aber sie hätte nicht lockergelassen.

Programmiererin, 39, getrennt lebend

3. Verschweigen

Sie werden sein Geheimnis vielleicht erfahren – zur rechten Zeit, das heißt zu *seiner* Zeit. Das Problem besteht darin, daß Ihnen Ihre Wissenslücke Schmerzen bereiten wird. Vergessen Sie nicht, daß die Tatsachen, so schmerzlich sie auch sein mögen, immer noch entschieden besser sind, als monate- oder jahrelang hintergangen zu werden. Seien Sie also auf der Hut. Wenn Sie schwerwiegende Zweifel haben, wenden Sie sich an einen Detektiv.

John log, als er behauptete, er würde bei seiner Schwester leben, während er in Wirklichkeit bei Nina, der Mutter seines Kindes, wohnte.

MTA, 40, geschieden

4. Gebrochene Versprechungen

Dieser Mann ist ein Meister in der Kunst, um Nachsicht, nicht Erlaubnis, zu bitten. Sein Versprechen war nur ein flüchtiger Gedanke, keine Vereinbarung, und er wird sagen, er hätte gedacht, daß Ihnen dies klar sei. Er verspricht »alles mögliche«, und genau das ist davon auch zu halten. Rechnen Sie damit, daß er unfähig ist, über längere Zeit bei irgendeiner Haltung zu bleiben. Sein Markenzeichen ist die Unzuverlässigkeit. Denken Sie an die Redewendung, die Management-Gurus gerne zitieren: »Wenn du mich einmal hereinlegst, Schande über dich; wenn du mich zweimal hereinlegst, Schande über mich.«

Mein zweiter Mann sagte während unseres Scheidungsverfahrens: »Du brauchst keine Anträge zu stellen«, als es darum ging, seine Kinder aus der vorigen Ehe zu sehen. Er sagte: »Ich verspreche dir, daß du sie sehen wirst.« Ich war durch seine Lüge am Boden zerstört.

Doktorandin, 41, geschieden

5. Zorn

Egal, ob er gleich zu Beginn oder erst zum Schluß darauf zurückgreift: Wut und Zorn sind immer das As im Ärmel des Vermeidungslügners. Er verwandelt seine Nervosität darüber, daß er erwischt wurde, in plötzliche Wut, so daß seine Schamröte zur Zornröte wird. Diesem Zorn wohnt eine gewisse Logik inne: Er log, weil er Ihren Zorn fürchtet, und jetzt rechnet er damit, daß umgekehrt sein Zorn Sie ebenso einschüchtern wird. Seine gut gespielte Entrüstung ist ein starkes Gegenargument gegen Ihren bloßen Verdacht (weshalb Sie möglicherweise einen Rückzieher machen). Versuchen Sie es einmal selbst mit Zorn, um zu prüfen, ob er seinerseits einen Rückzieher macht. Tun Sie es jedoch in der Öffentlichkeit, wo Ihnen nichts geschehen kann. Wenn er gewalttätige Neigungen hat, kümmern Sie sich um professionelle Hilfe – und zwar sofort.

Der Mann, mit dem ich zuletzt zusammenlebte, explodierte jedesmal, wenn ich ihn in die Enge trieb, und fing an zu brüllen: »Ich bin immer derjenige, der Mist baut, und du glaubst, daß du nie etwas falsch machst. Aber laß dir gesagt sein: Du bist auch nicht so perfekt.« Dann überschüttete er mich mit ätzender Kritik und drohte zu gehen. Schließlich war ich diejenige, die ging.

Journalistin, 55, geschieden

6. Psychobeispiele

Dieser Mann weiß genau, wie er Sie buchstäblich zum Wahnsinn bringen kann. Er sät Zweifel, wie ein Bauer Weizen sät, und diese Saat geht hervorragend auf. Er stellt Ihre Urteilsfähigkeit und Logik in Frage, witzelt über Ihr Gedächtnis und zieht Ihre Fakten und Ihren Intelligenzquotienten in Zweifel. Ihnen könnte die Erkenntnis helfen, daß er damit nur Selbstschutz betreibt. Dieser Mann versteht allerdings sein Geschäft, und möglicherweise ist er zudem mit einem robusten Selbstvertrauen ausgestattet. Sorgen Sie also Ihrerseits für ein wenig Selbstschutz: Führen Sie ein Tagebuch mit Daten und Zitaten. Er wird es bald verstehen.

Im Sommer ging ich mit einem Mann, und wir hatten einmal abgemacht, daß wir miteinander ausgehen würden. Ich wußte nicht mehr, ob wir für sieben Uhr oder acht Uhr verabredet waren. Ich rief ihn an, um mich zu vergewissern, und er sagte, daß wir nichts ausgemacht hätten:

»Ich weiß nichts davon.« Aber ich hatte es mir aufgeschrieben.

Innenarchitektin, 35, alleinstehend

7. Ausreden

Ausreden dienen immer dem Zweck, ihm aus der Patsche zu helfen, damit er weiterhin nicht fürchten muß, von Ihnen entdeckt und kritisiert zu werden. Um Ausreden wird er nie verlegen sein. Machen Sie es sich zu einer Regel in Ihrer Beziehung: *Keine Ausreden.* Fordern Sie die Einhaltung dieser Regel ein.

Er versetzte mich und behauptete, es hätte auf der Straße einen Unfall gegeben, und er hätte sich um eine Verletzte kümmern müssen. Als nächstes mußte er unseren Konzertbesuch absagen, weil er angeblich einen Platten hatte und die Radmuttern sich nicht lösen ließen. Dann war er angeblich zu müde, um tanzen zu gehen. Ich fuhr zum Parkplatz des Tanzlokals und sah dort sein Auto stehen. Er hatte für alles eine Ausrede.

Buchhalterin, 36, geschieden

8. »Technische« Wahrheiten

Ein Mann mit solchen Ausreden ist oft sehr gerissen. Er sagt nichts als die reine Wahrheit und hat deshalb ein reines Gewissen. Bei Ihm kommt es leider gerade darauf an, was er nicht sagt. Denken Sie daran, daß Ihre Kontrollen nie befriedigend ausfallen und daß Sie ständig etwas anderes vorfinden als das, was Sie von ihm zu hören bekommen. Nehmen Sie also nichts als gegeben hin. Bohren Sie nach. Natürlich wird er gereizt reagieren. Fragen Sie sich, wieviel Sie wirklich wissen wollen und was die Folgen sein können, wenn Sie etwas nicht wissen.

Mir sagte so ein Typ, daß er mit seinen Kumpels auf dem Weg zum Training war. Ich wollte ihn an diesem Abend treffen und rief ihn deshalb über sein Autotelefon an. Es meldete sich eine weibliche Stimme. Hinterher sagte er mir:

»Das war eine Bekannte, die ich im Auto mitnehmen mußte.« Es war eine Freundin, die er im Auto mitnehmen mußte.

Psychotherapeutin, 31, geschieden

9. Ablenkungsmanöver

Was er nicht alles inszeniert und erfindet! Achten Sie darauf, was er sich alles aus den Fingern saugt, um zu verhindern, daß Sie sehen, was wirklich gespielt wird. Sie dürfen davon ausgehen, daß eine ganze Menge gespielt wird. Sobald Sie der Wahrheit näher kommen, wird er Ihnen eine Geschichte erzählen, die Sie in die falsche Richtung locken soll. Lassen Sie sich nicht aufs Glatteis führen.

Bei der letzten Lüge meines Mannes Wade ging es um die Affäre mit seiner Sekretärin. Er sagte zu mir: »In der Arbeit hat es jemand auf mich abgesehen.«

PR-Leiterin, 37, verheiratet

10. Einen Fuß in die Tür bekommen

Zunächst scheinen sich seine Worte und seine Taten perfekt mit Ihren Vorstellungen zu treffen. Die Freude währt jedoch nicht lange, denn bald wird er eine Kehrtwende machen. Sie sind eine Schachfigur in seinem Spiel, und wenn er Sie einmal dort hat, wo er Sie haben will, wird er wahrscheinlich abstreiten, daß er je eine Kehrtwende vollzogen hätte, und auf Ihre verdutzte Gefügigkeit zählen. Bereiten Sie ihm eine Überraschung: Sagen Sie nein.

Wir wollten heiraten, und ich hatte mein Gepäck schon nach Hartford geschickt. Dann rief er an und sagte: »Wir heiraten besser nicht, weil wir nicht dasselbe religiöse Umfeld haben.« Fünf Monate später heiratete er eine andere Frau mit einem völlig anderen Umfeld.

Ärztin, 48, geschieden

11. Schöpferisches Chaos

Du liebe Güte! Bei ihm herrscht ein solches Chaos, daß Sie sich gut vorstellen können, wie er in das falsche Flugzeug einsteigt, die Essenszeiten oder Ihren Geburtstag vergißt, kein Zeitgefühl mehr hat und bis drei Uhr morgens im Büro bleibt. Aber bedenken Sie: Er ist vielleicht eher erfinderisch als chaotisch. Der Ruf des Chaoten entzieht ihn sehr geschickt Ihrem prüfenden Blick. Unzuverlässigkeit könnte ein Symptom für ein ernsthaftes persönliches Problem – oder aber eine besonders clevere Taktik sein.

Zunächst war er so charmant, daß mir die ganzen Änderungen und Neuplanungen nichts ausmachten. Ich fuhr zum Flughafen hinaus, um eine halbe Stunde bei ihm zu sein, bevor sein Flugzeug startete. Dann meldete er sich über Cityruf: »Es ist etwas dazwischengekommen.« Später wurde mir klar, daß es immer so weitergehen würde. Und das gefiel ihm so.

Technische Beraterin, 37, geschieden

Die Vermeidungslügen in diesem Kapitel demonstrieren, wie Männer solche Mittel und Taktiken einsetzen, um die Wahrheit zu unterdrücken. Seien Sie auf der Hut vor den Lieblingsausflüchten der Männer in Ihrem Leben, und achten Sie bei dieser Gelegenheit darauf, ob Sie nicht auch bei sich selbst welche entdecken können.

Warum er Vermeidungslügen anwendet

Die Kenntnis der Werkzeuge, die er für Vermeidungslügen einsetzt, ist der erste Schritt, um sich gegen letztere zu wappnen. Es geht jedoch nicht darum, Krieg zu spielen, sondern Sie sollen sich vor unnötigem Leid schützen. Hilfreich dabei sind die Aussagen von Männern, warum sie auf Ausflüchte zurückgreifen. Natürlich können die Begründungen völlig einleuchtend wirken – für die Männer selbst auf alle Fälle. Wichtig ist jedoch die Tatsache, daß auch Sie wach genug sind, um die Ausflüchte aus der Nähe zu erkennen. Nachfolgend einige der häufigsten Begründungen der interviewten Männer für ihre Ausflüchte.

Einige häufige Erklärungen für die Ausflüchte der Männer:

- Um die Versuchung des Verbotenen herauszufordern.
- Um die Wahrheit, die unerfreuliche Konsequenzen haben könnte, nicht preisgeben zu müssen.
- Um ein Ziel mit einem minimalen Aufwand an Zeit und Energie zu erreichen.
- Um den Zorn einer Frau und das damit verbundene Gefühl der Ohnmächtigkeit zu vermeiden.
- Um sich abzusichern, damit man nicht allein oder als Verlierer dasteht.
- Um darüber bestimmen zu können, wer die Beziehung wann beendet.

Besonders auffällig ist hier, wie ein beträchtlicher Anteil der Männer (etwas mehr als die Hälfte) ihre Vermeidungslügen rechtfertigen. *Sie nehmen eine ehrenwerte Absicht für sich in Anspruch, behaupten, die Frau schützen zu wollen, und ignorieren gleichzeitig die tatsächliche Wirkung der Lüge auf diese Frau.*

Ist das nur eigensüchtige Heuchelei, oder haben wir es hier mit einer sehr viel tiefer gehenden Form der Selbsttäuschung zu tun? Dies hängt vom jeweiligen Mann und von der jeweiligen Situation ab. Fest steht jedenfalls, daß diese Haltung dem Ausflüchtenden zwei unmittelbare Vorteile bringt. Erstens erlaubt sie ihm, seine guten Absichten zu bekräftigen, die in entschiedenem Widerspruch zu den wahren Gründen für seine Vermeidungslügen stehen (siehe oben – um den Reiz des Verbotenen herauszufordern, Ihrem Zorn zu entgehen und so weiter). Zweitens gestattet ihm die Begründung, fröhlich pfeifend seiner Wege zu gehen und sein Tun zu genießen, ohne sich mit übertriebenen (oder überhaupt irgendwelchen) Schuldgefühlen zu belasten. Während Sie unter den Folgen seiner Halbwahrheiten, Lügen und Täuschungen leiden, macht er sich wegen seiner Handlungen *und wegen seiner Lüge* keine Gedanken.

Die weibliche Autorität vermeiden

Der ärgerlichste Aspekt dieser Ausflüchte ist, daß er so tut, als hätten seine Handlungen keinerlei Auswirkungen auf Sie, daß seine Seitensprünge, sein Trinken, seine Geldverschwendung, seine Unberechenbarkeit und sein ständiges Wechseln der Arbeitsstelle mit Ihnen nichts zu tun hätten. In Wahrheit haben jedoch seine Vermeidungslügen ungeachtet seiner gut gespielten Unabhängigkeit oft ausschließlich mit Ihnen zu tun.

Ohne Sie oder jemanden wie Sie gäbe es nichts, dem er zu entkommen hätte. Wenn es Sie nicht gäbe, müßte er Sie erfinden. Sie sind vielleicht nichts weiter als die letzte in einer Reihe von Ersatzmüttern – weibliche Autoritätsgestalten wie seine Mutter, seine Lehrerinnen, Freundinnen auf dem Gymnasium, Ex-Frauen und schließlich vielleicht ein weiblicher Chef. In diesem Fall wird es ihm eine Wonne sein, Sie herauszufordern, zu täuschen oder Ihnen und allen Zwängen, die Sie symbolisieren, zu entfliehen. Möglicherweise ist ihm dies nicht einmal bewußt. Weil seine frühen Erfahrungen mit weiblichen Autoritätsgestalten so weit zurückliegen, würde er dieses Muster nicht einmal dann erkennen, wenn es ihm klar vor Augen stünde. Er würde wohl kaum sagen: »Aha, das bin ich.« Leider kann er dieses Verhaltensmuster so lange nicht ändern, wie es seinem Bewußtsein nicht zugänglich ist. Doch bevor Sie allzu großes Mitleid mit ihm bekommen, sollten Sie nicht vergessen, daß seine Vermeidungslügen, bewußt oder unbewußt, ihm den Weg zu seiner Freiheit – und Ihrer Täuschung – ebnen. Wie könnte er sich frei fühlen, ohne Sie zu betrügen?

Seine Ausflüchte, Ihre Reaktion

Bisher haben wir uns hauptsächlich mit ihm befaßt, was und warum er etwas tut. Welchen Platz nehmen Sie in diesem Szenario ein? Inwieweit haben Sie Einfluß darauf, ob seine Vermeidungslügen Wirklichkeit werden oder ein Hirngespinst bleiben? Auch Sie haben bestimmte Reaktionsmuster. Wenn Ihnen jemand, den Sie mögen, mit Ausflüchten kommt, reagieren Sie nicht irgendwie, sondern so, wie es Ihnen Ihre individuelle Lage vorschreibt.

Trotzdem haben Sie mehrere Möglichkeiten. Sie können so tun, als wäre nichts gewesen. Dies könnte unklug sein, wenn Sie mit dem, was in Ihrer Beziehung geschieht, nicht einverstanden sind. Einer meiner Klienten erinnerte sich, wie sein Vater zu ihm sagte: »Wenn sich an deinem Handeln nichts ändert, bekommst du nichts weiter, als was du schon hast.« Es sollte Ihnen zu denken geben, daß die häufigste Reaktion der interviewten Frauen auf die Vermeidungslüge die *Leugnung* war. Prüfen Sie nach, ob Sie ebenfalls zum Verleugnen neigen. Wenn dies der Fall ist, müssen Sie sich entscheiden, ob Sie bei diesem Verhaltensmuster bleiben wollen oder nicht.

Leugnung und Hinnahme: ein Pas de deux

Ich war fünf Jahre verlobt, aber es wurde nichts daraus, da er ständig andere Beziehungen hatte. Die Menschen in meiner Umgebung versuchten mir das klarzumachen, aber ich wollte davon nichts wissen. Ich sagte, daß dies nicht sein könne.

Finanzberaterin, 36, verheiratet

Frauen unterstützen die Lügen der Männer hauptsächlich auf zwei Arten. Die erste ist das Nicht-wahrhaben-Wollen der Anzeichen und Symptome seiner Unzufriedenheit, Reizbarkeit und Distanz. Diese Anzeichen sind normalerweise relativ offensichtlich – und Sie sollten sie erkennen können. Er bleibt zum Beispiel länger als gewohnt in der Arbeit, auf dem Golfplatz oder bei seinen Freunden. Er geht nach Ihnen ins Bett und steht vor Ihnen auf, während Ihr sexuelles Leben einzuschlafen droht. Oder er blickt Sie kaum mehr an, reagiert auf Ihre Bemerkungen ohne echte Anteilnahme, ergreift keine Initiative im Kontakt mit Ihnen und informiert Sie nur mehr über das Nötigste. Jede bedeutendere Verhaltensänderung sollte Ihnen Anlaß zu erhöhter Wachsamkeit sein.

Die zweite Art, wie Sie seine Vermeidungslügen möglicherweise unterstützen, ist die Hinnahme seines Leugnens, seiner lahmen Entschuldigungen und Gegenangriffe. Er reagiert gereizt auf Ihre Fragen, und Sie kuschen. Aber durch Ihr stillschweigendes Akzeptieren wird die Beziehung nicht besser, sondern noch schlechter.

Natürlich haben Sie Ihre guten Gründe, sein Verhalten nicht wahrhaben zu wollen und stillschweigend hinzunehmen. Die Gründe heißen Liebe, Hoffnung, Vertrauen und Furcht. Wenn Sie sich jedoch nicht bemühen, eine Haltung einzunehmen, die Ihrem Selbstschutz dient, machen Sie sich letztlich zur Handlangerin seines Betrugs. Was Sie sicher nicht beabsichtigen.

Bevor Sie nun allzusehr über sich selbst herfallen, sollten Sie sich daran erinnern, daß manche Männer absolute Meister des Betrugs und der Täuschung sind. Sie würden einen Test am Lügendetektor bestens überstehen. Sie schaffen es spielend, Ihnen in die Augen zu blicken und aalglatt die Unwahrheit zu sagen. Diese Männer kennen keine Schuldgefühle. Selbst wenn es keinen absoluten Schutz gibt, sind die meisten anderen Männer doch eher durchschnittliche, ja ambivalente Lügner. Mit der richtigen Einstellung haben Sie also sehr wohl eine Chance, Ihre Ansichten vorzubringen, die jeweiligen Tatsachen zu klären und letztlich die Voraussetzungen für eine bessere Beziehung zu schaffen.

Viele Frauen nutzen jedoch diese Chance nicht und verschlimmern statt dessen ungewollt die Situation, indem sie höflich einer Konfrontation aus dem Weg gehen und gleich sein erstes Abstreitmanöver akzeptieren. Ein alleinstehender sechsunddreißigjähriger Unternehmer sagte: »Meine Freundin hielt mir berechtigterweise vor, daß ich ein anderes Verhältnis hätte. Als ich es abstritt, war ich erstaunt – und erleichtert –, wie schnell sie sich mit meiner Erklärung zufriedengab. Ich konnte wirklich nicht verstehen, wie sie mir dies so einfach durchgehen ließ.« Er war erstaunt, daß sie so schnell klein beigab! Er konnte sein Glück nicht fassen. *Er wollte es nicht wahrhaben; sie wollte es nicht wahrhaben.* Aus seiner Sicht stellte ihr Rückzug eine unwiderstehliche Einladung dar, noch dreister zu lügen. Er faßte ihn als Freibrief für weitere ungestrafte Lügen auf – was er auch in die Tat umsetzte.

Doch warum akzeptierten sie und andere Frauen sein Abstreiten so ohne weiteres? Warum gaben sie ihm nicht ordentlich Zunder? Versetzen Sie sich in ihre Lage: Sie hegen den begründeten Verdacht, daß er eine andere hat; was bedeutet, daß die Hinweise und Verdachtsmomente, die Sie sammeln, bewußt oder unbewußt gespeichert werden. Ihre Intuition teilt Ihnen eindringlich mit, daß etwas nicht in Ordnung ist. Sie grübeln unaufhörlich, sprechen mit Ihren Freundinnen. Wenn Sie schließlich all Ihren Mut zusammennehmen und ihn zur Rede stellen, wischt er Ihre Vorwürfe einfach vom Tisch – und Sie kuschen prompt und ziehen sich zurück. Warum? Warum stecken Sie den Kopf in den Sand?

Die meisten Frauen sind sich der Gründe bewußt. Wider jede Vernunft hoffen wir, daß unsere Wahrnehmungen und unser Urteil nicht zutreffen, daß es eben doch keine andere Frau gibt. Niemand hört schlechte Nachrichten gerne. Wir möchten eine schöne und exklusive Beziehung. Wir möchten, daß unsere Befürchtungen zerstreut und nicht bestätigt werden, weshalb wir uns an jeden Strohhalm der Hoffnung, den er uns hinhält, klammern. Es tut uns gut, wenn er sagt, daß wir uns täuschen. Die ungeschminkte Wahrheit ist das letzte, was viele Frauen hören wollen. Weil aber die Wahrheit letztlich doch ans Licht kommt, ist es nur eine Frage der Zeit. Diese Lektion mußte auch Heidi lernen.

Der Preis des Tanzmarathons: Heidi

Wie so viele der von mir interviewten Frauen wirkte auch Heidi auf den ersten Blick sympathisch, gebildet und liebevoll. Man mußte sie einfach gernhaben. Heidi ist eine vor kurzem von ihrem Mann geschiedene Krankenschwester Ende Vierzig, mit vier erwachsenen Kindern, und war eine Fundgrube an Geschichten und Ratschlägen. Als ich ihre Antworten auf meine Fragen niederschrieb, drängte sich mir immer wieder der Gedanke auf: Warum in aller Welt blieb sie siebenundzwanzig Jahre bei ihrem Mann? Als ich dann meine Notizen nochmals durchging, stellte ich fest, daß Heidi das Gespräch eigentlich schon mit der Antwort begonnen hatte. »Wenn ein Mann lügt, sind die entsprechenden Signale vorhanden. Ich habe sie einfach nicht wahrgenommen.«

Der erste Teil ihrer Aussage drückte die Tatsachen völlig richtig aus. Der zweite Teil war eine Untertreibung und stellte die Sachlage nicht richtig dar. Tatsache war, daß sich Heidi *entschlossen* zeigte, die schmutzigen Lügen nicht zu sehen, die ihr Ehemann Sandy Tag für Tag und Jahr für Jahr auftischte. Dabei wußte sie, wie verheerend sich eine Beziehung zu einer anderen Frau auf eine Ehe auswirken kann: Ihr Vater hatte ihre Mutter betrogen; seine Heimlichkeiten hatten ihre Mutter zur Verzweiflung gebracht, und die kleine Heidi wurde von ihr zum Auto des Vaters geschickt, um den Kilometerstand abzulesen. Heidi dachte in ihren ersten Ehejahren oft an ihren Vater, »wie er seine Träume nicht verwirklichen konnte, weil er herumtändelte«. Sie wehrte sich verzweifelt dagegen, in ihrer Ehe diese Geschichte zu wiederholen; sie

»wollte nicht, daß Sandy so ist«. Heidi war entschlossen, Sandy keinen Anlaß zu geben, sie zurückzuweisen, und unternahm alles, um eine besonders gute Ehefrau zu sein. Sie begleitete Sandy durchs College, half ihm mit all ihrer Kraft, seine Ziele zu erreichen.

Dann brach vor einigen Jahren ihre Welt zusammen. Heidi entdeckte, daß er sich mit anderen Frauen herumtrieb, »so vielen, daß er ihre Namen nicht einmal mehr wußte. (...) Er kam nach der Arbeit nicht mehr nach Hause. Er sagte, daß er mit Freunden Minigolf spielen sei. Es wurde immer später. Er kam um drei Uhr morgens vom Golfspielen nach Hause.«

Der schöne Traum einer Ehe, die ganz anders sein sollte als die ihrer Mutter, platzte, als sie das Ausmaß von Sandys Treulosigkeit erkennen mußte. Sie reichte von Pornoheften in der hinteren Schublade bis zum Gehalt, mit dem Rechnungen bezahlt werden sollten und das statt dessen in Sexclubs verschwendet wurde. Und dann seine Affären. Wie tief Heidis Bedürfnis, dies zu ignorieren, verwurzelt war, wurde erst klar, als sie mir von den Geheimnissen, die Sandy vor ihr hatte, berichtete: »Ich dachte nicht im Traum daran, daß Sandy vor mir Geheimnisse haben könnte, bis er mit Frauen in seine Heimat nach Alexandria fuhr. Schon in den achtziger Jahren reiste er mit einer seiner Sekretärinnen nach Hause. Dies kostete ihn den Job. Den wirklichen Grund für seine Entlassung erfuhr ich erst acht Jahre später. Damals bekam ich einen anonymen Brief, in dem geschrieben stand, was Sandy und Claire [seine Sekretärin] im Hinterzimmer trieben. Aber Claire war eine gute Christin. Ich ging also hin zu ihnen [ins Büro] und stellte sie zur Rede.«

Die Wahrheit über Sandy und über Heidis Zukunft war schon jahrelang klar, bevor Sandy endlich selbst seinen Ehebruch anprangerte. Die Wahrheit starrte ihr ins Gesicht, aber Heidi hielt die Augen fest verschlossen. Sie wollte der Wahrheit unter keinen Umständen ins Auge blicken. Sogar in unserem Interview bestand sie darauf, daß ihr Mann sie bezüglich der Gründe für seine Entlassung nicht belogen hätte. Sie verteidigte ihn vielmehr – wie auch ihren jetzt irrationalen Glauben an ihn: »Er hat mir einfach nicht alles gesagt. Er hielt den Grund für die Kündigung vor mir geheim. Daß er Claire nicht in Ruhe ließ, daß er sie von der Arbeit abhielt. Sein Chef erzählte es mir später. Ich glaube aber nach wie vor, daß zwischen ihm und Claire nichts war.«

Aber Heidi ist kein Dummchen. Ihre nächsten Kommentare zeigen deutlich, daß sie sehr gut beobachten kann: »Sandy machte unter der Dusche eine kleine Wippbewegung. Er ging mit seinem Penis vor und zurück, um zu zeigen, daß er sich erregt fühlte. Er hatte einen Hut aus Old Town in Alexandria, wo sie [seine damalige Freundin] lebte. Jemand machte ihm ein Kompliment deswegen, und er sagte: ›O lala‹. Dabei wiederholte er diese Bewegung, sein kleines Wippen.«

Heidi hatte alle Informationen, die sie benötigte – wie in der Regel die meisten anderen Frauen auch. Sie erteilte anderen Frauen sogar einen Rat, wie sie der Untreue ihres Mannes auf die Schliche kommen könnten: »Achtet darauf, ob er sich plötzlich besser kleidet... er sagte: ›Ich brauche einen neuen Anzug.‹ Oder ob er von der Arbeit aus Ferngespräche führt oder länger in der Arbeit bleibt, um Ferngespräche führen zu können.«

Wie kann man es sich also erklären, daß die intelligente und gut beobachtende Heidi jahrelang Sandys Lügen unterstützte? Oder daß überhaupt Frauen sich bereit erklären, ein Spiel mitzuspielen, das ihre Gesundheit und ihr Wohlbefinden gefährdet?

Zunächst einmal ist zu sagen, daß Heidi ihr Selbstwertgefühl von Sandy vermittelt bekam. »Ich war bereit, jeden Preis zu bezahlen, um ihn zu halten. Ich wollte nicht, daß er mich verläßt. Er verließ mich, als ich nicht mit ihm schlafen wollte, als unser Baby vier Wochen alt war.« Sie hatte Angst davor, mit ihren kleinen Kindern alleine dazustehen. Sie wollte kein bekümmertes Erdulden vorleben, wie es ihre Mutter getan hatte. Statt dessen verschloß sie ihrerseits die Augen, um die Beziehung gutwillig fortführen zu können.

Zweitens wollte sie sich beweisen, daß sie keine so schlechte Ehe führen würde wie ihre Eltern. Sie meinte, wenn sie als »Mutter, Ehefrau und Mensch« nur ihr Bestes gab, würde sie ein besseres Leben bekommen, weil sie es sich sauer verdient hatte. Durch ihre ehrlichen Anstrengungen würde sie die Beschämung und den Kummer abwehren können, mit einem Mann verheiratet zu sein, der sie betrog. Wie aber Heidi selbst zugab, vergaß sie dabei nur eines: »Ich war zu mir selbst nicht gut.«

Und mit Sandy war nicht einfach umzugehen. Die wenigen Male, die sie sich aufraffte, ihn zur Rede zu stellen, reagierte er mit Vermeidungslügen gröbsten Kalibers. Gut gespielter Zorn, garniert mit ein wenig kreativem Chaos, war sein bevorzugter Trick. Jede Taktik, die darauf abzielte, in Heidi Empfindungen der Unzulänglichkeit und Beschämung zu erzeugen, erfüllte ihren Zweck. Heidi erzählte: »Wenn ich ihn zur Rede stellte, wurde er wütend und machte mir Vorwürfe wegen anderer Dinge.« Dabei scheute er auch vor physischer und psychischer Grausamkeit nicht zurück: »Gegen Ende unserer Ehe wollte er, daß ich mich so verhalten sollte wie die… Frauen in den Oben-ohne-Bars… er sagte zu mir: ›Du kannst nicht mehr mit anderen Frauen mithalten.‹ Ich weiß nicht, ob das stimmt.«

Hier haben wir ein weiteres schlagendes Beispiel für den Großmut und die Empathie der Frauen gegenüber den Lügnern in ihrem Leben, die beides nicht verdient haben.

Dies ist ein ständig wiederkehrendes Thema einer ganzen Reihe von Frauen, die ich interviewt und im Laufe der Jahre als Klientinnen betreut habe. Heidi würdigt die Lügerei ihres Ex-Mannes: »Ich glaube, daß er sich selbst belog. Er ging mit anderen Frauen, um sein Selbstwertgefühl zu steigern. Er wurde älter und war im Bett nicht mehr so gut wie früher. Ich machte mein Diplom mit einer recht guten Note, während er mit seinem eigenen Leben nicht zurechtkam… und in seiner Arbeit glänzte er nicht gerade.«

Wenn man Heidi zuhört, wirken Sandys Affären eher wie

ein Weiterbildungskurs und stellen sich nicht als die peinigenden Betrügereien dar, die sie sind. Ihre Kommentare und seine Handlungen enthüllen die bittere Wahrheit, daß sie an ihm und der Beziehung festgehalten hätte, egal, wie schlecht die Beziehung war, während er zu ihr entweder nie eine echte Beziehung hatte oder diese Verbundenheit irgendwann im Laufe der Ehe erlosch.

Wie ging es aus? Heidi »kapierte es« schließlich. Sie »fügte alle Beweise zu einem Mosaik zusammen«. Sie war wütend und verletzt, aber stellte ihn noch immer nicht zur Rede. Warum nicht? »Konfrontation ist nicht meine Art. Ich bin mehr die Beschützerin. Wenn es herausgekommen wäre, daß er eine andere hatte, wäre er seine Arbeitsstelle los gewesen. Ich glaube, daß ich alles getan habe, was ich für ihn tun konnte. Aber noch im Bett sah er mich an, als ob er mich nicht ausstehen könnte. Ich hielt ihm das Schlimmste vom Leib. Er dankte mir nicht, was ich alles für ihn getan habe.«

Heidi hat einen hohen Preis für ihr Leugnen und stilles Hinnehmen bezahlt. Die Gefühle der Beschämung und Schuld, die ihr von der gescheiterten Ehe ihrer Eltern in Erinnerung geblieben waren, spornten sie noch mehr an. Sie glaubte, daß er zumindest Dankbarkeit und Anerkennung zeigen würde, wenn sie ihm eine perfekte Ehefrau wäre. Ihre entschlossene Duldsamkeit, ihre Bereitschaft, nicht genau hinzusehen und auf seine Verfehlungen nicht zu reagieren, bewirkten aber gerade das Gegenteil. Was sie als Gegenleistung erhielt, waren emotionaler Schmerz, Niedergeschlagenheit, Verachtung und sogar der Haß ihres Mannes. Schließlich ließen sie sich scheiden, und als der einzige verantwortungsvolle Erwachsene dieser Ehe mußte Heidi sie auch noch selbst einreichen.

Es ist nicht einfach, sich mit der Wahrheit auseinanderzusetzen. Männern und Frauen fällt das gleichermaßen schwer. Wenn wir es tun, sind wir über die Folgen oft nicht glücklich. Doch je eher wir es tun, desto schneller bekommen wir wieder die Gelegenheit, jene Intimität und das Vertrauen zu gewinnen, nach dem wir uns sehnen und das wir auch verdient haben.

Frauen, die die Augen nicht verschließen: Ripa

Nicht alle Frauen verschließen ihre Augen, auch wenn sie es mit einem gewieften Lügner zu tun haben. Ripa ist eine von ihnen.

Ripa begegnete Henry auf einer Konferenz in Atlanta. Es war der Beginn einer romantischen und jahrelangen intensiven Brieffreundschaft. Sie studierte in Indien, er war Schriftsteller und lehrte an einer Universität in den Vereinigten Staaten. Die Liebesgeschichte begann 1984, und ein Jahr später zog Ripa seinetwegen nach Amerika, wo sie ihr Studium fortsetzen wollte. Ihre Beziehung war die reinste Idylle: »Wir trafen uns in Raleigh-Durham, er besuchte mich einmal im Monat, rief mich täglich an, sagte mir, daß er mich liebte, schickte mir Briefe und Gedichte. Er widmete mir ein siebenhundertseitiges Manuskript. Er sprach von Ehe. Er zeigte sich sehr interessiert an mir.«

Dann zeigten ihr gemeinsame Freunde einige seiner Bücher. Ripa erzählt die Geschichte ihrer Enttäuschung: »Eines der Bücher war seiner Frau gewidmet. Dies war nur ein Jahr nach dem Beginn unserer Beziehung. Er hatte mir erzählt, daß er Single sei. Wahrscheinlich glaubte ich ihm, weil auch er Inder ist. Ich war schockiert.«

Ripa weigerte sich, bei diesem Pas de deux der Verleugnung und Hinnahme seine Partnerin zu spielen. Sie rief ihn sofort an und hielt ihm die Fakten vor. Als Antwort kam zunächst ein langes Schweigen, dann sagte er: »Ich will es dir erklären, wenn wir uns wiedersehen, wenn wir beisammen sind...« Was konnte er schon sagen, um diese traurige Situation zu berichtigen? Nichts als weitere Lügen: »Henry besuchte mich, um mir alles zu erklären. Inzwischen hatte ich herausgefunden, daß er sogar eine Enkelin hatte. Ich wollte ihn nicht sehen. Er besuchte mich in meiner Wohnung nahe der Universität. Er leugnete noch immer alles ab und sagte: »Schau auf das Erscheinungsdatum [des Buchs, das seiner Frau gewidmet war]. Danach haben wir uns getrennt.« Sein College bestätigte mir, daß er verheiratet ist und seine Frau am selben College lehrt... ich gab ihm seine Briefe und seine Bilder zurück.«

Ripa hatte ihrem Leben eine neue Richtung gegeben, um an der Seite jenes Mannes zu sein, den sie liebte und zu heiraten hoffte, und mußte feststellen, daß eine andere Frau ihr um Jahrzehnte zuvorgekommen war und ihr Revier verteidigte. Ripa war nur eine Nebenbuhlerin. Die Beziehung ging zu Ende.

Besonders lehrreich am vorliegenden Fall ist die Tatsache, daß Henry sogar angesichts der direkten Konfrontation mit Ripa und bei klarer Beweislage sein Lügen fortsetzte, die Wahrheit verzerrte und seine Ehe abstritt. Er machte dieser jungen Frau den Hof, ließ sie um die halbe Welt zu seinem Vergnügen zu sich kommen und hatte ihr sogar beim bitteren Ende nur weitere Lügen zu bieten. Ripas knappes Resümee: »Ich wollte, er hätte mich in Ruhe gelassen.« Und dennoch gewährte sie ihm – wie die Mehrzahl der interviewten Frauen – das kostbare Geschenk ihrer Gutwilligkeit, mit der sie versuchte, ihm zu helfen, sein Gesicht zu wahren. Ihre Worte sind wohl mehr im Sinne ihres persönlichen Bedürfnisses zu verstehen, die Welt als einen guten und freundlichen Ort zu sehen, und stellen kein Urteil über Henrys Charakter dar: »Wir paßten gut zusammen. Er mochte mich. Vielleicht war er gerade in einer Lebenskrise. Ich versuche nach wie vor, dem Ganzen einen positiven Anstrich zu geben.«

Vielleicht versuchen Ripa und viele andere Frauen in einer ähnlichen Situation, ihre persönliche Biographie zu ändern, weil sie den Gedanken nicht ertragen können, solchen Schuften ihre Zeit und ihr Leben geschenkt zu haben. Es sind Lügen der Nachsicht, Lügen, die es ihnen gestatten, die Diskrepanz zwischen den für sie schmerzlichen Fakten, die sie zur Kenntnis genommen haben, und den großen Hoffnungen, die sie hegten, zu verringern.

Bei meiner Forschungsarbeit über Lügen erzählte mir eine Stewardeß, wie sie mit der schlimmen und überraschenden

Nachricht der Untreue ihres Mannes umgegangen war. Nachdem sie durch einen anonymen Brief von den wiederholten Seitensprüngen ihres Mannes während ihrer fünfzehnjährigen Ehe erfahren hatte, stellte sie ihn wütend zur Rede, dachte über seine Antworten nach und überreichte ihm dann eine Schachtel mit Müllsäcken für seine Sachen, bevor sie ihn hinauswarf. Sie erinnert sich, wie sie sich ängstlich fragte: »Was werde ich ohne ihn tun?« Dann nahm sie all ihren Mut zusammen und sagte: »Ich habe ein Leben, Freunde, Kinder, Arbeit. Er ist derjenige, der nichts hat.« Sie ist wieder glücklich verheiratet und erklärt, daß sie bedauert, auf die deutlichen Hinweise der Untreue ihres ersten Mannes nicht schon viel früher reagiert zu haben. Rückblickend wurden ihr die Bemerkungen und Gewohnheiten, die sich nicht mit seiner ehelichen Treue vertrugen, völlig klar. Als beide etwa mit alten Freunden zusammensaßen und über die Scheidungen anderer Freunde sprachen, meinte er: »Ich weiß nicht, warum sie sich alle scheiden lassen. Sie glauben, daß die Kirschen in Nachbars Garten immer köstlicher sind – aber es sind bloß andere Kirschen.« Sie erinnert sich, wie sie sich damals fragte, woher er dies wisse. Jetzt weiß sie es.

Manchmal kann die offene Konfrontation auch der erste Schritt in einem langen und heilsamen Prozeß der Wiederherstellung von Ehrlichkeit und Vertrauen sein. Nicht immer ist dies jedoch der Fall. Oft führt er nur zum Ende der Beziehung, das ohnehin bevorgestanden hätte. Frauen, die ihre verfügbaren Ressourcen kreativ nutzen – technische Instrumente, amtliche Unterlagen, Kreditkartenauszüge, Telefonbücher, Wahlwiederholung via Telefon, um ihre Befürchtungen zu bekräftigen und ihn in flagranti zu erwischen –, sind oft nicht begeistert von dem, was sie zu hören bekommen. Sobald sie aber die Wahrheit erkennen, ist er nicht mehr derjenige, der allein die Entscheidungen trifft, sondern sie hat sich die Macht der Entscheidung zurückerobert. Es hängt nicht mehr nur von ihm ab, ob und wie die Beziehung fortgesetzt wird.

Wie können Sie sich verteidigen?

Die ernsthafte Selbstverteidigung beginnt für Sie damit, daß Sie klar erkennen, was Sie dazu veranlaßt, einem Lügner zu vertrauen. Vor diesem Paradox warnte mich mein Vater vor so vielen Jahren; es ist weiterhin gültig und in den Herzen und Handlungen vieler Frauen sehr lebendig. Sie müssen vor allen Dingen herausfinden, was in Ihnen bewirkt, daß Sie seine Sünden und das beständige Rumoren in Ihrem Hinterkopf nicht wahrnehmen wollen; daß etwas nicht stimmt. Außerdem müssen Sie anders reagieren und ihn zur Rede stellen. Bringen Sie den Mut auf, sich seinem Zorn und seinen Abstreitmanövern auszusetzen. Seien Sie sich darüber im klaren, daß Ihnen eine unangenehme Aufgabe bevorsteht, die Sie gleich hinter sich bringen können – oder später, wenn Sie sich bereits um Haus und Hof, die Kinder und zwei oder drei Jahrzehnte Ihres Lebens gebracht haben. Mehr dazu am Ende des nächsten Kapitels. Zweifellos keine einfache Aufgabe, aber denken Sie daran, daß Sie nicht allein sind. Sie benötigen viel Hilfe – lassen Sie sich helfen.

Wenden wir uns nun den zahlreichen Varianten einer der häufigsten Vermeidungslügen zu: »Nur du allein.« Dieser niederschmetternde Treubruch mittels eines Spinnennetzes an Ausflüchten kann die Intimität und das Vertrauen in Beziehungen jederzeit erschüttern – zu Beginn, in der Mitte und am bitteren Ende.

Kapitel 10

Du, Du, nur du allein…

Er ließ mich auf eine traumhafte Beziehung mit ihm hoffen, machte mir vor, daß wir zusammen nach Florida ziehen würden. Dann sagte er mir, daß er verheiratet sei und daß seine Familie nach Chicago käme.

Geschäftsführerin, 45, geschieden

Er verheimlichte mir, daß er bereits seit sieben Jahren eine Affäre hatte, schon während meiner Schwangerschaft. Mein jüngster Sohn wurde geboren, während er eine Geliebte hatte. Das habe ich bis heute nicht verwunden.

Leiterin einer Finanzabteilung, 37, wieder verheiratet

In meinen beiden Ehen hatte ich zahlreiche Affären. Ich scheine mir geradezu Mühe gegeben zu haben, daß sie es auch entdeckten. Aber wenn ich zur Rede gestellt wurde, blickte ich ihnen einfach tief in die Augen und sagte ihnen irgend etwas, was sie gerne glauben wollten, und sie glaubten es. Ich wußte, was sie hören wollten. Jedenfalls nicht die Wahrheit. Ich sagte: »Alles ist bestens… es ist gar nichts los…«

Regisseur, 35, verheiratet

Das alte Lied: Sie weiß oft nicht genau, wann es anfing, aber plötzlich fällt ihr eine ungewohnte Geste auf, ein neues Aftershave oder wie er sich vor dem Spiegel herausputzt. Irgend etwas ist anders als sonst. Die beruhigende Maske des »Alles in Ordnung« kann es nicht mehr verbergen: Er hat eine andere. Argwöhnisch fragt sie ihn: »Bitte sag mir, daß du kein Verhältnis hast.« Diesen Gefallen tut er ihr gerne und erklärt, daß er kein Verhältnis hat. Sie ist nicht restlos überzeugt und hakt nach: »Ich kann mir nicht vorstellen, daß du mir so etwas antun würdest.« Er fordert sie auf, sich von seiner Treue zu überzeugen. Die unerfreuliche Wahrheit ist aber dadurch nicht aus der Welt geschafft. Sie weiß in ihrem Innersten, daß etwas nicht in Ordnung ist, und dies beunruhigt beide Seiten. Er greift tief in seine Trickkiste und versucht, mit Leugnen, Verwirrspielchen und Ablenkungsmanövern – altehrwürdige Werkzeuge der Vermeidungslüge – seine Tarnung aufrechtzuerhalten. Er weist vehement ihre Vermutungen zurück und wirft ihr die Abscheulichkeit ihres Verdachts vor. Er erinnert sie daran, was er alles für sie getan hat. Er schwört, daß er ihr nie weh tun würde. Er erscheint plötzlich so verletzbar, daß sie alles zurücknimmt. Dann kauft er ihr Blumen, denkt an den Hochzeitstag und versichert ihr, daß sie die einzige in seinem Leben ist. Wenn sie ihn weiterhin verdächtigt, geht er zum Gegenangriff über und beschuldigt sie erneut des Mißtrauens. Getadelt und verwirrt tritt sie den Rückzug an und ist vorübergehend von der Wahrheit abgelenkt.

»Nur du allein« ist eine dreifache Ohrfeige

Wenn ein Mann bestreitet, daß er eine andere hat, ist seine Partnerin mit der aalglatten Lüge der Exklusivität konfrontiert. Seine Untreue ist aber nur selten ein einzelner Vertrauensbruch. Lange bevor diese Lüge zum Einsatz kommt, hat er schon zwei Arten von Lügen in die Welt gesetzt, die miteinander zu tun haben und sein wahres Verhalten kaschieren. Die erste Gruppe von Lügen verdeckt, was wirklich vor sich geht. Diese Lügen sorgen für Alibis, Erklärungen und Irreführungen, um Sie im dunkeln zu lassen. Sie sollen glauben, daß sich nichts geändert hat, daß Sie nach wie vor die einzige sind. Überstunden im Büro, auswärtige Geschäftsessen und der Besuch eines kranken Freundes sind nur einige der bequemen Alibis, die ihm sein Treiben erleichtern. Diese Vertuschungslügen sind hinterhältig, aber haben noch nichts mit dem eigentlichen Problem der Ausschließlichkeit zu tun. Ihr einziger Zweck besteht letztlich darin, Ihren Verdacht so weit zu unterdrücken, daß Sie die brennende Frage noch nicht stellen: »Gibt es eine andere?«

Die zweite Gruppe von Lügen besteht in einem direkten Leugnen. Es sind die Lügen, die er Ihnen ins Gesicht sagt (»Nein, ich schwöre dir, es gibt keine andere«). Manchmal werden die Fakten auch nur teilweise abgestritten (»Es ist nicht, was du denkst. Sie hat es bei mir probiert. Sie ist verrückt. Ich schwöre dir, daß nichts passiert ist. Ich wollte sie nur schonend wieder loswerden«).

Die Untreue und die beiden Serien der damit verbundenen Lügen versetzen Ihnen drei Ohrfeigen:

- **Ohrfeige 1: die Untreue selbst;**
- **Ohrfeige 2: die Vertuschungslügen;**
- **Ohrfeige 3: die Ausschließlichkeitslüge.**

So funktionieren sie – zunächst die Untreue: Vielleicht wissen Sie es, vielleicht auch nicht. Ihre unmittelbare Folge sind die Vertuschungslügen. Diese lassen in Ihnen vielleicht einen ersten Verdacht aufkeimen. Schließlich folgt die glatte Lüge der Ausschließlichkeit, die Ihnen zusichern soll, daß Sie die einzige sind.

Lassen Sie sich kein X für ein U vormachen. Stellen Sie sich in jeder Beziehung darauf ein, daß es Ihnen gelingen wird, diese drei Lügen zu durchschauen und abzuwehren. Beginnen wir mit der Untreue selbst.

Ohrfeige 1: die Untreue selbst

Betrügen ist so amerikanisch wie *Apple Pie*. Männer und Frauen verstoßen implizit und explizit gegen Ausschließlichkeitsvereinbarungen. Das ist nichts Neues. Alfred Kinsey hat in seinen bahnbrechenden Sexualstudien Ende der vierziger und Anfang der fünfziger Jahre festgestellt, daß von den untersuchten Personen etwa die Hälfte der Männer und ein Viertel der Frauen außereheliche Beziehungen hatten. Spätere Arbeiten haben bestätigt, daß zwar nicht alle, aber sehr viele von uns betrügen. Shere Hite bezifferte in ihrem umstrittenen Report aus dem Jahre 1987 die Quote der untreuen Männer auf fünfundsiebzig und diejenige der untreuen Frauen auf siebzig Prozent, während der konservative Janus-Report aus dem Jahre 1993 schätzte, daß ein Drittel der Männer und ein Viertel der Frauen außereheliche Beziehungen haben. Aus diesen Studien folgt, daß weder Männer noch Frauen in festen Beziehungen ohne weiteres von der Exklusivität dieser Beziehung ausgehen können. Bei Frauen ist den Statistiken zufolge die Wahrscheinlichkeit größer, daß der Mann oder Liebhaber sie betrügt, wobei diese Unterschiede allerdings immer geringer werden. Natürlich geben diese Statistiken nur wieder, was Menschen bereitwillig zugeben und wie ehrlich sie Gesellschaftswissenschaftlern gegenüber sein wollen. Die Treulosigkeit beider Geschlechter könnte erheblich höher sein, als die Berichte angeben.

Trotzdem bleibt es dabei, daß Männer eher einmal ein Auge riskieren als Frauen. Es ist eine Tatsache, daß Männer lieber mehrere Partnerinnen haben. David Buss berichtet in seinem Buch *The Evolution of Desire* aus dem Jahre 1994 (dt. *Die Evolution des Begehrens*, Hamburg 1994), daß einer Studie zufolge unverheiratete amerikanische College-Studenten sechs Sexualpartnerinnen im kommenden Jahr ideal fänden. Frauen erklären, daß ihnen ein einziger durchaus genügen würde. Alle mir bekannten Studien zum Sexualverhalten zeigen, daß Männer mehr Affären mit wesentlich mehr Partnerinnen haben als Frauen. Buss hat dafür eine interessante Erklärung: die Tendenz von Männern und männlichen Tieren, sexuell neu erregt zu werden, wenn sie neue Frauen/Weibchen wahrnehmen, »wodurch bei ihnen ein weiterer Impuls ausgelöst wird, sich mehreren Frauen sexuell zu nähern«. Was damit gemeint ist, demonstriert er an einer Studie des Anthropologen Thomas Gregor bei den Mehinaku, einem Amazonasstamm. Für die Mehinaku-Männer »reichte die Palette sexueller Attraktivität bei den Frauen von »reizlos« *(mana)* bis »köstlich« *(awirintya)*... wobei Sex mit Ehefrauen als *mana* gilt, während Sex mit Geliebten immer *awirintya* ist.«

Natürlich gibt es auch Frauen, die Abwechslung lieben. Eine meiner damaligen Studentinnen, eine fünfundzwanzigjährige, verheiratete Frau, bekannte einmal in einer Diskussion über Monogamie freimütig: »Alles, was wirklich nötig ist, um eine Beziehung am Laufen zu halten, ist ein heißer neuer Körper.« Der Lust der Frau auf Abwechslung stehen allerdings schwere gesellschaftliche Sanktionen entgegen. In allen Kulturen drohen Frauen, die ihren Partner betrügen, wesentlich schwerere Strafen als ihren männlichen Partnern – vom Verlust ihres sozialen Status oder Vermögens bis zum Verlust ihres Lebens. Hier herrscht eine Doppelmoral, und Untreue kann für die Gesundheit und Unversehrtheit einer Frau schwerwiegende Folgen haben.

Ohrfeige 2: die Vertuschungslügen

Wenn Männer Exklusivität versprechen und nicht einhalten, haben sie ein Problem am Hals: die Konsequenzen. Er möchte sich die Freiheit erhalten, zu anderen Frauen zu gehen, doch er möchte nicht, daß Sie davon etwas wissen. Er möchte *awirintya* mit einer anderen, nicht *mana* mit Ihnen. Wie es viele der interviewten Frauen ausdrückten: Er will das eine, ohne vom anderen zu lassen. Ihrem Argwohn oder gar Ihrem Zorn möchte er sich auf keinen Fall aussetzen. Er lügt also, wenn er

Ihnen mitteilt, wo er seine Zeit verbringt, mit wem er zusammen ist und was er tut, wenn Sie nicht dabei sind. Wie Heidis Mann im vorigen Kapitel, gibt er vor, beim Golfspielen zu sein, im Büro Überstunden zu machen oder mit Freunden unterwegs zu sein. Vielleicht nehmen Sie ihm seine Alibis ab – für eine Weile jedenfalls. Aber er ist auf das Lügen nicht angewiesen. Schließlich ist er ein freier Mensch und kann sein Tun nach Belieben ändern. Nach einer Affäre kehrt er möglicherweise zur Ausschließlichkeit mit Ihnen zurück. Lügen und Betrügen ist ein hartnäckiges Suchtverhalten, das man nicht leicht aufgibt, doch manchen Männern gelingt es. Oft können solche Männer den Betrug und den Schmerz, den sie verursachen, nicht mehr ertragen, oder der Streß ihrer täglichen Heuchelei wird ihnen einfach zuviel. Manchmal werden auch die Ansprüche der anderen Frau zu groß. Unter den fünfundneunzig Interviews waren nur fünf solcher Männer. Ich habe jedoch mit zahlreichen männlichen Klienten gearbeitet, die in ihren persönlichen Beziehungen zu lügen aufhörten. Solche Männer gibt es also. Sie lügen nicht mehr, weil sie es mit einer Frau oder Geliebten zu tun bekommen, die ihnen die Pistole an die Brust setzt. Andere Männer entscheiden sich dafür, noch mehr zu lügen oder sogar, ihre Lügen zur Schau zu stellen, mit der Entlarvung zu kokettieren. Wenn die Lügen eines Mannes allzu sorglos oder allzu übertrieben sind, ist dies oft ein deutlicher Hinweis darauf, daß Ihre Beziehung keinen Pfifferling mehr wert ist. Dieser Mann befürchtet vielleicht, als der Böse dastehen zu müssen, wenn nicht Sie für ihn die Beziehung beenden.

Meist aber können Sie schon viel früher erkennen, was gespielt wird. Wenn Sie nur ein wenig abwarten, werden Sie eine verblüffende Entdeckung machen:

Die verborgenen Zielsetzungen der meisten Menschen sind weit weniger verborgen, als sie annehmen.

Die Wahrheit ist also trotz seines Netzes von Vertuschungslügen sehr wohl erkennbar. Wenn Sie irgendwann seine Untreue erkennen und das Netz seiner Lügen durchschauen, wird Ihnen vielleicht auch klar, daß Sie die Wahrheit schon die ganze Zeit über kannten. Eheberater wissen, daß auch der nachlässigsten und arglosesten Frau der Name der »anderen« längst bekannt ist, wenn der Mann endlich gesteht, daß er eine Affäre hat. In aller Regel wissen wir trotz seines Taktierens im Innersten sehr genau, was los ist – aber wenn uns dies dann allzu nahe an Einsichten heranführt, die wir nicht wahrhaben wollen, setzen wir alles daran, unsere Intuition zu unterdrücken.

Ohrfeige 3: die Ausschließlichkeitslüge

Die Intuition ist ein unerbittliches und sehr wirksames inneres Warnsystem. Wie sehr wir sie auch unterdrücken wollen, sie registriert doch sehr genau, was an Störfaktoren vorhanden ist. Auch wenn wir diese Hinweise nicht lieben – die Intuition kann uns doch vor persönlichen Katastrophen bewahren.

Sie spüren, daß etwas nicht in Ordnung ist. Die Stimme der Intuition läßt sich einfach nicht mehr überhören. Irgendwann kommt der Punkt, an dem Sie Ihren Partner fragen: »Hast du eine andere?«

Seine Reaktion hängt dann davon ab, ob er Ihnen tatsächlich untreu war und ob er die Wahrheit sagt. Wenn er treu ist und die Wahrheit sagt, wird er ehrlich »nein« sagen. Sie sind die einzige, und Ihre Intuition hat vielleicht etwas registriert, das mit Streß am Arbeitsplatz oder einem gesundheitlichen Problem zu tun hat.

Wenn er untreu und aufrichtig ist, wird er es ehrlich zugeben. Sie haben nun viel zu besprechen, weshalb Sie die Kommunikation nicht abbrechen sollten. Vergessen Sie aber nicht, daß eine Lüge im Raum steht. Vielleicht sagt er nur die halbe Wahrheit, wie zum Beispiel jener Dreiundzwanzigjährige: »Ich rückte damit heraus, daß ich eine andere hatte. Ich gab zu, daß wir eine Nacht beisammen waren. In Wirklichkeit waren es aber Monate.« Arbeiten Sie also an dem Problem zwischen Ihnen, aber vergeben und vergessen Sie nicht zu früh.

Wenn er untreu und unaufrichtig ist, wird er lügen und mit jedem nur erdenklichen Trick arbeiten, um Sie von seiner Fährte wegzulocken. Wenn Sie trotzdem mit ihm zusammenbleiben, wird er Ihre Intuition und Ihre Vertrauensfähigkeit Tag für Tag einer neuen Belastungsprobe aussetzen. Ein siebenunddreißigjähriger, untreuer Lügner sagte bezüglich seiner Ausschließlichkeitslügen, mit denen er seine Frau belog: »Meine zweite Frau verdächtigte mich der Lüge, aber sie hatte keine wirklichen Beweise. Solange ich einen Unterschied zwischen körperlichem Sex und Liebe mache, sage ich mir, daß sie das Ganze gar nicht betrifft.«

Gefahr erkannt, Gefahr gebannt – seien Sie auf der Hut, und machen Sie sich keine Illusionen darüber, was Sie erwartet.

Die meisten Frauen hätten natürlich gerne einen Partner, der treu und aufrichtig ist. Weil es aber viele Männer gibt, die weder das eine noch das andere sind, können Sie, wenn Sie einen Mann haben, den es nach einer sexuellen und emotionalen Beziehung mit einer anderen Frau gelüstete, der entscheidenden Frage nicht ausweichen:

Möchten Sie die Wahrheit über seine Untreue wissen,
oder möchten Sie lieber von ihm belogen werden?

Manchmal behaupten Frauen, die Wahrheit wissen zu wollen, während sie in Wahrheit die Lügen bevorzugen. Wie denken Sie? Um darüber Klarheit zu gewinnen, sollten Sie sich die folgenden Fragen stellen. Wenn Sie zur Zeit in einer Exklusivbeziehung leben, fragen Sie Ihren Partner, wie er antworten würde, wenn Sie die hypothetische Untreue wären. Beachten Sie, daß es keine richtigen und falschen Antworten gibt, sondern nur enthüllende. Dieses Gespräch könnte Ihnen die Augen öffnen.

Wo Sie bezüglich Untreue und Ausschließlichkeitslügen stehen

1. Ist Ausschließlichkeit eine unverzichtbare, wesentliche Bedingung Ihrer Beziehung mit einem Partner? Wie wichtig ist sie Ihnen?
2. Ist Ehrlichkeit bezüglich der Ausschließlichkeit eine wesentliche Bedingung Ihrer Beziehung mit einem Partner?
3. Was würde Sie mehr verletzen: die Entdeckung einer Untreue, ein Netz von Vertuschungslügen oder die dreiste Lüge der Ausschließlichkeit?
4. Wenn Sie zufällig entdecken, daß Ihr Partner Ihnen untreu ist: Wären Sie auf ihn wegen seiner Untreue, wegen der Vertuschungslügen oder wegen der Ausschließlichkeitslüge wütend?
5. Welche Vorteile hätte es für Sie, von der Untreue Ihres Partners zu wissen?
6. Wie würde sich Ihr Wissen von der Untreue Ihres Parters auf Ihr Vertrauen zu ihm auswirken?
7. Welche Auswirkungen hätte es auf Ihre künftige Vertrauensfähigkeit, wenn Sie von den Vertuschungslügen und Ausschließlichkeitslügen Ihres Partners wüßten?
8. Können Sie es weiterhin rechtfertigen, Ihren Partner zu lieben, wenn Sie Jahre später entdecken, daß er Ihnen untreu war?
9. Würden Sie Ihren Partner weniger lieben, wenn er Ihnen untreu wäre und Sie beide davon wüßten?
10. Wenn Sie die Untreue Ihres Partners und seine Vertuschungslügen entdecken würden: Was müßte geschehen, damit Sie weiterhin zusammenbleiben könnten?

Was können Sie aus diesen Fragen lernen? Sehr viel. Sie können Ihnen helfen zu erfahren, was Sie als schändlicher betrachten: die Tatsache der Untreue oder das Lügengespinst, das diese verdecken sollte, einschließlich der Ausschließlichkeitslüge. Wenn Sie zum Beispiel Frage 1 mit ja beantworten, ist Treue für Sie am wichtigsten. Der Treubruch ist für Sie vielleicht ein ausreichender Grund, um die Beziehung zu beenden, egal, ob er ihn abstreitet oder nicht. Was ist die Folge? Angenommen, Ihr Partner weiß dies und hält Ihnen dennoch nicht die Treue. Die Lüge wäre nach dieser Affäre die einzige Möglichkeit, den Bruch der Beziehung zu vermeiden. Er und die anderen wissen Bescheid, Sie jedoch nicht. Sie sind der Außenseiter.

Nehmen wir an, Sie bejahen Frage 2. Wenn Ehrlichkeit der Eckstein Ihrer Beziehung ist, dann ist seine Ausschließlichkeitslüge mindestens ebenso schlimm wie seine Untreue. Sofern Sie ehrlich über die Affäre und ihre Hintergründe sprechen können, haben Sie wenigstens die Chance, das Vertrauensverhältnis wiederherzustellen. Wenn er jedoch bezüglich einer Affäre lügt, dann neigen Sie eher dazu, die Beziehung zu beenden und sich auf die Suche nach einem ehrlichen Mann zu machen.

Untreue und die Lüge zu ihrer Vertuschung stellen einen schweren Vertrauensbruch dar, der Ihr Vertrauensverhältnis und die zwischen Ihnen bestehende Nähe zerstört. Zunächst reagieren Sie auf seine Untreue mit einem empörten »Wie konntest du mir das antun?«. Minuten später explodieren Sie erneut und rufen: »Wie konntest du mich belügen!« So kann es jahrelang weitergehen.

Was können Sie also tun? Es gibt kein Patentrezept. Wenn es zu einem solchen Treubruch gekommen ist, geht es vor allem darum, sich zu einigen, was akzeptabel ist und was nicht. Sexuell offene Beziehungen, in denen beide Parteien mit anderen Beziehungen einverstanden sind, funktionieren manchmal – solange diesbezügliche Einigkeit besteht. In anderen Beziehungen kann es zwischen den Partnern das stillschweigende Einverständnis geben, Untreue zu verbergen, solange die Vorteile des Beieinanderseins überwiegen.

Die Entdeckung, daß man von einem Partner, zu dem man Vertrauen hatte, betrogen wurde, kann außerordentlich schmerzhaft sein. Erfahrene Eheberater wissen jedoch, daß langfristige Vertuschungslügen und Ausschließlichkeitslügen die Intimität viel stärker bedrohen als die Untreue an sich. Dies liegt daran, daß es ohne Ehrlichkeit in einer Beziehung keinen Prüfstein des Vertrauens, keine Zuverlässigkeit und keine Gewißheit dafür gibt, daß die Worte des Partners der Wahrheit entsprechen. Wie wäre es ohne Ehrlichkeit möglich, eine Untreue festzustellen, geschweige denn ihre Ursachen zu ergründen? Nur entschlossene und bewußte Ehrlichkeit zwischen zwei Partnern schafft die Voraussetzungen für einen echten Dialog. Mit Geduld, gutem Willen und Beharrlichkeit ist es dann vielleicht möglich, das Vertrauen wiederherzustellen.

Prüfen Sie beim Lesen der Berichte über die verschiedenen Ausschließlichkeitslügen, welche Antworten Sie selbst geben würden, und versuchen Sie sich Ihre Reaktionen in der jeweiligen Situation vorzustellen.

Wie fängt es an?

Vor Ausschließlichkeitslügen sind Sie nie ganz sicher. Niemand ist dagegen gefeit. Die Gründe für Ausschließlichkeitslügen und für die stillschweigende Hinnahme der Lügen anderer liegen letztlich in der persönlichen Geschichte des Lügners und des Belogenen. Die Untreue des Vaters oder der Mutter kann ein sehr bedeutsames Vorbild sein, das man nachahmt oder, im Gegenteil, zu vermeiden sucht. Ein Elternteil, der trinkt, die Familie mißbraucht oder sich emotional distanziert, kann die Keime für unser eigenes Verhalten als Erwachsene legen, das sich in Lügen und Ableugnen ebenso wie in einem übersteigerten Verantwortungsgefühl oder der stillschweigenden Hinnahme von Lügen manifestieren kann. Aktives Lügen und auch die Hinnahme von Lügen können Ausdruck der Beschämung und Furcht sein, die man vor langer Zeit selbst erfahren hat. Männer und Frauen erzählten mir gleichermaßen von dem Erbe, das sie aufgrund der ehebrecherischen Affären und der damit verbundenen Lügen ihrer Väter und Mütter in sich trugen. Sie berichteten von der Komplizenschaft und Beschämung, die sie damals empfanden und bis heute nicht ablegen konnten. Diese Männer und Frauen fürchteten, dieselben Fehler wie ihre Eltern zu begehen.

Viele der Interviewten erklärten, daß sie die *erste* Lüge, an die sie sich erinnerten, auf dem Gymnasium oder in ihrer ersten ernsthaften Beziehung aussprachen. Der Charakter dieser Lügen reichte von anrührend peinlich (»Wie konnte ich meiner festen Freundin sagen, daß ich einer anderen begegnet war, wo wir doch im Begriff standen, unseren dritten Jahrestag zu feiern«) bis zu zynisch vorsätzlich (»Er brachte mich nach Chicago, um dort bei ihm zu arbeiten und mit ihm ein gemeinsames Leben zu führen, obwohl er, wie ich später herausfand, in Ecuador schon verheiratet war und vier Kinder hatte.«)

Andere gingen in ihrer Lebensgeschichte nicht so weit zurück. Die *letzte* Lüge, an die sie sich erinnerten, war eine Lüge der Exklusivität. Viele waren noch nicht ausgestanden. Frauen berichteten von ihrer Enttäuschung und ihrem Zorn, wenn die Ausschließlichkeitslügen der Männer abbröckelten und dahinter eine unerfreuliche, oft völlig unerwartete Wahrheit zum Vorschein kam. Sie beschrieben, wie eine andere Frau in das Leben ihres Partners eingedrungen war oder wie der Mann, der Ihnen Ausschließlichkeit geschworen hatte, sich mühelos von einem gewieften Lügner in einen Spezialisten für Schadensbegrenzung verwandelte. Sie beschrieben, wie er sich oft gezwungen sah, die Geschichte umzuschreiben oder die Wahrheit zu bekennen (etwa à la »Ich habe dich nie geliebt«). Oder wie er seine »Ausstiegslügen« als »Barmherzigkeitslügen« deklarierte, die letztlich weniger mit Empathie als mit seinem Selbstschutz zu tun hatten.

Allen diesen aalglatten Lügen ist gemeinsam, daß sie den Opfern große Schmerzen zufügen und daß zu jeder Geschichte ein individuelles Reaktionsmuster gehört, das sie wie ein Fingerabdruck identifizierbar macht. Trotzdem gibt es Themen, die ständig wiederkehren. Zum Beispiel ist festzustellen, wie viele Männer und Frauen, die Opfer der Lügen wurden, diesen unbewußt Vorschub leisteten, indem sie dem Lügner/der Lügnerin, den/die sie liebten, seinen/ihren Fehltritt durchgehen ließen.

Ein solches stillschweigendes Einverständnis besteht zum Beispiel darin, daß sie das Spiel des Lügners mitspielten, daß sie wegsahen und ängstlich alle konkreten Fragen vermieden, die die schmerzliche Wahrheit zum Vorschein gebracht hätten. Viele Opfer der Lüge »Nur du allein« fürchten die Wahrheit, nicht die Lüge. Allerdings steht für sie oft so viel auf dem Spiel, daß es schwerfällt, den Opfern dieser schmerzlichen Lügen vorzuwerfen, daß sie sich verzweifelt an den Glauben klammern, ihr Partner würde sie noch lieben und wünsche nur ihr Bestes. Die Wahrheit läßt sich jedoch nicht aus der Welt schaffen, indem man sie nicht zur Kenntnis nimmt.

Sie sollten nicht davon ausgehen, daß Ausschließlichkeitslügen nur in der Mitte oder gegen Ende problematischer Beziehungen auftreten. Oft kommen sie schon sehr früh vor, nehmen allmählich überhand und zwingen schließlich Lügner und Opfer zu einem bitteren Finale.

Am Anfang war die Lüge

Es war mein erstes Semester, und ich lebte von dem Mädchen getrennt, mit dem ich auf dem Gymnasium zwei Jahre zusammengewesen war. Drei Wochen zuvor war ich noch todunglücklich, nicht mehr bei ihr zu sein. Nun hatte ich meinen Schmerz überwunden, denn ich fand ein Mädchen, das mir besser gefiel… ich dachte, ich würde meine alte Beziehunge so lange laufen lassen, bis es auffliegen würde. Nach jedem Telefongespräch sagte ich ihr, daß ich sie liebte, bevor ich jeden Abend die Treppe zu meiner neuen Freundin hinaufging. Ich hielt mir die alte Freundin weiter, weil es nur zwei oder drei Anrufe pro Woche waren und es mich wenig Energie kostete. Ich war vollständig auf die neue Freundin eingestellt. Sie war das schönste Mädchen, das mir je begegnet war.

Börsenmakler, 30, alleinstehend

Falls Sie noch daran zweifelten: Durch dieses Zitat dürfte Ihnen klargeworden sein, daß Sie nicht zwanzig Jahre verheiratet sein müssen, um mit der allgegenwärtigen Ausschließlichkeitslüge konfrontiert zu werden. Oft beginnen solche Lügen schon sehr früh und werden schließlich zu einer Lebensform. Wenn Sie also damit schon konfrontiert wurden, als Sie sich kennenlernten und miteinander ausgingen, können Sie mit ziemlicher Sicherheit damit rechnen, vor dem Scheidungsrichter mit diesen Lügen konfrontiert zu werden. Wenn Sie diese Ausschließlichkeitslüge frühzeitig entdecken und anprangern, sind Sie ein Glückspilz: Sie haben sich möglicherweise jahrelanges Leid und Verbitterung erspart.

Frühe Lügenmuster

Ausschließlichkeitslügen und andere Vermeidungslügen sind Teil einer Struktur, die oft schon früh zutage tritt und sich von einer Beziehung zur nächsten fortsetzt. Die ersten Lügen, die Männer Frauen erzählen, liefern sehr interessante Hinweise. Nehmen wir etwa Chuck, mit achtunddreißig noch unverheiratet, der sich daran erinnert, daß er einem Mädchen auf dem Gymnasium mitteilte, er könne an einem bestimmten Abend nicht zu ihr kommen, weil er zur Konfirmation seines Cousins müsse. In Wirklichkeit wollte er ihr verheimlichen, daß er mit einem anderen Mädchen ausgehen wollte.

Sein Pech war, daß sie ihn mit der anderen in einem Vergnügungspark sah, und er mußte am nächsten Tag in der Schule ihren bissigen Kommentar über sich ergehen lassen: »Na, wie war die Konfirmation?« Es war das Ende der Beziehung, nicht aber seines Verhaltensmusters: »So entstand mein Verhaltensmuster. Es gefällt mir, mit zwei Frauen zugleich zu gehen und dies beide nicht wissen zu lassen. Ich habe einen Hang zur Vielfalt… und immer wieder lasse ich mich erwischen.«

Die Form war geprägt. Chuck hatte »sein« Verhaltensmuster entdeckt: Lügen, um eine Frau nicht damit zu konfrontieren, daß sie nicht die einzige ist. Danach nicht genügend Vorsichtsmaßnahmen ergreifen, so daß man erwischt wird und neue Beziehungen eingehen kann. Chuck ruiniert sich seine Ausschließlichkeitslüge jedesmal selbst. Dabei ertappt zu werden, daß er zwei Beziehungen zu gleicher Zeit hat, ist sein Notausstieg, sein Schlupfloch in die Freiheit – wo das Spielchen mit zwei anderen arglosen Frauen wieder von vorne beginnt.

Oder nehmen wir Randy, heute Mitte Dreißig. Die erste Lüge, an die sich Randy erinnert, war eine Ausschließlichkeitslüge. Er war auf dem Gymnasium mit Anna Marie zusammen. Zu einem relativ frühen Zeitpunkt ihrer Beziehung bestand bereits »stillschweigende Ausschließlichkeit«. Randy ging auch mit einer anderen aus, mit der er früher einmal liiert gewesen war. Sein Freund Roger, dessen eigenes Interesse an Anna Marie stärker war als seine Loyalität gegenüber Randy, vermasselte ihm das Vergnügen. Anna Marie, ein Vulkan von einem Mädchen, blies Randy gehörig den Marsch und versenkte öffentlich in einem Eiscafé das silberne Kettchen, das er ihr geschenkt hatte, in den Grund eines Eisbechers. Er hatte gehofft, daß ihm »gelingen würde, es zu verheimlichen, zu vermeiden, daß sie ›ausflippte‹ und Schluß machte«. Nach eigener Einschätzung hatte er »ganz hervorragend« gelogen. Leider war es nun doch danebengegangen: »Ich stritt alles rundweg ab. Ich blickte ihr geradewegs in die Augen und log das Blaue vom Himmel: ›Wovon redest du überhaupt?‹ Sie glaubte mir schließlich, aber es war dennoch das Ende unserer Beziehung. Einen Monat später machte ich mit ihr Schluß. Ich konnte nicht hinnehmen, von ihr öffentlich bloßgestellt zu werden. Alle wußten es.«

Randy, der erfolgreiche Lügner, brachte mit den klassischen Vermeidungstricks der Leugnung, der Psychospielchen und des Zorns seine Lüge durch. Anna Marie ließ sich zwar überrumpeln und glaubte seiner Ausschließlichkeitslüge, aber sie erwies sich letztlich für Randy doch als zu temperamentvoll. Es wäre ihm nicht ohne weiteres ein zweites Mal gelungen, sie mit Standardlügen abzuspeisen; sie hatte ihn öffentlich bloßgestellt. Dem setzte er sich nicht mehr aus und beendete die Beziehung.

Randy kommt von seinem Verhaltensmuster nicht los. Er beansprucht für sich die Freiheit, zu tun, was ihm gefällt, ohne einer starken und zornigen Frau Rechenschaft ablegen zu müssen. Sein Markenzeichen ist kreatives Lügen, nicht Untreue. Letztlich würde Randy seine Zeit lieber mit seinen Kumpels in der Kneipe verbringen, als bei Frauen, die ihm nötigenfalls gehörig den Marsch blasen, den Casanova zu spielen. Randy ist ein Betrüger, doch am schwersten wiegt seine Unaufrichtigkeit, nicht die Untreue selbst. Randy ist nun seit zehn Jahren verheiratet und Vater – von seinen alten Tricks läßt er noch immer nicht ab.

Jung gewohnt, alt getan

Mancher ist über das Jugendalter hinaus, aber erwachsen ist er deswegen noch lange nicht. Die Schürzenjagd ist sein Lieblingssport, ob er sechzehn oder sechzig ist. Edward ist ein Beispiel hierfür. Der geschiedene, recht charmante Wissenschaftler Anfang Sechzig kann mit unzähligen Geschichten von Intrigen und Untreue aufwarten. Edward hat eine lange und gute Beziehung zur Vermeidungslüge, und es sieht nicht so aus, als ob diese Beziehung je enden würde. Seine letzte Geschichte handelt davon, wie er einer Frau an der Westküste kühl berechnend weismachte, daß sie die einzige sei: »Ich hatte eine Menge Affären, als ich meine Tochter in Vermont besuchen mußte. Barbara fragte mich immer, wo ich wohnen würde. Ich sagte ihr, daß ich bei den Carlsons wäre, Freunden, die ich schon lange kenne. Ich war aber bei der geschiedenen Sally. Wenn ich die Wahrheit gesagt hätte, wäre gleich wieder das Gespenst des Mißtrauens umgegangen. Mit meiner Lüge hat sie keine Probleme, aber sie hätte Probleme damit, daß ich bei einer alleinstehenden geschiedenen Frau bin.«

Edward ist die Konfrontationsscheu in Person. Seine Ausflüchte sind ebenso gekonnt wie wirksam. Was Ausschließlichkeitslügen betrifft, fackelt Edward nicht lange: »Wenn Barbara fragt, ob es eine andere Frau in meinem Leben gibt, lautet meine Antwort konsequent nein, auch wenn es nicht stimmt. Ich würde mich hier nur unbequemen Nachfragen aussetzen. Sie würde wissen wollen, ob ich mit der anderen schlafe. Und ich möchte ihr dies nicht sagen. Sie wäre deprimiert.«

Edward verhält sich den Frauen seines Lebens gegenüber sowohl untreu wie auch unwahrhaftig. Sein Credo heißt Verschwiegenheit, Leugnung und Zurechtbiegen, das Ganze garniert mit Ablenkungsmanövern, »technischen« Wahrheiten und Halbwahrheiten. Wie Chuck und die jüngeren der interviewten Männer möchte Edward mit zwei Frauen gleichzeitig gehen und beide darüber im unklaren lassen. Er möchte seine Beziehungen fest im Griff haben, ohne sich dem Zorn und Kummer der Frauen auszusetzen. Darüber hinaus möchte er sich als Wohltäter fühlen, der den Frauen erspart, den Kummer wahrzunehmen, den er ihnen zugefügt hat. Edward, der dreißig oder vierzig Jahre Zeit hatte, sein Verhalten zu rechtfertigen, erteilt seinen jüngeren Kollegen eine Lehrstunde: »Mein Lügenverhalten besteht darin, mir zu sagen, daß dies für alle Beteiligten am schmerzlosesten ist. Es bewahrt vor Zweifeln. Einem Artikel des Magazins *Time* zufolge lügt sowieso jeder. Durch mein Lügen bleibt allen Beteiligten Schmerz erspart. Lügen ist eine Form der Problemlösung.«

Edward bringt es fertig, aus seiner Lügerei einen moralischen Imperativ zu machen, der Menschen Schmerzen erspart. Gleichzeitig aber entpersönlicht er die Lüge, indem er sie zu einem Werkzeug der Problemlösung macht. Er ist ein selbsternannter Spezialist des Lügens als Form der Problemlösung und eine Art Wohltäter – nach seiner Meinung zumindest. Lügen ist schließlich ebenso hilfreich wie andere Formen der Konfliktlösung oder Diskussionen.

Edwards Verhalten enthüllt den perfekten Jongleur mit mehreren Beziehungen zu gleicher Zeit, der mit großem Geschick einen Komplex von Halbwahrheiten, Verheimlichungen und Ausschließlichkeitslügen handhabt. Er führt ein Theaterstück auf, bei dem er sich selbst heftig applaudiert. Für Edward sind Ausschließlichkeitslügen kein Mittel zum Zweck. Sie sind Teil seines Selbstbildes und helfen ihm, mit seiner Rolle in der Welt zufrieden zu sein. Er erweist den Frauen seines Lebens einen großherzigen Gefallen, indem er sie belügt. Vielleicht sollte Edward in die Politik gehen.

Die turbulente Mitte

Ausschließlichkeitslügen am Beginn einer Beziehung sind eine Enttäuschung. Man hat aber nicht zehn Jahre seines Lebens mit dem Urheber der Enttäuschung verbracht und ist nicht nach einem langen Lebensweg durch Hypotheken und Kinder aneinander gebunden. Wenn es vorbei ist, ist es vorbei. In langwährenden, engen Beziehungen und Ehen hingegen führen Ausschließlichkeitslügen zu endlos wiederkehrenden Zyklen aus Schmerz und Leid. Oft tragen die Opfer ihre zurückbleibende Bitterkeit in die nächsten Beziehungen hinein. Schließlich hatten sie ein gemeinsames Leben gestaltet. Vielleicht ist es nicht der große Wurf, doch sie sind der Meinung, daß sie gut miteinander fahren. Die Maske der falschen Harmonie hat diese Illusion aufrechterhalten. Aber die Masken falscher Harmonie halten sie wie Korsette aus alten Zeiten weitaus mehr zusammen, als nach außen hin sichtbar wird. Sie bilden die Tarnung für die unterschiedlichen Täuschungsmanöver vom langen Ausbleiben in der Bar, im Club oder in der Arbeit über kleinere Eskapaden bis zum Doppelleben.

Wenn sich eine vertrauensvolle Beziehung entwickelt hat, können die Ausschließlichkeitslügen von Frauen ebenso verheerende emotionale Wirkungen haben wie die von Männern. In Beziehungen mit gegenseitiger Verbundenheit, in denen die Partner Kinder und Besitz, Freunde und Verwandte gemeinsam haben, können gebrochene Treue und die damit verbundenen Lügen größte Ängste und Verunsicherung auslösen. Mit zunehmendem Alter fühlen sich Frauen diesbezüglich allerdings weitaus gefährdeter als Männer, die auch nach der Midlife-crisis weiter an Status und Macht gewinnen. Wenn Frauen älter werden, einige Pfunde ansetzen und einige ihrer Träume begraben müssen, fragen sie sich besorgt, wie attraktiv sie noch sind. Solche Selbstzweifel sind der Nährboden, auf dem selbst die schreiendsten Ausschließlichkeitslügen gedeihen können.

Wenn man ihn nicht einmal mit dem Kindermädchen allein lassen kann

Laura war die erste Frau, die ich für dieses Buch interviewte. Es war an einem Samstagnachmittag, und Laura, geschieden und Mitte Fünfzig, war schon für ein Konzert am gleichen Abend gekleidet. Sie legte Wert darauf, mir zu sagen, daß sie noch mit Männern ausging und sexuell aktiv war. Nach den Präliminarien stellte ich ihr die Frage nach der letzten Lüge, bei der sie einen Mann erwischte. Sie berichtete in sachlichem Ton, als ob sie einen Einkaufszettel ablesen würde, doch was sie sagte, nahm sofort meine ganze Aufmerksamkeit in Anspruch. Sie erzählte mir die erste einer Reihe von Geschichten, die mir Frauen ein ganzes Jahr hindurch erzählen sollten. Geschichten, die niemanden unberührt lassen können: »Die letzte große Lüge, bei der ich einen Mann erwischte? Als ich noch verheiratet war, sagte mein Mann zu mir, daß er die Babysitterin nach Hause fahren wollte. Als er sehr lange nicht zurückkam, ging ich hinaus, um nach ihm zu sehen. Ich sah das Auto am Schwimmbad stehen. Ich öffnete die Tür und erwischte sie in flagranti. Er sah sehr verblüfft aus. Er hatte gesagt, daß er das Mädchen nach Hause fahren wollte, brachte sie statt dessen an einen einsamen Platz und hatte Verkehr mit ihr. Ich ging nach Hause, setzte die Kinder ins Auto und fuhr nach Chicago, wo ich ein Appartement mietete.«

Es muß nicht gerade angenehm gewesen sein, mit sieben kleinen Kindern in dieser dunklen Nacht einfach loszufahren. Ich fragte sie: »War es das erste Mal, daß er Sie betrog?« Nein. Die selbstbewußte Frau vor mir war offenbar nicht immer so selbstbewußt gewesen. Laura lehnte sich zurück und seufzte: »Ich habe immer wieder einmal Kondome in seiner Brieftasche gefunden, aber ich sprach nicht mit ihm darüber.«

Sie sprach mit ihm nicht darüber! Laura stellte ihn nicht einmal in jener Nacht zur Rede, als sie mit den Kindern wegging. Sie sprach über diese Ereignisse, als ob sie aus einem anderen Leben stammten.

Doch warum stellte sie ihn nicht zur Rede? »Unsere Beziehung war nicht gut. Er hatte ein jähzorniges Temperament, und ich nahm es immer still hin.« Dieser Mann setzte Zorn und Verschwiegenheit ein, um seine Frau, die Mutter seiner sieben Kinder, einzuschüchtern. Laura reagierte darauf, indem sie sich hinter den Schutzwall der stillen Duldung zurückzog und den selbstbewußten, mutigen Teil ihrer selbst unterdrückte.

Danach drängte sich von irgendwo aus der Vergangenheit her doch noch die »gute Ehefrau« nach vorne. Laura fügte unvermittelt hinzu: »Er meinte es gut. Ich glaube nicht, daß er es beabsichtigt hatte. Er wollte das Mädchen wirklich nur nach Hause bringen. Dann überkam es ihn. Es entstand aus einem spontanen Antrieb heraus.« Nach all den Jahren und all dem Kummer und Leid saß sie nur da und versuchte, ihn in Schutz zu nehmen. Eine alte und ungute Gewohnheit ihrerseits, so wie es auf seiner Seite die Liebschaften waren.

Für Laura stand viel auf dem Spiel. In ihren Worten: »Meine Ehe, meine Selbstachtung.« Sie wollte in ihre Heimat Arizona zurückkehren, beging aber einen typischen Fehler. Nach ihrer dramatischen Abreise nach Chicago rief Laura am nächsten Morgen zu Hause an. »Er war sehr zerknirscht. Er sagte, daß es nie wieder vorkommen würde. Er sagte genau das Richtige. Schließlich kehrte ich zu ihm zurück, hatte aber nie mehr Vertrauen zu ihm.« Nachdem Lauras Mann von seiner Frau beim Geschlechtsverkehr mit einem Teenager erwischt worden war, entschied er sich für den Weg des Untreuen, der ehrlich bekennt. Eine Zeitlang ging das gut. Es entstand eine etwas offenere Kommunikation zwischen ihnen. Trotzdem gab es kein Happy-End. »Schließlich hatte er eine Freundin, für die er sich wirklich interessierte. Ich kam dahinter und stellte ihn zur Rede. Ich hätte ihn verlassen und nach Arizona gehen sollen…«

Laura mußte erst aus Schaden klug werden. Alte Verhaltensmuster verschwinden nicht einfach auf Beschluß. Dieser Mann war ein reueloser Schürzenjäger, der tat, was ihm beliebte, und sich keinen Deut um sein Treueversprechen scherte. Für ihn waren die Vermeidungswerkzeuge Leugnen, Zorn, Verschwiegenheit, gebrochene Versprechungen und Ausreden zu einer unverzichtbaren Lebensform geworden.

Indem Laura kapitulierte, weil sie fürchtete, im Stich gelassen zu werden, und aus einem Verantwortungsgefühl heraus meinte, die Beziehung mit diesem Schuft aufrechterhalten zu müssen, erleichterte sie es ihrem Mann, sie ohne ernsthafte Konsequenzen zu betrügen. Sie forderte nichts von ihm und war ebenso ängstlich wie er darauf bedacht, eine Auseinandersetzung zu vermeiden. Weil er sich bei seinen Lügen nicht besonders anstrengen mußte, hielt er es auch nicht für nötig, seine Spuren zu verwischen, indem er etwa die Kondome aus seiner Geldbörse entfernt hätte. Ein einziges Mal bot ihm Laura Paroli, und da spielte er den Zerknirschten und »sagte genau das Richtige«.

Laura hatte als vielbeschäftigte Mutter von sieben Kindern sehr viel investiert, um eine Beziehung, so schlecht sie auch sein mochte, aufrechtzuerhalten. Man kann Laura kaum einen Vorwurf dafür machen, daß sie sich einredete, zu beschäftigt und abhängig zu sein, um ihrer eigenen Wege zu gehen. Dadurch wurde sie aber zu seiner Partnerin im Spiel der Einschüchterung und stillen Duldung. Die Struktur hielt sich so lange, bis sein Handeln so unerträglich wurde, daß sie aus der Beziehung ausbrechen mußte.

Der Glamour-Mann

Manche Vermeidungslügner sind draufgängerische Schauspieler. Sie lieben das Risiko hoher Einsätze und kommen immer wieder mit ihrer unglaublichen Chuzpe davon. Stan ist einer von ihnen.

Stan hatte sechs Jahre lang hinter dem Rücken seiner Frau eine Affäre mit Marlene, der Joggingpartnerin von beiden. Bev wußte, daß Stan es mit der Wahrheit keineswegs genau nimmt, doch waren seine Lügen bis zu jenem Zeitpunkt mehr oder minder erträglich gewesen. Stan sieht es so: »Meine Lügen sind direkt. Ich komme verschwitzt und erledigt nach Hause. Bev sagt: ›Wo warst du?‹ Ich lüge: ›Ich konnte früher von einer Besprechung weg und habe deshalb noch Badminton gespielt.‹ Sie sagt: ›Du bist ein dreckiger Lügner.‹ So etwas ist keine große Angelegenheit. Bei dieser Affäre bin ich mir nicht sicher. Eine Freundin erzählte Bev: ›Stan hat Freundinnen.‹ Sie sagte zu mir: ›Du bist so ein gemeiner Lügner.‹ Ich sagte: ›Wovon sprichst du? Laß es mich erklären.‹ Und ich erzählte ihr irgendein Märchen… Aber sie droht mir nicht. Ich lüge mich ohne weiteres heraus.«

Stan scheint es zu genießen, seine Fähigkeiten als Lügner an Bevs berechtigter Neugierde zu erproben. Es überrascht daher nicht, daß er sich hin und wieder einfach zum Spaß unnötig in Gefahr bringt. Stan ist sowohl untreu als auch unehrlich, doch richtet sich seine Leidenschaft auf das Lügen und Betrügen, nicht auf den Sex.

Zum Beispiel: Stan und Bev fliegen von einem Urlaub in San Francisco zurück und lesen gemeinsam im Flugzeug das Magazin *Glamour*. Es enthält einen Artikel darüber, wie man herausfindet, ob man von seinem Mann betrogen wird. Stan liest laut vor und sagt frech: »Erinnert mich irgendwie an Stan und Marlene.« Bev antwortet: »Glaubst du, daß Marlene eine Ehebrecherin ist?«, und Stan erwidert: »Nein, aber sie ist kitzlig.«

Was tut Stan hier? Legt er es darauf an, erwischt zu werden? Er gab vor, Bev »erregt« zu haben, wollte jedoch nur die Lage sondieren und bekräftigen, daß er nichts mit Marlene hat. Kam diese Lüge ganz spontan, oder war sie geplant? Die Antwort ist ein kaltes »Ja, sie war geplant«. Es sieht so aus, als ob Stan diesmal noch davongekommen sei. Bereut er es, sich mit solchen Lügen in Gefahr zu bringen? »Eigentlich nicht. Ich habe die Symptome eines Betrügers. Ich bin nicht leicht zu fangen. Ich habe die Freiheit, zu tun, was ich will. Ich galt schon immer als Betrüger.«

Stan bedient sich des ganzen Arsenals an Verleugnungen, Ausflüchten und technischen Wahrheiten. Außerdem ist er ein Genie der Ablenkung, der Hausierertaktik und der Psychospielchen. Damit entzieht er sich den wachsamen Blicken seiner noch jungen Frau. Er hat sich eine Welt konstruiert, die ihn dafür entschädigt, nicht alles tun zu können, was er tun möchte, und es ihm zugleich erlaubt, die Beziehung mit Bev aufrechtzuerhalten. Er glaubt, Vorkehrungen in Form von Lügen für sein geheimes zweites Leben treffen zu müssen.

Stan klingt so, als wäre er ganz zufrieden mit sich selbst, und doch ist er ein gutes Beispiel für einen Konflikt hinsichtlich Bindung und Selbstkontrolle. Er kann seinen inneren Aufruhr nur schlecht verbergen, den er hinsichtlich seines Tuns und der Frage verspürt, ob er die Ehe aufrechterhalten soll oder nicht. Zuerst behauptet er, daß er lieber nicht betrügen würde, daß er für seine beiden Kinder gerne »Vater des Jahres« wäre, dann macht er einen Rückzieher, erfindet Ausflüchte und weist jede Verantwortung von sich. Er beklagt sich: »Ich wollte, eine Frau wäre so spannend für mich, daß ich meine Hände nicht von ihr lassen könnte, daß ich nach Hause kommen und ihre Füße massieren möchte.«

Es überrascht daher nicht, daß er im nächsten Atemzug auf die Frage, was er anders machen würde, jede Verantwortung von sich weist: »Ich hätte mich nicht auf eine Affäre oder auf meine Frau eingelassen.« Doch auch jetzt ist ihm nicht wohl. Er vollführt eine weitere Kehrtwendung, nimmt die Schuld auf sich und fügt kryptisch hinzu: »Ich habe am Ende meiner Ehe ziemlichen Mist gebaut.« Das Ende seiner Ehe? Er ist noch verheiratet, und sein Versprecher verrät, daß er den Versuch aufgegeben hat, an jenen Lügen und Betrügereien etwas zu ändern, ein Verhalten, das seine Ehe als vertrauensvolle Verbindung zum Scheitern verurteilt hat.

Dann gibt es das Problem der Angst vor dem Zorn einer Frau. Bei Stan ist diese Angst sehr offensichtlich, ebenso seine gut verborgene, doch nichtsdestoweniger echte Befürchtung, Bev wegen seiner immer dreisteren und schädlicheren Aktionen zu verlieren: »Sie fragt mich, ob zwischen mir und Marlen irgend etwas sei. Ich verneine es. Dann sage ich etwas Negatives über Marlene. Es ist beinahe so, als ob Bev wüßte, daß etwas los war. Wenn ich es zugebe, würde sie sich scheiden lassen. Unser gemeinsames Leben wäre vorbei. Sie sagt: ›Wenn ich es jemals herausbekomme, bringe ich dich um.‹ Einer meiner Kollegen war in einer ähnlichen Situation, und seine Frau verließ ihn. Er mußte es bitter büßen.«

Doch sobald Stan seine Verletzlichkeit und Verlustangst erkennen läßt, setzt er sofort wieder die Macho-Maske auf: »Mir macht so schnell nichts etwas aus. In einem halben Jahr wäre alles vergessen... ich bin kugelsicher. Wenn meine Frau morgen nach dem Aufwachen sagen sollte: ›Ich liebe dich nicht‹, wäre es mir egal... aber ich wünschte, diese Affäre hätte ein Ende. Ich glaube, daß sie ein psychotisches kleines Luder ist. Ich wünschte, sie würde mich in Ruhe lassen. Ich wäre froh, wenn ich sie ignorieren könnte, aber es geht einfach nicht. Ich bin nicht fähig dazu… wenn Bev es erfahren würde, wäre ich froh, wenn sie es nicht toleriert.« Hält man sich Stans Denken genauer vor Augen, erkennt man deutlich das Profil des Vermeidungslügners: Ambivalenz hinsichtlich der Bindung und Verletzlichkeit. Wir haben es hier mit einem Mann zu tun, der sich weder auf Bleiben noch auf Gehen festlegen kann. Ein Mann, der sich das Recht herausnimmt, unter die Laken vieler Frauen zu schlüpfen, gleichzeitig jedoch die aufrichtige Entrüstung seiner Frau oder Liebsten benötigt – was ihm zumindest für den Augenblick beweist, daß er noch geschätzt wird. Das Paradoxon des Vermeidungslügners besteht darin, daß er sowohl kugelsicher als auch ungemein verletzlich ist. Dies macht einen Teil seines Charmes aus. Dieses Verhalten hat jedoch zerstörerische emotionale Folgen, die letztlich für ihn und seine vielen Opfer alles schlimmer machen.

Stans Lügen stehen einer offenen und ehrlichen Kommunikation im Wege. Verschlimmert wird dies dadurch, daß Bev seine Lügen gar nicht mehr zur Kenntnis nimmt und sich hauptsächlich auf seine Untreue konzentriert. Dadurch entsteht eine verfahrene Situation, die das für ihn so wichtige Gespräch bezüglich seines wirklichen Problems verhindert. Er bleibt ein Gefangener seiner Untreue und der damit verbundenen Vertuschungslügen. Sie sieht nicht, daß die Eheprobleme nur zu lösen sind, wenn er ehrlich ist.

Betrügen als Ablenkungsmanöver

Tina ist gerade erst sechsundzwanzig, doch sie hat schon einiges an Erfahrungen hinter sich. Als ich sie nach ihrer letzten Lüge fragte, bei der sie einen Mann erwischte, lachte sie und sagte: »Es sind so viele, ich weiß gar nicht, wo ich beginnen soll.« Leider war Tina durchaus nicht zum Lachen zumute. Urheber dieser Lügen ist Josh, der Mann, mit dem sie seit Jahren lebt und kämpft, letzteres hauptsächlich wegen seiner

Drogensucht und seiner Unfähigkeit, eine Arbeitsstelle zu behalten. Bei seiner letzten schweren Lüge ertappte sie Josh, als sie den Job wechselte und Josh wie üblich arbeitslos war. Es war ihm gerade gelungen, sich vor einem Entzugsprogramm zu drücken.

Das Vertrauen zwischen ihnen war auf einen neuen Tiefstand gesunken. Weil er zu Hause immer das Telefon abstellte und sich weigerte, den Hörer abzunehmen, griff Tina auf technische Raffinessen zurück. Mit Hilfe der Raumüberwachungsfunktion ihres Anrufbeantworters konnte sie von ihrem Schreibtisch in ihrer Firma aus hören, was zu Hause vor sich ging. Als er eines Nachmittags wieder nicht ans Telefon ging, hörte sie seine Stimme über den Anrufbeantworter. Was sie hörte, ließ ihre Alarmglocken schrillen: »Ich fuhr sofort mit dem Taxi nach Hause und bat den Taxifahrer zu warten. Ich traf Josh mit seiner Ex-Freundin an. Er hatte alles weggeräumt, was mir gehörte. Ich war wütend. Sein Gesichtsausdruck besagte: ›Um Gottes willen!‹ – Er war entsetzt, als er mich hereinkommen sah und versuchte, mich aus der Tür zu drängen.«

Josh' Untreue war das letzte, was sie erwartet hätte. Doch statt sich ihn vorzuknöpfen, richtete sich ihre Wut auf seine Ex-Freundin: »Sie hatte schließlich Verrat an ihren Geschlechtsgenossinnen geübt.« Die Szene danach war einer Sitcom würdig. Josh' Ex-Freundin rannte aus dem Haus, Tina blieb ihr hart auf den Fersen.

Tina packte ihre weggeräumten Sachen und zog aus. Danach zog Josh aus, und Tina zog wieder ein. In der letzten Folge der Serie waren sie, kaum zu glauben, wieder beisammen.

Wie ist dieser Fall zu beurteilen? Josh log in Taten und Worten. Indem er Tinas Sachen versteckte, gab er ihr drastisch zu verstehen, wie hinterhältig seine Ausschließlichkeitslüge war. Er tat so, als ob er nicht zu Hause, sondern auf der Suche nach Arbeit wäre, während er in Wirklichkeit eine andere Frau bei sich hatte.

Tina weiß jedoch, daß Josh' Betrügerei nur ein Ablenkungsmanöver ist, Symptom für ein wesentlich größeres Problem. Sie bringt die Sache auf den Punkt, indem sie das Kernproblem als tödliches Spiel identifiziert, in dem Josh gefangen ist – einer Kombination aus Drogen, Arbeitslosigkeit und anderen Frauen. Tina sagt: »Daß er eine andere hat, damit komme ich schon irgendwie zurecht. Aber was die Drogen angeht – wenn der Betreffende alles abstreitet, kann man ihm nicht helfen. Ich sagte ihm, daß er eine Entziehungskur machen müsse, sonst würde ich ihn verlassen. Es kostete mich meine ganze Kraft.«

Tina weiß, daß sie sich mit ihren Gefühlen an einen Drogenkonsumenten gebunden hat, dem man kein Geld überlassen und keine Verantwortung übertragen kann. Jetzt muß sie noch zur Kenntnis nehmen, daß er ihr untreu ist. Außerdem ist auf seine Worte kein Verlaß. Lügen ist für ihn zu einer Lebensform geworden. Was bleibt, wenn man weder seinen Worten noch seinen Taten trauen kann? Josh ist völlig unzuverlässig. Ohne Ehrlichkeit kann es nun einmal keine Lösung geben.

Bleibt die Frage: Warum wendet ein intelligenter und verantwortungsbewußter Mensch wie Tina seine Zeit und Energie dafür auf, jemanden zu überwachen und sich um jemanden zu kümmern, der nicht an ihr, sondern an seinen Gewohnheiten hängt? Dies fragt sich offenbar auch Tina, die überlegt, ob sie nicht selbst »teilweise etwas ableugnet«, und erklärt, sie »schenke seinen Worten mehr Glauben als seinen Taten«.

Für Josh sind die Spielregeln klar. Tina ist nur eine weitere Autorität, die es auszutricksen gilt. Tina führt einen aussichtslosen Kampf. Sie hat sich angewöhnt, diese Erkenntnis von sich fernzuhalten, indem sie nur in der Gegenwart lebt und ständig damit beschäftigt ist, all die kleinen Brände zu löschen, die Josh legt. Dies nimmt ihre ganze Energie in Anspruch, mit oder ohne raffinierte Überwachungstechniken. Sie vergißt ihr eigenes Leben und ist vollauf damit beschäftigt,

Josh’ letzte Krise zu bewältigen. Sie vergeudet ihre Talente, wenn sie annimmt, daß sie ihn wieder auf einen geraden Kurs bringen könnte.

So ist nur verständlich, daß es ihr vorübergehende Erleichterung verschafft, ihren Zorn auf ein Ziel aus Fleisch und Blut wie Josh’ Freundin zu richten. Voller Wut und machtlos führt sie einen aussichtslosen Kampf gegen seine Sucht, die seine Persönlichkeit untergräbt und ihr Leben beeinträchtigt. Für Süchtige und ihre Partner sind Vermeidungslügen auf jeder Stufe der Beziehung nur ein weiteres Element einer zerstörerischen Lebensweise.

Das Dilemma

In diesem und in vielen anderen Berichten ist immer wieder zu hören, daß es Frauen vor allem um die Familie und die Beziehung geht, während ihre Männer nichts anderes im Sinn haben, als ihre Freiheit zu wahren und hinter anderen Frauen herzusein. Die zwangsläufige Folge sind Konflikte, Kummer, Leid und Mißverständnisse.

Das Dilemma ist schnell beschrieben, doch es zu beheben ist nicht so einfach.

Jeder sieht die Rolle seines Partners vom eigenen Standpunkt aus. Dies führt dazu, daß Frauen ihre eigenen typischen inneren Haltungen und Gewohnheiten auf Männer übertragen, während Männer typisch männliche Ansichten und Reaktionsweisen auf Frauen projizieren.

So erwarten Frauen möglicherweise, daß Männer alles in ihrer Kraft Stehende tun, um die Beziehung zu retten. Sie würden immerhin genauso handeln. Frauen, die dazu neigen, den Worten eines Menschen (ebensosehr oder mehr noch als seinem Verhalten) zu trauen, gehen davon aus, daß das Wort eines Mannes dasselbe Gewicht hat wie ihres. Ein Mann erwartet vielleicht, daß eine Frau auf Sieg spielt, seine Betrügereien durchschaut und ihn wütend zur Rede stellt oder aber eine rasche Entscheidung sucht und ihrer Wege geht. Er ist schockiert, wenn eine Frau dies nicht tut. Immer wieder unterschätzen Männer, die Ausschließlichkeitslügen verbreiten, erheblich die Fähigkeit von Frauen, an einer im Niedergang begriffenen Beziehung festzuhalten. Sie sind verblüfft über deren Hartnäckigkeit angesichts immer neuer Treubrüche, Vertuschungen und Ausschließlichkeitslügen.

Deswegen sind auf beiden Seiten Überraschungen vorprogrammiert. Viele Forscher haben dies sehr gut dokumentiert, unter anderem Deborah Tannen in ihrem vielgelesenen Buch *You Just Don't Understand* (dt. *Du kannst mich einfach nicht verstehen,* München 1992). Tannen dokumentiert in überzeugender Weise die Mißverständnisse, die sich aus dem unterschiedlichen Sprachgebrauch von Männern und Frauen ergeben. Die Sprache der Geschlechter ist jedoch eine Folge ihrer unterschiedlichen Auffassungen, nicht umgekehrt. Woran uns etwas liegt, wurzelt nicht in unseren Worten, sondern im Kern unseres Wesens, in unserem Selbstbild und wie wir uns im Verhältnis zu den Menschen sehen, die uns nahestehen. Hier machen Männer und Frauen sehr unterschiedliche persönliche Erfahrungen, sogar dann, wenn sie in derselben Familie aufgewachsen sind.

Viele Frauen müssen daher entdecken, daß Männerlügen, vor allem die deprimierenden Ausschließlichkeitslügen, eine völlig unterschiedliche Auffassung davon widerspiegeln, was in ihrem Leben die Hauptrolle spielt.

Weil Männer Lügen so oft als Spiel betrachten, fällt es ihnen auch leichter, selbst intime Beziehungen auf die Ebene einer geschäftlichen Transaktion zu reduzieren, wie man etwa versucht, beim Kauf eines Autos oder dem Abschluß eines Vertrages ein gutes Geschäft zu machen. Hören Sie nur einmal Bruce, einen siebenundzwanzigjährigen Verkäufer, wie er ohne Reue ein Sexabenteuer beschreibt, das er vor jener Frau verheimlichte, mit der er gerade zusammen ist: »Nachdem ich eine Weile mit Nancy ging… wurde eine Frau, die ich von früher her kannte, die aber damals nicht frei war, plötzlich verfügbar.« Er hätte ebensogut über Konzertkarten sprechen können. Er reduzierte das Geschehen auf eine Transaktion. Für viele Männer ist bei solchen kurzfristigen Transaktionen die Lüge zwar nicht ideal, aber legitim. Die Lügen sind das Öl im Getriebe.

Diese Einstellung bildet den Hintergrund für seine Lügen. Vielleicht finden Sie, daß Geschäft Geschäft ist, während die Persönlichkeit – vielleicht nur Ihnen, doch nicht ihm – heilig ist. Wenn Lügen gegenüber Außenstehenden Reflexhandlungen darstellen, dann sind seine Lügen Ihnen gegenüber viel einfacher, als Sie sich vielleicht vorstellen, vor allem dann, wenn Sie durch eine Affäre manchmal über Nacht vom Insider zum Outsider werden.

Auch Frauen lügen, natürlich, und auch bei den interviewten Frauen kommen Fälle von Treulosigkeit vor. Dennoch stand für die meisten Frauen die Liebesbeziehung im Zentrum ihrer Selbstwahrnehmung, und zwar so sehr, daß viele bereit waren wegzusehen, seine Unaufrichtigkeit zu entschuldigen und mit seinen Lügen zu leben. Viele flehten letztlich sogar den Lügner, den sie nicht mehr halten konnten, an, doch bitte bei ihnen zu bleiben. Sie waren zu jeder Selbstverleugnung bereit, um die Beziehung zu retten, die sie zu Recht oder zu Unrecht zum Zentrum ihres Selbstwertgefühls gemacht hatten. Manche verlagerten ihren Zorn auf die Rivalin und brachten es nicht fertig, den Lügner zur Rede zu stellen oder – selbst nach dem Ende der Beziehung – ihre wirkliche Wut oder Verletztheit zu zeigen. Einige Frauen, deren Berichte Sie gelesen haben, suchten weiterhin nach Rechtfertigungsgründen für ihren ehemaligen Partner, sagten, daß er es nicht so gemeint hatte, daß seine Treuebrüche nur ein Impuls, eine zeitweilige Verirrung waren, daß er getrunken hätte, daß er doch ein guter Mensch sei: All dies bewirkt ein Dilemma.

Die Lösung

Männer sind keine kleinen Kinder. Sie sind für ihr Tun verantwortlich. Ihr Verhalten hat zwangsläufig Folgen. Frauen brauchen an den Vertuschungs- oder Ausschließlichkeitslügen der Männer nicht mitzuwirken und sie davor zu bewahren, sich mit dem Schmerz auseinanderzusetzen, den sie verursacht haben.

Frauen müssen sich nicht zum Narren halten lassen. Sie haben es nicht nötig, auf ihren gesunden Menschenverstand und ihre Klugheit zu verzichten, weil sie eine Liebesbeziehung erleben. Sie sollten sich auf ihre Intuition verlassen, ein Umfeld schaffen, in dem sie ihrem Partner offen ihre Meinung sagen. Wenn Ehrlichkeit und einige einfache Grundregeln für den offenen Umgang miteinander bisher nicht zum Verhaltensrepertoire eines Mannes gehörten, dann ist dies eine sehr gute Möglichkeit für ihn, es zu lernen. Beide Parteien können davon profitieren, den Standpunkt des anderen zu verstehen und Wahrheiten zu erkennen, gleichgültig, ob die Beziehung glücklich endet oder nicht.

Es gibt kein Patentrezept dafür, was eine Frau tun sollte, wenn sie bei ihrem Partner eine Treulosigkeit vermutet. Im allgemeinen zeigen Vorwürfe und Anklagen am wenigsten Wirkung. Dadurch bereiten Sie ihm nur den Boden für die Beendigungslügen, mit denen wir uns in Kapitel 11 befassen werden. Am besten ist es in aller Regel, die Verantwortung für sich selbst und die eigenen Empfindungen zu übernehmen. Wenn Sie also zum Beispiel in aller Ruhe sagen: »Ich habe den Eindruck, daß du dich gerade mit einer anderen Frau einläßt«, führt dies wahrscheinlich eher zu einem schwierigen, aber ehrlichen Gespräch, als wenn Sie ihn fragen: »Hast du eine Affäre?« oder: »Wie konntest du mir das antun?« Hier begibt man sich allerdings auf ein schwieriges Gelände, und viele Paare scheinen nicht in der Lage zu sein, ohne die Anleitung eines neutralen Dritten einen vernünftigen Dialog zu führen.

Es liegt doch nichts Beschämendes darin, zur Eheberatung zu gehen, im Gegenteil: Hier besteht am ehesten die Möglichkeit, alle Karten auf den Tisch zu legen und gemeinsam das bestmögliche Ergebnis zu erzielen.

Vielleicht ist das eigentliche Problem dabei nicht einmal seine Untreue. Es könnte *Ihr eigenes* Verhältnis zur Wahrheit sein. Sind Sie bereit, Ihre Intuition ernst zu nehmen, die Augen offenzuhalten und nicht wegzusehen? Sind Sie bereit, ihm klarzumachen, daß Sie über Untreue, Heimlichkeiten und Lügen als ein Problem sprechen wollen, das Sie gemeinsam lösen müssen? Überlegen Sie sich folgendes: Welchen Rat hinsichtlich Ihres Verhaltens würden Sie sich selbst geben, wenn Sie Ihre eigene Tochter oder Ihre beste Freundin wären?

Es ist auch eine Lüge, die eigenen Ängste zu verschweigen und so zu tun, als ob alles in Ordnung wäre, wenn Sie sich nachts in den Schlaf weinen. Dies sind dann Ihre Lügen, Ihre Geheimnisse, die Sie mehr schmerzen als seine Lügen. Letztlich können Sie sein Verhalten ebensowenig ändern, wie Sie das Verhalten Ihrer Eltern ändern konnten, als Sie ein Kind waren. Was Sie ändern können, ist Ihr eigenes Verhalten.

Im nächsten Kapitel werden wir uns damit befassen, wie Vermeidungs- und Ausschließlichkeitslügen zu einem zerstörerischen (und manchmal auch befreienden) Ende führen können.

Kapitel 11

Das bittere Ende

Sie lügen nicht, um Beziehungen zu beenden. Sie sagen die Wahrheit, daß sie einen nicht mehr sehen wollen. Mein Mann wollte nach Evanston ziehen, um näher bei seiner Freundin sein zu können.

Vertreterin, 54, geschieden

Ich glaubte an eine ernsthafte Beziehung. Dann sagte er eines Tages: »Es war schön« und zog mit einer anderen nach Kalifornien.

Unternehmerin, 53, geschieden

Er sagte, daß seine Eltern mich mochten, während sie in Wirklichkeit Pläne schmiedeten, um uns auseinanderzubringen.

Buchhalterin, 24, alleinstehend

Ein Mann, mit dem ich zwei Monate lang ging, verhielt sich plötzlich ganz anders zu mir. Er wurde sehr distanziert und teilte mir mit, daß er eine tiefgehende Beziehung aus früheren Zeiten wiederaufgenommen hätte, während er in Wirklichkeit eine neue Freundin hatte.

Studentin, 27, geschieden

Willkommen in der Welt der gebrochenen Herzen! Jedem widerfährt so etwas im Leben mindestens einmal. Ein kurzer Blick genügt, und Sie werden schnell feststellen, daß dies nichts für zarte Gemüter ist. Das Ende einer Beziehung trifft immer denjenigen am härtesten, der allein zurückbleibt. Sie brauchen nur das Radio anzustellen, um zu hören, wie viele Lieder vom bitteren Ende gescheiterter Beziehungen und der Demütigung des fallengelassenen Partners handeln.

Denken Sie an Ihre eigenen Erfahrungen oder an Erfahrungen von Freundinnen, die Ihnen erzählen werden, wie sie fallengelassen wurden. Sie werden sagen, daß sie sich am Boden zerstört, deprimiert, desillusioniert, entmutigt, niedergeschlagen, zornig, aus der Bahn geworfen und verbittert fühlten. Sie dürfen ihnen glauben, sie scherzen nicht. Das Ende einer Beziehung ist immer schmerzhaft, und jeder, der einmal von einem Menschen, den er liebte, zurückgewiesen und im Stich gelassen wurde, zählt diese Erfahrung zu den schwersten Traumata, die das Leben bereithält.

Das Ende einer Beziehung kann auch dem, der sich aus der Bindung löst, schwerfallen. Die wenigsten wissen, wie man eine Beziehung elegant beendet. Wir wissen nicht, ob es überhaupt in Ordnung ist oder wie wir damit zurechtkommen. Dies gilt für Männer und Frauen gleichermaßen. Es gibt keinen sanften und allgemein akzeptierten Weg, um Schluß zu machen. Wer aus einer Beziehung ausbricht, möchte nicht das Ziel von Tränen und Vorwürfen sein und will möglichst überhaupt nichts davon wissen. Auch möchte man lange Gespräche, die Schuldgefühle hinterlassen, vermeiden. Einerseits soll, wenn möglich, niemandem ein Leid geschehen, andererseits ist die Entscheidung, die Beziehung zu beenden, unwiderruflich. Manchmal besteht die Furcht, von demjenigen verfolgt zu werden, der allein zurückgelassen worden ist.

Am Ende einer Beziehung winden und drehen sich Männer ebenso wie Frauen, weil es keine klaren Verhaltensregeln gibt. Sie versuchen, sich zu entziehen und zu verschwinden. Weil ihr Partner sie nicht ohne weiteres ziehen lassen will, fühlen sie sich hin und her gerissen, wodurch ihre Neigung, sich mit einer Lüge alle Probleme vom Hals zu schaffen, verstärkt wird. Das Ausmaß der Lügen eines trennungswilligen Partners hängt davon ab, wie unbehaglich er sich fühlt, was auf dem Spiel steht und ob er wirklich zu einem klaren Bruch bereit ist. Manche erzählen Halbwahrheiten und halten sich ein Hintertürchen offen, falls sie doch zurückzukehren wünschen. Die nächsten erfinden dreiste Geschichten, um freizukommen. Wieder andere greifen zur bittersten Pille, der ungeschminkten Wahrheit.

Das bittere Ende besteht meist aus zwei gut voneinander zu unterscheidenden Bestandteilen, die sich oft auch überschneiden:

- eine vorbereitende Phase, die den Weg zur Trennung ebnet;
- der eigentliche, die Trennung vollziehende Abschluß.

Auf den folgenden Seiten werden wir uns mit Trennungen befassen, die mit den Vermeidungslügen und dem Aufkündigen der Ausschließlichkeit einhergehen. Wir werden sehen, wie manche Männer vorbereitende Lügen einsetzen, um eine Beziehung zu beenden, während sie schon die nächste anbahnen. Wir beginnen mit der vorbereitenden Phase und den gebrochenen Versprechungen, die den Weg zum bitteren Ende pflastern. Anschließend befassen wir uns mit dem schmerzlichen Ende sowie mit den Barmherzigkeitslügen, die in paradoxer Weise Ihren letzten Hoffnungsschimmer auslöschen und zugleich erhalten. Zuletzt wird davon die Rede sein, wie die Wahrheit den besten und effektivsten Weg darstellt.

Die vorbereitenden Manöver

Zunächst wird der Fluchtweg vorgezeichnet, der, ob Sie es wollen oder nicht, zur Auflösung Ihrer Beziehung führt. Charakteristisch für diese Vorbereitungsphase ist die Tatsache, daß einer der Partner, Sie oder er, die Beziehung beenden möchte und dies dem anderen noch nicht mitgeteilt hat.

Die vorbereitenden Manöver sind das Gegenteil der Vertuschungslügen. Sie erinnern sich, daß Vertuschungslügen seine Untreue verheimlichten. Zweck dieser Aktionen Ihres Partners ist es, die bisher verborgenen Anzeichen von Unzufriedenheit an die Oberfläche dringen zu lassen – seine Treubrüche, sein Suchtverhalten, seinen Zorn, die Schäbigkeit seines Doppellebens, damit Sie eher dazu bereit sind, ihn ohne Proteste ziehen zu lassen. Wenn es Sie als denjenigen trifft, der keine Trennung will, dürfen Sie gleichwohl nicht davon ausgehen, daß dies bereits das Ende wäre. In der Vorbereitungsphase geht es ihm nur darum, all die Gründe darzulegen, warum die Beziehung nicht klappt und nicht klappen kann, all die Fehler aufzuzeigen, die seiner Partnerin anhaften. Wenn Sie in dieser Phase nicht die Schnellere sind und dem Ganzen ein rasches Ende bereiten, kann dies einige Zeit in Anspruch nehmen.

Harry und Sally: Anatomie eines Vorbereitungsmanövers

Angenommen, Harry will seine Beziehung mit Sally beenden. Um einen klaren Bruch herbeizuführen, muß er sich zunächst innerlich gegen die Möglichkeit stellen, Dinge einvernehmlich zu regeln. Danach muß er sich unwiderruflich davon überzeugen, daß es richtig ist, die Beziehung zu beenden. Er bleibt gegenüber Sallys Bitten, zu bleiben und eine gemeinsame Lösung zu suchen, ungerührt. Als nächstes muß Harry eine Reihe von Ereignissen provozieren, die Distanz und – bei ihm selbst und Sally – die Bereitschaft zum Loslassen erzeugen: Er läßt Andeutungen bezüglich seiner Vermeidungs- und Vertuschungslügen fallen oder liefert sogar entsprechende Beweise, die er nun gezielt durchsickern läßt, um Sally zur Beendigung der Beziehung hinzuführen.

Schließlich muß Harry bereit sei, still und leise zu verschwinden, ohne jemals wiederaufzutauchen. Alle diese Vorbereitungen sollen es Harry erleichtern, aus der Beziehung auszubrechen und nicht wiederzukehren. Dieser Prozeß wird unterstützt durch die Aufdeckung früherer und aktueller Treubrüche, die Sally zur Außenseiterin machten.

Doch all seinen Plänen und Manövern zum Trotz geschieht etwas Eigenartiges: Harry kann sich von Sally nicht trennen und Sally ebensowenig von Harry. Es ist immer schwer, etwas definitiv zu beenden. Selbst wenn die beiden sich darüber einig wären, müßten sie damit rechnen, ihren Entschluß zu bereuen. Was völlig normal ist. Es zeigt, daß sie zu Empathie und Verbundenheit fähig sind. Ein Band zu durchtrennen ist immer schmerzlich, wenn man etwas füreinander empfindet. Harry wünscht aber die Trennung. Er scheut sich vielleicht davor, Sally weh zu tun, doch sein Freiheitsdrang ist größer. Trotzdem bremst ihn ein ungutes Gefühl. Wahrscheinlich wird Harry also zwei Schritte vorwärts und einen zurück machen.

Sally, die nun völlig verwirrt ist, begeht einen entscheidenden Fehler: Sie bemüht sich noch mehr. Sie gibt sich selbst die Schuld, akzeptiert noch mehr von Harrys distanzschaffendem Verhalten und unternimmt zu allem Überfluß alles, um seine Mißgriffe zu verzeihen und zu vergessen. Partnern, die das drohende Ende ihrer Beziehung vor Augen haben, kommt manchmal bei ihren Bemühungen, die Beziehung zu retten, jegliches Selbstwertgefühl abhanden.

Für Sally gibt es hier keine Rettung. Je mehr sie Harrys distanzierendes Verhalten als normal hinnimmt, desto härter wird seine Gangart, und ihr Schmerz nimmt immer mehr zu. Harry setzt alle verfügbaren Mittel ein, um den Bruch zu beschleunigen. Ein Einunddreißigjähriger sagte: »Sie wollte nicht glauben, daß der Bruch bevorstand, weshalb ich bewußt versuchte, verletzend zu sein.« Es ist eine häufige Taktik, die Intensität des Schmerzes zu verschärfen, um die Frau zu einer raschen Entscheidung zu drängen, die Beziehung zu beenden. Ein Dreiunddreißigjähriger teilte seiner Frau mit, daß ihr Argwohn ihn zwinge, sie zu verlassen; die Trennung war aber für ihn schon beschlossene Sache, und die Untreue, die ihren Argwohn erregte, Teil seines Ausstiegsmanövers.

Am besten wäre es für Sally, diese peinliche Posse zu beenden, indem sie Harry ihre Wahrnehmungen zur Kenntnis bringt: »Harry, du wirkst unzufrieden. Was du einmal an mir geliebt hast, scheint dich jetzt zu irritieren. Du läßt ständig durchblicken, daß du eine andere hast. Je mehr ich versuche, nett zu dir zu sein, desto mehr hast du an mir auszusetzen. Ich habe das Gefühl, daß du mir etwas sagen willst.«

Möglicherweise weicht er dem Problem weiterhin aus, weil er ein Feigling und/oder noch immer nicht bereit ist, die Trennung zu vollziehen, doch zumindest hätte sie das Problem aufs Tapet gebracht. Vergessen Sie allerdings nicht, daß selbst die offenste Diskussion zu weiteren Lügen führen kann. Selbst wenn Sie beide das Ende der Beziehung für das Beste halten, ist dies keine Garantie dafür, daß es ein glückliches oder ehrliches Ende wird.

Nach meinem, nicht nach deinem Fahrplan

Brenda ist eine einundzwanzigjährige Volksschullehrerin. Nachdem sie sich mit Roy über ihre Beziehung ausgesprochen hatte, legten beide einen Termin fest, zu dem sie sich trennen wollten. Dann schien er es sich anders überlegt zu haben: »Er sagte, er wolle die Beziehung nicht mehr beenden. Er war besonders nett zu mir. Er wollte mich ›lieben, nicht Sex haben‹. Er sprach von unserer gemeinsamen Zukunft und sagte, daß wir ganz lange zusammenbleiben würden. Er wollte mich seinen Eltern und seinen Freunden, die ich noch nicht kannte, vorstellen.«

Brenda ließ sich umstimmen. Sie nahm Roy beim Wort. Was sich als Fehler erwies. Es änderte sich nichts – sie lernte weder seine Verwandten noch seine Freunde kennen. Einen Monat nach dem vereinbarten Termin trennten sie sich. Brenda ist noch heute verbittert. Sie fühlt sich betrogen und bevormundet: »Ich war wütend. Er hat mich getäuscht. Er wollte nach seinem Fahrplan vorgehen, nicht nach dem vereinbarten.«

Untreue als Rettungsanker

In einer Studie wurden einhundert Männer und Frauen befragt, welche Taktik sie anwendeten, um eine schlechte Beziehung zu beenden. Dabei wurden »eine Affäre« und »sich mit jemandem anderen sehen lassen« besonders häufig genannt. Über ein Drittel der von mir interviewten Frauen bezeichneten die Ausschließlichkeitslüge eines Partners in Verbindung mit Vertuschungslügen als die schwerwiegendsten Lügen in einer Beziehung. In fast allen Fällen führten diese Lügen letztlich zum Bruch der Beziehung.

Eine siebenundzwanzigjährige geschiedene Krankenschwester sagte mir, daß die schädlichste Lüge ihres Ex-Mannes jene war zu behaupten, daß »ich die einzige sei«. Daß es sich dabei um eine Lüge handelte, entdeckte sie nach einer Reihe offensichtlicher Hinweise, die ihr Ex-Mann plaziert hatte, um ihr zu signalisieren, daß das Ende der Beziehung bevorstünde: »Es gab einige Hinweise. Er kam nicht mehr nach Hause, und die andere rief an. Dann sah ich ihn mit dieser Frau. Er änderte die Richtung, als ich eine Kehrtwendung machte und auf sie zufuhr. Als er nach Hause kam, waren seine Sachen gepackt.«

Anfänglich benutzen Männer ein Lügengewebe, um ihre Untreue zu vertuschen, am Ende senden sie unmißverständliche Signale aus. Im vorliegenden Fall hatte der Mann seiner Partnerin deutliche Hinweise gegeben, er war aber noch zu unentschlossen und hatte zu große Schuldgefühle, um den entscheidenden Schritt zu tun. Als ihn seine Frau mit der Freundin sah, hatte sie keine weitere Bestätigung mehr nötig. Sie handelte und verschaffte ihm den Abgang, den er sich ersehnte, aber nicht selbst zu inszenieren wagte. Er hatte das Timing nicht in der Hand, mußte aber dafür nicht so grausam sein und die Beziehung selbst beenden. Er hatte Glück: Seine

Vorbereitungsmanöver gaben den Rahmen für die Trennung ab, seine Frau führte sie zu Ende.

Wie häufig ist dieser Fall? Etwa zwanzig Prozent der Frauen, mit denen ich sprach, beschrieben eine Variante von Abgangsmanövern, bei der einer der Partner den Argwohn des anderen mit dreister Offenheit schürte, der sich auf eigenem Terrain die mit Bedacht ausgestreuten Fundsachen eines Schürzenjägers bieten lassen mußte: Hotelrechnungen, Kreditkartenabrechnungen, Liebesbriefe, Telefonrechnungen, Lippenstiftspuren an Hemden und Hosen und sogar Unterwäsche im Handschuhfach.

Julie, eine dreiundvierzigjährige geschiedene Restaurantmanagerin, erklärte, daß ihr dritter Mann Mack ihre Aufmerksamkeit provozierte, indem er die Briefe der anderen »in einer Schublade herumliegen ließ, die häufig geöffnet wurde«. Als Julie ihn zur Rede stellte, leugnete er es zunächst ab, doch »als er es nicht mehr leugnen konnte, sprachen wir offen darüber«. Damit begann das Spielchen: Julie war klar, daß sie ihn zu diesem Zeitpunkt nicht mehr wollte, aber »ich wollte auf keinen Fall, daß ihn eine andere bekam, solange wir noch verheiratet waren«. Über die Frage, ob sie Kinder haben sollten oder nicht, war es zu einem Streit gekommen, und sie nahm an, daß sein Lügen und Betrügen darauf zurückging. Mack war klar, daß er aus dieser Ehe herauswollte. Er begann also bewußt oder unbewußt, seinen Abgang mit provozierendem Verhalten, Vertuschungslügen und schließlich gezielten Hinweisen auf seine Untreue vorzubereiten, die Julie zum Handeln zwingen sollten.

Nicht eingehaltene Versprechungen als Mittel, die Beziehung zu beenden

Am Anfang einer Beziehung versuchen sie herauszufinden, was man möchte, und dann versprechen sie es einem.

Finanzbuchhalterin, 54, geschieden

Zunächst sind Versprechungen Köder. Manchmal werden Versprechungen auch später gemacht, wenn sich die Beziehung bereits entwickelt hat. Manche von ihnen sind Volltreffer, die unsere größten Hoffnungen zu erfüllen scheinen. Sie prägen unsere Erwartungen, ermöglichen es uns, für die Zukunft zu planen, uns geliebt und sicher zu fühlen und uns auf ein gemeinsames Leben einzurichten. Wenn alles gutgeht, wird es so werden, wie er es uns versprochen hat. Manche dieser Versprechungen dienen aber offensichtlich dazu, wieder gebrochen zu werden. Sie sind Teil einer verwirrenden Abgangsstrategie, bei der er zwei Schritte nach vorn und einen zurück macht.

Natürlich gibt es viele andere Gründe, warum Versprechungen gebrochen werden. Manche Menschen sind haltlos und einfach unfähig, sich längerfristig festzulegen. Für sie gehören gebrochene Versprechungen zum Alltag, sie haben nichts mit Ihnen persönlich zu tun und zielen auch nicht auf die Beendigung einer Beziehung – wiewohl Sie eines Tages die vielen gebrochenen Versprechungen leid sein könnten und beschließen, dem Ganzen selbst ein Ende zu machen.

Es ist entmutigend genug, wenn er Ihnen sagt, daß er sofort mit Ihnen zusammen umziehen würde, wenn Sie die neue Stelle in Boston bekommen, aber später, wenn Sie mit den Maklern im Gespräch sind, tut er so, als ob ein Umzug zwei Straßen weiter schon viel zu weit für ihn wäre. Ist es bloß seine mangelnde Beweglichkeit, oder versucht er, Ihr Vertrauen in seine Zuverlässigkeit und Verbundenheit zu untergraben, um seinen Ausstieg einzufädeln?

Angenommen, er behauptet, Sie zu lieben und daß er Sie heiraten möchte. Das ist ein Versprechen. Wenn Sie das gleiche möchten – schön für Sie. Es könnte jedoch sein, daß diese Bemerkung Teil seiner Ausstiegsvorbereitungen ist. Fragen Sie Leslie, eine geschiedene neunundvierzigjährige Unternehmerin und eine der zehn interviewten Frauen, deren Weg bis zum bitteren Ende mit gebrochenen Versprechungen gepflastert war.

Leslie liebte ihren Freund. Warum sonst hätte sie ihr kleines, aber erfolgreiches medizinisches Fachgeschäft und ihre behagliche Wohnung aufgegeben, um Frank quer durch die Vereinigten Staaten zu folgen? In ihrer Großzügigkeit lieh sie ihm sogar Geld, damit er seine Steuern bezahlten konnte, weil Frank ihr sagte, daß er sie heiraten wolle und er sie liebe. Danach waren sie zwei Jahre beisammen.

Doch es ging nicht gut. Nach dem Umzug nach Boston »begann Frank zu trinken, er änderte sich, nahm nur noch sich selbst wahr. Ich arbeitete für ihn. Ich war unter seiner Fuchtel. Dann sagte er, daß er mich nicht mehr heiraten wolle. Nach einem halben Jahr kehrte ich wieder nach Chicago zurück. Er bettelte mich an, wieder zu ihm zurückzukommen.«

Ein halbes Jahr lang wollte Leslie nicht wahrhaben, was ihr der Freund signalisierte. Er trank und nahm auf ihre Bedürfnisse keine Rücksicht. Während sie in Chicago Herr ihres eigenen Lebens gewesen war, fühlte sie sich jetzt zunehmend eingeengt. Dies hätte eine Warnung für sie sein müssen. Dann zog Frank sein Heiratsversprechen zurück – zum Glück. Franks Abgangsmanöver begann zu greifen. Sie hätte ab sofort vermeiden können, noch mehr Zeit ihres Lebens mit diesem tölpelhaften, trunksüchtigen, egozentrischen und unsteten Mann zu vergeuden. Es wäre noch der richtige Zeitpunkt gewesen.

Aber Leslie hatte schon zuviel in die Beziehung investiert. Sie wollte mit aller Macht die düstere Wirklichkeit ihres Lebens mit Frank ihrem Traumbild anpassen. Weil sie ihn noch immer liebte, kehrte sie nach Boston zurück, wo, wie sie sagte, »das Ganze wieder von vorne begann«. Mit einem wichtigen Unterschied: Frank machte nun sein Versprechen mit einem Verlobungsring wahr, der – wie Leslie aus der sicheren zeitlichen Distanz eines Jahres sagen konnte –, seinen Zweck erfüllte, und zwar den, daß sie wieder nach Boston zurückkehrte. Dort zeigte sich, daß das Abgangsmanöver bereits in vollem Gange war. Auf der Rückseite einer Benzinquittung stand die kurze Notiz: »War schön, Dich wiederzusehen. Viel

Glück bei Deiner Suche nach der Richtigen.« Leslie erkannte, was hier gespielt wurde. Trotz seiner Verlobung mit ihr, der guten Bediensteten, Geldverleiherin, Geliebten und Gefährtin machte Frank kein Hehl daraus, daß er noch immer auf der Suche nach einer Frau war. Leslie reagierte, wie es das Ausstiegsmanöver vorsah: »Ich fühlte mich ganz elend. Ich liebte ihn. Ich war am Boden zerstört. Wir schrien uns an. Er liebte mich, er liebte mich nicht, er wollte andere Frauen. Schließlich war ich erschöpft; ich konnte nicht mehr.«

Sie begriff es und verließ ihn in einem Augenblick geistiger Klarheit. Sie kehrte erneut nach Chicago zurück. Doch die Geschichte ist noch nicht zu Ende – ein Abgangsmanöver ist eine schmutzige, langwierige Angelegenheit.

Leslie war noch immer nicht bereit, sich von ihrem betrügerischen Frank endgültig zu trennen, und gab ihm eine weitere Chance. Wie diese Begegnung ausging, war für jedermann vorhersehbar, nur nicht für Leslie: »Er schob mich ab und ließ mich in einem Motel in Bar Harbor sitzen. Er sagte: ›Ich gehe wieder nach Boston. Ich will nicht heiraten. Das ist für mich erledigt.‹« Als ich ihn einige Tage später anrief, sagte er: ›Ich liebe dich immer noch.‹ Aber er nahm sich eine andere, mit der er jetzt zusammenlebt.«

Es ist natürlich leicht, über Leslie den Kopf zu schütteln, aber man muß berücksichtigen, wieviel sie in Frank investiert hatte: ihre Wohnung, ihr Geschäft und ihr Geld. Es war nicht irgend jemand, sondern der Mann, den sie liebte, mit dem sie drei Jahre zusammengewesen war und der ihr versprochen hatte, sie zu heiraten. Sie wollte ihn zwingen, Farbe zu bekennen und zu seinem Versprechen zu stehen. Doch dabei kam nichts weiter zum Vorschein als seine Unentschlossenheit, die er als Waffe einsetzte, um Leslie zu vertreiben und anschließend wieder zurückzuholen.

Gleichzeitig begann er bereits seine nächste Beziehung mit einer Frau, die vielleicht »die Richtige« hätte sein können. Ungeachtet seines Verlobungsrings tat Frank alles, um Leslie loszuwerden.

Doch Leslie kam immer wieder zu ihm zurück, statt die Konsequenzen zu ziehen.

Das Ausstiegsmanöver funktionierte nicht. Frank hatte, wie so viele Männer, unterschätzt, wieviel Kummer eine Frau bereit ist auf sich zu nehmen, um eine Beziehung fortzuführen, auf die sie sich festgelegt hat. Schließlich sah sich Frank in die Offensive gedrängt. Er mußte tun, was Leslie für ihn hätte tun sollen: die Beziehung beenden. Als er sie mit seinem chaotischen Verhalten, seinem Alkoholkonsum, seinem Lügen und Betrügen nicht abschütteln konnte, mußte er sich letztlich aufraffen und es selbst tun. Seine gebrochenen Versprechungen waren Teil des Abgangsmanövers. Manchmal können gebrochene Versprechungen aber auch Teil des schmerzlichen Finales sein.

Das Finale

Das oft verheerende Finale ist das letzte Kapitel, das bittere Ende. Jetzt ist es wirklich vorbei. Jegliche Hoffnung auf eine gemeinsame Zukunft ist endgültig erloschen. Das Band ist zerrissen. Erleichterung oder Kummer und manchmal beides halten Einzug.

Nach all dem Hin und Her, den schmerzlichen Trennungen und Wiedervereinigungen tut schließlich jemand den entscheidenden Schritt. Vielleicht ist es derjenige, von dem der Trennungswunsch zunächst ausging, wie im obigen Fall Frank. Irritiert über Leslies Fähigkeit, das Abgangsmanöver zu ignorieren und an ihrem Traum eines gemeinsamen Lebens festzuhalten, macht er letztlich Schluß. Manchmal ist es auch die verschmähte und erschöpfte Partnerin, wie zum Beispiel die dreißigjährige Holly, die das Wechselbad der Gefühle, die wiederholten Trennungen und Wiedervereinigungen nicht mehr ertragen konnte: »Ich hatte vier Jahre lang eine Beziehung mit einem Mann, der log und immer wieder davonlief. Schließlich sagte ich ihm, daß es vorbei sei.« Dieser Mann wollte zumindest das letzte Wort haben und behauptete nachträglich, er hätte Holly ohnehin nicht mehr geliebt.

Beim schmerzlichen Finale stehen sich Wahrheit und Täuschung, Tatsachen und Phantasie gegenüber. In dieser Phase geht es nur noch darum, welche Tür den schnellsten und sichersten Fluchtweg bietet. Für viele Männer ist dies die Phase, in der sich Liebe in Krieg verwandelt und ihnen jedes Mittel recht ist.

Die Ablenkungslügen, die Sie von der Spur seiner Untreue abbringen sollen, sind hier Legion. Vielleicht hält er Ihnen brutal ein Wesensmerkmal vor, das Sie nicht ohne weiteres ändern können, wie zum Beispiel Ihr Alter, Ihre Religion, Ihr familiärer Hintergrund, Ihr Gewicht oder Ihre Persönlichkeit. Die Religion nannten die interviewten Männer und Frauen besonders häufig oder auch das familiäre Umfeld: »Meine Familie kommt einfach nicht damit zurecht, daß du aus einem niedrigen sozialen Milieu stammst.« So etwas ist in der Tat ein ziemlich wirksames Abgangsmanöver. Zum einen klingt es glaubwürdig genug, um als Wahrheit durchzugehen, auch wenn ihm jeder halbwegs plausible Grund recht wäre, um aus der Beziehung auszubrechen. Zweitens ist es schwierig, gegen etwas zu argumentieren, das einem peinlich ist oder wovon man weiß, daß man es nicht ändern kann. Er zerstört damit Ihren Willen, es weiter mit ihm versuchen zu wollen.

Ein typisches Finale

Gary, ein fünfundvierzigjähriger Steuerberater, beendete seine Beziehung mit Fran mit Hilfe einer beleidigenden Information, wobei weniger die Wahrheit oder Bedeutsamkeit der Information entscheidend war als vielmehr sein verzweifelter Versuch, sich aus der Beziehung zu befreien.

»Ich benutzte Frans Körpergewicht und ihre Herkunft, die mir vertraulich mitgeteilt wurde, um die Beziehung mit wenigen Sätzen zu beenden.«

Diese brutale Vorgehensweise erwies sich als äußerst wirkungsvoll. Gary erzählte, daß Fran fürchterlich wütend war: »Sie sprach jahrelang kein Wort mehr mit mir.« Wie empfand es Gary selbst, so etwas einem Menschen anzutun, den er gern gehabt hatte? Er räumte ein, daß er nicht glücklich darüber war, eine Beziehung auf diese Art zu beenden. Aber er bekannte auch, daß er »mit einer gewissen heimlichen Freude« reagierte: »Ich habe einen gemeinen Zug in meinem Wesen, der hier durchgebrochen ist.« Man könnte meinen, daß Gary irgendwelche Gründe hatte, an Fran eine Rache zu befriedigen. War ihr Körpergewicht wirklich der Grund für ihn, Schluß zu machen? Gary behauptete zwar, daß sie ein Gewichtsproblem hatte, doch der eigentliche Grund für den Abbruch der Beziehung hatte nichts mit ihrem Gewicht oder der Echtheit ihrer Papiere zu tun, wie er vorgab. Es lag vielmehr daran, daß sie »mich mit ihren sexuellen Erwartungen überforderte«. Fran stellte sexuelle Ansprüche, denen Gary nicht gewachsen war, was seinem Selbstbewußtsein einen empfindlichen Schlag versetzte. Er konnte die Beziehung psychisch nicht mehr durchstehen. Offenbar genügte es Gary nicht zu sagen: »Fran, diese Beziehung ist nicht das, was ich suche.« Statt dessen hielt er Fran ihr Aussehen und ihre angeblich mangelnde Integrität vor. Gary hatte zumindest das Gefühl, jetzt mit ihr quitt zu sein.

Wie Sie sich erinnern, sind gebrochene Versprechungen ein wesentlicher Bestandteil des Waffenarsenals von Trennungswilligen. Nach dem bitteren Ende bleiben sie oft zurück und erzeugen beim Opfer Enttäuschung, Zorn und ein Gefühl der Machtlosigkeit. Darüber hinaus können diese gebrochenen Versprechungen auch das Vertrauen des Opfers in der nächsten Beziehung nachhaltig erschüttern.

Dies war auch bei der siebenundvierzigjährigen Charlotte der Fall, die noch heute unter dem schmerzlichen und unerwarteten Ende ihrer Beziehung mit Chico leidet, dem Mann, den sie heiraten wollte. Chico war Marineoffizier und stammte aus einer angesehenen Familie in Houston. Seine Familie besaß ein großes Haus in Miami, in das die beiden nach der Hochzeit einziehen sollten. Der Pfarrer war schon bestellt, und Charlotte hatte ein Hochzeitskleid gekauft. Als Chico sagte, daß er nach Miami gehen würde, um das Haus herzurichten, in dem sie leben sollten, war für sie alles in bester Ordnung. Doch seither hat sie nie wieder etwas von ihm gehört. Chicos gebrochenes Versprechen war kein Vorbereitungsmanöver, sondern ein abruptes Abbrechen der Beziehung, das bei Charlotte nachhaltige Wirkungen hinterließ: »Dies hat mich wachgerüttelt. Ich bin heute nicht mehr so leichtgläubig. Ich nehme liebevolle Handlungen nicht mehr für bare Münze. Ich nehme überhaupt nichts mehr für bare Münze.«

Charlottes Geschichte ist ein Extremfall, doch sie stellt eine Variante zu einem Thema dar, das von vielen Frauen in den Interviews angesprochen wurde, deren Beziehungen auf geheimnisvolle und unerwartete Weise endeten, als der Mann, mit dem sie gerne den Rest ihres Lebens verbracht hätten, sie fallenließ. Aus der Perspektive dieser Frauen waren keine Signale erkennbar, die auf ein Ende hindeuteten. Vielleicht waren sie zu verliebt, um sie zu bemerken. Wahrscheinlicher ist jedoch, daß diese Männer die Maske der falschen Verbundenheit und die »Schönwettermaske« bis zum bitteren Ende zur Schau trugen. Wie die heimlichen Houdinis in Kapitel 6 handelten diese Lügner, auf eine Weise, wie sie ihnen für ihren Abgang notwendig erschien. Sie brachen ihr Versprechen durch ihre Taten, nicht durch ihre Worte. So etwas ist, schlicht gesprochen, Feigheit. Weil hier alles ohne Erklärungen endet, gehen viele Frauen, die sitzengelassen wurden, dieses Szenarium noch jahrelang im Geiste durch, ohne eine Antwort zu finden.

Selbst am Ende einer langen Ehe ziehen es manche Männer vor, wortlos zu verschwinden. Oft sind ihre Partnerinnen die letzten, die die wahren Gründe für das Ende der Beziehung erfahren. Grace, geschieden, Mitte Vierzig, erzählte mir vom Ende ihrer Ehe. Ihr Mann Vic war unglücklich, und beide einigten sich auf die Scheidung. Wenig später verließ sie die gemeinsame Wohnung. »Ich war mit einer Freundin unterwegs und sagte: ›Ich will dir zeigen, wo ich gewohnt habe.‹« Als ich am Haus vorbeifuhr, sammelten Vic und Ruth auf dem Rasen vor dem Haus gerade Laub. Ruth war sofort nach mir bei Vic eingezogen. Ich hatte ihn nie gefragt, ob er eine Affäre hatte.«

Grace war schockiert und verletzt: »Während mein Vater im Sterben lag, fing mein Mann heimlich ein Verhältnis mit einer anderen an. Ich hegte keinerlei Verdacht, solange wir noch beisammen waren. Ich hatte zuviel um die Ohren.«

Sie ertappte ihn erst, nachdem sie schon ausgezogen war. Grace wußte, daß ihr »Ex-Mann, wenn er unter Druck gesetzt wurde, immer log und Geschichten erfand«, doch sie hätte nie geglaubt, daß er eine Affäre verschweigen würde. Seine Taktik bestand darin, keine schlafenden Hunde zu wecken, sich auf seinen Lorbeeren als treuer Gemahl auszuruhen und sein allgemeines Unglücklichsein herauszukehren. Er nutzte die Tatsache, daß Grace durch die Krankheit ihres Vaters abgelenkt war, um eine neue Beziehung und ein neues Leben mit einer anderen Frau anzufangen. Er brauchte nichts weiter zu tun, als sein Unglücklichsein zur Schau zu tragen, ihr seine Zuneigung zu entziehen und abzuwarten, wie sie reagieren würde. Dies genügte, um die Beziehung so sanft ausklingen zu lassen, wie er es sich vorstellte. Grace blieb der Schmerz allerdings nicht erspart.

Schließlich gibt es noch jene Männer, die mit einer sehr hochentwickelten Form der Vermeidungslüge ans Ziel gelangen: der Lüge der Barmherzigkeit. Diese Lüge maskiert ihre wahren Motive und Ängste so gut, daß die Betroffenen weiter hoffen und sich fragen, wann – nicht ob – sie wieder vereint sein werden. Barmherzigkeitslügen sind Vermeidungslügen und stellen für Frauen, die ihnen zum Opfer fallen, die Hölle dar. Auch wenn der Lügner bei manchen Barmherzigkeitslügen tatsächlich beabsichtigt, seinem Opfer Schmerz zu ersparen, ist das Ziel immer eine Information, die nicht der Wahrheit entspricht. Der Frau werden jene Informationen vorenthalten, die sie benötigt, um sinnvolle Entscheidungen für ihr Leben fällen zu können. Letztlich behauptet der Lügner zu wissen, was für die Frau, die er verlassen wird, am besten ist, und handelt demgemäß, ohne sie zu fragen.

Barmherzigkeitslügen, die nur ihm helfen

Ich möchte immer die Wahrheit wissen. Ich weiß, daß sie mir im Augenblick weh tut, dafür aber später nicht mehr.

Unternehmerin, 36, alleinstehend

Manche Männer vermeiden das Unerfreuliche zum Ende einer Beziehung, indem sie durch Abwesenheit glänzen, andere, indem sie sich nicht mitteilen. Andere erzählen kurz und »schmerzlos« Lügen, die Sie verletzen und dazu veranlassen, die Flucht zu ergreifen. Die nächsten wiederum entziehen sich Ihrem Zorn in Form von Barmherzigkeitslügen, die die schlechte Nachricht in einer, wie sie hoffen, für sie akzeptablen Form verpacken, während sie sich insgeheim auf das Leben mit einer anderen Frau einstellen. Auf diese Weise vermeiden sie Ihren Zorn, Ihre Erschütterung, Ihre Frustration und all die anderen schmerzlichen Empfindungen, die mit dem bitteren Ende verbunden sind. Sie glauben, daß Barmherzigkeitslügen Sie nicht verletzen. Sie werden mit Höflichkeit kalt abserviert. Solche Männer können sich nicht vorstellen, daß eine unerfreuliche Wahrheit viel höflicher sein kann als eine angenehme Lüge.

Er glaubt vielleicht, mit Barmherzigkeitslügen den gordischen Knoten zu durchtrennen und ein nobles, schmerzloses Ende der Beziehung herbeiführen zu können. Schmerzlos ist das Ganze aber nur für ihn. Er ist so ungemein taktvoll, so erfindungsreich und in seinen Beendigungslügen so ungreifbar, daß Sie vielleicht erst nach Jahren das definitive Ende der Beziehung wahrnehmen – Jahren des Wartens und Hoffens.

Barmherzigkeitslügen können eigentlich nur dann ihren Zweck erfüllen, wenn beide Parteien sich nicht besonders stark in der Beziehung engagieren oder sich mit dem schönen Schein zufriedengeben.

Wenden wir uns nochmals Edward zu, dem Wissenschaftler aus Kapitel 10, für den Lügen eine Form der Problemlösung ist. Für ihn ist es völlig in Ordnung, eine Beziehung mit einer Barmherzigkeitslüge zu beenden. Er erzählte Lonnie, mit der er »lange Zeit eine sehr gute Beziehung hatte«, daß er seine Stelle verloren hätte, unter enormem Druck stünde und zu einer kleinen Firma im Südosten gehen müsse, weil er keine andere Stelle finden könnte. Leider müsse somit wohl auch ihre Beziehung enden. Die Umstände, nicht Edward, verlangen den Umzug. Die Wahrheit war nicht ganz so einfach: »Ich wußte nicht, wie ich Schluß machen sollte... ich wollte ihr nicht weh tun. Ich sagte ihr nicht, daß ich schon eine andere Beziehung eingegangen war. Ich erfand eine Krise, um aus meinem Job und meiner Beziehung herauszukommen. Ich wollte den Weg für die neue Beziehung frei machen. Die Neue war sehr ungeduldig. Sie hatte die Scheidung eingereicht... es wurde hier die ganze Zeit sehr viel gelogen, meist, um mir und ihr nicht weh tun zu müssen.«

Edward wollte seine Freiheit zurück, ohne Lonnie dafür Rechenschaft ablegen zu müssen, aber er brachte es nicht fertig, ihr dies zu sagen. Lonnie weigerte sich aber wie so viele Frauen, die solchen Beendigungsmanövern ausgesetzt sind, die Trennung und den Bruch der Intimität zu akzeptieren. Auf der Grundlage der Lügen, mit denen Edward sie abspeiste, hielt sie ihre Verbundenheit mit ihm aufrecht. Ihre Annahme, daß die Beziehung vielleicht doch weitergehen könne, zwang Edward zu weiteren Maßnahmen: »Ich redete nicht mehr mit ihr. Das traf sie sehr hart.«

Inzwischen bahnte er, geschützt vor Lonnies neugierigen Blicken, eine Beziehung mit einer anderen Frau an, die noch verheiratet war und sich gerade scheiden ließ. Pech für ihn, daß sie doch wieder zu ihrem ersten Mann zurückkehrte...

Edward war todunglücklich und einsam, aber seine Barmherzigkeitslüge hatte ihm den Weg zurück zu Lonnie offengelassen. Er hatte ihre Hoffnungen nicht gänzlich zerstört, »für den Fall der Fälle«. »Zwei Jahre später schrieb ich ihr, daß es mir leid täte, ihr weh getan zu haben, daß ich mich nicht richtig verhalten hätte. Sie sagte, daß die Freundschaft weitergehen sollte, jedoch auf Distanz und ohne sexuelle Intimitäten.«

Seine treue Freundin Lonnie schreibt ihm heute noch regelmäßig. Edward sagt ihr noch immer nicht die Wahrheit. Für ihn ist die Beziehung »irgendwo in der Ferne, aber wir kommen trotzdem sehr gut miteinander aus.« Er sieht Lonnie »nicht so oft, vielleicht zweimal im Jahr«. Edward trauert immer noch der Frau nach, die zu ihrem Mann zurückkehrte, während er die treue und geduldige Lonnie an der langen Leine hält. Seine Taktik ist dieselbe geblieben.

Warum redete er nicht Klartext, als er wegging? Warum sagte er ihr nicht, daß es ihm keinen Spaß mehr machte und er eine Neue getroffen hatte? Für ihn war es offenbar nicht schön, Lonnie zu täuschen, doch auch nicht so schlimm, daß er es nicht noch ein zweites Mal getan hätte. Sein Kommentar zu seiner Barmherzigkeitslüge, auf die der endgültige Abbruch ihrer Kommunikation folgte: »Ich bin ein Mensch, der Auseinandersetzungen und Streit haßt. Ich würde es also wieder so machen.« Man kann freilich verstehen, daß Lonnie nicht wissen durfte, wie mühelos er sie wegen der flüchtigen Hoffnung auf eine Beziehung zu einer verheirateten Frau, die er kaum kannte, fallenließ. Edward stand zu seiner Lüge.

Lonnie, die von all dem nichts ahnte, vergeudete drei Jahre ihres Lebens damit, Edward zu schreiben und ihn anzurufen – einen Mann, der es nicht einmal für nötig hielt, ihr zu sagen, wie lange er schon eine andere Frau im Kopf hatte.

Edwards sogenannte Barmherzigkeitslüge schützte ihn vor Lonnies Verletztheit und Zorn, und er hatte zugleich ein zweites Eisen im Feuer, falls es mit seiner neuen Liebschaft nichts werden sollte. Die Aufrechterhaltung der Barmherzigkeitslüge offenbart weniger Mitgefühl als vielmehr einen Mangel an Mut. Indem er seine Optionen vereinfachend schwarzweiß darstellt (»Ich muß ihr entweder die brutale Wahrheit oder eine großzügige Lüge erzählen«), stellt er sicher, auf Lonnies Kosten und auf Kosten der Wahrheit ungeschoren davonzukommen. Man beachte, daß Edward für sich selbst keine harte Entweder-oder-Entscheidung fällte. Er entschied sich für die großzügige Lüge einerseits und das Schlupfloch »zurück zu Lonnie« andererseits. Für ihn stand das Eigeninteresse, nicht die Barmherzigkeit im Vordergrund.

Im weiteren Verlauf des Gesprächs legte Edward den Kern der Wahrheit frei, der ein wirkliches Gespräch zwischen ihnen hätte eröffnen können: »Ich sprach nie wirklich über den eigentlichen Grund, warum es zwischen uns beiden nicht klappte – es hätte sie zu sehr verletzt: Sie hatte alles in meinem Leben viel zu sehr unter Kontrolle. Ich sagte es ihr nie.«

Edward wußte also schon die ganze Zeit über, daß es mit ihrer Beziehung nicht gutgehen konnnte. Auch dies war der Grund, weshalb er sich so intensiv um eine neue Beziehung bemühte. Lonnie war für keine Hauptrolle, doch immerhin als Sicherungsnetz gut genug.

Edward möchte sich als guten und liebevollen Menschen sehen – die meisten von uns möchten dies. Doch sooft Lonnie anrief oder ihn besuchen wollte, wurde Edward von Schuldgefühlen und der Erinnerung an seine Täuschung überwältigt. Wenn Edward den Mut aufgebracht hätte, die Wahrheit in derselben liebevollen Weise zu formulieren wie die Lüge – verantwortungsbewußt, mitfühlend, taktvoll –, dann wäre dies wohl richtiger gewesen.

Können wir nicht einfach Freunde sein?

Diese Worte sind eine letzte Vermeidungslüge, bevor Sie ihn nie mehr wiedersehen. In einer sexuellen Beziehung ist »Können wir nicht einfach Freunde sein?« eine Provokation, zumindest für den Partner, der noch an der Beziehung hängt.

Es handelt sich dabei um die klassische Fluchtform am Ende einer schwierigen Beziehung, wenn einer der Partner sich unbedingt trennen, der andere unbedingt an der Beziehung festhalten will: ein letzter Versuch, in die Freiheit zu schwimmen, ohne das Boot zum Kentern zu bringen. Für viele der Frauen, mit denen ich sprach, ist diese Floskel nur eine Variante jener anderen altehrwürdigen Leerformel: »Ich ruf dich an.«

Das ist aber noch nicht alles. Wenn Sie seinem Wunsch entsprechen, entgeht er Ihrem Zorn. Wie könnten Sie auch auf einen ach so netten Mann böse sein, der nun Ihr treuer Freund und guter Kumpel geworden ist? Doch wie steht es wirklich mit Ihnen? Haben Sie nicht das Gefühl, daß Sie ihm für eine Liebesbeziehung nicht gut genug sind, wohl aber als Beichtmutter, die er bei seinen beruflichen Plänen oder wenn er in bezug auf seine neue Freundin unschlüssig ist, ins Vertrauen ziehen kann? Wird eine solche Freundschaft Sie nicht hindern, in Ihrem eigenen Leben weiterzukommen?

Es überrascht nicht, daß mehr Männer als Frauen in meinen Interviews die Meinung vertraten, sie hätten eine Liebesbeziehung mit dieser Strategie des »Können wir nicht einfach Freunde sein« erfolgreich beendet. Er genießt ja nach wie vor das Vergnügen, in Ihrer Gesellschaft zu sein, doch nun ohne jede Verpflichtung Ihnen gegenüber. Er hat erreicht, was er wollte: Freiheit von allen möglichen Zwängen, die er mit Ihnen in Verbindung bringt, und Freiheit von der Verantwortung, die eine Partnerschaft auferlegt.

Einige Männer behaupteten sogar, daß ihre früheren Liebsten, die zu platonischen Freundinnen wurden, die einzigen Frauen seien, mit denen sie ohne Lügen auskämen. Eine Freundin belüge man schließlich nicht. Daraus ergibt sich immerhin die Frage, was diese Frauen eigentlich vorher für sie darstellten?

Für keinen dieser Männer kam die Wiederaufnahme einer festen Beziehung mit ihren früheren Liebespartnerinnen in Frage. Dies bedeutet zwar nicht, daß es nicht doch einmal soweit kommen könnte, Sie sollten aber nicht Ihre Zukunft darauf bauen. Falls Sie den Betreffenden wirklich mögen und auf eine Freundschaft mit ihm Wert legen, könnte diese Lösung für alle Beteiligten von Vorteil sein. Wenn Sie jedoch glauben, daß dieses »Können wir nicht einfach Freunde sein« ein Strohhalm ist, mit dem Sie Zeit gewinnen und der es Ihnen ermöglichen wird, die exklusive Liebesbeziehung wiederherzustellen, dann sollten Sie einsehen, daß dies eine verzweifelte Hoffnung ist, die Sie so schnell wie möglich wieder aufgeben sollten.

Ich weiß, das klingt hart – weil es in Liebesbeziehungen natürlich erscheint, daß man sich bindet und sich jemandem verbunden fühlt. Selbst wenn Ihr Partner gelogen und Sie betrogen oder schlecht behandelt hat, kann das Zerreißen der Bande für Sie schmerzhaft sein. Viele Frauen haben mir erzählt, daß sie nie gedacht hätten, wie lange sie untreuen Männern nachtrauerten und sich noch selbst die Schuld am Scheitern der Beziehung gaben. Wenn Sie in räumlicher Nähe zu einem ehemaligen Partner, von dem Sie verstoßen wurden, bleiben, verzögern Sie nur den Heilungsprozeß und die Chance eines Neuanfangs – vor allem dann, wenn er Sie belogen und betrogen hat.

Freundschaft ist unter diesen Umständen, auch dann, wenn das Angebot ehrlich gemeint ist, eine Rettungsinsel für ihn, doch nicht für Sie. Wenn das Angebot der Freundschaft nur eine Floskel ist, die ihm erspart, sich als völliger Schuft fühlen zu müssen, sollten Sie dies eher als Mitleidsbekundung und nicht als Lösung betrachten.

Erinnern Sie sich noch an die Gleichheit, von der im Zusammenhang mit Ködern die Rede war? Wenn Gleichheit besteht, befinden sich beide Partner auf derselben Wellenlänge und haben ähnliche, aufeinander abgestimmte Zielsetzungen. Andernfalls wünscht beim bitteren Ende der eine Partner Freundschaft, der andere die Wiederherstellung der Liebesbeziehung. Wenn eine Liebesbeziehung erfolgreich in eine Freundschaft übergehen soll, ist Parität unverzichtbar. Wenn

Sie sich darüber einig sind, daß Sie noch so viel füreinander übrig haben, daß eine Freundschaft ohne langfristige Liebesbeziehung möglich ist, kann dies funktionieren. Zu Problemen kommt es immer dann, wenn das »Wir wollen Freunde bleiben« eine Lüge ist, entweder weil das Angebot nicht ernst gemeint ist oder weil der andere Partner nur zum Schein darauf eingeht.

Die Wahrheit macht ihn frei

Meine Beziehungen endeten meist mit der Wahrheit. Lügen ließen sie weiterbestehen.

Fernsehproduzent, 39, verheiratet

Betrachten Sie es so: Er möchte die Beziehung nicht fortsetzen und ist Ihnen untreu. Seine Ambivalenz und seine Schuldgefühle führen danach zu einer Reihe von Vertuschungslügen und zur Ausschließlichkeitslüge. Schließlich hat er seine Lügen satt und fürchtet Ihren Zorn und Argwohn. Er möchte verzweifelt seine Freiheit wieder. Er hat getan, was er konnte, um seine Partnerin mit der Nase auf die Wahrheit zu stoßen, damit sie ihm die Mühe des Schlußmachens abnimmt. Dies gehört zu seinem Vorbereitungsmanöver. Er verfügt über ein ganzes Repertoire an durchschaubaren Entschuldigungen, lahmen Ausflüchten und In-flagranti-Hinweisen, um deutlich zu machen, daß seine Zuneigung zu ihr abgekühlt ist, daß sie nicht die einzige Frau in seinem Leben ist. Er meint, daß er ihr damit unmißverständlich klargemacht hat: *»Sprich mir nach: Diese Beziehung ist zu Ende. Ich gehe nicht mehr mit dir. Wir sind kein Paar mehr. Es gibt kein Morgen und kein Für-alle-Zeit. Du gehst deiner Wege, und ich gehe meiner Wege. Dein Anwalt kann sich mit meinem Anwalt in Verbindung setzen.«* Doch was tut sie? Sie hält an ihm fest. Sie leugnet, daß etwas nicht in Ordnung sei. Sie stellt ihm keine Fragen. Sie sieht weg. Sie kauft pflichtbewußt Fleckenmittel, um den Lippenstift aus seiner Unterwäsche zu entfernen. Sie weigert sich, ihn zur Rede zu stellen. Sie sagt sich, daß er vielleicht beruflich überlastet ist, daß sie mehr Zeit miteinander verbringen sollten. Vielleicht wäre auch eine psychologische Beratung angebracht.

Warum sollte sie ihre Haltung gerade jetzt ändern? Sie war eine willfährige Partnerin, die schon die längste Zeit sein Vertuschungsspiel mitgespielt hat. Aber die Wahrheit sickert durch, und beide wissen das. Eine Frau, die mit dem unwiderlegbaren Beweis der Untreue ihres Mannes konfrontiert ist, kennt, wie Sie sich vielleicht erinnern werden, oft sogar den Namen der anderen, obwohl sie die Affäre ständig geleugnet hat. Es hat sie enorme Energie gekostet, Tag für Tag ihre Intuition zu unterdrücken. Sie weigert sich, ihrer natürlichen Neugier nachzugeben und die Angelegenheit nüchtern zu betrachten. Das wollte sie bisher nicht, also will sie es auch jetzt nicht sehen. Der Unterschied zu früher ist allerdings die Tatsache, daß er die Beziehung beenden will. Er möchte den Bruch, damit er ohne sie ein neues Leben beginnen kann.

Ihre Haltung, Konfrontationen aus dem Weg zu gehen, ist jedoch Teil Ihrer *gemeinsamen* emotionalen Landschaft. Oft hat sie schon vor seiner Ausschließlichkeitslüge den Schmerz seiner Distanzierung und seiner Ausflüchte ertragen. Es ist gut möglich, daß sie fähig und willens ist, noch viel mehr zu ertragen, als er sich vorstellen kann.

Sie kämpft wie eine Löwin um eine Beziehung, die ihr heilig ist. Damit hat er oft nicht gerechnet. Also sagt er sich: »Nanu? Sie hat es noch immer nicht begriffen? Was muß ich denn noch alles unternehmen, damit sie es begreift und jeder von uns seiner Wege gehen kann?«

Dies könnte ein lehrreicher Augenblick sein; das Leben zwingt uns, für neue Möglichkeiten des Handelns offen zu sein. Man könnte es auch das Ende der Hoffnung oder den Anbruch einer neuen Zeit nennen. Manchmal flüstert ihm dann eine innere Stimme zu: »Könntest du es nicht einmal mit der Wahrheit versuchen?«

Stellen wir uns einmal seinen inneren Dialog mit der Wahrheit vor.

Er: Das kann doch nicht dein Ernst sein? Warum soll ich ihr nicht weiterhin sagen, was sie hören möchte?

Wahrheit: Weil es nicht funktioniert. Wenn du aus der Beziehung herauswillst, mußt du ihr auch sagen, was sie nicht hören will.

Er: Du meinst die Wahrheit?

Wahrheit: Genau. Das ist die einzige Möglichkeit, die du noch nicht ausprobiert hast.

Er: Also gut. Aber glaubst du, daß sie die Wahrheit verträgt? Ich möchte nicht, daß sie mit Selbstmord droht oder Amok läuft.

Wahrheit: Die Wahrheit ist immer besser als die Lüge, die sie vielleicht lieber hört. Sie braucht nicht länger an ihrem Verstand zu zweifeln. Das Leben kann für sie weitergehen.

Er: Wenn du meinst – also gut.

Liebling, ich wollte dir schon die ganze Zeit etwas sagen. Und zwar:

(Wählen Sie zwei Aussagen)

___ Ich bin verheiratet.
___ Ich habe dich nie geliebt.
___ Ich habe eine andere gefunden, die meine Leidenschaft erregt.
___ Ich halte es nicht mehr aus, wie du mich ständig kontrollierst.
___ Ich möchte mich scheiden lassen.
___ Ich will meine Frau nicht verlassen.
___ Ich werde dich nicht heiraten.
___ In unserer Beziehung fehlt es an Schwung und Feuer.

Sie (bittend): Warte, langsam. Man muß ja nicht sofort die Konsequenzen ziehen. Gut, ich bin enttäuscht darüber, daß du geglaubt hast, mich belügen zu müssen. Ich weiß jetzt, was los ist, aber verlasse mich bitte nicht. Wir können darüber reden, zum Psychologen gehen. Du weißt, wie sehr ich dich liebe.

Sie (wütend): Du bist ein verlogenes, widerwärtiges Miststück! Ich kann gar nicht glauben, was du da sagst. Du kennst den Unterschied zwischen Lüge und Wahrheit nicht. Scher dich zum Teufel! Wie konnte ich nur eine Minute meines Lebens mit dir vergeuden. Ich will dich nie mehr sehen! Liebling –

(Wählen Sie ihre bevorzugte Reaktion und Antwort)

1. An der Beziehung festhalten

___ Ich will dich immer lieben.
___ Wir bekommen das wieder auf die Reihe.
___ Verlaß mich nicht.

2. Wut ablassen

___ Wie konntest du mir das antun?
___ Ich wußte doch, daß du die ganze Zeit gelogen hast, du Schuft!
___ Verschwinde! Jetzt ist endgültig Schluß!

3. Sich auf den eigenen Verstand besinnen

___ Die Wahrheit tut weh, aber sie ist besser als ein Sack voller Lügen.
___ Ich habe es mir schon die ganze Zeit über gedacht.
___ Wenigstens weiß ich jetzt, woran ich bin.

Er sieht jetzt keinen anderen Ausweg als die nackte Wahrheit. Nun stellt sich jedoch die bohrende Frage, wie Sie eigentlich die ganze Zeit über miteinander gelebt haben. Wie können Sie beide damit umgehen? Wie würden Sie auf diesen Dialog reagieren? Welchen Rat geben Sie den beiden? Würden Sie ihn bitten, etwas mitfühlender zu sein? Würden Sie sie bitten, hart zu bleiben? Nachfolgend einige Zitate, wie zwei Menschen ihrer Beziehung mit der Wahrheit ein Ende setzten, das sie in die Freiheit entließ.

Befreiende Wahrheiten, die zu einem Ende brachten, was mit seinen Lügen seinen Lauf genommen hatte

- »Ich sagte ihr, daß in unserer Beziehung nicht genügend Liebe vorkam. Daß ich nicht mehr weitermachen konnte.«

  Dreißigjähriger, alleinstehend

- »Ich teilte ihr mit, daß ich meine Beziehung mit der anderen nicht beenden würde.«

  Verheirateter, 44

- »Ich brachte ihr die Wahrheit in schonender Form bei, um die Beziehung zu beenden. Ich rief sie an und sagte: ›Ich bekomme nicht, was ich brauche.‹ Sie begann zu weinen. Ich konnte ihr nur einige weniger wichtige Dinge sagen.«

  Fünfunddreißigjähriger, alleinstehend

- »Die Wahrheit schlug bei mir wie eine Bombe ein: daß mein Ex-Ehemann nicht glücklich war.«

  Einunddreißigjährige, wieder verheiratet

- »Er sagte: ›Ich glaube, ich liebe dich nicht mehr. Ich glaube, daß ich die andere liebe.‹«

  Dreiunddreißigjährige, geschieden

- »Er sagte: ›Ich liebe meine Frau. Ich werde sie nicht verlassen.‹«

  Geschiedene, 45

- »Ich fragte meinen Mann: ›Gibt es eine andere?‹ Er bejahte es.«

  Geschiedene, 50

Einige dieser Wahrheiten sind brutal und grausam. Die Männer, die sie aussprachen, waren oft beim Lügen viel geschickter als beim Aussprechen der Wahrheit. Einige von ihnen hatten viel zu lange daran festgehalten, mit der unausgesprochenen Wahrheit zu leben, so daß es wie eine Rache und sehr lieblos wirkte, als sie sich schließlich nicht mehr unterdrücken ließ. Bevor man jedoch eine unwillkommene Wahrheit unterdrückt, sollte man sich klarmachen, daß die Wahrheit ebenso wie die Lüge viele Gesichter hat. Vergessen Sie auch nicht, daß die Absicht der Wahrheit ehrenhaft sein kann, während ihre Wirkung verheerend ist.

Trotz all des Schmerzes, den sie verursachen kann, ist die Wahrheit etwas Konkretes und Beständiges – an ihr läßt sich nicht rütteln. Im Gegensatz zur verwirrenden und kurzlebigen Lüge klärt und belehrt die Wahrheit. Auch wenn die Beziehung kein glückliches Ende findet, ziehen Frauen, die endlich die Wahrheit erfahren, einen Gewinn aus ihr: Sie erhalten endlich die Chance zu verstehen, welches Spiel mit ihnen gespielt wurde. Sie können ihre Zukunft wieder auf ein festeres Fundament stellen. Sie hatten die Wahrheit gefürchtet, doch die Lüge und alles, was sie nach sich zog, hatte ihnen und ihrem Partner schwersten Schaden zugefügt und keine Möglichkeit gelassen, etwas zu ändern.

Ein Ende und ein neuer Anfang

Wenn eine Beziehung zu Ende geht, sind immer zwiespältige Gefühle im Spiel. Man verliert einen Partner, kann aber aus den Erfahrungen lernen und erhält die Möglichkeit, neu anzufangen. Wenn man eine Zeit der Täuschungen, Ausschließlichkeitslügen, gebrochenen Versprechungen und bewußter Vermeidung eines aufrichtigen und ehrlichen Gesprächs hinter sich hat, *muß* einfach eine Veränderung eintreten.

Es genügt allerdings nicht, nur den Partner zu wechseln. Wenn man nicht mehr hinnehmen will, was man so lange hingenommen hat, muß man beginnen, den einzigen Menschen zu ändern, den man wirklich ändern kann: sich selbst.

Durch die Beendigung einer Beziehung ist sehr viel zu gewinnen. Es kommt darauf an, keine Lügner im eigenen Leben mehr zuzulassen, auch nicht, um auf diese Weise ihre Liebe zu gewinnen. Außerdem lernt man, auf seine eigenen Bedürfnisse zu achten.

Viele der interviewten Frauen haben diese Lektion gelernt. Sie hatten sich einem Lügner völlig ausgeliefert, einem Mann, der sein Handeln vertuschte, der sie glatt belog, wenn er zur Rede gestellt wurde, und sich eine bequeme Möglichkeit schuf, sie loszuwerden, wenn es ihm in den Kram paßte.

Warum verzichteten diese Frauen auf ihre Macht? Sie sahen weg, stellten ihn nicht zur Rede, hofften, daß es besser mit ihm würde (in aller Regel wurde es schlechter). Sie verzichteten auf Dinge, die für sie wichtig waren, und taten so, als ob ihr eigenes Leben weniger wichtig sei als das Wohlbefinden des Lügners und Betrügers. Indem sie ihn aber nicht zur Rede stellten, ihre Interessen nicht geltend machten, wurden sie zu Akteurinnen des Lügenspiels.

Groteskerweise fanden beide Parteien nicht ihr Glück dabei. Die meisten Beziehungen, die von Vermeidungslügen beherrscht wurden, gingen auch lügnerisch zu Ende, wobei einer der Partner oder beide verbittert zurückblieben. Einige dieser Partnerschaften bestehen noch immer, doch ohne entscheidende Veränderungen ist ihr Ende – selbst wenn es noch nicht in Sichtweite ist – vorhersagbar.

In den zitierten Berichten kam manchmal die Wahrheit zum Vorschein. Auch wenn sie zu einem bitteren Ende führte und einen hohen Preis kostete, empfand der weitaus größte Teil der Frauen und Männer die Wahrheit als eine Erleichterung. Von ihrer belastenden Partnerschaft befreit, waren die Frauen wieder in der Lage zu tun, was für sie richtig war. Männer, die logen und betrogen, konnten noch rechtzeitig lernen, mit der Wahrheit ebensogut zurechtzukommen wie mit der Lüge.

Die Wahrheit bewirkte bei diesen Männern und Frauen zwar oft eine schwere Enttäuschung, erwies sich aber dennoch als befreiend. Auf diese Weise erhielten sie das Geschenk eines Neuanfangs mit mehr Selbstachtung und Integrität. Beim nächsten Mal werden sie imstande sein, eine offenere und intimere Bindung einzugehen.

Manche Männer und Frauen müssen für die Wahrheit eine heldenhafte Anstrengung unternehmen. Für sie ist die Lüge zu einer Lebensform geworden. Der Schritt zur Ehrlichkeit bedeutet für sie einen dramatischen und beunruhigenden Abschied von tief verwurzelten Gewohnheiten und Verhaltensweisen.

TEIL V

Erkennung und Abwehr von Lügen

Kapitel 12

Extreme Lügner, die Ihr Leben zerstören können

Ich brauchte sieben Jahre, um zu erkennen, daß er ein Gewohnheitslügner war, daß es sich nicht nur um kleine Notlügen handelte.

Lehrerin, 39, geschieden

Mein Mann verschwieg mir alles. Daß er niedergeschossen und in Handschellen abgeführt wurde. Daß er Krebs hatte.

Abteilungsleiterin, 47, geschieden

Es gibt zwei Arten von Menschen auf der Welt: Lügner und Ehrliche. Zwei Lügner kommen nicht miteinander aus. Ebensowenig zwei Menschen, die ehrlich sind. Die ideale Kombination ist ein Lügner und ein Ehrlicher. Außerdem gibt es zwei Arten von Lügnern: schmutzige Lügner, die nur den eigenen Vorteil suchen, und Freizeitlügner wie mich. Lügner haben keinen ethischen Kodex. Man weiß nicht, was richtig und was falsch ist. Lügner sind sehr charismatische Menschen. Sie lieben es, viele Menschen um sich zu haben. Man braucht Charisma, um überzeugend zu lügen.

Finanzexperte, 32, verheiratet

Stellen Sie sich vor, Sie sind Pilotin, und plötzlich fällt die Bordelektrik aus. Kein Funk, keine Beleuchtung, kein Radar.

Außerdem sind Sie von dichten Wolken umgeben und wissen nicht, wo oben und unten ist. In der Luftfahrt nennt man diesen Alptraum eines Piloten »schwarzes Cockpit«. Sie rasen blind durch Raum und Zeit und müssen sich auf Ihren Instinkt verlassen, um wieder sicher auf die Erde zu kommen.

Der unverschämte Lügner, der Ihnen das Vertrauen in Ihre Fähigkeit raubt, Wahrheit von Lüge zu unterscheiden, erzeugt ein schwarzes Cockpit eigener Art: ein schwarzes Cockpit des Herzens für jede Frau, die ihm unschuldig und liebevoll vertraut. Wenn Sie Opfer eines extremen und pathologischen Lügners werden, laufen Sie Gefahr, Ihre inneren Leitsysteme zu verlieren, die Sie sicher durch alle Gefahren lenken sollen.

Als ich mit der Arbeit an *Die Lügen der Männer* begann, war nicht der außergewöhnliche, sondern der gewöhnliche Lügner Gegenstand meiner Untersuchungen. Weil selbst die Ehrlichsten unter uns einmal in ihrem Leben mogeln, stellte ich mir vor, daß jeder Interviewpartner einige Erfahrungen darüber beitragen würde, wie es ist, zu lügen und belogen zu werden. Ich bräuchte nichts weiter zu tun, als die richtigen Fragen zu stellen.

Ich hatte nicht mit dem dringenden Bedürfnis von Menschen gerechnet, zu erzählen, wie sie ein »schwarzes Cockpit« überlebten.

Menschen, die das »schwarze Cockpit« überlebten

Nervös und energiegeladen schütteten sie mir ihr Herz aus. Mit einer Sturzflut von Worten, berichteten unter Händeringen und Seufzen, wie sie in die Fänge eines glattzüngigen Lügners gerieten.

Persönliche, ungreifbare und beschämende Ereignisse waren es, die ihr Gleichgewicht erschüttert hatten. Sie fragten sich später, wie sie sich einem solchen Menschen anvertrauen konnten. Ihre Fähigkeit, einem anderen Menschen volles Vertrauen zu schenken, und ihre Fähigkeit, dem eigenen Urteil zu trauen, waren schwer erschüttert worden.

Connie, eine warmherzige und lebhafte Siebenunddreißigjährige, geschieden, kann es noch immer nicht fassen, daß ein Durchschnittstyp wie sie eine solche Geschichte erleben konnte: »Ich frage mich, wie ich ihm nur glauben konnte. Ich staune immer noch darüber, was ich alles glaubte. Ich möchte andere Menschen warnen. Frauen sind sehr leichtgläubig. Wenn man selbst ehrlich ist, kann man sich nicht vorstellen, daß Männer lügen. Nachdem ich ein erstes Mal auf sie hereinfiel, sagte ich mir, daß ich ein zweites Mal nicht mehr so dumm sein würde. Dann begegnete ich Lenny.«

Oder Marisa, die dreiundfünfzigjährige geschiedene Innenarchitektin, die mich mit ihrer Geschichte, einer Mischung aus Pathos, Humor und Zynismus überfiel, bevor ich noch den Füllfederhalter aufschrauben konnte: »Ich möchte Ihnen von einer Erfahrung berichten, die ich in den letzten Jahren mit einem raffinierten Lügner machte, der sehr viel Geld von mir erhielt. Dieser Mann, mit dem ich ein Verhältnis hatte, schwatzte mir einhundertfünftausend Dollar ab. Ich habe zwanzig Kilo zugenommen und zweifle an meinem Verstand. Ich bin hier, um mir meine Erfahrungen von der Seele zu reden.«

Im großen Reich der Täuschungen mit seiner endlosen Vielfalt an Lügen und Unterschlagungen sind die unverschämten Lügen, denen diese Frauen zum Opfer fielen, die ehrlosesten. Sie hinterließen ratlose und zornige Frauen, die sich fragten: »Wie hat er das geschafft, wie konnte er es wagen?« Unverschämte Lügen verfälschen die Wahrheit nicht nur, sie löschen sie aus.

Die Auslöschung der Wahrheit ist das Steckenpferd gewissenloser Extremlügner. Es handelt sich dabei nicht um Gelegenheitslügner, die sich nicht mehr anders zu helfen wissen, wenn sie sich in Schwierigkeiten befinden, sondern um Männer und Frauen, die der Lüge als bevorzugter Kommunikationsform verfallen sind. Zwei von ihnen, ein Mann und eine Frau, bezeichneten sich selbst als »pathologische Lügner auf dem Weg der Besserung«. Sie wollten ihre Lügen erklären. Jessica, die die Wohltat des öffentlichen Bekenntnisses schon kennt, stellte sich folgendermaßen vor: »Vertrauen und Täuschung sind ein wesentlicher Teil meines Lebens. Ich glaubte, es würde mir Spaß machen, zu Ihnen zu kommen. Ich wurde schon öfter interviewt, über mich erschien ein Zeitschriftenartikel zum Thema pathologische Lügner. Ich war etwas aufgeregt, ob ich mich melden sollte. Jetzt bin ich nicht mehr nervös. Ich war schon Gast in einer Talk-Show, zum gleichen Thema.«

Jake war möglicherweise ein pathologischer Lügner auf dem Weg der Besserung, doch man konnte ihn auch als Don Juan auf dem Weg der Besserung bezeichnen. Der Schwerpunkt seiner Lügen lag auf seinen zahlreichen Affären: »Ich habe mich vor kurzem scheiden lassen und eine psychologische Beratung hinter mir... ich lüge noch immer, aber anders, mein Lügen ist noch immer eines meiner größten Probleme. Ich habe zwei gescheiterte Ehen hinter mir. Ich war ein pathologischer Lügner... die meisten Probleme in meinen persönlichen Beziehungen entstanden wegen meiner Lügen... ich möchte anderen helfen, solche Fehler zu vermeiden.«

Diese Menschen wollten ihre Geschichten erzählen, um zu erklären, wie ihnen ihre Lügen über den Kopf wuchsen, und um zu berichten, wie schwer es war, damit aufzuhören.

Der Extremlügner

Jessica und Jake bezeichneten sich als »pathologische Lügner«, ein Begriff, den Psychologen und Psychiater seit vielen Jahren für gefährliche und zwanghafte Lügner verwenden, der nur im alltäglichen Sprachgebrauch, doch nicht mehr als diagnostische Kategorie vorkommt. In diesem Kapitel spreche ich statt dessen vom »Extremlügner«.

Wer sind diese Menschen? Und was ist der Grund für ihr extremes Verhalten?

Diese Menschen lügen häufiger und sind oft glaubwürdiger

als gewöhnliche Lügner. Manche sind Beutelügner auf der Jagd nach einem leichten Opfer, die es verstehen, sich vom ersten Augenblick ihrer Begegnung an bei Ihnen einzuschmeicheln. Viele sind Gewohnheitslügner. Was Sie aber erst erkennen, wenn Sie lange genug mit einem solchen Lügner zusammengewesen sind und sich die zunehmende Last seiner Lügen bemerkbar macht.

Diese Lügner lügen zum Spaß, um handfester Vorteile willen oder wegen beidem. Auf jeden Fall müssen Sie damit rechnen, daß ihnen das Leid, das sie Ihnen zufügen, mehr oder weniger gleichgültig ist.

Ihre Lügen entwickeln ein Eigenleben und gehen weit über das, was einer bestimmten Situation angemessen ist, hinaus.

Die Lüge ist Zweck und Mittel zugleich. Sie lügen, wenn sie glauben, lügen zu müssen, *und sogar dann, wenn sie überzeugt sind, nicht zu lügen.* Sie sind die Virtuosen der Lügenkunst. Eigennutz ist ihr Daseinszweck, auch wenn Sie noch so sehr geneigt sind, etwas anderes zu glauben. Weil die meisten Menschen im Zweifelsfall zugunsten des lügnerischen Angeklagten urteilen, sind dem Extremlügner großartige kurzfristige Erfolge gewiß. Dies ermuntert ihn zu immer neuen Taten. Weil solche Meister der Täuschung häufig unterwegs sind, fällt ihnen, fern vom Leid ihres letzten Opfers, ein Erfolg nach dem anderen in den Schoß. Selbst wenn sie ihren Lügen schon abgeschworen haben, sind sie der zu Kopf steigenden Macht und Freiheit, die die Lüge verschafft, so sehr verfallen, daß sie es doch nicht lassen können.

Das Markenzeichen des Extremlügners ist ein unvorstellbarer Mangel an Mitgefühl für seine Opfer. Interessanterweise kann dieses Empathiedefizit den Lügner ebensosehr wie seine Freunde und Partner in Erstaunen versetzen. Wenn Sie diese Extremlügner nicht sofort indentifizieren, erkennen Sie sie dafür später um so sicherer an der Spur, die ihre gebrochenen Versprechungen und Herzen hinterlassen.

Gewöhnliche Lügner reagieren auf die Entlarvung ihrer Lügen eher mit Empfindungen wie Reue und Beschämung oder Schuldgefühlen. Ihre Unwahrheiten sind mehr an eine bestimmte Situation geknüpft und kennzeichnen nicht so sehr ein tief verwurzeltes Wesensmerkmal. Sie lügen, um eine neue Bekanntschaft zu beeindrucken, auffällige negative Konsequenzen zu vermeiden, um einer neugierigen Freundin ihr Innenleben zu verschließen, um keine schlechten Nachrichten überbringen zu müssen oder ungestraft davonzukommen. Gelegentlich lügt jeder von uns. Wir müssen nicht, aber tun es dennoch. So etwas gilt als »normal«. Für den Extremlügner stellt Lügen ohne ersichtlichen Grund jedoch eine natürliche Lebensform dar. Extremlügner lügen nach Belieben, oft auch, wenn es keinem bestimmten Zweck dient. Lügen wird allmählich zu ihrer Lebensaufgabe.

Wenn man die Extreme genauer betrachtet, kann man auch eine neue Perspektive bezüglich des eigenen Lügenverhaltens gewinnen, das einem vertrauter ist – der Notlügen, der Bequemlichkeitslügen und der Ausflüchte. Der Extremlügner macht deutlich, wie die Köder, Masken und Vermeidungslügen, die wir stillschweigend als Bestandteil des alltäglichen Lebens akzeptieren, uns dazu verführen, die Symptome der Lüge auch dann zu übersehen und wegzuerklären, wenn dies schwere Folgen für uns haben kann.

Werden Sie dem Extremlügner begegnen?

Wie wahrscheinlich ist es, daß gerade Sie an einen dieser fintenreichen Extremlügner geraten? Das ist schwer zu sagen, weil niemand weiß, wie viele es von dieser Spezies gibt. Sicher ist jedenfalls, daß Extremlügner *nicht* die Türen der Therapeuten einrennen. Man weiß vielmehr, daß sie nur unter Druck einer Behandlung zustimmen.

In den Zeitungen liest man immer wieder von Menschen, die ins Gefängnis kamen, etwa weil sie in Firmen und Behörden logen und betrogen. Insgesamt gesehen ist die Möglichkeit, einem Extremlügner am Arbeitsplatz, bei einer Konferenz, in der Nachbarschaft oder in einer persönlichen Beziehung zu begegnen, größer, als Sie sich vielleicht denken.

Vor einiger Zeit nahm Carolyn, eine alte Freundin von mir, an einem Schulungswochenende für Führungskräfte teil, bei dem ein stiller fünfzigjähriger Psychologe, der seit kurzem in der Gegend wohnte, die Sympathie der Gruppe gewann, als er von der schweren Erkrankung seiner Tochter berichtete. Einige Monate später zeigte mir Carolyn entsetzt einen Zeitungsausschnitt mit der Schlagzeile: »Falscher Psychologe als Betrüger verhaftet«.

Der »Psychologe«, den die Gruppe so warmherzig aufgenommen hatte, besaß keine Lizenz, hatte wegen schweren Diebstahls im Gefängnis gesessen und sich in einem anderen Staat als Heilkundiger ausgegeben. Wie konnte diesem Mann das gelingen? Und wie reagierten die Betroffenen?

Carolyn war erschüttert. Sie hatte angenommen, daß man bei Kursen auf interessante Fachleute trifft, denen blind vertraut werden kann. Dieser Mann hatte einen kundigen und verletzbaren Eindruck gemacht, doch ein guter Schwindler kann jeden hereinlegen. Selbst der Leiter der örtlichen Suchtbetreuungsstelle wurde mit den Worten zitiert: »Einige Leute erklärten, daß sie bei ihm keinen Grund zum Mißtrauen sahen... einige bezeichneten ihn als Visionär.«

Trotzdem stellen die meisten Frauen zwischen dem, was sie in der Zeitung lesen, und den Männern, die ihnen persönlich begegnen, keine Verbindung her. Sie glauben, daß ihnen niemals ein solcher Lügner und Betrüger begegnen würde, geschweige denn, daß sie mit ihm ausgehen oder ihn heiraten könnten. Eine Schlagzeile aus dem Jahre 1995 lautete: »Mann mit vier Ehefrauen zu fünf Monaten Haft verurteilt.« Dieser Mann hatte in drei verschiedenen Staaten vier Frauen geheiratet und mußte Buch über sie führen, um die eine Geschichte nicht mit der anderen zu verwechseln! Glauben Sie wirklich, daß nur eine dieser vier Frauen mit ihm vor den Traualtar getreten wäre, um sich ihr Leben verdüstern zu lassen, wenn sie geahnt hätte, daß er ein Extremlügner und Polygamist war?

Die meisten Frauen gehen ganz selbstverständlich davon aus, daß ein neuer Liebhaber oder Partner kein Extremlügner sein kann. Weil sich viele dieser Extremlügner auf Lügen im finanziellen Bereich, bezüglich ihrer persönlichen Verhältnisse oder ihrer Identität spezialisiert haben, legen sie gleich zu Beginn der Beziehung in diesen Bereichen ihre Fallen aus. An ihrer Zielstrebigkeit könnten Sie sie erkennen. Sie verbergen mit professionellem Geschick, wer und was sie sind.

Manche von ihnen sind gefährlich, manche nicht. Es ist sehr unwahrscheinlich, daß Sie diesen Unterschied auf Anhieb erkennen. Ein wichtiges Merkmal der psychopathischen Persönlichkeit ist, daß der extreme Hang zum Lügen sich oft hinter einer dicken Lage hinreißenden Charmes verbirgt. Oft sind diese Charmeure in Verkaufsberufen oder in der Schauspielerei anzutreffen, wo sie ihr natürliches Charisma nutzen können. Doch das ist keineswegs die Regel. Manche sind so »gut«, daß sie Fachleute täuschen oder sogar Tests am Lügendetektor überstehen. Es ist immer hilfreich, sich zu vergegenwärtigen, daß *nicht alle Extremlügner Psychopathen sind, während die meisten oder sogar alle Psychopathen Extremlügner sind.* Wir werden uns in diesem Kapitel nicht mit den Psychopathen als solchen befassen, Sie sollten sich jedoch einprägen, daß sie eine schwere Bedrohung darstellen. Seien Sie auf der Hut, und unterschätzen Sie diese Gefahr nicht.

Beginnen wir nun unsere Reise in die Welt der außergewöhnlichen Lügner und gewöhnlichen Frauen. Als Connie ihrem Lenny begegnete, begab sie sich ohne es zu wissen im schwarzen Cockpit auf eine Reise, die ihr inneres Navigationssystem vorübergehend außer Betrieb setzte.

Die Wahrheit und der »Alleinstehende«

Connies Geschichte begann kurz nach ihrer Scheidung, als sie wieder mit Männern ausging. Sie traf einen netten Mann am sichersten Ort und zur unbedenklichsten Zeit, die sie sich vorstellen konnte: in der Synagoge, die ihre Familie an den hohen Feiertagen besuchte. Sie gingen miteinander aus, schliefen miteinander, und nur durch Zufall erfuhr sie, daß er keineswegs unverheiratet war, wie er behauptet hatte. Natürlich fühlte sich Connie betrogen: »Ich konnte mir nicht vorstellen, daß ein Mann auf eine meiner Fragen mit einer Lüge antworten oder von sich aus Lügen erzählen würde. Ich war am Boden zerstört… Ich hörte nie wieder von ihm und begann zu glauben, daß alle Männer Schurken sind.«

Sie war entschlossen, sich nicht wieder hereinlegen zu lassen und nur noch mit Männern von Partnervermittlungen, die alle Angaben überprüfen, auszugehen. Auf diese Art lernte sie Lenny kennen, den sie irrtümlich für ein Mitglied der Single-Gruppe hielt. In Wahrheit hielt er sich rein zufällig in der Hotelbar auf, um im Fernsehen ein Spiel zu sehen: »Als er erklärte, daß er nicht von hier sei, fragte ich ihn geradeheraus: ›Sind Sie verheiratet?‹ Er verneinte es. Er trug auch keinen Ring. Er behauptete, daß er aus New York komme, und lud mich für den nächsten Abend ein… es war perfekt. Alles, was er sagte, gefiel mir. Er war unwiderstehlich charmant, ein richtiger Gentleman. Er rief mich vom Flughafen aus an, um sich zu verabschieden.«

Weil sich Connie nicht wieder hereinlegen lassen wollte, stellte sie Nachforschungen an, ob er tatsächlich Anwalt in Manhattan sei. Als sie die Telefonauskunft von New York anrief und dort kein entsprechender Eintrag vorhanden war, sprach sie mit ihrem Vater darüber, der meinte: »Er ist wahrscheinlich verheiratet.« Nun wollte es Connie genau wissen. Nachdem sie ihren neuen Freund in einer Pendlerstadt in Connecticut ausfindig gemacht hatte, ging sie einen Schritt weiter: »Ich rief die Nummer an, um zu prüfen, ob sich eine Frau melden würde. Einige Wochen lang meldete sich immer nur der Anrufbeantworter. Ich nahm also an, daß alles seine Richtigkeit hatte. Später stellte ich ihn zur Rede, warum er mir gesagt habe, daß er aus New York stammte, während er in Wirklichkeit in Connecticut lebte. Er meinte, daß ich mit dem

Namen dieser kleinen Stadt nichts hätte anfangen können, weshalb er auf Manhattan gekommen sei. Ich war willens, dies zu akzeptieren.«

Connie hatte sich vergewissert, daß Lenny die Wahrheit sagte. Sie gab ihr Mißtrauen auf und war bereit, wieder zu ihrer natürlichen Vertrauenshaltung zurückzukehren. Die Fernbeziehung entwickelte sich sehr gut. Er besuchte sie an Wochenenden und zu Connies Geburtstag in Phoenix. Sie fuhren gemeinsam nach Miami.

Als die Beziehung etwa ein halbes Jahr gedauert hatte, schöpfte Connie erneut Verdacht. Es war nichts Konkretes vorgefallen, doch sie rief bei der Auskunft an, um sich zu erkundigen, ob es in Connecticut noch ein anderes Telefonverzeichnis gab. Es gab ein solches Verzeichnis, und in diesem war auch *der Name seiner Frau* zu finden. Die andere Nummer – bei der nie jemand abnahm – war die seines Sohnes. »Ich war vorsichtig gewesen, aber nicht vorsichtig genug. Ich rief ihn bei sich zu Hause an und stellte ihn zur Rede: ›Du bist verheiratet.‹ ›Ja.‹ Ich schrie und kreischte, fluchte, stöhnte. Ich schrieb seiner Frau einen Brief. Wenn Männer von solchen Briefen Kenntnis bekommen, fährt es ihnen gewaltig in die Knochen. Ihre Pupillen weiten sich, ihr Kiefer klappt herunter. Sie beginnen zu geifern. Ich sagte, daß es mir sehr leid täte, mit ihrem Mann ausgegangen zu sein. Ich hätte nicht gewußt, daß er verheiratet war.«

Später stellte sie ihn am Telefon ein weiteres Mal zur Rede. »Er versuchte, anständig zu sein.« Er sagte, »daß er es auch nicht schön fände, eine Affäre zu haben oder zu lügen, aber er sei einfach zu feige gewesen, um es mir zu sagen«. Sie hatte bereits eine so starke Beziehung zu ihm entwickelt, daß sie sich – trotz seiner Ehe – wieder trafen. Nun gab Connie ihre moralischen Bedenken auf. Sie begann, einem Lügner zu vertrauen und dieses Vertrauen zu rechtfertigen. Als ihr Lenny sagte, daß dies nicht seine erste Affäre sei, fühlte sie sich bestätigt, statt in ihm einen schweren Ehebrecher zu sehen: »Als er mir dies mitteilte, hatte ich nicht mehr das Gefühl, ein Eindringling zu sein. Ich wollte einfach um meinetwillen geliebt und geschätzt werden. Ich sagte ihm, daß ich seiner Frau geschrieben hatte. Er schien überrascht statt zornig zu sein. Falls sie den Brief je bekam – sie reagierte jedenfalls nicht darauf.«

Als die Beziehung immer enger wurde, besann sich Connie wieder und beschloß ihm zu sagen, daß es keinen Zweck hätte. Darauf schien Lenny es sich anders zu überlegen: »Er sagte mir, daß er sich scheiden lassen wolle, und ich beschloß, die Beziehung aufrechtzuerhalten. Er hatte entdeckt, daß seine Frau Affären hatte. Er behauptete, er hätte ihr Tagebuch gefunden.«

Dies genügte Connie, um die Beziehung weiterzuführen. Sie mochte ihn. Ihr schien, daß sie beide unglaublich gut zusammenpaßten. Dann begannen finanzielle Probleme die Idylle zu trüben. Lenny nahm Connie nach Puerto Rico mit – doch er bat sie, den Mietwagen mit ihrer Kreditkarte zu bezahlen. Sein Kreditkartenkonto war um Tausende Dollars überzogen.

Dann platzte die Bombe: »Eine Woche nach einer Reise nach New Orleans ruft er mich vom Flughafen in Phoenix an. Er wolle sich umbringen, denn man habe entdeckt, daß er fünfunddreißigtausend Dollar einer alten Frau veruntreut habe. Er sagte: ›Ich gebe alles auf, meinen Sohn, meine Familie.‹ Ich verbrachte die Nacht mit ihm im Flughafenhotel. Er tauchte unter. Die Unterschlagung blieb sein Geheimnis. Ich bekam nie heraus, warum er es getan hatte.«

Betrachten wir alles ganz nüchtern: Connie wollte nichts weiter als einen netten Single kennenlernen, mit dem sie nach ihrer Scheidung ausgehen konnte. Statt dessen verliebte sie sich in einen polizeilich gesuchten verheirateten Betrüger. Obwohl sie versuchte, seine Lügen aufzudecken, täuschte er sie vom ersten Tag an hinsichtlich seines Wohnortes und verschwieg ihr, daß er verheiratet war. Später begann er, Geld von ihr zu leihen. Er nutzte ihr Bedürfnis nach Liebe und Anerkennung immer mehr aus und zog sie immer tiefer in seine Lügenwelt hinein.

In Connies Cockpit war es stockfinster geworden. Sie versuchte dreierlei: zu ihrem Liebsten zu stehen, gleichzeitig seine Beraterin und Retterin zu sein und mit ihrem wachsenden Zorn über die unmögliche Situation, in die er sie gebracht hatte, zurechtzukommen.

Sie drang in Lenny, sich den Behörden zu stellen. Doch wie wir uns erinnern, war Lenny nicht gerade mutig. Er lief davon. Die Situation geriet außer Kontrolle: »Sein Anwalt teilte ihm mit, daß er zwei Jahre Gefängnis bekommen würde. Er gab seine Lizenz zurück und tauchte unter. Er kam zu mir... ich war die einzige, die wußte, wo er war. Ich riet ihm, sich irgendwo eine Arbeit zu suchen, Geld zu verdienen. Nach New Mexico oder Wyoming zu gehen. Meine größte Angst war, daß er zu mir ziehen und ich ihn den Rest meines Lebens bei mir haben würde. Seine Welt brach zusammen. Ich war die einzige, zu der er noch eine Beziehung hatte. Er bat mich um Geld für den Arzt. Es war eine harte Zeit für ihn. Ich schickte ihm hundertfünfzig Dollar. Er hatte kein Geld und kein Auto. Nur noch ein Fahrrad. Er brach sich ein Bein. Mit dem Gips konnte er nicht einmal mehr radfahren.«

Schließlich schaffte Connie den Ausstieg: »Das FBI kam zu mir in die Arbeit. Sie fragten mich: ›Wissen Sie, wo er sich aufhält?‹ Ich sagte ja. Das FBI will ich nicht belügen. Die Beamten sagten, daß ich ihm nichts von meinem Gespräch mit ihnen erzählen dürfe. Wir führten danach ein hartes Telefongespräch miteinander. Am gleichen Abend wurde er gefaßt. Er rief mich aus dem Gefängnis an. Damals sagte ich ihm nicht die Wahrheit – daß ich ihn an die Polizei verraten hätte. Als ich es ihm zwei oder drei Anrufe später sagte, erklärte er: ›Ich wollte dich nie in diese Sache hineinziehen.‹«

»Dann brachten sie ihn zurück nach New York... Die Geschichte ist noch nicht zu Ende. Er ruft mich noch immer vom Gefängnis aus an. Er erzählte mir, daß er in den vier Jahren, bevor er mich kennenlernte, fünfunddreißigtausend Dollar gestohlen hätte. Er rief mich zu Silvester und am Neujahrstag an. Es war sehr schwer für mich. Ich fragte ihn wütend:

›Warum hast du alles kaputtgemacht?‹ Er sitzt immerhin im Gefängnis. Warum? Er antwortete: ›Ich glaubte, du würdest mich nicht lieben, wenn ich mit dir nicht verreist wäre.‹ Ich weiß nicht, wie das alles enden wird.«

Wie fühlte sich Connie? Zum Zeitpunkt des Interviews war sie immer noch dabei, einen Überblick über die verwirrenden Ereignisse zu gewinnen und sich zu erklären, wie sie in diese Sache hineingeraten konnte. Man spürt den Zorn in ihren Worten: »Er entschuldigte sich dafür, daß er mich mit hineingerissen hätte. Männer glauben, sie könnten sich die unmöglichsten Dinge leisten, solange sie sich entschuldigen. Oder sie sagen, daß sie ein Schuft seien – was ihnen ihrer Meinung nach das Recht gibt, einer zu bleiben.«

Aber Connie suchte die Schuld auch bei sich selbst. Es wurde ihr klar, daß sie seine ersten Lügen, die sie deutlich hätten warnen müssen, nicht genügend ernst genommen hatte. Als sie zu Beginn der Beziehung noch annahm, daß er ledig sei, war ihr aufgefallen, daß er laut seinem Paß vierundfünfzig und nicht achtundvierzig Jahre alt war, wie er behauptet hatte. Zu jenem Zeitpunkt war das für Connie eine harmlose Lüge; sie erklärte es folgendermaßen: »Meine Mutter sagt auch nicht, wie alt sie ist!« Doch dann fügt sie mit unerbittlicher Einsicht hinzu, was fast alle Opfer eines Extremlügners letztlich erkennen müssen:

»Später wurde mir klar, daß alles, was er erzählte, gelogen war.«

Diese Erfahrung hat ihre Spuren hinterlassen. Connie sagte: »Er lügt mir immer noch etwas vor bezüglich der Summe, die er unterschlagen hat.« Sie erklärte, daß sie ihm niemals mehr vertrauen könnte. Doch damit war es noch nicht getan. Nicht nur die Beziehung mit Lenny war unmöglich geworden. Connie meinte auch, daß sie überhaupt keinem Mann mehr trauen könnte. All ihre Erwartungen hinsichtlich intimer, persönlicher Kontakte waren schwer enttäuscht worden.

Was würde Connie heute anders machen? Sie sagt: »Nachdem ich seiner Frau den Brief geschrieben hatte, hätte ich diesen Mann nie wiedersehen dürfen.« Sie würde heute deutliche Grenzen setzen und diese ihrerseits respektieren. Sie würde ihr Mißtrauen nicht mehr so schnell oder so leicht aufgeben.

Auf die Frage, inwiefern Lenny bedauere, was er angerichtet hat, gibt Connie eine ebenso lapidare wie enthüllende Antwort: »Es tut ihm leid, daß er erwischt wurde.«

Nehmen Sie die Zeitung zur Hand, und Sie werden von vielen Lennys lesen. Daß Lenny ein Lügner ist, der als Anwalt gegen seine ethische Pflicht verstieß, Geist und Buchstaben des Gesetzes zu achten, ist zwar nichts Gutes, doch auch nichts aufregend Neues. Alarmierend dabei ist vielmehr die Tatsache, daß Connie nach ihrer Scheidung diesem Extremlügner sofort ihr Vertrauen schenkte.

Glauben oder nicht glauben

Letzlich haben wir alle das Bedürfnis zu glauben, was man uns erzählt. Damit spekuliert der Lügner.

Wenn unsere Eltern zuverlässig waren und wir nicht traumatisiert oder anderweitig getäuscht wurden, haben wir zwei Dinge gelernt: Menschen zu vertrauen, die wir lieben, und unseren eigenen Sinnen zu trauen. In einer ehrlichen Welt fahren wir mit dieser Einstellung gut, nicht aber in einer Welt voller Lügen.

Connies erste Erfahrung nach ihrer Scheidung war eine deutliche Warnung. Sie entdeckte, daß eine Frau nicht ohne weiteres den Worten eines Mannes, dem sie eben begegnet ist, trauen kann. Sehr viele Frauen müssen diese Erfahrung machen. Connie nahm sie ernst, indem sie in der Folgezeit Lennys Aussagen prüfte.

Sie war mit dem Ergebnis ihrer Nachprüfungen zufrieden, und ihr Mißtrauen hielt sich fortan in Grenzen. Somit war sie jedoch den Machenschaften des Lügners schutzlos ausgeliefert. Selbst wenn Lenny kein Extremlügner gewesen wäre, hätte sie ihr Mißtrauen nicht so schnell aufgeben sollen. Bei einem Fußballspiel oder im Kino ist diese Einstellung angebracht, nicht aber in Liebesbeziehungen.

Wie Connie sind die meisten von uns auf Extremlügner nicht vorbereitet. Diese Leute sehen und benehmen sich wie ganz normale Menschen – sie sind höchstens charmanter, unwiderstehlicher. Sie wollen Ihnen jeden Wunsch erfüllen, doch nicht, weil sie Sie lieben, sondern weil es ein Spiel ist, das sie perfekt beherrschen. Für solche Lügner ist es eine Herausforderung, Sie langsam wider Ihr besseres Wissen in ihre Welt zu locken. Dabei finden sie mit großem Geschick heraus, was Sie am heißesten begehren und am dringendsten benötigen. Dann versprechen Sie Ihnen, all Ihre Träume zu erfüllen. Sie perfektionieren ihre Fähigkeit, das Richtige zu tun und zu sagen, um Ihre Zweifel auszuräumen. Wenn man sich diesbezüglich naiv verhält, wird es schwer, den dreisten Lügner, der alles verspricht und gerade soviel einhält, um überzeugend zu wirken, in die Schranken zu weisen oder ihn gar fallenzulassen.

Connie hatte mehrmals die richtige Ahnung hinsichtlich Lennys wahren Wesens, doch jedesmal half ihr Lenny mit unfehlbarer Sicherheit, ihre Intuition zum Schweigen zu bringen. Diese erschütternde Erfahrung mit einem skrupellosen Lügner tragen alle Connies dieser Welt in ihre künftigen Beziehungen hinein. Es wird einige Zeit dauern, bis Connie ihrer Urteilsfähigkeit in bezug auf Männer wieder vertrauen wird.

Ein weiteres Beispiel für diese Erfahrung: Marisa ließ sich von Saul ausnehmen – einem weit weniger charismatischen Lügner als Lenny, der jedoch unbestreitbar die Fähigkeiten eines Hochstaplers besaß.

Der Hochstapler

Ihre Freundinnen konnten nicht begreifen, was sie an ihm fand. Sie schüttelten den Kopf über sie, schwiegen aber höflich, bis es vorbei war. Im Grunde konnte es Marisa selbst nicht verstehen. Sie fand ihn nicht besonders attraktiv, er war nicht gesund, und im Bett war er ein Versager. Er log ohne besonderen Anlaß und machte Versprechungen, die er nicht einhalten konnte.

Warum blieb sie eineinhalb Jahre bei Saul? Und warum, in aller Welt, gab sie ihm in den letzten drei Monaten auch noch ihre gesamten Ersparnisse, einhundertfünftausend Dollar? Marisa hat jetzt Zeit genug, um darüber nachzudenken.

Als vielbeschäftigte Innenarchitektin, die auf Partnersuche war, antwortete Marisa gerne auf Heiratsanzeigen. Auf diese Weise lernte sie Saul kennen. Er holte sie von ihrem neuen Reihenhaus in einer schönen Gegend der Stadt ab und begann sofort, mit seinen finanziellen Erfolgen zu prahlen. Marisa erinnert sich: »Er erzählte mir, daß er mehr Geld hätte als Donald Trump. Er behauptete, daß er ein eigenes Haus besäße und eine gutgehende Kette von Fotogeschäften. Außerdem seien seine erwachsenen Kinder ebenfalls erfolgreich. Er trat großspurig auf und erklärte, daß er mehrere Smokings im Schrank hätte.« Saul versprach eine Menge, aber hielt – auch im Bett – herzlich wenig. Er zeigte ein besonderes Geschick dafür, seine Versprechungen auf das, was ihr im Augenblick wichtig war, abzustimmen. Marisa hätte gewarnt sein müssen: »Saul begann mit Versprechungen und Lügen. Er weckte Erwartungen und machte Pläne, die niemals Wirklichkeit wurden. Er behauptete, außerordentlich reich zu sein. Er sagte: ›Du mußt dir im Sommer ein Wochenende freihalten, dann gehen wir nach Charleston‹, doch wenn ich sagte: ›Gut, welches Wochenende?‹, dann sagte er: ›Nagle mich nicht fest. Dränge mich nicht.‹ Dann machte er eine Kehrtwendung und flirtete mit mir. Er rief mich an und flötete: ›Hallo, hier ist dein Herzallerliebster.‹ Ich genoß seine Aufmerksamkeit, die Aussichten, die er mir bot. Er wußte, was ich wollte; er beobachtete mich genau, um herauszufinden, was mir wichtig war. Dann versprach er es mir. Ich hatte viele Männer gekannt, die keinen roten Heller besaßen, und hielt Saul für einen hart arbeitenden, erfolgreichen Geschäftsmann.«

Wenn es um Geld ging, war Saul ein aufmerksamer Zuhörer. Marisa gefiel das, und sie erzählte ihm immer mehr. Sie berichtete ihm von einem schlechten Immobiliengeschäft, das sie gemacht hatte, und er zeigte sich sehr einfühlsam. Nebenbei, wie Marisa mit bitterer Ironie hinzufügte, fand er auch heraus, daß sie ein Vermögen besaß. Nach einem Jahr ließ er dann die sorgfältig aufgebaute Falle zuschnappen: »Er bat mich um ein kurzfristiges Darlehen für seine Geschäfte. Er sagte, es wäre eine phantastische Investition und er würde einen offenen Schuldschein bekommen. ›Wenn mir dann etwas zustößt, wirst du reich sein. Du könntest von den Zinsen leben und bräuchtest nicht mehr zu arbeiten.‹ Es war für mich nicht ganz einfach, an das Geld heranzukommen, weil es als Festgeld angelegt war. Er rief mich jeden Tag an. Er sagte, daß er einen Scheck bräuchte. Er würde einen Laden in Charlotte umbauen.

Ich gab ihm einhundertfünftausend Dollar, die er nie zurückbezahlte. Einmal bezahlte er zweihundert Dollar Zinsen... dann kam nichts mehr... erst jetzt dämmerte mir etwas. Nach dem letzten Scheck sagte er: ›Ich glaube, wir sollten uns nicht in der Öffentlichkeit zeigen...‹ Nach dem Jahresersten gab es bei ihm wegen Geschäftsaufgabe einen Totalausverkauf. Ich reichte Klage ein, gewann den Prozeß, kann aber das Geld auch mit Hilfe eines Anwalts nicht eintreiben, weil er untergetaucht ist. Spater fand ich heraus, daß noch weitere fünfundzwanzig Prozesse gegen ihn liefen.«

Marisa hatte im schwarzen Cockpit die Orientierung verloren. Was oben war, geriet nach unten. Nun versuchte sie, aus dem Schaden klug zu werden und zu verstehen, was mit ihr geschehen war.

Als erstes entdeckte Marisa, daß sämtliche »Tatsachen« falsch waren. Saul lebte in einem Haus, das ihm nicht gehörte. Der Name, den er benutzte, war möglicherweise nicht sein richtiger Name, da er mindestens zwei weitere Namen hatte. Seine »erfolgreichen« Läden waren in Wirklichkeit bankrott. Als Marisa die Trümmer ihrer Beziehung mit Saul sichtete, wurde ihr klar, daß er wahrscheinlich von Anfang an falschgespielt hatte. Er war nicht der erfolgreiche Geschäftsmann, für den sie ihn hielt, sondern ein Hochstapler und Pleitier. Er belog sie von Anfang an in jeder Hinsicht: »Seine ersten Lügen waren harmlos – sein Alter veränderte er um sechs Jahre, seine Größe um acht Zentimeter, sein Gewicht um zehn Kilo. Alles war falsch. Sogar bei seinem Geburtsdatum log er. Er behauptete, daß er am vierten Juli, also am Nationalfeiertag, geboren sei, doch sein Geburtstag war im Oktober. Und das war nur der Anfang.«

In der Rückschau betrachtet sie seine kleinen Lügen »als Teil eines Verhaltensmusters, das ich hätte erkennen müssen«. Sie fand daran nichts Auffälliges, bis sie die großen Lügen entdeckte. Doch auch jetzt reagierte sie nicht und stellte ihn nicht zur Rede. Sie erkannte nun erstmals, daß sie selbst dazu beigetragen hatte, seine Pläne zu verwirklichen. Als Saul die kleinen Lügen erzählte, neigte sie dazu, Mitleid mit ihm zu haben: »Ich suchte nach Erklärungen in seinem Sinne. Im Zweifelsfall urteilte ich zu seinen Gunsten. Ich dachte, daß er recht alt aussähe, und bemitleidete ihn. Mir schien, daß er kein sehr attraktiver Mann war, und so versuchte ich, sein Selbstwertgefühl zu heben. Ich dachte: ›Der arme Kerl. Er glaubt, neunzig Kilo zu wiegen.‹ Ich konnte ihn nicht so sehen, wie er wirklich war.«

Dies alles führte dazu, daß Marisa wie Connie und zahllose andere Frauen, die von einem Extremlügner hereingelegt wurden, an ihrer eigenen Urteilsfähigkeit zweifelten und schließlich Angst davor hatten, eine neue Beziehung einzugehen. Marisa wurde nur allzu klar, daß ihr Bedürfnis, mit jemandem zusammenzusein, und sein Plan, sie auszunehmen, zusammenpaßten. Ihre Analyse des Desasters ist völlig zutreffend. Während sie getäuscht wurde, sammelte sie jedoch alle Informationen, die sie gebraucht hätte, um sich vor Schaden zu schützen. Doch statt dessen setzte sie ihr inneres Navigationssystem außer Betrieb. Sie verzichtete vorübergehend auf ihre Intuition. Warum? »Ich war verletzlich. Er sagte, was ich gerne hören wollte. Obwohl er mich körperlich nicht interessierte, ließ ich mich mit ihm ein… jetzt sehe ich, wie aalglatt er war. Er benutzte mich die ganze Zeit über. Er rief an und sagte: ›Ich habe für dieses oder jenes tolle Restaurant reserviert.‹ Er kam ein oder zwei Stunden zu spät und entschuldigte sich: ›Ich konnte nicht früher von der Arbeit weg.‹ Er tat das, was er wollte.

Dauernd bat er mich um etwas. Sein Auto streikte am Samstag. Er rief mich an und sagte: ›Könntest du mir für vier oder fünf Stunden dein Auto leihen?‹ Dann wurden es sieben oder acht Stunden. Ich mußte völlig umdisponieren. Er war unzuverlässig und weckte Zweifel in mir. In meinem nagelneuen Reihenhaus sagte er: ›Wenn ich hier leben müßte, würde ich Platzangst bekommen.‹«

Saul war kein Amateur. Er tat, was auch gewöhnliche Lügner tun, aber er log mehr, besser und gnadenlos. Auf diese Weise konnte er zum erfolgreichen Hochstapler werden. Saul begann mit Froschkönig-Lügen und Köderphrasen, um Marisa zu fangen. Wie jeder gute Lügner sagte er ihr, was sie am liebsten hörte. Dann machte er die richtigen Versprechungen, um ihre Erwartungen anzuheizen. Seine perfekte Maske verbarg ihn. Die Vermeidungslügen erlaubten ihm zu tun, was er wollte, während er gleichzeitig Marisa damit quälte, sie auf Dinge warten zu lassen, von denen er wußte, daß sie niemals wahr würden. Gleichzeitig begann er ein heimtückisches Psychospiel, mit dem er ihre Ansichten in Frage stellte, ihre Schutzvorkehrungen unterlief, sie machtlos machte und Zweifel säte. All dies sollte dazu dienen, sie für seine nächsten Versprechungen empfänglicher zu machen.

Was Saul hier tat, war letztlich eine abgeschwachte Form von Gehirnwäsche. Indem er Marisas Überzeugungen untergrub und ein Chaos herstellte, machte er sie wehrlos und zwang ihr eine psychische Abhängigkeit von ihm auf. Er praktizierte eine eskalierende Form der »Hausierertaktik«, die ihre Selbstachtung zutiefst beeinträchtigte. Eineinhalb Jahre lang erzeugte er in Marisas Leben soviel Unruhe, daß sie den

Kontakt zur Wirklichkeit zu verlieren drohte. Damit ebnete er sich den Weg.

Am erstaunlichsten ist nicht die Tatsache, daß Saul ein Lügner und diebischer Hochstapler war, sondern daß Marisa sein Treiben mit der Präzision einer Kamera ruhig beobachtete und registrierte. In ihrem Cockpit wurde es finster, doch der Motor ihrer Intuition lief auf Hochtouren. Sie verließ das Cockpit aber noch immer nicht. Hören wir ihren Bericht, auf welch heimtückische Art Saul Macht über sie gewann: »Ich verbrachte zwei oder drei Tage mit ihm und fragte mich danach: ›Warum mute ich mir das zu?‹ Ich selbst gab ihm die Macht dazu. Meine Freunde hielten es nicht für möglich. Er machte es sich immer leichter. Er nahm mich zum Essen in Imbißstuben mit und behauptete, daß bei ihm zu Hause gerade eine Reinigungsfirma arbeite. Als ich ihn besuchte, drückte er mir den Staubsauger in die Hand. Wir transportierten nach Ladenschluß Farbkübel in sein Geschäft. Er wollte mit mir schlafen und war impotent. Er sagte: ›Das verdanke ich ihr‹ (seiner früheren Frau). Er war unterwegs und rief mich an: ›Ich möchte, daß du gleich jetzt zu mir kommst. Ich habe nur jetzt Zeit für dich.‹ Er belog mich nach Strich und Faden, und ich sagte nicht: ›Jetzt reicht es.‹«

Zuerst sagte er ihr, was sie hören wollte. Sie glaubte seinen Versprechungen. Dann ruinierte er sie. Marisa verlor nicht nur ihre Ersparnisse, sondern mußte auch die Demütigung und Beschämung hinnehmen, so unbedarft gewesen zu sein, daß sie, die erfolgreiche Geschäftsfrau, sich mit einem solchen Schwindler einließ.

Marisa stellte ihn wegen seines Betrugs niemals direkt zur Rede, nur über ihren Anwalt.

Als ich Marisa fragte, weshalb sie an dieser Beziehung festhielt, sagte sie: »Hoffnung.« Aus ihrer Antwort auf meine nächste Frage, was sie heute anders machen würde, ging hervor, daß sie darüber schon eine ganze Weile nachgedacht hatte.

Als erstes würde sie nach Hinweisen Ausschau halten, die den Lügner entlarven. – Nachfolgend in komprimierter Form

Marisas Rat, den sie teuer bezahlen mußte und der sich auf den gewöhnlichen Lügner ebensogut anwenden läßt wie auf den Extremlügner.

Marisas Rat, wie man am besten Extremlügner entlarvt

Was Sie in Alarm versetzen sollte:

1. **Kleine Notlügen**
   »Wenn er schon im Kleinen lügt – bezüglich seines Alters und seines Gewichts – dann könnte er es auch im Großen tun.«
2. **Trägt zu dick auf**
   »Seien Sie äußerst vorsichtig bei einem Menschen, der zu sehr mit seinem materiellen Besitz prahlt.«
3. **Der einsame Wolf**
   »Wenn Sie seine Freunde, Verwandten oder Kinder nie sehen, ist dies ein Hinweis.«
   »Bitten Sie ihn, Ihnen seine Freunde vorzustellen.«
4. **Nicht eingehaltene Versprechungen**
   »›Wir werden dies und jenes unternehmen‹; wenn es aber darauf ankommt, kann er Ihnen nicht einmal eine Wurstsemmel kaufen.«
5. **Unstimmigkeiten, merkwürdiges Verhalten**
   »Er war angeblich wegen einer Gefäßplastik in der Klinik, wollte aber nicht, daß ich ihn besuchte.«

Zweitens würde Marisa aufgrund ihrer Erfahrungen mit dem Hochstapler Saul einiges anders machen:

Was Marisa anders machen würde

1. **Unerbittlich nachprüfen**
   »Ich würde alle Methoden einsetzen, die mir zu Gebote stehen.«

»Er müßte seine Bonität bestätigen.«
»Einen Detektiv einschalten.«

2. Andere um ihre Meinung bitten
»Ich würde meine Freunde um ihre Meinung über ihn befragen.«

3. Ihn in einen sozialen Kontext einbinden
»Ihn bitten, seine Freunde, Verwandten und Geschäftspartner kennenzulernen.«

Am Ende unseres Interviews fragte ich Marisa: »Gibt es eine Frage, die ich noch hätte stellen sollen?« Ihre Antwort war eine wohlbekannte Frage:

»Wo sind all die ehrlichen Männer? Sag mir, wo sie sind.«

Wer ist dumm genug, einem Lügner zu vertrauen?

Wie war es möglich, daß intelligente und beruflich erfolgreiche Frauen wie Connie und Marisa solchen lügnerischen, betrügerischen und völlig unmoralischen Männern vertrauten? So etwas würden wir doch niemals tun! Wir doch nicht?!

Die meisten Menschen, die Berichte wie die von Connie und Marisa und den vielen anderen in diesem Buch hören, neigen dazu, nicht dem Lügner Vorwürfe zu machen, sondern seinem Opfer. Auf diese Weise können sie jene Menschen, die so dumm sind, Lügnern und Dieben zu glauben, von denjenigen trennen, die wie sie sind oder wie das, wofür sie sich halten – den Vernünftigen also, die achtgeben und weder auf einen gewöhnlichen Lügner noch einen Extremlügner hereinfallen würden.

Und doch sind auch Sie nicht dagegen gefeit. Betrachten Sie es so: Werfen Sie einen Frosch in kochendes Wasser, und er wird herausspringen. Ein vernünftiges Tier! Aber was geschieht, wenn man den Frosch in kaltes Wasser setzt und die Hitze ganz langsam steigert? Der Frosch bleibt sitzen und wird gekocht. Genau dazu kommt es, wenn ein ahnungsloser Mensch an einen schweren Lügner gerät.

Der professionelle Lügner befördert sein Opfer mit den altbekannten Methoden ins Wasser: Flirts und Köderphrasen, die zu fünfzig Prozent »technische« Wahrheiten und zu fünfzig Prozent Wunscherfüllung sind. Niemand zuckt mit der Wimper. Alles geht seinen normalen Gang. Dann kommen die Masken der schweren Lügner zum Einsatz. Indem sie Gefühle, Absichten und Probleme verdecken, leisten sie so hervorragende Dienste, daß sie nichts anderes zu sein scheinen als die alltäglichen Lügenmasken anderer Menschen. Kein Grund zur Beunruhigung. Sie besagen: Bleib im Wasser – es wird nur ein wenig wärmer. Vermeidungslügen? Natürlich sind einige dabei, das erwarten wir ja geradezu. Er sagt nicht die Wahrheit, was seine Finanzen angeht. Doch so sind ja viele Menschen. *Haben Sie bemerkt, wie die Temperatur angestiegen ist?* Glauben Sie, daß er eine andere Frau hat? Wenn Sie ihm diese Frage stellen, sagt er: »Bist du verrückt?« Er streitet es ab, wird wütend, macht Ihnen Vorwürfe, behilft sich mit Ausflüchten, lenkt ab und greift auf Psychospiele zurück. Sind Sie nun ein wenig verwirrt? *Könnte es daran liegen, daß das Wasser unterdessen so warm ist?*

Sie verstehen, was ich meine. Das kann jeder Frau *mit jedem Lügner* zustoßen. Wenn Sie an einen Extremlügner geraten, ist es noch viel wahrscheinlicher, daß Sie gekocht werden.

Wappnen Sie sich also mit entsprechenden Grundkenntnissen.

Aus dem Munde des Lügners

Wir haben zwei Opfer von Extremlügnern zu Wort kommen lassen. Was sagen die Täter? Ich habe aus den mehr als dreihundert Stunden Interviews einige Elemente ihrer Haltung, die sie bezüglich ihrer eigenen Lügen vertreten, zusammengestellt. Unter ihnen befanden sich drei bekennende Extremlügner und zwei »pathologische« Lügner auf dem Weg der Besserung (Jake und Jessica), die bereit waren, offen über sich zu sprechen. Wir lernen außerdem Randy, einen fünfunddreißigjährigen Verkaufsleiter, kennen, und Bill, einen fünfundzwanzigjährigen Unternehmer. Ihre Statements sind Offenbarungen.

Charisma

Wer ist noch nie von einem charismatischen Lügner eingewickelt worden? Er ist sympathisch, jovial, und er weiß, wie man spontan eine Beziehung herstellt, die Sie sofort jede Vorsicht vergessen läßt. Untersuchungen haben gezeigt, daß die Lügen solcher extravertierten Menschen überzeugender sind als die von introvertierten Menschen. Der extravertierte Lügner, der Ihnen mit einem gewinnenden Lächeln entgegentritt und keinerlei Mühe hat, Sie zu belügen, ist ein Naturtalent der Täuschung. Er lügt vermutlich ungestraft schon seit seinem fünften Lebensjahr. In diesem Alter entdecken Kinder, daß Mama und Papa gar nicht wissen, was man tut, wenn man nicht beobachtet wird. Die ersten Erfolge erzeugen Selbstvertrauen und ein verführerisches Gefühl der Überlegenheit und Kontrolle. Dieses Selbstvertrauen verringert ihre Angst vor dem Ertapptwerden und läßt es sie immer wieder versuchen. Übung macht den Meister, und entsprechend perfektionieren sie ihre Lügen. Wenn Sie ihnen dann im Alter von fünfundvierzig Jahren begegnen, sind sie alte Hasen des Lügenspiels. Jake, der Filmproduzent und Don Juan auf dem Weg der Besserung, sagt über sein Charisma bei Frauen: »Viele Frauen haben mir gesagt, ich hätte eine Ausstrahlung, die bei Frauen ankommt. Ich bin imstande, etwa wenn ich nervös bin, anders zu reagieren – zum Beispiel, mich gelassen zu geben. Das halten sie für Selbstvertrauen. Frauen spüren Selbstvertrauen und reagieren auch dementsprechend.«

Wenn man diese Aussagen genau liest, erkennt man, daß Jakes charismatisches Selbstvertrauen »falsch« ist, eine weitere Lüge. Jake hat es gelernt, Selbstvertrauen auszustrahlen, auch wenn er innerlich nervös ist. Er trägt die Lügenmaske des Draufgängers. Was den Frauen an ihm gefällt, ist er in Wahrheit nicht. Er selbst sieht das zwar eher als eine zufällige Besonderheit seines Wesens und nicht als das Ergebnis einer langjährigen Perfektionierung seines Lügenverhaltens, doch sein Handeln erzeugt eine Situation, in der es nur Verlierer geben kann. Wie so viele Lügner nimmt er an, daß er nicht um seiner selbst willen geliebt oder zurückgewiesen würde, wenn er anderen Menschen seine wahren Empfindungen mitteilte. Um akzeptiert und geliebt zu werden, lügt und verspricht er immer mehr – am Ende kann nur eine Enttäuschung stehen.

Verschwiegenheit und Freisein von der Kontrolle

Mit Geheimnissen kann man eine Grenze um seine Privatsphäre herum ziehen. Dies beginnt schon in der Kindheit, wenn wir versuchen, uns dominanten Eltern zu entziehen, um über unser Selbst zu bestimmen und es zu stärken. Extremlügner sind süchtig nach der Kontrolle und Unabhängigkeit, die sie durch das Geheimnis erlangen. Sie lieben die Freiheit, um insgeheim ihrer eigenen Wege zu gehen. Viele lügende Männer haben Geheimnisse vor den Frauen ihres Lebens, so als ob diese Frauen Stellvertreter ihrer dominanten Eltern wären. Randy, ein verheirateter fünfunddreißigjähriger Verkaufsleiter, weiß dies nur zu gut: »Ich halte es nicht für notwendig, jemanden zu informieren. Das beginnt schon mit der Mutter oder der ersten Freundin. Sie wollen wissen, wo man ist, damit sie dich kontrollieren können. Erfolgreich verheiratete Männer lernen, ihren Frauen Informationen vorzuenthalten. Ich halte nichts davon, immer alles in Worte zu fassen. Es geht nicht jeden etwas an. Ich glaube auch, daß die meisten

Frauen nicht wirklich Bescheid wissen wollen, es sei denn, es geht nicht anders. Sie bedrängen dich nicht damit.«

Gewöhnliche Lügner und Extremlügner sind sich ohne Frage darin einig, daß völlige Offenheit ihre Pläne zunichte machen würde. Beide glauben, daß die Frauen in ihrem Leben eine erstickende Kontrolle ausüben, die ihnen ihre Freiheit und vielleicht sogar ihre Männlichkeit nimmt. Randy vertraute mir seine todsichere Formel für absolute Freiheit an: »Ich verheimliche, daß ich meine Frau betrüge, daß ich trinke, daß ich mir von der Arbeit frei nehme – lauter Verhaltensweisen, die sich für einen Menschen meines Standes in der Gesellschaft nicht gehören. Man muß unauffindbar sein. Es darf logisch gesehen keine Möglichkeit übrigbleiben, daß man erwischt wird. Dann genießt man absolute Freiheit. Irgend etwas kann man immer erfinden. Ich gehe um neun Uhr angeln oder setze mich in eine Bar. Meinem Chef sage ich, daß ich einen Termin bei einem Kunden habe. Ich belüge meinen Chef und meine Frau, aber niemals einen Kunden. Dies könnte jemandem Schaden zufügen. Ich würde nie jemanden bestehlen, aber ich denke mir nichts dabei, meine Frau zu betrügen.«

Randy sagt, daß er seine Frau und seinen Chef belügt, nicht aber seine Kunden. Warum? Weil seine Frau und sein Chef Autoritäten sind, die das Recht haben, ihm auf die Finger zu schauen. Mit Hilfe seiner Lügen kann er der weiblichen Autorität seiner Frau und der gesellschaftlichen Autorität seines Chefs kräftig eins auswischen. Der Kunde hingegen ist Randys Alibi – daß er Kunden nicht belügt, könnte ebenfalls eine Lüge sein. Bei schweren oder Extremlügnern kann man dies nie wissen.

Jake, der »pathologische Lügner« auf dem Weg der Besserung, hat ein anderes Kürzel für die Verschwiegenheit und die daraus resultierende Freiheit: das der Halbwahrheit. »Einer der Gründe, warum ich ein so guter Lügner war, ist die Tatsache, daß ich nicht log. Ich sagte nur nicht die ganze Wahrheit.«

Der »Reiz« von Jakes Methode liegt darin, daß seine Halbwahrheit nicht nur wirkungsvoll ist, sondern ihm sogar noch die Befriedigung verschafft, es mit der Wahrheit zu halten, während er gegen ihren Geist verstößt. Nur Jake allein besitzt den Schlüssel zur verborgenen Wahrheit.

Ein neues, verbessertes fiktives Selbst

Sind Sie mit Ihrer Verwandtschaft, Ihrem sozialen Status und Umfeld nicht zufrieden? Erfinden Sie sich doch ein Neues! Lassen Sie einen Wunsch Wirklichkeit werden, indem Sie so tun, als wären Sie jemand anderer! Gewöhnliche Lügner und Extremlügner übertreiben und schmücken aus. Die Frage lautet nur: Wieviel ist zuviel? Es gibt Lügner, die sich eine völlig neue Identität basteln. Doch Lügner können noch so dreist sein: In ihrem Inneren wissen sie, wer sie im Grunde sind. Was haben die beiden folgenden Extremlügner miteinander gemeinsam?

Will

»Meine Lügen gehörten zu meiner Art, mich selbst darzustellen. Ich ging in Lake Forest, Illinois, auf das Gymnasium. Dort gibt es viele Villen; ich lebte am Rande der Siedlungen, doch ich paßte mich den Reichen am North Shore an... ich legte großen Wert auf Dinge wie silbernes Besteck und Porzellan. Ich gewöhnte mir eine herablassende Haltung an. Die Leute billigten mir einen Lebensstandard zu, der nicht meiner Wirklichkeit entsprach. Ich posierte. Ich täuschte einen höheren Status vor, was bedeutete: wo ich sein wollte, von woher ich stammen wollte.«

Randy

»Ich log, weil ich als Kind versuchte, mich für andere Menschen interessant zu machen. Wenn ich die Wahrheit gesagt hätte, wäre ich nicht mehr interessant gewesen. Inzwischen ist mein Leben so interessant geworden, daß ich nicht mehr lügen muß... ich wurde zu meiner eigenen Fiktion. Ich behaupte, andere zu übertreffen, und zwar in jeder Hinsicht: intelligenter, weltgewandter, reicher und erfahrener zu sein, mehr Drogen zu konsumieren... zum Teufel auch, ich bin fünfunddreißig. Ich habe letztes Jahr hundertdreißigtausend Dollar verdient und mir ein Haus am Strand gekauft. Ich hatte eine Geliebte. Ich bin verflucht interessant.«

Nun zu einer Extremlügnerin. Jessica ist es zur Gewohnheit geworden, sich ständig neu zu erfinden. So wie viele »pathologische« und auch gewöhnliche Lügner wirkt Jessica deshalb so überzeugend, weil sie am Ende ihre eigenen Geschichten glaubt. Klinische Psychologen wissen, daß diese Extremlügner drei Merkmale auszeichnen: (1) Sie erzählen ihre Geschichte so lange, bis sie »echt« wirkt; (2) sie verwenden viel Mühe darauf, etwas abzuleugnen und sich gegen eine inakzeptable Wirklichkeit zu verteidigen; (3) sie sind süchtig nach dem psychologischen Gewinn, den ihnen ihre Erfindungen einbringen. Diese drei Faktoren bewirken, daß *sie am Ende ihre eigenen Lügen glauben*. Jessica übertrifft mit ihren Erfindungen Randy und Will bei weitem; sie lügt bezüglich ihrer Schulbildung, ihres Schulabschlusses, ihrer Finanzen und behauptet sogar, ein großes Erbe zu erwarten. Am Ende scheint alles wirklich so zu sein: »Ich sage, daß ich auf eine Privatschule ging, daß ich das College abgeschlossen habe, daß es mir finanziell bessergeht und ich erfolgreicher bin, als es in Wirklichkeit der Fall ist. Die Männer möchten das hören. Sie haben Angst davor, daß eine Frau von ihnen abhängig sein könnte. Ich sage ihnen nicht, daß ich auf einem Schuldenberg sitze.«

Dies alles ist jedoch nur das Vorspiel zur reinen Fiktion, die Jahre ihres Lebens unterschlägt und zu der auch die Erfindung eines bösen Alter ego zählt, auf das Jessica all ihre beschämenden Taten ablädt: »Ich habe an vier Pornofilmen mitgewirkt und war im Telefonsexbusineß tätig. Außerdem habe ich eine achtjährige Ehe hinter mir. Ich heiratete mit achtzehn. Wir waren nur zwei Jahre zusammen. Es ist einfacher zu sagen, daß ich nie verheiratet war. Ich habe mir eine Zwillingsschwester erfunden, auf die ich all meine schlechten Charakterzüge schieben konnte. Weg waren sie.«

Jessica log sogar, daß sie Leukämie hätte, und erzählte ihrem Mann, daß die Krankheit abgeklungen und wiedergekehrt sei. Sie erfand einen Terminplan für ihre Besuche im Krankenhaus. Als ich sie fragte, warum sie dies tat, sagte sie schlicht: »Er kümmerte sich um mich. Ich wollte, daß sich jemand um mich kümmert, und ich habe ein Recht darauf. Ich denke, er wußte irgendwie, daß es eine Lüge war, aber er wollte es nicht wirklich wissen. Ich würde ihm gerne sagen, daß es mir leid tut.«

Für manche unverschämten Lügner ist die Lüge ein Mittel, um ihre Bedürfnisse zu befriedigen. Dies kann ein Bedürfnis nach Liebe, Bewunderung und Abhängigkeit wie im Falle Jessicas sein oder nach Macht, Überlegenheit und Kontrolle wie im Falle Randys. Wenn dieses phantastische Lügengebäude einmal zusammenbricht, glauben diese Lügner oft, sie hätten kein Recht, geliebt und um ihrer selbst willen akzeptiert zu werden. Sie buhlen um den Applaus eines Publikums, das ständig größer werden soll, doch ihr unbarmherziger innerer Kritiker dürfte um einiges schwerer zu befriedigen sein als die Opfer ihrer Lügen.

Sich durch das Leben lügen

Für Extremlügner ist die Lüge ein guter alter Freund. Die Lüge vermittelt ihnen eine vertrauensvolle Behaglichkeit, die nahelegt, daß auf der Welt noch alles in bester Ordnung ist. Eine vertraute Lüge ist für sie, wie wenn sie nach einem schweren Traum die Nachttischlampe einschalten. Die Lüge diktiert, was normal ist. In einer ereignislosen Zeit sind die Betreffenden versucht, neue Lügen in Umlauf zu bringen. Wie einer der Interviewten sagte: »Lügen ist eine Form sozialer Kommunikation.« Randy begriff dies schon sehr früh: »Ich lüge ganz einfach, um ein Gespräch in Gang zu halten. Mit einem Freund spielte ich einmal auf dem Gymnasium ein Lügenspiel, bei dem wir Leute belogen, indem wir uns aufeinander beriefen; diese Lügen waren ausgeklügelt bis ins Detail. Es war eben ein Spiel. Eine Gewohnheit. Ich habe jetzt eine Menge hinter mir, aber ich lüge immer noch viel.«

Dieses Gefühl der Überlegenheit und Kontrolle, das gewohnheitsmäßiges Lügen vermittelt, wirkt wie eine Droge. Wenn ein Lügensüchtiger seiner Gewohnheit abschwört, eröffnet sich ihm eine völlig neue Perspektive. Jake zum Beispiel möchte sein Verhalten ändern, er muß aber feststellen, daß dies nicht so einfach ist: »Einmal ging es gar so weit, daß ich mit Fremden ein Gespräch führte und sie zu belügen begann.« Wie kann ich mich ändern? Wie muß ich dabei vorgehen? Welche Warnsignale sind zu beachten? Gibt es Tricks, vielleicht eine Art Zwölfpunkteprogramm?

Richtig und falsch voneinander unterscheiden

Auch wenn sie »Naturtalente« sind, scheinen die gewöhnlichen Lügner richtig und falsch durchaus voneinander unterscheiden zu können. In Extremfällen, wie zum Beispiel Connies Erfahrung mit Lenny und Marisas Erfahrung mit Saul, hat man es mit antisozialen und psychopathischen Lügnern zu tun, deren unabweisbare egozentrische Bedürfnisse die herkömmlichen Grenzen zwischen richtig und falsch verschwimmen lassen.

Dies macht die Unterscheidung von gewöhnlichen Lügnern nur scheinbar leichter. Obwohl Extremlügner oft impulsive Manipulierer auf der Jagd nach immer neuem Nervenkitzel sind und daher leicht zu erkennen sein sollten, sind sie aufgrund ihrer überzeugenden Lügen und ihres Charmes bestens getarnt.

Schlimmer noch ist, daß zwar die wenigsten Extremlügner gefährliche Psychopathen sind, doch die meisten kriminellen

Psychopathen wie zum Beispiel der Massenmörder Ted Bundy sehr geschickte Lügner mit einem charakteristischen Mangel an Mitgefühl, Reue und Schuldgefühlen. Paul Ekman zitiert in seinem *Telling Lies*, Ausgabe 1992 (dt. *Weshalb Lügen kurze Beine haben*, Berlin 1989), einem Standardwerk für die Erkennung von Hinweisen auf Täuschungen, in diesem Zusammenhang Anne Rule, Verfasserin von fünf Büchern über Massenmörder, die mit Ted Bundy arbeitete, ohne damals zu wissen, wen sie vor sich hatte. Sie sagt: »Die antisoziale Persönlichkeit erweckt immer den Eindruck von Ernsthaftigkeit, die Fassade ist absolut perfekt. Ich glaubte zu wissen, worauf ich achten sollte, aber als ich mit Ted arbeitete, gab es nichts, das mir etwas signalisiert oder verraten hätte.« Wir wissen nicht, inwieweit ihre Erzählung der Wahrheit entspricht, doch offenbar vermochte er sie zu täuschen. Die Fähigkeit, auch Fachleute zu täuschen, sollte jedem eine Warnung sein, der glaubt, einen psychopathischen Lügner ohne weiteres erkennen zu können.

Was hat dies alles mit dem Gefühl des Extremlügners für richtig und falsch zu tun? Es macht deutlich, daß für diese Menschen richtig und falsch nicht dasselbe bedeuten wie für Sie. So beschreibt der »pathologische Lügner« Jake seine Lügenethik: »Von falsch spreche ich dann, wenn ich erwischt werde. Ich konnte aber auch lügen, ohne erwischt zu werden. In meiner ersten Ehe sollte die Frau, mit der ich erwischt wurde, meine zweite Ehegattin werden… ich glaube nicht, daß ich mir wegen meiner Lügen viele Gedanken machte. Ich dachte einfach: ›Bin ich eben wieder mal ausgerutscht…‹«

Er liegt außerhalb der Konventionen von richtig und falsch: Falsch ist etwas nur dann, wenn er erwischt wird. Falsch bedeutet hier nicht moralisch falsch, sondern falsch im Sinne eines Fehlers, der ihn verrät. Doch selbst dann hält sich Jake für gerissen genug, um sich wieder aus der Affäre zu ziehen. Er führt zu seinen Gunsten sogar die Tatsache an, so clever gewesen zu sein, daß er seinen moralischen Verstoß zu einem völligen Neuanfang in seinem Leben nutzte. Beachten Sie, wie unpersönlich er vom Objekt seiner außerehelichen Zuneigung spricht als derjenigen, »die meine zweite Frau werden sollte«. Wie vorherzusehen war, wiederholte sich die Geschichte bedauerlicherweise mit dieser zweiten Frau. Auch sie betrog er. Jakes extremes Schäkerverhalten und seine Vertuschungslügen definierten ihn weitaus mehr als irgendeine bestimmte Beziehung. Deshalb benutzte er auch die Wendung: »Bin ich eben wieder mal ausgerutscht«, um seine Lügen zu verdrängen. Man sieht ihn geradezu mit den Schultern zucken.

Wills Lügenmoral lautet folgendermaßen: »Ich dachte so lange nicht darüber nach, bis ich erwischt wurde, und dann rechtfertigte ich mich. Das ist eine Sache des Selbstschutzes. Ich lüge, um meine Interessen zu wahren. Ich mache mir darüber keine weiteren Gedanken… ansonsten bin ich durchaus der Meinung, daß man mit Ehrlichkeit am weitesten kommt.«

Rein theoretisch weiß Will sehr gut, was richtig und falsch ist. Er nimmt für sich sogar einen eigenen Ehrenkodex in Anspruch. Wenn sein Verhalten allerdings davon abweicht, ignoriert er ihn einfach. Wenn er erwischt und gezwungen wird, sich mit seiner Lüge auseinanderzusetzen, rechtfertigt er sie auf zweierlei Art. Zunächst behauptet er, daß er seine Interessen schützen müsse, so wie eine Regierung einen grausamen Bombenangriff mit den »nationalen Interessen« rechtfertigt. Dann gewährt er sich Nachsicht mit Hilfe einer Entschuldigung, die wir wahrscheinlich alle akzeptieren, daß nämlich Menschen Fehler begehen und daß niemand vollkommen ist. Jake und Will benutzen beide den Tatbestand des »Ausrutschers«, um ihre zahlreichen und bewußten Lügen zu entschuldigen und zu erklären.

Die Gefühle waren echt (auf das übrige sollten Sie sich lieber nicht verlassen)

Ihre Geschichten sind frei erfunden, doch die Gefühle sind echt. Extremlügner können Lügen oder Geschichten erfinden, die zu ihren Gefühlen passen. Sie halten ihre Geschichten und Ausschmückungen für echt, weil sie ihre gerade aktuellen Emotionen widerspiegeln. Ihre Geschichten überzeugen, weil sie aus dem Herzen zu kommen scheinen. Nichtsdestoweniger sind es immer noch Lügen. Psychologen nennen sie affektive Lügen. Zwei echte Lügner erklären es:

»Bei Gefühlen bin ich ehrlich. Aber ich lüge, um zu schmeicheln, um gerade anstehende Konflikte zu vermeiden.«

»Man könnte natürlich behaupten, daß ich alles erfunden habe und jemandem sehr weh getan habe. Es war nie wirklich meine Absicht, Judy zu verlassen und mit Bev zusammenzuleben. Aber meine Gefühle waren echt: Zorn auf Judy und Zuneigung zu Bev.«

Betrachten Sie es so, wenn Sie es können: ihre Lügen führen zu ihren Gefühlen, nicht zu wirklichen Ereignissen oder zu einer gemeinsamen Wirklichkeit. Affektive Lügen bringen möglicherweise die Empfindungen des Lügners zum Ausdruck, sie ignorieren aber diejenigen des Opfers.

Ein Mangel an Empathie

Extremlügner leiden an einem schwerwiegenden Mangel an Empathie. Dies ist auch ein Merkmal des Gewohnheitslügners und vieler gewöhnlicher Heuchler. Ein großer Teil der Probleme in zwischenmenschlichen Beziehungen überall auf der Welt beruht auf einem Mangel an Empathie. Auch wenn diese empathiearmen Lügner nicht lügen, sind sie kühle Freunde, nicht sehr rücksichtsvolle Liebhaber und wenig inspirierende Seelengefährten. Das verheißt nichts Gutes für eine Beziehung. Sogar Will ist in einem Augenblick der Selbsterkenntnis bestürzt über die Kurzfristigkeit und geschäftsmäßige Kälte seiner diversen Manöver und Lügen Frauen gegenüber. Zunächst beschreibt er, wie er die Wahrnehmungen und berechtigten Vorwürfe seiner jetzigen Freundin hinsichtlich einer anderen Frau abstreitet. Wie die meisten Extremlügner ist auch er außerordentlich stolz darauf, wie wirkungsvoll seine Lügen sind. Er weiß, daß er sich auf seine Stegreiflügen, die er im letzten Augenblick erfindet, um sich aus höchster Not zu retten, verlassen kann. Beachten Sie Wills militaristischen Wortschatz, wenn er seinen Sieg über Marcy beschreibt: »Ich habe ziemlich viel Humor, weshalb ich mich herauswinden, die Sache umdrehen kann. Wenn mich eine Frau zur Rede stellt, kann ich blitzkriegartig alles abstreiten und das Thema wechseln. Ich habe es früher immer genau geplant. Richtig barbarisch, die nackte Gewalt der Worte. Es rettet mich aus dem Schlamassel. Man hofft, den Berg unter großer Anstrengung zu überwinden, einen Sieg zu erringen und ihre Anschuldigungen zu stoppen – anstatt alles zuzugeben und nachzugrübeln. Man leugnet schon, bevor sie mit ihren Fragen beginnen. Man muß Nägel mit Köpfen machen. ›Hör zu, ich war gestern nacht bei mir zu Hause.‹ Das ist wie Werbung. Ich liebe die Konfrontation.«

Als ich ihn fragte, wie er sich sein Lügen erklärte, wurde er nachdenklich: »Es hat mich früher schockiert, wie wenig sich mein Gewissen regt. Jetzt sage ich mir: So läuft es eben. Aber ich sollte zumindest etwas mitfühlender sein.«

Wills Einsicht in seinen Mangel an Empathie ist wichtig. Wenn seine Unzufriedenheit mit sich selbst und seinen Beziehungen groß genug wird, könnte er sich ändern, aber es dürfte ein dorniger Weg werden. Eine Frau, die eine Beziehung mit einem Extremlügner hat, sollte sich nicht darauf verlassen, daß ihr Partner diesen Weg gehen wird, selbst wenn er sein Verhalten einsieht.

Man sollte nicht davon ausgehen, daß die Lügner ihren Mangel an Empathie erkennen oder daran etwas ändern, und sollte auch nicht hoffen, sie mit Liebe und Unterstützung ändern zu können. Dies würde beiden Seiten eine enorme Entschlußkraft abverlangen und Jahre ihres Lebens in Anspruch nehmen. Wenn Sie einem Lügner emotional verbunden sind, hören Sie das sicher ungern, aber am besten sollten Sie es gar nicht soweit kommen lassen, der Gnade eines Lügners ausgeliefert zu sein, sondern vielmehr den Lügner identifizieren, bevor Sie sich binden, und dann heiter Ihrer Wege gehen. Nur so schützen Sie sich vor dem Leid, das er zweifellos in Ihr Leben tragen wird, bevor er sich seinem nächsten Opfer zuwendet.

Extremlügner erkennen

Woran erkennt man einen Extremlügner? Zum einen muß man sich über das Offensichtliche im klaren sein: daß es sie gibt, aber daß sie nicht sehr auffällig sind – was ein Bestandteil ihres Spiels ist, mit dem sie sich in Ihr Leben einschleichen. Zum anderen sollten Sie wissen, auf welche Merkmale Sie zu achten haben.

Die folgenden Fragen können Sie als Gedächtnisstütze verwenden, um einen Extremlügner zu identifizieren. Testen Sie die Fragen, indem Sie an einen Ihnen bekannten Lügner denken. Wenden Sie diese Fragen dann auf jemanden an, von dem Sie wissen, daß er sehr wenig oder überhaupt nicht lügt. Sie müßten den Unterschied bemerken. Wenn Sie mit dem Ergebnis zufrieden sind, stellen Sie diese Fragen zu jemandem, dessen Aufrichtigkeit Sie ernsthaft bezweifeln.

Zwei Hinweise sind angebracht: Erstens werden auch gewöhnliche Lügner mehr als eine Frage positiv beantworten. Dies ist nicht anders zu erwarten. Beim Extremlügner werden es jedoch verblüffend viele Ja-Antworten sein. Wenn die Fragen Mausefallen wären, würden Sie in diesem Fall sehr viele Mäuse fangen.

Wenn Sie zweitens den Verdacht hegen, es mit einer psychopathischen Persönlichkeit oder einem gefährlichen Lügner zu tun zu haben, gehen Sie diese Checkliste am besten mit jemandem durch, der den Betreffenden gut kennt und ein ehrliches Urteil fällen kann. Wie wir bei Connie und Marisa gesehen haben, ist es schwer, objektiv zu sein, wenn Sie wirklich diese Beziehung eingehen wollen oder wenn Sie bereits emotional involviert sind.

Checkliste zur Identifizierung des Extremlügners

Ja	Nein	Fragen
___	___	1. Lügt er auch ohne ersichtlichen Grund oder wenn ihm die Lüge keinen Vorteil bringt?
___	___	2. Neigt er reflexartig zum Lügen, ohne seine Lügen zu planen?
___	___	3. Steht und fällt sein Selbstwertgefühl mit dem Urteil anderer Menschen?
___	___	4. Haben Sie ihn über einen längeren Zeitraum immer wieder beim Lügen ertappt?
___	___	5. Lügt er bei unbedeutenden Dingen ebenso wie bei wichtigen?
___	___	6. Ist Ihnen aufgefallen, daß er Sie bei Ihrer ersten oder zweiten Begegnung in bezug auf Kleinigkeiten belog?
___	___	7. Weckt er in Ihnen große Erwartungen, die er nie einhält?
___	___	8. Hat er sein Leben so eingerichtet, daß er Ihnen oder seinen Vorgesetzten gegenüber keine Rechenschaft abzulegen braucht?
___	___	9. Übertreibt er immer wieder oder schmückt er Dinge aus, als ob ihm die Wirklichkeit nicht genug wäre?
___	___	10. Stellt er die Ereignisse falsch dar, selbst wenn Sie dabei waren und wissen, wie es wirklich war?
___	___	11. Ist er nie um eine Antwort verlegen, die ihm in peinlichen Situationen hilft?
___	___	12. Erzählt er tolle Geschichten über seine Vergangenheit, seinen Beruf oder seine finanzielle Situation, in die er sich manchmal so hineinsteigert, daß er sie selbst glaubt?
___	___	13. Achtet er sehr auf seinen persönlichen Freiraum, hat er Geheimnisse vor Ihnen, und

___ ___ gibt er Ihnen nur spärliche Informationen über das, was Sie unbedingt wissen müssen?

___ ___ 14. Hat er ein unstillbares Bedürfnis nach Beifall und Bestätigung?

___ ___ 15. Prahlt er mit seinem materiellen Besitz mehr, als es der Wirklichkeit angemessen ist?

___ ___ 16. Kommt er mit phantastischen Ausflüchten, auch wenn es sich nur um kleinere Vergehen handelt?

___ ___ 17. Empfindet er kein Bedauern gegenüber den Opfern seiner Lügen und Intrigen?

___ ___ 18. Schottet er die verschiedenen Bereiche seines Lebens voneinander ab, so daß Sie seine Freunde, Mitarbeiter oder Verwandten nie kennenlernen?

___ ___ 19. Heuchelt er schwere oder häufige Krankheiten, damit man sich um ihn kümmert und mit ihm Mitleid hat?

___ ___ 20. Gibt es bevorzugte Objekte seiner Lügen, wie zum Beispiel Geld, wieviel er für seine Kleidung ausgibt, Frauen, wie er seine Zeit verbringt, was er geschäftlich unternimmt?

___ ___ 21. Hat er sich schon früher asozial verhalten, zum Beispiel durch: Schwindeln bei Prüfungen, Betrügereien bei Bewerbungen oder Steuern; Verstöße gegen die Standesethik, wiederholte Verkehrsdelikte, unsaubere Geschäfte oder andere Konflikte mit dem Gesetz?

___ ___ 22. Tut er gewohnheitsmäßig so, als ob die Regeln nur für andere Menschen gelten, nicht aber für ihn?

___ ___ 23. Stammt er aus einer Familie, in der Lügen,

___ ___ Betrügereien und Regelverstöße zur akzeptierten Norm gehören?

___ ___ 24. War er Alkoholiker, drogensüchtig, sexsüchtig oder ein »Workaholic«?

___ ___ 25. Muß in seiner Welt alles perfekt sein?

Erinnern Sie sich an den Frosch: Wenn er in siedendes Wasser geworfen wird, springt er heraus und überlebt. In einem Topf mit kaltem Wasser, das langsam erhitzt wird, bleibt er sitzen und wird gekocht. Diese Checkliste soll Ihnen helfen, erst gar nicht in heißes Wasser zu geraten.

Wenn Sie öfter als vier- bis fünfmal »ja« angekreuzt haben, sollten Sie vorsichtig sein. Das Wasser ist noch lauwarm, aber es könnte heiß werden. Wenn Sie sechs- bis neunmal »ja« angekreuzt haben, ist es noch wärmer, und es wird Zeit, aus dem Topf zu springen. Gehen Sie im Zweifelsfall zu einem professionellen Berater, und besprechen Sie sich mit ihm. Bei zehn- bis fünfzehnmal »ja« werden die Probleme des betreffenden Mannes sehr bald zu den Ihren werden. Das Wasser wird unangenehm heiß, und es könnte sein, daß Sie Hilfe benötigen, um sich zu retten. Falls Sie über fünfzehnmal mit »ja« geantwortet haben und mit diesem Mann zusammen sind, sollten Sie die Notrufnummer wählen. Sofern Sie seine Faxen so viel Kraft gekostet haben, daß Sie aus eigener Kraft nicht mehr aus dem Wasser herauskommen, müssen Sie sich von Freunden, Verwandten und professionellen Beratern helfen lassen. Sie haben es verdient.

Die beste Strategie für Sie ist es, wachsam zu bleiben und Bescheid zu wissen, worauf Sie zu achten haben, bevor sich das Wasser allmählich erwärmt. Dann können Sie aus dem Topf springen, um nicht wie der arme Frosch gegart zu werden.

Selbstschutz

Wenn Lügen innerhalb und außerhalb unserer Beziehungen eine Lebensform ist, sollte auch der Selbstschutz eine sein. Zu diesem Zweck müssen Sie einerseits möglichst umfassende Kenntnisse darüber besitzen, wie Sie der Lüge und dem Lügner auf die Schliche kommen, und zum anderen müssen Sie wissen, was Sie zu tun haben, wenn es soweit ist.

Was benötigen Sie sonst noch? Zunächst sollten Sie einige allgemeine Prinzipien und Taktiken für den Selbstschutz kennen. Dies ermöglicht Ihnen dreierlei:

- über die Macht und Kontrolle zu verfügen, die Sie benötigen, um sich wohl zu fühlen und auch im Hinblick auf Ihre Beziehung ein gutes Gefühl zu haben;
- auf dem richtigen Weg zu bleiben, um die Liebe und Intimität zu erhalten, die Sie benötigen;
- Ihre Energie auch für die übrigen Lebensbereiche zu bewahren.

Im Grunde ist ein ganzes Bündel von Selbstverteidigungstechniken und -prinzipien nötig, um sich vor harmlosen und extremen Lügnern zu schützen.

Wenden wir uns nun dem Kern des Selbstschutzes zu. Im nächsten Kapitel werden wir uns damit befassen, wie man gewöhnliche Lügen aufdeckt und die allzu gewöhnlichen Lügner ausfindig macht, die sie erzählen.

Kapitel 13

Selbstschutz

Ich habe etliche Lügner erwischt… meine Trefferquote beträgt vielleicht zehn Prozent.

Ladenbesitzerin, 22, verheiratet

Es vermittelt einem ein gutes Gefühl, wenn sich ein Verdacht bestätigt. Es ist eine große Belastung, annehmen zu müssen, daß er lügt, doch mit dieser Annahme nicht ganz sicher zu sein. Die Folge ist, daß (…) ich Beklemmungsgefühle bekam, ich war verbittert, nahm zu und fühlte mich elend. Ich war wütend auf ihn. Ich wollte ihm weh tun. Er hielt mich dauernd zum Narren, und ich hatte es satt. Ich hatte angenommen, daß wir Partner wären.

Büroleiterin, 39, alleinstehend

Ich bin nicht die Klügste, wenn es darum geht, Lügen aufzudecken. Er sagt: »Ich möchte dich gerne zum Essen einladen.« Dann wundere ich mich, wenn er nicht anruft.

Verkaufsleiterin, 39, alleinstehend

Ich suche nach Beweisen, nach allem, was neu ist – wie zum Beispiel Höschen im Handschuhfach, Tampons im Arzneischrank, Unterwäsche in der Schublade.

Künstlerin, 31, alleinstehend

Die meisten Menschen versuchen, nicht zu lügen. Man drückt sich so undeutlich aus, daß man nicht zu lügen braucht, zum Beispiel, wenn man sagt: »Ich muß jemanden besuchen.« Faktisch ist es richtig, aber man drückt sich nicht ohne Grund so aus. Ich hätte auch sagen können: »Ich muß eine Freundin besuchen.«

Börsenmakler, 31, alleinstehend

Wir haben nun sehr viele Lügen gehört, mehr als einhunderteine. Wir haben hinter die Köder und Masken und Vermeidungslügen in der Welt der gewöhnlichen und der außergewöhnlichen Lügner geblickt. Man kann es drehen und wenden, wie man will – es läßt sich nicht abstreiten, daß viel gelogen wird, nicht nur in der Welt der Regenbogenpresse, sondern in unserem Privatleben.

In den bisherigen Kapiteln haben wir Taktiken und Techniken erörtert, mit deren Hilfe man sich vor spezifischen Formen von Beziehungslügen und vor Extremlügnern schützen kann. Im folgenden werden Ihnen grundlegende Informationen vermittelt, die Ihnen helfen sollen, die alltägliche Lüge und den alltäglichen Lügner zu erkennen und sich vor ihnen zu schützen.

Es wird nicht ganz einfach, zu unterscheiden, was eine Lüge ist und was nicht, doch lassen Sie sich nicht entmutigen. Die Tatsache, daß es ein schwieriger Weg ist, der bei jedem Schritt erhöhte Aufmerksamkeit verlangt, macht ihn deswegen nicht weniger lohnend. Natürlich sind die Lügen mancher Männer offensichtlich. In diesem Fall besteht die wichtigste Frage darin, wie man mit ihnen umgeht und wann und wie man sie zur Sprache bringt. Andere Lügen werfen schwierigere Fragen auf, weil sie subtilere Mischungen aus Halbwahrheiten, technischen Wahrheiten und Unterschlagungen sind. Hierfür werden Sie Ihr ganzes analytisches Denkvermögen aufbringen müssen.

Außerdem liegt das Problem in der Person des Lügners selbst. Manche Lügner reichen mit ihrem Täuschungstheater an Laurence Olivier heran. Bei ihnen müssen Sie beständig auf der Hut sein, damit Sie von ihren Künsten nicht geblendet und getäuscht werden. Andere sind so tolpatschig, daß man geradezu Mitleid mit ihnen haben könnte. Nicht nötig! Sie bessern sich nur dann, wenn man sie ihrem Schicksal überläßt. Lügen, insbesondere cleveres Lügen, kann eine Fähigkeit zu überleben darstellen, auch wenn Sie den Beweis dafür nicht unbedingt selbst erbringen wollen. Untersuchungen haben gezeigt, daß Menschen um so geschickter werden, Hinweise auf eine Lüge zu unterdrücken und Sie zu täuschen, je öfter sie lügen. Es erstaunt daher nicht, daß jemand eine Lüge, die er immer wieder erzählt, am Ende selbst glaubt. Die oft wiederholte Lüge wird zu einem vertrauten und plausiblen Ersatz für die Wahrheit. Wenn er sie selbst glaubt, wirkt die Lüge auf Sie besonders überzeugend. Dann könnte er Sie täuschen, auch wenn Sie imstande wären, seine Gedanken zu lesen. Sie haben also nur die Wahl, Verhaltensdetektiv zu spielen, um die Lüge aufzuspüren, oder zum passiven Opfer des Lügners zu werden. Beides ist erotisch gesehen nicht gerade anregend, doch Sie müssen diese Entscheidung jeden Tag aufs neue treffen.

Vielleicht gehören Sie zu jenen Frauen, die nicht immer die ganze Wahrheit wissen wollen. Trotzdem wäre es auch für Sie sicherlich hilfreich, wenigstens so viel von der Wahrheit zu wissen, daß Sie sich schützen können.

Wenn es darum geht, eine Lüge oder einen Lügner ausfindig zu machen, sind wir alle in einer schlechten Ausgangsposition. Psychologische Tests haben gezeigt, daß die Trefferquote bei der Entdeckung von Lügen kaum höher als die Zufallswahrscheinlichkeit ist. Bei einem geübten Lügner stehen selbst die Fachleute auf verlorenem Posten.

Es ist viel leichter, jemandem eine dreiste Lüge zu erzählen, als festzustellen, ob jemand lügt. Wir sind gewissermaßen darauf programmiert, die Informationen, Worte und Versprechungen anderer Menschen zu glauben und nicht in Zweifel zu ziehen. Die Entdeckung der Lüge, des Aufschneiders oder des Betrugs ist also einer unserer Schwachpunkte. Die menschliche Natur ist offenbar so angelegt, daß sich der Lügner im Vorteil befindet. Auch die Lügendetektoren, mit denen Behörden wie FBI und CIA arbeiten, um ihre eigenen Mitarbeiter zu überprüfen, sind nicht zuverlässig. Unter meinen Klienten sind einige gute Lügner, denen die Lügendetektoren nichts anhaben konnten. Sie führten Fachleute hinters Licht, die danach ihre Befunde auswerteten.

Trotzdem: Die meisten Menschen haben nicht das Gefühl, den Lügen hilflos ausgeliefert zu sein. Jeder entwickelt seine eigenen Methoden, um Lügner von ehrlichen Menschen und die Lüge von der Wahrheit zu unterscheiden. Nehmen wir an, Sie verdächtigen Ihren Mann, Ihren neuen Liebhaber oder einen Familienangehörigen, Sie zu belügen. Sie sind sich zwar nicht hundertprozentig sicher, doch irgend etwas stimmt nicht. Was würden Sie tun? Nach welchen Hinweisen würden Sie Ausschau halten, um herauszufinden, ob man Ihnen eine Lüge erzählt oder die Wahrheit sagt?

Wie Sie besser imstande sind, Lügen aufzudecken

Nehmen wir an, ein Mann hat Sie in einer wichtigen Sache belogen – hinsichtlich seiner Herkunft, Absichten, Gesundheit, Bindungswilligkeit oder seiner Bereitschaft zu einer exklusiven Beziehung. Welche Hinweise auf eine Lüge könnte er Ihnen unbewußt geben? Lesen Sie die folgenden Fragen, und wählen Sie jene Antwort aus, die am besten auf Ihre Ahnungen und Ihre Entdeckungsstrategie zutrifft.

Testen Sie Ihre Fähigkeit, Lügen aufzudecken

1. Sofern die Augen der Spiegel der Seele sind, verraten sie eindeutig, daß er lügt, wenn

a. er den Kopf abwendet und Blickkontakt vermeidet;

b. seine Augen unstet wandern;

c. er häufig blinzelt;
d. er Ihnen direkt in die Augen blickt;
e. seine Pupillen sich weiten.

2. Wenn Sie seiner Stimme zuhören, ohne auf die Worte zu achten, wissen Sie, daß er lügt, wenn

a. er lauter und schneller spricht;
b. er stottert oder sich räuspert;
c. der Ton seiner Stimme am Ende eines Satzes höher wird, als ob er eine Frage stellen würde;
d. seine Stimme insgesamt höher klingt als gewohnt;
e. er zwischen den Worten oder vor einer Antwort lange Pausen macht.

3. Sein Gesichtsausdruck ist der Schlüssel zu seiner Lüge, wenn

a. er zuviel lächelt;
b. sein Lächeln schief wirkt;
c. er ein ausdrucksloses Pokergesicht aufsetzt;
d. er zu lange lächelt;
e. er mit dem Mund lächelt, doch nicht mit den Augen.

4. Sie beobachten ihn gut: Seine Körpersprache verrät ihn, wenn

a. er fahrig oder nervös ist oder ständig seine Haltung wechselt;
b. die Gesten, mit denen er seine Worte unterstreicht, zu sparsam wirken;
c. er mit den Schultern zuckt und dauernd seufzt;
d. er eigenartige Handbewegungen oder Gesten vollführt;
e. er mit seiner Uhr spielt oder Papier zerknüllt;
f. er die Arme verschränkt, die Beine überkreuzt;
g. er die Hände aneinander reibt, sich kratzt, seinen Körper berührt;
h. er heftig gestikuliert.

5. Seine Haltung ist der Schlüssel, wenn

a. er auf Fragen wütend oder aggressiv reagiert;
b. er verlegen oder schuldbewußt dreinblickt;
c. er übertrieben reagiert, hektisch ist oder zu stürmisch protestiert;
d. er auf Fragen allzu wohlüberlegt antwortet.

6. Dinge, die er nicht kontrollieren kann, geben Ihnen die sichersten Hinweise, wenn

a. sich seine Pupillen weiten;
b. sich seine Atemfrequenz ändert;
c. er ständig schluckt;
d. er einen Schweißausbruch oder feuchte Hände hat;
e. er errötet oder rote Flecken im Gesicht und am Hals bekommt;
f. er blaß wird.

Gehen wir nun die Punkte im einzelnen durch und stellen wir Ihre Lieblingsmythen den Forschungsergebnissen, was das Aufdecken von Lügen betrifft, gegenüber. In populärwissenschaftlichen Veröffentlichungen war und ist weiterhin viel die Rede von der Sprache unseres Körpers und von nonverbalen Hinweisen. Doch sind ein unsteter Blick, zappeliges Verhalten, Handbewegungen und die Stimme wirklich nützliche Hinweise, mit deren Hilfe man dem Lügner auf die Schliche kommt? Oder sind dies irrige Annahmen, mit denen wir uns darüber hinwegtäuschen, wie hilflos wir der Lüge ausgeliefert sind?

Zu Punkt 1: An seinen Augen erkennt man ihn

Die Augen haben es in sich. Sie sind seit jeher das beliebteste Kriterium zur Aufdeckung von Lügen. Fast dreißig Prozent aller von mir interviewten Frauen nannten die Augen des Mannes im Zusammenhang mit ihrem bevorzugten Verfahren zur Entdeckung von Lügen. Zweiundzwanzig Prozent betrachteten die Vermeidung von Blickkontakt als endgültigen Hinweis.

Leider ist diese Annahme falsch. Es gibt Lügner, die Ihnen in die Augen blicken und sagen: »Ich liebe dich«, obwohl Sie am nächsten Morgen für ihn vergessen sein werden. Andererseits gibt es ehrliche Männer, die so schüchtern sind, daß sie kaum ein Wort über die Lippen bringen, bei dem sie Ihnen in die Augen blicken. Glauben Sie daher nicht, daß sein Wegsehen ein Beweis dafür wäre, daß er ein Lügner ist.

Kein Geringerer als der Psychologe Paul Ekman, der Täuschungshinweise erforscht, bestätigt, daß die meisten Menschen die Augen als den »Spiegel der Seele« betrachten und glauben, in ihnen lesen zu können. Während aber, wie er sagt, der Blick bei Scham oder Schuldgefühlen gesenkt oder abgewendet werden kann, blicken die meisten Lügner nicht weg – weil sie zu clever sind. Sie wissen, daß dies jeder erwartet, und sie wissen, daß der Augenkontakt – im Gegensatz etwa zum Erröten – beherrscht werden kann. Wenn Lügner bei psychologischen Experimenten hinsichtlich ihrer Täuschungsmanöver befragt werden, zeigt sich, daß sie den Blickkontakt gegebenenfalls sogar zu steigern vermögen! Nur die naivsten Lügner vermeiden Augenkontakt, und dies auch nur für kurze Zeit. Täuschungsforscher wissen es, und jede Frau sollte es ebenfalls wissen:

Lügner steuern geschickt jedes der Norm nicht entsprechende Verhalten, von dem sie annehmen, daß ihr Gegenüber damit eine Täuschungsabsicht verbindet.

Dies gilt vor allem für den Augenkontakt. Sie hatten also recht, wenn Sie antworteten, daß ein Lügner seinem Gegenüber direkt in die Augen blickt (Antwort d). Beachten Sie allerdings, daß dies keine absolut sichere Methode ist, um einen Lügner zu entlarven, da Ihnen auch ein aufrichtiger Mensch in die Augen blicken kann. Dies ist nicht mehr als ein hilfreicher Hinweis unter anderen. Hier noch zwei weitere zuverlässige Hinweise: Lügner blinzeln öfter als Ehrliche (Antwort c), und wenn Sie genau hinsehen, können Sie feststellen, daß sich die Pupillen eines Lügners weiten (Antwort e).

Zu Punkt 2: Seine Stimme verrät alles

Nun ja… sie verrät so manches. Nur elf Prozent der interviewten Frauen nutzten Hinweise der Stimme, um die Lügen eines Mannes zu identifizieren. Dies bedeutet umgekehrt, daß neunundachtzig Prozent der Frauen einen jener Hinweise auf eine Lüge nicht nutzten, die zu den verläßlicheren gehören. Ekman zufolge wurde bei etwa siebzig Prozent der untersuchten Personen die Stimmlage höher, wenn sie beunruhigt waren. Sofern also bei einer Männerlüge starke Emotionen im Spiel sind oder wenn er befürchtet, erwischt zu werden, kann seine Stimmlage höher werden. Weil es auch einem geschickten Lügner schwerfällt, die Stimmhöhe zu kontrollieren, haben Sie hier eine gute Chance, ihm auf die Schliche zu kommen.

Manchmal spricht er auch lauter und schneller, wenn er unter Druck steht; sofern Sie also Antwort d und a angekreuzt haben, kennen Sie bereits zwei recht zuverlässige Warnsignale, die auf eine Lüge hindeuten – es sei denn, sein Streßverhalten hat andere Gründe.

Nehmen wir an, daß seine Stimme am Ende eines Satzes höher wird (Antwort c). Hierin drückt sich meist eine Unsicherheit oder ein Gefühl der Machtlosigkeit in einer bestimmten Situation aus. Dies *kann* ein Signal für die Lüge sein.

Leider ist es auch möglich, daß die Stimmlage und die Sprechgeschwindigkeit sowohl auf Gefühlsbewegungen als auch auf eine Lüge hinweisen. Wenn seine Haltung bezüglich seiner Lüge oder der damit verbundenen Umstände zum Beispiel mißmutig ist, könnte die Tonhöhe sinken, und er würde langsamer statt schneller sprechen. Eine höhere oder tiefere

Stimmlage beweist also durchaus, daß eine bestimmte Emotion vorliegt, hilft aber nicht, eine Lüge von einer wahren Aussage zu unterscheiden. Wenn er die Wahrheit spricht, aber befürchtet, daß Sie ihn zu Unrecht verdächtigen, kann es sogar sein, daß er genauso hoch, laut und schnell spricht wie der ängstliche Lügner. Es beweist aber nur seine Verunsicherung. In seiner Stimme manifestiert sich Streß, und auch Sie würden unter solchen Umständen vielleicht ähnlich reagieren.

Was bedeuten Stottern und Räuspern? Wenn Sie Antwort b angekreuzt haben, sind Sie auf der richtigen Spur. Beides sind wichtige Hinweise, die seine Lüge verraten, sofern er fürchtet, erwischt zu werden und Angst hat. Leider gibt es auch Studien, die das genaue Gegenteil beweisen. Ihnen zufolge sind selbst Gelegenheitslügner sehr geschickt darin, sorgfältig darauf zu achten, was und wie sie etwas sagen: Ihre Strategie lautet »Weniger ist mehr«; sie sprechen weniger und gehen sparsam mit ihrer Gestik um. Auf diese Weise schützen sie sich vor Entdeckung. In ihrer Rede kommen nicht so viele Pausen vor, und es unterlaufen ihnen weniger Versprecher, weil sie wissen, daß Sie gerade darauf achten werden.

Zu Punkt 3: Sein Gesichtsausdruck verrät ihn

Dies kann der Fall sein, doch die Nuancen sind oft so fein, daß man sie kaum wahrnimmt. Seine wahren Gefühlsregungen huschen in weniger als einer Viertelsekunde über sein Gesicht. Um dies feststellen zu können, müßten Sie eine Videoaufnahme machen. Trotzdem nehmen Sie vielleicht etwas davon intuitiv wahr und sollten deshalb auf solche Anzeichen achten.

Sein Lächeln ist hingegen deutlich wahrzunehmen und kann Ihnen einiges verraten, sofern Sie ihn lange genug kennen und eine Vergleichsbasis haben. Ekman hat in seinen umfassenden Forschungen über das Lächeln festgestellt, daß eine Asymmetrie des Gesichtsausdrucks ein verläßlicher Täuschungshinweis ist. Wenn der Ausdruck im Bereich der einen Gesichtshälfte anders ist als in dem der anderen, haben Sie einen Hinweis darauf, daß die durch den Gesichtsausdruck des Betreffenden vorgegebene Emotion nicht echt ist. Bei Rechtshändern ist der Ausdruck auf der linken Gesichtshälfte oft stärker. Ein schiefes Lächeln enthüllt eine Diskrepanz zwischen dem Vorgegebenen und dem tatsächlich Empfundenen. Dieser Augenblick emotionaler Unaufrichtigkeit bedeutet aber nicht notwendigerweise, daß er mit seinen Worten lügt. Er stellt nur einen weiteren hilfreichen Hinweis dar. Von den interviewten Frauen nannte nur eine einzige ein schiefes Lächeln als einen Hinweis auf Lügen. Interessanterweise war dies eine der wenigen Frauen, die zugaben, selbst eine geschickte Lügnerin zu sein. Wenn Sie also Antwort b angekreuzt haben, steht die Fachwelt hinter Ihnen.

Ein geschickter Lügner kann sein Lächeln sehr wirkungsvoll einsetzen. Er kann damit sein Gegenüber unmittelbar beruhigen. Der Lügner befindet sich insofern im Vorteil, als die meisten Menschen ein echtes Lächeln nicht ohne weiteres von einem aufgesetzten Lächeln unterscheiden können. Wir halten normalerweise Lächeln für ein Zeichen von Glücklichsein, doch die Forscher haben achtzehn verschiedene *nichttäuschende* Formen von Lächeln ermittelt, in denen sich die verschiedensten Regungen – von Glück bis Verachtung, von Angst bis Elend – widerspiegeln können.

Wie ist also ein falsches von einem echten Lächeln zu unterscheiden? Achten Sie zunächst auf eine Asymmetrie. Ein eigentümliches oder zu langes Lächeln ist ebenfalls ein Hinweis auf eine Täuschungsabsicht (Antworten a und d). Achten Sie auf ein schiefes Lächeln, bei dem die Augenbrauen *nicht* heruntergezogen werden. An einem falschen Lächeln sind oft die Augen nicht beteiligt (Antwort e). Ein solches Lächeln beginnt zu plötzlich, endet zu früh oder dauert zu lange. Der zeitliche Ablauf ist irgendwie ungewöhnlich und erregt Ihre Aufmerksamkeit. Ein falsches Lächeln weist zwar darauf hin, daß eine Empfindung verheimlicht wird, enthüllt aber nicht, ob es sich um eine verbale Lüge oder um ein Verschweigen handelt. Es ist nur ein Hinweis darauf, daß etwas nicht in Ordnung ist. Nun kommt es darauf an herauszufinden, was der Grund dafür ist.

Wie verhält es sich mit der Pokermiene? Im günstigsten Fall besteht nur die Absicht, überhaupt keine Informationen preiszugeben. Pokerspieler tragen ihre starre Maske, um ihre Chancen zu wahren oder um den anderen zu verbergen, was für ein Vergnügen es für sie ist, die Gegenpartei zu bluffen. Sie unterdrücken ihre negativen und positiven Emotionen, weil beide wertvolle Hinweise liefern. Nach meiner Erfahrung ist die Pokermiene eher für introvertierte und analytische Menschen charakteristisch. Unter den Interviewten waren es gerade die entschieden Ehrlichen, nicht die Lügner, die eine steinerne Pokermiene zur Schau trugen. Dieser Gesichtsausdruck kann ein Hinweis auf eine Lüge sein, wenn er ein für den Betreffenden ungewöhnliches Verhalten darstellt. Auch hier kommt es also darauf an, festzustellen, wie er sich sonst verhält, bevor Sie seine Pokermiene als Lügenhinweis interpretieren.

Zu Punkt 4: Die Körpersprache enthüllt die Wahrheit

Von den interviewten Frauen bezeichneten zwanzig Prozent die Körpersprache eines Mannes als wesentliches Element ihrer Entdeckungsstrategien. Zweifellos ist die Körpersprache wie zum Beispiel Haltung, Gestik, Mienenspiel und Bewegungen eine gute Quelle verborgener Informationen. Mit Ausnahme des Gesichtsausdrucks ist die Körpersprache für die meisten Menschen nicht vollständig beherrschbar. Lügner können ihre Worte und ihren Gesichtsausdruck steuern, während sie bei der Körpersprache oft nicht genau wissen, was sie steuern sollen.

Das Problem besteht darin, daß der Lügner seine Körpersprache nicht so genau zu kontrollieren braucht, weil sie noch nicht vollständig dekodiert ist. Natürlich hat jeder schon einmal einen Artikel darüber gelesen, daß verschränkte Arme und Beine ein Hinweis darauf sind, daß jemand verschlossen ist oder etwas zu verbergen hat (Antwort f). Es kann aber auch sein, daß der Betreffende friert, angespannt oder müde ist oder diese Gesten einfach eine Eigenheit von ihm sind. Die einzige Möglichkeit, Körpersprache gut genug zu verstehen, um eine Lüge zu entdecken, besteht darin, sorgfältig zu beobachten, wie sich der Betreffende sonst bewegt, wie er unter normalen Bedingungen sitzt und gestikuliert. Dies ist Ihr Ausgangspunkt, und jede Abweichung davon sollte Ihre Aufmerksamkeit beanspruchen. Eine auffällige Diskrepanz zwischen seinen Worten und seinen Körpergesten könnte ein deutlicher Hinweis darauf sein, daß er entweder nicht aufrichtig oder mit sich selbst uneins ist. Eine absolute Sicherheit gibt es dabei jedoch nicht.

Worauf sollten Sie achten? Zum Beispiel darauf, ob er zappelig oder nervös ist, mit den Fingern auf dem Tisch trommelt oder an seiner Uhr herumspielt. Zehn Prozent der von mir interviewten Frauen sahen darin einen Hinweis darauf, daß ein Mann log. Ekman zufolge »glaubt jeder, daß Lügner zappelig sind, daß Unruhe ein Hinweis auf eine Täuschung ist«. Der Durchschnittslügner und der raffinierte Lügner wissen jedoch, daß sie diese Unruhe sorgfältig kaschieren müssen, vor allem dann, wenn viel auf dem Spiel steht. Antwort a bringt Sie deshalb nicht weiter. Was passiert, wenn sich ein Lügner sehr anstrengt, seine Zappeligkeit zu verbergen? In diesem Fall zeigt er eine angespannte und in unnatürlicher Weise kontrollierte Körpersprache mit spärlichen Gesten oder Bewegungen. Wenn er also nur wenige Arm- oder Handgesten macht, um seine Aussage zu unterstreichen, könnte er eventuell lügen. Er könnte aber auch gelangweilt, müde, abgelenkt oder ängstlich sein – eine Vielzahl von Gründen, wenn die Gestik eines Mannes zu sparsam ausfällt. Deswegen darf man ein solches Verhalten nicht ohne weiteres als Anzeichen für eine

Lüge deuten. Außerdem läßt sich auch eine »sparsame Geste« nur beurteilen, wenn man weiß, wie dieser Mann unter normalen Umständen mit den Händen spricht. Bei einem leicht irritierbaren Extravertierten kann eine knappe Gestik eine andere Bedeutung haben als bei einem phlegmatischen Introvertierten.

Menschen, die in der Öffentlichkeit Körperpflege betreiben, indem sie sich kratzen, an ihrer Haut zupfen, sich die Hände reiben oder ihren Körper berühren, gelten eher als Lügner. Ekman zufolge gibt es jedoch keinen Beweis, der diese Vermutung bestätigen könnte. Während sich die einen so verhalten, wenn sie unter Streß stehen, tun es die anderen, wenn sie entspannt sind. Wie man im Fernsehen beobachten kann, kratzen und berühren sich Baseballspieler fortwährend. Man muß den Betreffenden kennen, bevor man ein Urteil fällt. Antwort g ist deswegen nicht immer hilfreich.

Mit Antwort c und f sind Sie hingegen auf der richtigen Spur. Alte Pokerspieler warten auf die verräterische Geste ihrer Gegner, den typischen, entlarvenden Hinweis, der ihr Gegenüber zu einem offenen Buch macht. In Kapitel 9 hatte es Heidi mit einer verräterischen Geste zu tun, die ihr eine Affäre ihres Mannes verriet. Ihr Gatte Sandy liebte es, unter der Dusche kleine Wippbewegungen mit dem Becken zu vollführen, wenn er erregt war. Als ihm jemand ein Kompliment bezüglich eines Huts machte, den er trug, kam es zur selben Geste. Der Hut stammte aus der Gegend, wo seine Freundin lebte. Für Heidi war diese Geste ein verräterischer Hinweis auf Sandys Ehebruch.

Es gibt persönliche verräterische Gesten wie im Falle Sandys oder allgemeinere wie zum Beispiel ein leichtes verneinendes Kopfschütteln, wenn man jemandem etwas verspricht. Es könnte aber auch ein leichtes Schulterzucken mit einem Seufzer sein, das verrät, daß in irgendeiner Angelegenheit jemand resigniert. Ebenso könnte es eine seltsame Handbewegung oder eine obszöne Geste sein, die jemand bei einem schwierigen Gespräch unwillkürlich macht. Einige dieser verräterischen Hinweise erfolgen bewußt, während andere, wie zum Beispiel Versprecher, die wahren Absichten oder Empfindungen unfreiwillig verraten.

Zu Punkt 5: Sein Verhalten verrät die Wahrheit

Sein Verhalten liefert Ihnen einen Hinweis bezüglich mehrerer wichtiger Faktoren. Zum einen: wie groß seine Angst ist, ertappt zu werden. Eine Überreaktion mit Zorn und Vorwürfen könnte ein Kampf- oder Fluchtreflex sein und würde die Befürchtung zum Ausdruck bringen, daß Sie seiner Lüge auf der Spur sind. Vielleicht versucht er auf diese Weise auch, Sie zum Rückzug zu zwingen, damit Sie ihm nicht zu nahekommen und herausfinden, warum er sich von Ihnen distanziert. Vielleicht haben Sie auch einen anderen wunden Punkt in den Tiefen seiner Persönlichkeit berührt, der nichts mit Ehrlichkeit zu tun hat. Es ist immer gut, seine wunden Punkte zu kennen, ob er sich als Lügner erweist oder nicht: Er schätzt es zum Beispiel überhaupt nicht, wenn ihm jemand nicht glaubt oder ihn festnageln will. Ein weiterer Vorteil, wenn Sie seine wunden Punkte kennen, besteht darin, daß Sie sich ein Urteil bilden können, ob Sie mit ihm leben wollen oder nicht. Wenn Sie also Antwort a angekreuzt haben und sich auf die Suche nach den Ursachen für seinen Zorn begeben, könnten Sie viel in Erfahrung bringen – aber vergessen Sie dabei nicht, daß sein Zorn nicht unbedingt ein Hinweis auf eine Lüge sein muß.

Seine Überreaktion oder Wut kann ebensogut damit zusammenhängen, daß er sich zu Unrecht verdächtigt fühlt, daß er einfach einen schlechten Tag hat oder sich mitten in einer Lebenskrise befindet. Seine Emotionen und unmittelbaren Reaktionen liefern viel zuwenig Informationen, um daraus auf eine Lüge schließen zu können. Wenn man jemanden nach seiner Haltung oder nach seinen Emotionen beurteilt, läuft man Gefahr, einen Fehler zu begehen, den Ekman »Othello-Fehler« nennt – die unzutreffende Deutung einer Emotion als

Beweis für eine Lüge, wenn sie nichts weiter als der Beweis für eine Emotion ist, die mit Lüge oder Täuschung nichts zu tun haben muß. Antwort c ist also nicht eindeutig.

Wie schuldig oder beschämt fühlt er sich, wenn er gelogen hat? Er kann verlegen wirken, weil er sich verlegen fühlt. Vielleicht protestiert er zu heftig, weil er über seine Täuschung nachbrütet und die Scham in ihm gärt. Bevor Sie sich aber darüber freuen, Antwort b gewählt zu haben, sollten Sie folgendes bedenken: Vielleicht freut er sich riesig darüber, daß er Sie hereingelegt hat. Sein Problem sind die Schuldgefühle – weil er sich zu sehr freut. Er könnte aber auch Zorn oder Verlegenheit heucheln, damit Sie sich schuldig fühlen und er sich erst recht überlegen fühlen kann. Ein verlegener oder schuldiger Gesichtsausdruck kann also sehr viel besagen, muß jedoch kein Hinweis auf eine Lüge sein.

Wie verhält es sich, wenn er Ihre bohrenden Fragen ein wenig zu sorgfältig beantwortet, wenn er langsam und wohlüberlegt spricht, mit vielen Pausen und »Ähs« und »Ahs«? Mit Antwort d könnten Sie richtig liegen. Vielleicht lügt er – doch nur dann, wenn seine langen Pausen und Stockungen ungewöhnlich für ihn sind *und* Sie der Meinung sind, daß er über den Gegenstand einer Rede sehr gut informiert ist. Trotzdem sollten Sie vorsichtig sein: Er könnte langsam sprechen, weil er das Gefühl hat, daß Sie ihn aus einem unbekannten Grund aushorchen wollen und daß Ihnen das Thema deswegen so am Herzen liegt, oder weil er von etwas anderem abgelenkt ist.

Ich habe festgestellt, daß die Pause vor einer Antwort fünf bis sechs Sekunden dauert statt der üblichen ein bis zwei Sekunden, wenn ich jemandem, der etwas zu verbergen hat, eine entsprechende – direkte und unerwartete – Frage stelle. Die Psychologen nennen das »Reaktionsverzögerung«. Es ist so, als ob der Lügner sagen würde: »Da muß ich überlegen«, um Zeit zu gewinnen. Dies stellt jedoch nur dann einen Hinweis auf Lügen dar, wenn die Antwort nicht sorgfältig einstudiert wurde und wenn dieses Verhalten bei dem Betreffenden auffällig ist.

Zu Punkt 6:
Nur sein vegetatives Nervensystem weiß es genau

Die autonomen Reaktionen sind reine, unverfälschte Physiologie: Erweiterung der Pupillen, Atemfrequenz, Schwitzen, Schluckfrequenz, Erröten und Blaßwerden. Weil diese unwillkürlichen Reaktionen kaum zu steuern oder zu unterdrücken sind, liefern sie gute Hinweise auf eine Lüge und werden ebenso wie die Hauttemperatur und Pulsfrequenz von Lügendetektoren genauestens registriert. Wenn Sie also eine der Antworten a, b, c oder d oder alle angekreuzt haben, sind Sie auf der richtigen Spur.

In welcher Form können Ihnen Reaktionen des vegetativen Nervensystems beim Aufdecken von Lügen behilflich sein? Zunächst müssen Sie herausfinden, was er Ihnen sagen darf und was nicht. Jeder einigermaßen gute Beobachter kann erkennen, daß der Betreffende einer starken Gemütsbewegung unterliegt. Ekman zufolge ist sich die Wissenschaft bislang noch unschlüssig, ob diese Reaktionen besagen, daß der Betreffende nur irgendeine starke und negative Emotion erlebt, oder ob diese Emotion Trauer, Furcht, Zorn, Verlegenheit oder eine Mischung davon ist. Zum gegenwärtigen Zeitpunkt läßt sich nur sagen, daß jemand, dessen Pupillen sich weiten und dessen Haut sich rötet, der zwinkert und schnell atmet oder einen Schweißausbruch hat, eine emotionale Reaktion zeigt. Diese Reaktionen sind nicht kontrollierbar und stellen einen verläßlichen Hinweis auf eine starke negative Emotion dar. Achten Sie daher sorgfältig auf solche Hinweise. Vergessen Sie aber nicht, daß eine starke Emotion nicht unbedingt ein Beweis für eine Lüge ist. Geübte Lügner oder auch Schauspieler können Lügendetektoren »austricksen«, indem sie eine mit starken Emotionen befrachtete Erinnerung in sich wachrufen. Auf diese Weise ersetzen sie ihre wahren negativen Empfindungen wie Angst oder Wut durch Gelassenheit oder Freude. Außerdem gibt es Menschen, die an ihre Lüge glauben, weshalb in ihr keine starken negativen

Empfindungen vorkommen. Solchen Lügnern ist fast nicht beizukommen, weil in ihrem vegetativen Nervensystem und somit an den empfindlichsten Detektoren keine Reaktion auftritt.

Was geschähe nun, wenn Sie sich von Ihren persönlichen Mythen und Vorurteilen befreien und das Aufdecken von Lügen so lange üben, bis Sie es beherrschen? Leider wäre Ihre Trefferquote kaum höher, als wenn Sie nur raten würden. Probieren Sie es selbst bei jemandem aus, den Sie als Lügner in Verdacht haben. Versuchen Sie, das asymmetrische Lächeln, die Weitung der Pupillen und die flüchtige Geste zu registrieren – es ist außerordentlich schwierig. Vor vielen Jahren arbeitete ich mit einem zwanghaften Lügner, der viel Leid anrichtete. Er log so gut, daß ich ihn nur entlarven konnte, als ich ihn mit seinen Lügen direkt konfrontierte oder eine gezielte Frage stellte und dann die Reaktion seiner Pupillen oder eine eventuelle Rötung der Haut an seinem Hals beobachtete. Ein Problem bestand darin, daß er viele seiner Lügen in fensterlosen Besprechungsräumen mit schwacher Beleuchtung erzählte. Manchmal mußte ich mich so sehr anstrengen, die Weitung seiner Pupillen zu entdecken, daß ich den Gesprächsfaden verlor. Seine Pupillen weiteten sich, und auch sein Hals rötete sich. Dies waren starke Hinweise darauf, daß er wirklich log – doch im Grunde kein Beweis.

Beobachten Sie den Lügner – er beobachtet Sie

Sie achten nun mehr auf Ihren Selbstschutz – doch vergessen Sie nicht, daß auch Lügner wachsam sind. Sie müssen damit rechnen, daß er Ihr Verhalten auf Anzeichen überprüft, ob Sie einen Verdacht haben. Wenn er dies vermutet, wird er seine Tarnung sofort verstärken. Dazu gehört unter anderem, daß er nonverbale Zeichen sorgfältiger verbirgt, die seine Täuschung verraten könnten. Lügner, für die viel auf dem Spiel steht, beobachten unermüdlich Ihren Argwohn und perfektionieren ihre Täuschungsstrategien. Die Abstimmung ihres Verhaltens auf Ihre Wahrnehmungen ist ihr tägliches Brot. Vergessen Sie auch nicht, daß die oben erörterten Lügenentdeckungsgeschichten am besten beim gewöhnlichen, ungeübten Gelegenheitslügner »funktionieren«, der weder ein pathologischer Fall ist, noch zwanghaft handelt.

Mein Rat lautet also: Beobachten Sie ihn sorgfältig, aber seien Sie sich darüber im klaren, wie aussagekräftig Ihre Beobachtungen sein können. Ihre Trefferquote beim Aufdecken von Lügen hängt weitgehend davon ab, wie gut Sie das normale Verhalten des »Verdächtigen« kennen und wieviel für den Betreffenden auf dem Spiel steht. Je mehr Sie von ihm und seinen Motiven wissen, um so größer ist die Wahrscheinlichkeit, daß sich alle Hinweise zu einem sinnvollen Ganzen zusammenfügen lassen. Vergessen Sie auch nicht, daß der Lügner Sie beobachtet, egal, ob Sie ihn Ihrerseits beobachten oder nicht.

Die folgende Übersicht soll Ihnen helfen, das oben Besprochene immer präsent zu haben, damit Sie sich darauf konzentrieren können, die Lüge und den Lügner ausfindig zu machen.

Übersicht über Lügenmythen und was daran wahr ist

Mythos 1: Ein Lügner kann dir nicht in die Augen blicken.

Tatsache ist: Der Lügner unterläuft Ihre Erwartungen, indem er Ihnen direkt in die Augen blickt.

Der Lügner kann seinen Blick und seinen Gesichtsausdruck ohne weiteres steuern.

Mythos 2: Die Stimme eines Lügners verrät die Lüge aufgrund der hohen Tonlage, des schnellen und lauten Sprechens, der Versprecher und Pausen.

Tatsache ist: Die Stimme stellt einen recht zuverlässigen Indikator für Emotionen dar, doch eine Emotion als solche ist noch kein Hinweis auf eine Lüge.

Weil Lügner und Ehrliche aus unterschiedlichen Gründen ähnliche Emotionen haben, ist es nicht so einfach, eine Lüge zu entdecken.

Furcht und Trauer hören sich unterschiedlich an, doch beide können mit der gleichen Lüge zusammenhängen.

Auch erfahrene Lügner können zwar die meisten zu erwartenden Hinweise, doch kaum die Tonhöhe beim Sprechen beeinflussen.

Mythos 3: Lächeln ist nur eine Geste der Höflichkeit und muß als solche verstanden werden.

Ein Pokergesicht verbirgt üblicherweise eine Lüge.

Tatsache ist: Lächeln wirkt entwaffnend und entstammt dem Arsenal des gewöhnlichen Lügners, ist jedoch kein unumstößlicher Beweis für eine Lüge.

Ein verzerrtes Lächeln, das nur den Mund, aber nicht die Augen umfaßt, zu lange dauert, zu früh beginnt und ungleichmäßig ausklingt, muß keine Lüge verbergen, sondern läßt auch auf eine Diskrepanz zwischen der tatsächlich empfundenen und der zur Schau getragenen Emotion schließen.

Ein Pokergesicht sagt mehr über eine Persönlichkeit aus als über eine eventuelle Lüge, sofern nicht jemand mit lebhafter Mimik plötzlich ein Pokergesicht aufsetzt.

Mythos 4: Die Körpersprache liefert wichtige Informationen, die es ermöglichen, einem Lügner auf die Schliche zu kommen.

Die Körpersprache des Lügners ist wie ein Wörterbuch.

Die Zappeligkeit und Unruhe des Lügners verraten ihn.

Verschränkte Arme und übergeschlagene Beine deuten daraufhin, daß jemand etwas verbirgt.

Tatsache ist: Die Interpretation der Körpersprache ist kompliziert. Auch verschränkte Arme und übergeschlagene Beine können alles mögliche bedeuten.

Will man die Körpersprache eines Menschen verstehen, muß man ihn auch unter normalen Bedingungen beobachten, um über ein Vergleichskriterium zu verfügen. Es ist wichtig, den

Verhaltenskontext und die körperliche Verfassung des Betreffenden (müde, gelangweilt, kälteempfindlich) zu kennen.
Lügner unterdrücken jedes Verhalten, von dem sie annehmen, daß es sie verraten könnte, auch Zappeligkeit.
Zuverlässige nonverbale Hinweise auf eine Lüge sind absichtliche und unabsichtliche Bewegungen (Schulterzucken, Handbewegungen und Kopfschütteln sowie sehr persönliche Bewegungen).

Mythos 5: Unangemessen wütende oder hyperaktive Reaktionen auf Fragen zeigen, daß der Lügner sich in die Enge getrieben fühlt, und stellen ein Schuldgeständnis dar.
Ein verlegener oder schuldiger Gesichtsausdruck ist der endgültige Beweis für seinen Betrug.
Zu langes Nachdenken oder zögerndes Antworten bedeutet, daß er Zeit schinden will, um sich eine Antwort oder ein Alibi zurechtzulegen.
Tatsache ist: Seine Lügen spiegeln seine Persönlichkeit wider und zeigen, wie er Streß bewältigt. Man muß seine Person im Zusammenhang mit seinem sozialen Umfeld, seiner beruflichen Tätigkeit und seinen Motivationen sehen.
Der Körperausdruck ist ein Spiegel komplexer Empfindungen und Reaktionen auf die verschiedensten Dinge. Sein Zorn, sein Schuldbewußtsein und sein Zögern können, sie müssen aber keine Täuschung verbergen.

Mythos 6: Reaktionen des autonomen Nervensystems wie Erröten, Anstieg der Atemfrequenz, Schwitzen und Weitung der Pupillen verraten den Lügner.
Tatsache ist: Reaktionen des autonomen Nervensystems sind klare Hinweise auf starke negative Empfindungen wie Zorn, Furcht, Trauer, Beschämung und Schuldgefühle.
Starke negative Empfindungen können jedoch auch sonst auftreten. Deshalb sind auch diese unwillkürlichen Hinweise nicht absolut zuverlässig.
Fähige Lügner und erfahrene Schauspieler verstehen es, unwillkürliche Reaktionen vorzutäuschen oder zu hemmen, in-

dem sie sich intensiv in eine gewünschte Emotion hineinversetzen.
Lügner, die ihre eigenen Lügen glauben, empfinden beim Lügen keine starken negativen Emotionen.

Stellen Sie nun diese Techniken in den Zusammenhang solider Grundkenntnisse der Prinzipien, die den Beziehungslügen zugrunde liegen.

Einige Wahrheiten über den Selbstschutz

Um eine Lüge aufzudecken, muß man den Lügner entlarven – darum geht es in diesem Buch. Werfen wir einen Blick auf acht Prinzipien, die Informationen, Hinweise und Selbstschutztaktiken beinhalten, vor dem Hintergrund Ihrer Beziehungen und bestimmter Situationen.

Selbstschutz hat zunächst mit Ihrer Persönlichkeit zu tun. Sie sollten eine klare und entschiedene Auffassung davon haben, was für Sie akzeptabel ist und was nicht, damit Sie sich nicht einem Lügner ausliefern. Weiter müssen Sie bereit sein, ständig ein wachsames Auge auf die Lüge und den Lügner zu haben und leidenschaftslos sein Tun zu beobachten, ohne Ihre Ansprüche zurückzustellen. Vergessen Sie nicht, was für Sie auf dem Spiel steht, wenn Sie es nicht tun.

Dies hat sicher nichts mit Romantik zu tun, doch es ist auch nicht sehr romantisch, auf Täuschungen hereinzufallen, die alle, nur Sie nicht durchschauen. Auch unter günstigsten Umständen kann man nicht annehmen, daß zwei Menschen immer alles ähnlich sehen. Menschen im allgemeinen sind verschieden, Männer und Frauen ebenso, und auch Sie und er sind verschieden. Jeder von uns hat ein anderes persönliches Umfeld, wir haben unterschiedliche Lebenserfahrungen und Erwartungen, was Vertrauen und Intimität angeht. Diese Unterschiede entfernen uns einerseits voneinander, sie machen aber andererseits den Reiz einer Beziehung aus. Gerade weil es so viele Unterschiede gibt, ist es eher unwahrscheinlich, daß Sie und er sich immer einig darüber sind, wann es akzeptabel ist, die Wahrheit zu unterdrücken oder eine Täuschung an ihre Stelle zu setzen. Vielleicht sind Sie sich nicht einmal darüber einig, was eine Lüge ist oder ob es überhaupt angebracht ist, die Wahrheit zu verbergen. Wenn Sie auf diese Informationen Wert legen, steht Ihnen eine Stunde Arbeit bevor. Sie sollten gemeinsam Prioritäten setzen in bezug darauf, was in Ihrer Beziehung wichtig ist, und sich beide zu deren Einhaltung verpflichten. Außerdem müssen Sie festlegen, wie Sie Ihre Ehrlichkeitsstandards durchzusetzen gedenken. Nachfolgend acht Schutzprinzipien, die Ihnen helfen können, sich zu behaupten.

- **Prinzip 1: Auch Lügner müssen irgendwann Farbe bekennen.**
- **Prinzip 2: Es ist leichter, »sie« zu belügen als »uns«.**
- **Prinzip 3: Manche Männer lügen um kurzfristiger Vorteile willen.**
- **Prinzip 4: Geben Sie Ihr Mißtrauen nicht so schnell auf.**
- **Prinzip 5: Männer sagen Ihnen, was Sie hören wollen.**
- **Prinzip 6: Wenn Sie es glauben, werden Sie es auch sehen.**
- **Prinzip 7: Wer sich selbst belügt, ist am schwersten zu entlarven.**
- **Prinzip 8: Tatsachen sind immer angenehm.**

Prinzip 1: Auch Lügner müssen irgendwann Farbe bekennen

Er belügt Sie. Und danach gelingt es dem cleveren Burschen auch noch, Ihrem Zorn zu entgehen und sich nicht erwischen zu lassen. Sein Pech ist nur, daß er sich selbst nicht entgehen kann. Selbst wenn Sie sich überlisten ließen und glaubten, daß der Frosch der Prinz sei, daß der Lügner die Wahrheit sagte, wird Ihnen sein Verhalten letzlich doch offenbaren, wer er ist – nicht weil er es möchte, sondern weil er es nicht verhindern kann. Sie brauchen es nur abzuwarten. Irgendwann wird seine Maske rissig, seine Ausflüchte werden durchsichtig, und in einem unbedachten Augenblick wird er Ihnen sein wahres, wenn auch nicht gerade erfreuliches Innenleben dekuvrieren.

Warum? Weil unser Verhalten einerseits in verschiedenen Situationen gleichbleibt, andererseits so einmalig ist wie ein Fingerabdruck. Es liegt eine gewisse Ökonomie darin, tagaus tagein derjenige zu sein, der man im Grund ist, statt sich ständig zu verändern. Nur ein Meisterlügner kann seine Täuschung sehr lange durchhalten, während der gewöhnliche Lügner viel Energie benötigt – über die er normalerweise nicht verfügt, sofern nicht sehr viel für ihn auf dem Spiel steht.

Wenn Sie also nur lange genug warten, wird er Farbe bekennen. Wie bei einer Zwiebel wird er Stück für Stück offenbaren müssen, wer er wirklich ist. Wenn Sie allerdings zu sehr mit Ihrer vorgefaßten Meinung beschäftigt oder nicht wachsam genug sind, könnten Sie es verpassen. Wenn Sie entschlossen sind, ihn Ihren eigenen Idealen anzupassen, verzichten Sie auf die Möglichkeit, das Offensichtliche zu erkennen. Letztlich spielt es doch keine Rolle: Irgendwann wird sein wahres Gesicht zum Vorschein kommen. Wenn Sie allerdings nur passiv darauf warten, vergeuden Sie möglicherweise Jahre Ihres Lebens.

Taktik 1: Verschaffen Sie sich eine Momentaufnahme seines Verhaltens

Lügen haben kurze Beine

Sprichwort

Vor etwa fünfzehn Jahren stieß ich zufällig auf einen hilfreichen Trick, den ich »Momentaufnahme des Verhaltens« nenne. Wenn ich einem Menschen zum ersten Mal begegne, zwinge ich mich dazu, so viele Details wie möglich vom Verhalten des Betreffenden, seinem persönlichen Ausdruck, seinen Vorlieben und Abneigungen sowie seinen Äußerungen zu beobachten und festzuhalten und darauf zu achten, was ich selbst empfinde, wenn der Betreffende bestimmte Dinge sagt oder tut. Ich bin ganz Auge und Ohr. Nichts soll mir entgehen. Dann speichere ich alles in meinem Gedächtnis. Wenn es sich um einen Klienten oder jemanden handelt, mit dem ich voraussichtlich auch in Zukunft zu tun haben werde, mache ich mir einige Notizen, die ich aufbewahre.

Später hole ich die Momentaufnahme aus meinem Gedächtnis zurück und rekapituliere, wie ich die erste Begegnung erlebte. Erstaunlicherweise enthält dieser Schnappschuß eine Fülle nützlicher Informationen, die ich jetzt verstehe. Manchmal spreche ich auch mit dem Betreffenden über diese erste Begegnung und wie ich sie erlebte.

Die Momentaufnahme des Verhaltens hat drei Vorteile: Erstens muß man sich darauf konzentrieren, zu beobachten und einen Bezugspunkt zu schaffen, um den Betreffenden zu verstehen. Später wird man nie mehr so objektiv sein können, weshalb das, was man als erstes gesehen hat, im Laufe der Zeit immer bedeutsamer wird. Zweitens offenbart der Betreffende bei dieser ersten Begegnung sehr viel von seinem Wesen: Er ist passiv oder aktiv, charmant oder zurückgezogen, wechselhaft oder beständig, streitlustig oder nachgiebig, egozentrisch oder auf den anderen bezogen. Drittens läßt der Betreffende, falls Sie es mit einem Lügner zu tun haben sollten, vielleicht gleich bei der ersten Begegnung viele Hinweise auf sein Lügenverhalten durchsickern.

Probieren Sie es aus, oder versuchen Sie, sich an die erste Begegnung mit einem Mann zu erinnern, der Sie belog. Versuchen Sie, alle Details in sich wachzurufen. Selbst wenn wir es nicht bewußt tun, nehmen wir doch erstaunlich viel wahr. Gab es schon damals Anzeichen für das, was später kommen sollte? Was sehen Sie jetzt, wenn Sie Ihren geschärften Blick zurückwenden?

Ihre Momentaufnahmen des Verhaltens liefern den überzeugenden Beweis dafür, daß Verhalten beständig ist und die Hinweise, die wir benötigen, um uns zu schützen, oft weit weniger verborgen sind, als man zunächst annimmt. Selbst wenn er Sie damals täuschen konnte, wird er letztlich Farbe bekennen. Und wenn er ein Lügner ist, kommen Sie ohne ihn viel besser zurecht.

Prinzip 2:
Es ist einfacher, »sie« als »uns« zu belügen

Vor einigen Jahren saß ich im Flugzeug neben dem Sohn eines Abgeordneten. Wir sprachen über die Lügen, die Männer Frauen erzählen, und er erzählte mir dazu eine Geschichte: »Als ich noch als kleiner Junge auf den Knien meines Vaters saß, sagte er zu mir: ›Mein Sohn, es gibt zwei Arten von Menschen in der Welt. Es gibt ›sie‹ und ›uns‹. ›Ihnen‹ kannst du erzählen, was du willst, aber ›uns‹ darfst du nie belügen.‹«

Eine vielsagende Ermahnung. Alle Gruppen teilten die Menschen in Mitglieder und Nichtmitglieder ein, Insider und Outsider. Strengste Loyalität ist gegenüber den Insidern (»wir«) geboten. Ihnen traut man, sie schätzt man. »Sie« sind davon ausgeschlossen, »sie« sind Bürger zweiter Klasse. Selbst in einer Räuberhöhle gibt es einen Ehrenkodex. Es spielt keine Rolle, ob es sich um eine Straßenbande in Chicago, den amerikanischen Kongreß oder die Finanzmakler an der Wall Street handelt.

Der wahre Ehrenkodex gilt nur für die Insider. Als Outsider müssen Sie immer damit rechnen, daß der Insider die Wahrheit immer in seinem Sinne darstellt. Ihnen wird nicht dieselbe Vorzugsbehandlung zuteil. Dadurch sind Sie immer eine Schachfigur in ihrem Spiel, egal, worum es sich handelt – solange Sie nicht Bescheid wissen.

Was hat dies mit den Lügen der Männer, die sie Frauen erzählen, zu tun? Eine ganze Menge. Viele Männer betrachten alle anderen Männer als »wir« und Frauen als »sie«. Diese Haltung gibt es nicht erst seit gestern, und sie wird auch nicht so bald aus der Welt geschafft sein, nur weil Sie miteinander schlafen, leben und Kinder haben.

Jungen und Mädchen ziehen bis in die nachpubertäre Phase Gruppen des eigenen Geschlechts vor. Dies fördert die Trennung der Geschlechter: »die Jungen« gegen »die Mädchen«.

Wenn Jungen und Mädchen miteinander Umgang haben, müssen Mädchen oft feststellen, daß sie für entpersönlichte Objekte gehalten werden, die es zu erobern gilt. Die Jungen, nicht die Mädchen, sind der Club, der die Etiketten vergibt, sie sind »wir«, mit denen er seine Heldentaten austauscht, denen er sich verpflichtet fühlt und nur die Wahrheit erzählt. In diesem Szenario sind Mädchen – wie Eltern – in die Rolle der »sie« gedrängt. Ihnen kann man alles erzählen, ohne unehrenhaft zu sein, solange man nicht die »wir« belügt.

Ein Alleinstehender Anfang Zwanzig sagte mir, daß er ein großer Lügner sei, aber seine Freunde niemals belügen würde. Selbstredend waren damit nur seine männlichen Freunde gemeint, mit denen er einen trinken ging, und die alten Klassenkameraden: nicht jedoch die Frau in seinem Leben, mit der er seit zwei Jahren zusammen war.

Die Privilegien und Machtexklusivität der Männer zementieren oft eine Wir-sie-Situation am Arbeitsplatz, beim Spiel und in der Familie. Bei Firmenbesprechungen, an denen Männer und Frauen teilnehmen, werden Sie sehr schnell entdecken, wie eine unsichtbare Trennlinie auf der Grundlage des Geschlechts, der Rasse oder des Alters gezogen wird. Beobachten Sie, wie häufig Männer ihre Geschlechtsgenossen anblicken und beim Namen nennen und wie sie sich im Vergleich dazu Frauen gegenüber verhalten. Unter Männern herrscht oft ein stillschweigendes Einverständnis. Frauen werden oft wie Statisten behandelt, die einen Tag lang mitspielen dürfen: als Außenseiter, »sie«.

Weil Männer sich am loyalsten anderen Männern gegenüber verhalten und ihre Ehrenkodizes nur auf sie anwenden, fällt es ihnen leicht, Frauen die Persönlichkeit zu rauben und sich herablassend von ihnen zu distanzieren, so daß keine Empathie entstehen kann. Dies ebnet den Weg zur Lüge. Hat er einmal begonnen, Sie zu belügen, wird ihm zusehends die Fähigkeit abhanden kommen, sich wirklich empathisch mit Ihnen zu verbinden.

Taktik 2:
Lassen Sie sich von der Wir-sie-Trennung nicht blenden

Beobachten Sie, ob er mit Ihnen weniger unbeschwert spricht als mit seinen Freunden. Nimmt er Sie nicht mehr wahr, wenn er in Ihrer Gegenwart mit seinen Freunden beisammen ist? Sind Sie nur zweite Wahl, wenn es darum geht, wie er seine Freizeit gestaltet? Verbringt er sie weitgehend in spätpubertären Männergruppen – in der Kneipe, im Sportclub, beim Golf, in der Freimaurerloge, bei einem Gewerkschaftsabend – Aktivitäten, die alle ohne Sie stattfinden?

Errichtet er darüber hinaus und ohne ersichtlichen Grund Schranken zwischen Männern und Frauen, und setzt er dabei kulturelle Stereotypen ein? Läßt er durchblicken, daß Sie von bestimmten Dingen wie Wirtschaft oder Mathematik oder von dem, was ihn gerade beschäftigt, nichts verstehen, weil Sie eben eine Frau sind? Fügt er seinem Kompliment, wenn Sie etwas gut gemacht haben, ein wohlfeiles »Hätte ich von einer Frau nicht erwartet« hinzu? Läßt er keine Gelegenheit aus, um auf Ihr Geschlecht Bezug zu nehmen wie zum Beispiel: »Du bist eine ziemlich erfolgreiche (reiche, kluge, clevere, hart arbeitende) *Frau*«? Wenn dem so ist, sind Sie für ihn in der Schublade »andersartig« gelandet, egal, warum, was der Trennung zwischen »wir« und »sie« dient und die damit verbundenen Machtspiele fördert.

Wie können Sie die nun entstandene Distanz überbrücken? Betonen Sie zunächst Ihre Gemeinsamkeiten, und achten Sie weniger auf die Unterschiede. Machen Sie ihm Ihren Standpunkt klar, und helfen Sie ihm, Sie als komplexe Person mit Gefühlen, Interessen und Fähigkeiten zu sehen. Schließen Sie Freundschaft mit seinen Kumpels. Ermöglichen Sie es Ihnen, Ihre Persönlichkeit kennenzulernen, und werden Sie soweit wie möglich zu einer »Insiderin«.

Natürlich macht die Trennung zwischen »wir« und »sie« einen Ehrlichen nicht schon zum Lügner. Wenn Sie jedoch für ihn »sie« sind, ist es für ihn einfacher, Sie zu belügen. Und wenn er einmal damit begonnen hat, wird Ihr »sie«-Status bekräftigt und die Distanz immer größer. Wenn Sie mit seinem Wir-sie-Denken zurechtkommen, akzeptieren Sie dies als kulturelle Gegebenheit. Wenn nicht, ist es besser für Sie, die Beziehung zu beenden. Vielen Männern ist es gelungen, sich von diesem Wir-sie-Verhalten zu befreien. Andererseits dürfen Sie nicht vergessen, daß ein Mann, bei dem es diese Wir-sie-Trennung nicht gibt, trotzdem ein Lügner sein kann.

Prinzip 3: Manche Männer lügen um kurzfristiger Vorteile willen

Er möchte nichts als einen schnellen Sieg. Er betrachtet sich als General, der einen Feldzug führt, um ein Ziel zu erreichen oder einen Rückschlag zu vermeiden. Von langfristiger Intimität und Bindung kann keine Rede sein. Dieser Mann denkt rein taktisch. Gemäß Prinzip 2 gehören Sie zu den »sie«, die er umwerben und erobern oder auch täuschen muß (damit Sie zum Beispiel glauben, daß er bis spät in die Nacht arbeitet, während er in Wirklichkeit mit seinen Kumpels unterwegs ist oder sich mit einer Geliebten trifft). Vielleicht hat er einmal gehört, daß in der Liebe und im Krieg alles erlaubt sei, und hat das eine mit dem anderen gleichgesetzt. Die gerissene Lüge ist Teil seines Waffenarsenals, und manchmal ist unklar, ob er Sie als Liebespartnerin sieht, die er für sich gewinnen will, oder als Feind, den man austricksen muß, oder beides.

Vielleicht zielt seine Selbstdarstellung gar nicht auf Sie,

sondern auf seine Kumpels oder auf sein Selbstbild als wagemutiger Held. Seine Liebessprache ist dem Jargon der Militärstrategen und Spionagethriller entlehnt, doch er spricht von Ihnen. Eines sollten Sie jedenfalls beherzigen: Wenn Sie den Eindruck haben, daß sich seine Liebesschule eher an der *Kunst des Krieges* orientiert als am *Kamasutra*, dann ist es Zeit für Sie, Ihre Zelte abzubrechen und das Weite zu suchen.

Taktik 3:
Beobachten Sie seine Vorgehensweise, und bremsen Sie ihn

Geschwindigkeit ist dabei oft ein wichtiger Faktor. Das Problem liegt hier nicht in einer einzelnen Lüge, sondern in seinem ganzen Verhalten, das die Beziehung mit Ihnen auf ein Spiel um Sieg oder Niederlage reduziert, bei dem alle Mittel erlaubt sind. Sie müssen herausfinden, was er plant, und rasch Gegenmaßnahmen ergreifen. Tun Sie dies nicht, wird entweder Ihre Liebesbeziehung vorbei sein, noch bevor Sie wissen, wie Ihnen geschieht, oder Sie werden in eine Beziehung hineingezogen, die aus wenig mehr als einer Kette taktischer Manöver und kurzfristiger Transaktionen besteht.

Wenn Sie Zweifel haben, sollten Sie – im Gegenteil – langsamer vorgehen. Wenn er einen schnellen Sieg anstrebt, müssen Sie es ihm nicht auch noch leichtmachen: Lassen Sie sich Zeit. Wenn es eine neue Beziehung ist, schlagen Sie ihm ein Dinner für nächste Woche vor. Lassen Sie ihn warten. Wenn Sie mit dem Betreffenden schon länger eine Beziehung haben, sollten Sie längerfristig denken. Helfen Sie ihm, seine Auffassung loszuwerden, wonach Sie seine nächste Festung sind, die er einnehmen muß, indem Sie ihm mitteilen, welche Empfindungen dies bei Ihnen auslöst. Prüfen Sie, welche Verpflichtungen er bereit ist zu übernehmen, und beobachten Sie, ob er sich daran hält. Sammeln Sie Informationen. Legen Sie einen Ehrlichkeitsstandard als Grundlage Ihrer Beziehung fest, verpflichten Sie ihn darauf, und setzen Sie diesen Standard durch. Jede Armee hat ihre Regeln und Vorschriften.

Machen Sie ihm Ihre Wünsche deutlich und daß Sie kurzfristiges Denken als Hindernis für die Beziehung empfinden. Prüfen Sie, ob Sie eine gemeinsame Grundlage oder gemeinsame Zielsetzungen finden können, bei denen Sie Teil seines Teams und kein Objekt sind, das es zu erobern gilt, oder ein Feind, den man »unterkriegen« muß.

Prinzip 4: Geben Sie Ihr Mißtrauen nicht so schnell auf

Dieses Prinzip hat mehr mit Ihnen als mit ihm zu tun. Es wurde in diesem Buch immer wieder erwähnt. Intelligente, wahrnehmungsfähige Frauen, die es eigentlich besser wissen sollten, gehen mit jemandem, den sie mögen, eine Beziehung ein und vergessen nach einer viel zu kurzen Phase intensiver Prüfung jegliche Vorsicht, weil sie keinen Grund sehen, ihm *nicht* zu vertrauen. Sie leiden, wie ich es nenne, an einer »frühzeitigen Zerstreuung ihres Mißtrauens«. Sie tun, was keine Frau jemals tun sollte: Sie glauben einem Lügner. Manchmal sind die Folgen außer einem beschädigten Ego nicht allzu verheerend, doch manchmal können schwere körperliche, seelische und finanzielle Schäden entstehen. Seien Sie sich darüber im klaren, daß Sie Ihr gesundes Mißtrauen nicht schon deswegen aufzugeben brauchen, weil Sie mit jemandem einige Male geschlafen oder auch weil Sie ihn geheiratet haben. Eine aufgeklärte, gelassene Skepsis ist eine Tugend, die sich schon viele Frauen im nachhinein schmerzlich wünschten.

Es gibt eindrückliche Beweise dafür, daß Frauen in engen persönlichen Beziehungen vertrauensseliger sind und eher dazu neigen, den Menschen zu vertrauen, die sie mögen. Es schadet nicht, Gernhaben und Vertrauen miteinander zu verwechseln, wenn jemand, den man gern hat, auch wirklich vertrauenswürdig ist, doch im ersten halben Jahr einer Beziehung ist Vertrauen reine Spekulation. Lassen Sie sich Zeit.

Taktik 4: Zügeln Sie Ihre Erwartungen, und bewahren Sie sich eine gesunde Skepsis

Zügeln Sie Ihre Erwartungen

Auch wenn Sie allzugern glauben möchten, was er sagt, sollten Sie den Gedanken nicht zu früh verwerfen, daß der Mann, dem Sie vertrauen wollen, Sie belügen könnte. Vielleicht verschweigt er etwas, das für die Beziehung tödlich sein könnte (er hat eine andere Frau, ist an einer anderen interessiert, hat ein Büroverhältnis, will sich scheiden lassen, sobald die Kinder aus der Schule sind), oder vielleicht belügt er Sie direkt. Erwarten Sie vielmehr, daß neues Vertrauen nach einem Vertrauensbruch viel Zeit und Erfahrung benötigt. Ein Teil Hoffnung und drei Teile Zuneigung genügen nicht.

Ein erfolgreiches Erwartungsmanagement beruht darauf, daß Sie wissen, worüber Sie hinwegsehen wollen, wann für Sie die Grenze erreicht ist, und daß Sie auch in der Lage sind, dies mitzuteilen. Legen Sie Ihre Standards fest und machen Sie ihn mit diesen Standards bekannt. Wenn er Farbe bekennen muß (Prinzip 1), gilt das auch für Sie. Welche Werte sind Ihnen so wichtig, daß Sie Verstöße nicht hinnehmen? Für die einen ist es Zuverlässigkeit, für die anderen die Ausschließlichkeit einer Beziehung, die nächsten legen auf emotionale Bindung großen Wert. Für manche ist es auch das Vertrauen. Sprechen Sie miteinander über die gegenseitigen Erwartungen, welche Werte unbedingt beachtet werden müssen.

Um Ihr Vertrauen zu verdienen, muß er sein Wort halten und in wichtigen Dingen zuverlässig sein, womit ich nicht nur meine, daß er pünktlich zum Essen erscheint. Beobachten Sie, ob er etwas versprochen hat und jetzt mit gegensätzlichen Forderungen, Meinungen oder zusätzlichen Verantwortlichkeiten konfrontiert ist. Wie behandelt er Sie und die anderen Beteiligten? Behandelt er Sie als »wir« oder »sie« (Prinzip 2)? Haben Sie das Gefühl, für ihn nur insofern wichtig zu sein, als Sie Teil seiner kurzfristigen Eroberungsstrategie sind (Prinzip 3)? Machen Sie sich immer wieder klar, daß Gernhaben eine spontane Reaktion auf jemanden ist, eine Entscheidung, die als Reflex über Ihre Wirbelsäule, nicht über Ihre Großhirnrinde läuft. Machen Sie Ihre Entscheidung, einem Mann zu vertrauen, von seiner tatsächlichen Zuverlässigkeit abhängig, die sich über längere Zeit bewähren muß. Der Unterschied zwischen Gernhaben und Vertrauen sollte weiterhin Ihr natürliches Mittel gegen die Täuschung durch einen Lügner bleiben.

Bewahren Sie sich ein gesundes Mißtrauen
Übernehmen Sie nicht die Sichtweise eines anderen Menschen. Sie basiert immer auf den individuellen Erwartungen, Überzeugungen, Bedürfnissen und auch verborgenen Absichten des Betreffenden. Es mag Ihnen zunächst schwerfallen, die Aussagen oder Wahrnehmungen eines anderen in Zweifel zu ziehen, insbesondere, wenn Sie es gewohnt sind, anderen im allgemeinen zu trauen (Sie erinnern sich: Viele der interviewten Frauen erklärten, daß sie einem Lügner glaubten, weil sie keinen Grund sahen, ihm nicht zu glauben). Bald aber werden Sie sich fragen, wie Sie überhaupt ohne diese Taktik auskommen konnten. Gesunde Skepsis hat nichts damit zu tun, jemandem Vorwürfe zu machen oder ihn zu beschuldigen. Lassen Sie Ihre natürliche Neugierde gewähren, fügen Sie zwei Teile Kreativität und ein Teil Skepsis hinzu, und stellen Sie einige hartnäckige Was-wäre-wenn-Fragen.

Könnte man seine Aussagen und sein Verhalten auch anders beurteilen? Gehen Sie vor wie ein Zeitungsreporter, der nach dem Wer, Was, Warum, Wo, Wann und Wie – fragt, und zwar nicht deswegen, weil er ein schwieriger Mensch ist, sondern weil Sie in Ihrem Artikel die Fakten richtig darstellen wollen. Versuchen Sie mit diesen Fragen herauszufinden, welcher Mann vor Ihnen steht. Neugierde ist nicht Grobheit. Prüfen Sie seine Nummer im Telefonbuch nach. Erkundigen Sie sich nach seinem sozialen Umfeld, seinen Motiven, und hinterfragen Sie seine Bindungswilligkeit. Lassen Sie sich zeigen, wo er wohnt und arbeitet. Lernen Sie seine Freunde kennen, und sprechen Sie mit ihnen. Lassen Sie sich seine Aussagen von einem Verwandten bestätigen. Sie sollten eine gesunde Skepsis walten lassen und Ihren Kopf nicht in den Sand stekken. Wenn Sie eine Ausschließlichkeits- und Vertuschungslüge vermuten, verlangen Sie weitere Informationen von ihm, und überprüfen Sie die Details.

Einer der interviewten Extremlügner hielt folgenden Ratschlag bereit: »Achten Sie auf Unstimmigkeiten in seinen Erzählungen. Achten Sie darauf, ob er Sie mit einer Fülle von Details überschüttet, denen ein Schwall vager Aussagen folgt. Stellen Sie sich die Frage, ob er Ihnen zu schnell zu viel erzählt.« Langfristig gesehen ist es nicht von Nachteil für Sie herauszufinden, ob er die Wahrheit sagt. Frühzeitig auf eine Lüge zu stoßen kann zwar momentan enttäuschend für Sie sein, erspart Ihnen jedoch auf längere Sicht großen Kummer.

Prinzip 5: Männer sagen Ihnen, was Sie hören wollen

Es gehört zu den altehrwürdigen Taktiken mancher Männer, Frauen genau das zu sagen, was sie hören wollen. Natürlich wollen wir das alle irgendwann einmal, doch wenn die Versprechungen nicht die geringste Ähnlichkeit mit der Wahrheit haben, müssen Sie mit Schwierigkeiten rechnen. Sie haben dann nur die Wahl, am Beginn einer Beziehung darüber zu trauern, daß ein Traum zerplatzt, oder am Ende der Beziehung Ihre gescheiterten Hoffnungen zu beklagen. In beiden Fällen wird Ihnen Kummer bereitet.

Erinnern Sie sich an das Prinzip der Gleichzeitigkeit aus Kapitel 4? Er horcht Sie aus, um herauszufinden, was Sie möchten, und um sein Ziel zu erreichen, bietet er Ihnen das Entsprechende entweder in ähnlicher Form an oder verspricht es Ihnen für die Zukunft. Er streicht seinen kurzfristigen Gewinn ein, weg ist er – und Sie fragen sich, wie Ihnen geschieht und ob mit Ihnen alles in Ordnung ist. Er war doch so nett, so »viel-versprechend«. Leider trifft nur das letztere zu.

Taktik 5:
Erkennen Sie Ihre schwachen Punkte
Bringen Sie Ihre Erwartungen zu Papier: was ein Mann Ihnen sagen und versprechen soll. Legen Sie anschließend die Prioritäten fest. Dies ist die Landkarte Ihrer Verletzlichkeiten. Wenn Sie nie jemanden hatten, der nett zu Ihnen war, und ein Mann Ihnen nun anbietet, Ihren Nacken zu massieren, wenn Sie Kopfschmerzen haben, Ihnen einen Tee zu machen, wenn Sie müde sind, oder Sie aufzumuntern, wenn Sie niedergeschlagen sind, dann glauben Sie ihm das nur allzugern. Doch glauben Sie es ihm nicht unbesehen! Er kann es Ihnen nicht heute oder morgen, sondern erst im Laufe von drei oder sechs Monaten oder Jahren beweisen.

Wenn er Ihnen etwas anbietet, was auf Ihrer Wunschliste steht, freuen Sie sich darüber, aber gehen Sie überlegt vor.

Bringen Sie mehr über ihn in Erfahrung. Lassen Sie sich nicht von Ihren eigenen Hoffnungen verführen, von Ihren eigenen Worten, die in Form von Versprechungen wieder zu Ihnen zurückkehren. Warten Sie erst ab, ob einige dieser Versprechungen auch eingelöst werden, bevor Sie ihm die Gunst Ihres Vertrauens gewähren.

Prinzip 6: Wenn Sie es glauben, werden Sie es auch sehen

Frauen verstehen es anscheinend besser als Männer, nonverbale Hinweise zu deuten. Wir nehmen zum Beispiel die fast unmerkliche Bewegung eines Menschen wahr und entschlüsseln sie. Einem Mann entgeht eine solche Bewegung eher. Dies würde den Schluß nahelegen, daß Frauen verräterische nonverbale Details leichter entdecken, die subtile Anzeichen und Symptome für eine Lüge sind. Eigenartigerweise verlieren aber Frauen, wenn sie mit Lügen konfrontiert sind, die Fähigkeit, dieselben nonverbalen Hinweise zu entziffern, die sie vorher mühelos zu erkennen vermochten. Wie ist dies zu erklären?

Die australischen Psychologen Kerryn Hurd und Patricia Noller haben festgestellt, daß Frauen die Täuschungen der Männer zu entziffern versuchen, indem sie sich auf die offensichtlichen statt auf die verdeckten Emotionen konzentrieren. Diese Befunde werden von Forschern wie Bella de-Paulo bestätigt, die ebenfalls zu dem Schluß kommen, daß Frauen eher als Männer gegenüber der Täuschung eine so höfliche Haltung einnehmen, daß sie die Wahrheit übersehen. Es scheint, daß viele Frauen die Lüge demütig akzeptieren. Sie wollen nicht wahrhaben, was sie mit eigenen Augen sehen. Sie achten auf die offensichtlicheren Dinge wie den Blickkontakt und nicht mehr auf die subtileren Hinweise, die ihnen ohne weiteres auffallen, wenn jemand die Wahrheit sagt. Dies ist nicht nur ein Laborbefund. In allen Kapiteln konnten Sie den Berichten von Frauen entnehmen, wie sie genau dies, und praktisch immer zu ihrem eigenen Schaden, taten. Sie haben die Lüge höflich akzeptiert und mußten es bitter büßen. Vielleicht gehören auch Sie dazu. Natürlich ist es nicht angenehm, jemanden wegen einer Lüge zur Rede zu stellen. Vielleicht wurde Ihnen von Kindheit an zu verstehen gegeben, daß Sie nichts Böses sehen, hören und sagen dürfen oder daß es vor allem darauf ankommt, »nett« zu sein. Es ist aber keineswegs nett, von einem Lügner hereingelegt zu werden, vor allem dann nicht, wenn man im Grunde die Fähigkeit besitzt, eine Lüge aufzudecken. Mag sein, daß Frauen sich leichter täuschen lassen als Männer – doch *Sie* müssen nicht dazugehören.

Taktik 6:
Wenn Sie es sehen, werden Sie es auch glauben

Sehen manche Frauen die Täuschung wirklich nicht, oder wollen sie sie nicht sehen? Zu viele Frauen bauen auf die Macht des positiven Denkens, inbesondere ihres eigenen, wenn die Situation keineswegs so positiv ist. Tun Sie das nicht. Nehmen Sie die negativen Möglichkeiten ebenso wahr wie die positiven. Mag sein, daß unsere Sozialisation uns auf die Erhaltung von Beziehungen festgelegt hat und daß wir immer nur das Positive sehen wollen. Weil wir so stark konditioniert sind, immer zu lächeln und die Lüge höflich zu akzeptieren, ohne den Lügner zur Rede zu stellen, schaufeln wir uns unser eigenes Grab. Beschränken Sie nicht Ihre Wirklichkeitswahrnehmung, nur weil man von Ihnen erwartet, daß Sie nett sind. Bringen Sie den Mut auf zu denken, daß jemand um seines Vorteils willen lügt und daß Sie das Recht und die Pflicht haben, Ihren Finger auf diese Lüge zu legen. Dadurch schützen Sie sich selbst und beschränken den Schaden auf ein Minimum. Lassen Sie sich nicht alles gefallen. Mit dem Verhalten, das Ihnen Dutzende Male geboten wurde, werden Sie auch weiterhin konfrontiert sein.

Prinzip 7: Wer sich selbst belügt, ist am schwersten zu entlarven

Wir alle sehen uns gerne als gute und ehrenwerte Menschen. Auch der Lügner denkt so. Vielleicht ist dabei nur Wunschdenken im Spiel, vielleicht ist es selektive Aufmerksamkeit. Vielleicht ist es ein Vorurteil. Lügner, die ihre eigenen Täuschungen glauben, sind jedenfalls am schwersten zu entlarven. Sie hinterlassen keine Spur nonverbaler Hinweise oder die üblichen Symptome der Furcht, die bei Durchschnittslügnern zu beobachten sind. Sie erfinden Geschichten und wiederholen sie in allen Details so oft gegenüber so vielen Menschen, daß diese Reaktionen schließlich selbst zu realen Wahrnehmungen oder Erinnerungen werden.

Wenn er seine eigenen Täuschungen wirklich glaubt, ist ihm sehr schwer auf die Schliche zu kommen, und noch schwieriger ist es, ihn zur Rede zu stellen. Darüber hinaus kann seine offensichtliche Aufrichtigkeit Sie tief in seine Lüge, seine Beschämung und die Probleme hinter seiner Selbsttäuschung hineinziehen. Wenn Sie darüber mit ihm reden, wird er prompt alles abstreiten.

Taktik 7:
Lassen Sie sich helfen

Hier kommt es nicht unbedingt darauf an, ihn davon zu überzeugen, daß er lügt, sondern zu vermeiden, in das Gewirr der komplexen Verteidigungsmechanismen zu geraten, die er rund um sein Lügengebäude errichtet hat. Man darf guten Gewissens annehmen, daß er sich selbst in hohem Maße belügt, wenn er behauptet: »Ich habe kein Alkoholproblem« – und sehr wohl trinkt –, oder »Ich habe mir nur ein wenig Geld geliehen«, wenn er in seiner Firma Geld unterschlagen hat. In diesen Fällen dürfen Sie davon ausgehen, daß er schon vor langer Zeit Ausflüchte erfunden hat, um seine Lügen und die ihnen zugrundeliegende Pathologie zu schützen, und daß ein versierter Fachmann nötig ist, um diese Lügen anzusprechen und seinen Verteidigungswall zu durchbrechen. Ihre Aufgabe ist es, sich auf Ihre eigene Person und Ihre Bedürfnisse zu konzentrieren, nicht die seinigen. Sie tun sich selbst und ihm einen Gefallen, wenn Sie sich nicht in sein dysfunktionales System eingliedern lassen.

Wenn seine Lügen weniger schwerwiegende Beschönigungen, Übertreibungen oder Notlügen sind, sollten Sie trotzdem nicht stillschweigend über sie hinweggehen. Es kommt mehr auf das Verhaltensmuster als auf die individuellen Lügen an. Eine der von mir interviewten Frauen, die vierunddreißigjährige Millie, Leiterin einer Werbeagentur, sagte, daß ihr Mann Les bei unwichtigen Dingen lüge. Wenn er gewohnheitsmäßig bezüglich belangloser Dinge lügt und Sie ihn nicht zur Rede stellen oder sich gemeinsam mit ihm helfen lassen, bekommt er Übungspraxis für die großen Lügen. Sie machen ihm stillschweigend deutlich, erstens, daß es in Ordnung ist zu lügen, zweitens, daß Sie nicht darauf achten und ihn nicht zur

Rede stellen, wenn er lügt, und drittens, daß er nicht ehrlich sein muß, um Ihr Vertrauen zu gewinnen.

Millie sagte auch, daß es keine bestimmte Lüge gewesen sei, mit der Les ihrer Beziehung großen Schaden zugefügt hätte. Vielmehr hätte eine ganze Serie kleinerer Lügen die Beziehung erschüttert, indem sie das Vertrauen untergruben. Millie ist bereit, seine Notlügen hinzunehmen, wenn Les ehrliche Absichten hegt, doch sie betrachtet die kumulative Wirkung seiner »kleinen Notlügen« als sehr belastend.

Das Fazit muß daher lauten: Legen Sie sich kein Schema zurecht. Vielleicht können Sie ihm helfen, sich das Lügen abzugewöhnen, vielleicht aber auch nicht. Sie werden Hilfe benötigen, um dies herauszufinden. Bestehen Sie darauf, daß er sich helfen läßt, vielleicht retten Sie dadurch die Beziehung. Wenn er sich weigert, müssen Sie sich selbst helfen lassen, um bezüglich der weiteren Vorgehensweise zu einer fundierten Entscheidung zu kommen.

Prinzip 8: Tatsachen sind immer angenehm

Vielleicht sieht es im Augenblick nicht so aus, doch letztlich sind die Tatsachen immer angenehm. Schmerzen wird Sie nur das, was Sie nicht wissen. Wenn Sie belogen werden, hat der Betreffende eine Entscheidung getroffen bezüglich dessen, was Sie wissen dürfen und was nicht. Dadurch ist Ihnen die Möglichkeit genommen, auf der Grundlage der nötigen Informationen Entscheidungen zu treffen, und Ihre Zukunft liegt in den Händen eines anderen Menschen – der vielleicht ein Lügner ist.

Einige der interviewten Männer erklärten, daß sie Informationen zurückhielten oder Fakten deswegen verfälschten, weil sie ihrer Frau/Geliebten/Freundin nicht weh tun wollten. Aus ihrer Sicht war ihre Absicht ehrenwert. Sie glaubten, daß ihre Partnerinnen die unerfreulichen Nachrichten überforderten, und machten sich deshalb zum Hüter der Geheimnisse. Es scheint so, als ob sie nur ihr Bestes wollten, doch in Wirklichkeit war es meist nichts anderes als Feigheit: Sie schützten sich vor dem Zorn und der Trauer ihrer Partnerin. Statt sich rasch um ihre Interessen zu kümmern, glaubt sie ihm vielleicht, wenn er beruhigend, doch lügnerisch versichert, daß alles in Ordnung sei. Weil sie die Wahrheit nicht kennt, tappt sie im dunkeln. Sie hat keine Ahnung, wie sie mit der realen Situation umgehen soll. Und doch erklärte mir in den Interviews ein Mann nach dem anderen, daß die betreffende Frau genau diese Lügen hören wollte. Wie ist diesem Problem beizukommen?

Taktik 8:
Geben Sie sich mit nicht weniger als den Fakten zufrieden

Verlangen Sie offensiv und aktiv Rückmeldungen und Informationen. Reden Sie mit ihm. Sagen Sie ihm nicht nur, daß Sie die Fakten wissen wollen, sondern auch, daß dies nur recht und billig ist. Sagen Sie ihm, wie wichtig Ihnen seine Aufrichtigkeit ist. Machen Sie ihm deutlich, daß Sie Ihre Eigeninteressen nicht wahren und Ihr Leben nicht vernünftig planen können, wenn er Sie im unklaren über Ihre Beziehung läßt. Sagen Sie ihm genau, worüber Sie sich nicht im klaren sind: über das sexuelle Risiko, die Finanzlage, sein Suchtverhalten, seinen Arbeitsplatz oder Ihre gemeinsame Zukunft. Bleiben Sie gelassen, doch trotzdem hartnäckig. Machen Sie ihm deutlich, wie Sie sich fühlen, und sagen Sie ihm, was Sie zu wissen wünschen. Wenn er nicht mit Ihnen reden möchte oder Sie den Verdacht hegen, daß er Sie nur mit weiteren Lügen abspeisen will, müssen Sie auf andere Mittel zurückgreifen. Sprechen Sie mit seinen Verwandten, Freunden und Kollegen. Prüfen Sie Telefon- und Reisekostenquittungen und alles andere, was legal verfügbar ist. Machen Sie ihm deutlich, daß Fakten immer einen positiven Beitrag darstellen. Zerstörerisch wirkt all das, was nur der eine weiß, aber dem anderen verborgen bleibt. Beherzigen Sie den Rat Harrys, eines sechsundvierzigjährigen Consultants: »Stellen Sie Nachforschungen an. Nehmen Sie nichts für bare Münze. Einen Menschen erkennt man daran, mit welchen Freunden er sich umgibt; halten Sie sich an diese. Wer hat Sie ihm vorgestellt? Prüfen Sie nach, was er Ihnen sagt, an welchen Orten er war, welche Menschen er angeblich kennt. Konzentrieren Sie sich auf alles, was nicht in Ordnung zu sein scheint. Ich werde nicht mehr so oft belogen, weil ich mehr Fragen stelle, weil ich es ihnen schwerer mache, mich zu belügen. Ich frage nach und lasse nicht locker.«

Harry hält zum Abschied einen – wenn auch derben – Rat bereit, den Frauen beherzigen sollten:

Ich habe ein einfaches Prinzip:
Gib dich nicht mit Arschlöchern ab, die dich belügen.

Kleine Fibel des Selbstschutzes

Die erste und wichtigste Regel besteht darin festzulegen, was Sie hinnehmen wollen und was nicht. Auch wenn Sie es nicht zum ersten Mal hören: Sie sind für sich selbst verantwortlich. Das gleiche gilt für ihn. Sie sind weder seine Aufpasserin noch Pygmalion. Wenn Sie das begriffen haben, ist alles andere nicht mehr so schwierig. Außerdem ist es einfacher zu lernen, wie man gleich zu Beginn der Beziehung eine richtige Entscheidung trifft, als einen Lügner in einen ehrlichen Menschen zu verwandeln. Er kann sich nur selbst ändern. Wenn Ihnen beiden Ehrlichkeit wichtig ist, ist es leichter, Klartext zu reden und deutlich zu machen, wie sich eine Lüge auf Sie und Ihre Beziehung auswirkt. Wenn Sie sich auf Umgangsstandards geeinigt haben, kommen Sie auch mit einer schweren Konfrontation eher zurecht. Sie und Ihr Partner haben dieselbe Wellenlänge.

Trotzdem müssen Sie noch herausfinden, welche Schlachten Sie schlagen wollen. Manche Lügen sind trivial, andere verheerend. Manche Lügen sind reine Höflichkeitslügen (»Ich finde dich überhaupt nicht zu dick«). Sie müssen differenzieren und ihn bei Lügen zur Rede stellen, die sich mit Ihren

Grundsätzen nicht vertragen. Denken Sie immer daran, wie Sie sich fühlen werden, wenn sie ihm nicht sagen, wie sehr Sie seine Lügen berühren und was Sie von ihm statt dessen erwarten. Wenn ihm Ehrlichkeit nicht ebenso wichtig ist wie Ihnen, solten Sie es besser gleich wissen, statt noch einen weiteren Schritt in eine gemeinsame Zukunft zu tun.

Regeln, wie man sich vor einem Lügner schützt

1. Legen Sie sich Ihre Standards fest, und teilen Sie sie ihm mit.
2. Bitten Sie ihn, Ehrlichkeit in Ihrer Beziehung Priorität zukommen zu lassen.
3. Widerstehen Sie der Versuchung, Ihr Mißtrauen zu unterdrücken.
4. Achten Sie mehr auf sein Verhalten als auf seine Worte.
5. Hören Sie ihm zu, und prüfen Sie das, was er sagt, nach.
6. Halten Sie Ihre Zuneigung nicht im Zaum, wohl aber Ihr Vertrauen, so lange, bis er es verdient hat.
7. Seien Sie sich darüber im klaren, daß Sie ihn nicht ändern oder retten können.
8. Widerstehen Sie der Versuchung, Warnzeichen nicht ernst zu nehmen.
9. Versuchen Sie nicht, seine Lügen oder sein Verhalten zu rechtfertigen.
10. Vertrauen Sie Ihrer Intuition.
11. Stellen Sie ihn und sein Leben in den Kontext seiner Freunde und Verwandten.
12. Setzen Sie sich mit der Lüge auseinander, auch wenn es Ihnen widerstrebt.
13. Identifizieren Sie die Art der Lüge: Köder, Masken und Vermeidungslügen.
14. Achten Sie auf die Anzeichen für einen Extremlügner.
15. Handeln Sie, wenn es Zeit wird, die Beziehung zu beenden oder Hilfe in Anspruch zu nehmen.

Wenden wir uns nun einigen weiteren Prinzipien zu, die Ihnen beim Umgang mit der Lüge und dem Lügner helfen können.

Kurze Einführung, wie Sie mit Lügnern umgehen

Kleinere Lügen betrachte ich als Ausdruck der Unsicherheit eines Menschen. Insofern sind sie zu entschuldigen. Große Lügen hingegen haben mehr Gewicht. Ich weiß nicht, wie ich mit ihnen umgehen soll.

Rektorin einer Sonntagsschule, 43, geschieden

Eine Konfrontation stellt für viele Frauen ein Problem dar: Was tun Sie, nachdem Sie die Lüge entdeckt haben? Stellen Sie den Lügner sofort zur Rede? Wie? Es ist wie beim Mäusefangen: Die Falle ist zugeschnappt, doch was tut man mit der toten Maus? Man möchte sie loswerden und nicht mehr ansehen müssen, aber sich möglichst nicht die Hände beschmutzen. Klar ist nur, daß die Maus nicht von selbst verschwinden wird.

Mein Ratschlag: Setzen Sie sich mit der Lüge auseinander, doch seien Sie sich im klaren, daß es diesbezüglich viele Möglichkeiten gibt. Ob Sie sich für die Wahrheit oder für die Lüge mit den entsprechenden Konsequenzen entscheiden – Folgen können nicht ausbleiben, und deshalb ist es besser für Sie, den Prozeß aktiv voranzutreiben, als zu seinem Opfer zu werden.

Es ist wichtig, sich mit den Lügen eines Mannes so auseinanderzusetzen, wie es Ihren Werten entspricht. Es ist vor allem wichtig, Mut zur Konfrontation zu entwickeln. Ohne Konfrontation fühlt er sich in seinem Verhalten ermutigt und bestätigt. Ein Lügner wird immer weiter lügen. Wenn Sie ihn nicht zur Rede stellen und ihm alles recht zu machen versuchen, fördern Sie seine Lügerei und erschweren es ihm, damit aufzuhören, weil es für letzteres keinen Anreiz gibt.

Durch die Lüge erreicht er sein Ziel, ohne mit negativen Konsequenzen rechnen zu müssen. Achten Sie allerdings darauf, daß die Konsequenzen seinem Vergehen angemessen sein sollten. Hüten Sie sich vor Überreaktionen. Ein Verhalten sollte natürliche Konsequenzen nach sich ziehen. Es kommt darauf an, die Luft zu reinigen, damit Ehrlichkeit und Intimität wieder ihren Platz finden: Wählen Sie also Ihre Waffen mit Bedacht und passen Sie Ihre Reaktionen dem Ausmaß und den Folgen der Lüge an.

Sprechen Sie über die Folgen, nicht über die Absicht

Sie können nicht wissen, was er mit seiner Lüge beabsichtigte. Allerdings können Sie damit rechnen, daß er versuchen wird, sie in eine noble und altruistische Tat zu verwandeln. Die meisten Menschen sind sich selbst die Nächsten und möchten im bestmöglichen Licht erscheinen. Warum sollte es bei ihm anders sein?

Am besten versagen Sie es sich, über seine Absichten zu spekulieren. Sprechen Sie statt dessen über das Ergebnis seiner Lüge und ihre Wirkung auf Sie. Beschreiben Sie zunächst die Situation. Seien Sie sachlich. Schimpfen Sie nicht (auf dieses Mittel können Sie immer noch zurückgreifen). Weil Männer dazu neigen, Frauen zu unterbrechen, und er wahrscheinlich den ganzen Vorfall ableugnen oder bagatellisieren wird, bitten Sie ihn, Sie nicht zu unterbrechen und nicht zu antworten, bis Sie fertig sind. Machen Sie ihm vor allen Dingen klar, daß Ihnen sehr wichtig ist, was Sie zu sagen beabsichtigen, und daß er Ihnen gut zuhören soll, bevor er antwortet. Sagen Sie ihm, was Sie empfinden, und sprechen Sie klar und konkret aus, was Sie von ihm erwarten. Möchten Sie, daß er einfach Ihre Empfindungen wahrnimmt? Wollen Sie eine Entschuldigung? Wird durch seine Lüge ein Problem verdeutlicht oder verschärft, das Sie gemeinsam lösen müssen? Erwarten Sie sein Versprechen, etwas anders zu machen?

Wenn Sie wissen, was Sie wollen, und dies deutlich machen, steigern Sie Ihre Chance ganz erheblich, es auch zu bekommen.

Ständiges Lügen sollten Sie nicht auf die leichte Schulter nehmen

Er kann aus einer scheinbaren Notwendigkeit heraus lügen, doch wenn er es häufig, hartnäckig und ohne Not tut, werden Sie irgendwann an Ihrem Verstand zweifeln. Vergessen Sie nicht, daß er im Unterschied zu Ihnen die Wahrheit kennt. Lassen Sie nicht zu, daß irgend jemand mit Ihnen Psychospielchen spielt, die Ihr Wohlbefinden beeinträchtigen.

Wenn es soweit kommt, benötigen Sie Hilfe. Er selbst ist vielleicht für Hilfe nicht zugänglich. Dies ist sein Problem. Wenn Ihnen die Beziehung nicht gibt, was Sie von ihr erwarten, wird dies allerdings auch zu Ihrem Problem.

Wenn er mit seinen eigenen Lügen konfrontiert wird

Wenn Sie ihn hinsichtlich der Wirkung seiner Lügen so zur Rede stellen, wie es Ihnen richtig erscheint, haben Sie den Weg zu mehr Intimität auf der Grundlage größerer Ehrlichkeit und größeren Vertrauens eingeschlagen. Doch damit ist die Angelegenheit noch nicht ausgestanden: Er wird reagieren. Vielleicht ist er es nicht gewöhnt, zur Rede gestellt zu werden. Er fühlt sich vielleicht schuldig, beschämt, angeklagt und getadelt.

Nachfolgend auf der Grundlage meiner Interviews und Arbeit mit Klienten einige Aussagen aus dem Mund beider Geschlechter, wie Männer auf eine Konfrontation reagieren können. Beachten Sie, daß sich Männer und Frauen oft anders verhalten, wenn sie auf ihre Lügen angesprochen werden. Frauen neigen mehr dazu, sich zu entschuldigen und komplexe Erklärungen anzubieten. Männer hingegen neigen dazu, sich zu verschließen, abzuleugnen, sich zu rechtfertigen oder zum Gegenangriff überzugehen.

Gefahr erkannt, Gefahr gebannt. Er wird nicht so wie Sie reagieren. Nehmen Sie es nicht persönlich. Beobachten Sie ihn einfach. Er behauptet etwa, daß etwas unwahr sei, er bagatellisiert die Lüge, er weigert sich, über die Lüge zu sprechen, oder er gibt Ihnen die Schuld. Zur Kenntnis zu nehmen, was er sagt, ist nicht dasselbe wie eine Zustimmung oder Entschuldigung, sondern es schafft Raum für das Gespräch. Sagen Sie ihm konkret, wie sich das Vorgefallene auf Sie ausgewirkt hat. Vermeiden Sie es, ihn zu beschuldigen oder zu beschämen. Machen Sie ihm deutlich, daß sein Tun Betroffenheit bei Ihnen ausgelöst hat. Vermeiden Sie einen Streit darüber. Sagen Sie ihm einfach, daß er zuhören soll. Was er als nächstes tut, wird Ihnen viel über sein wahres Wesen verraten. Ich kenne einen Mann, der gerne von einem, wie er es nennt, »Gesetz der unbeabsichtigten Folgen« spricht. Dies ist seine Art zu sagen, daß er ein ehrenwerter Mensch ist, der manchmal lügt und Entscheidungen fällt, die anderen unbeabsichtigt weh tun. Doch die Verantwortung für den Schmerz, den er verursacht hat, will er nicht übernehmen.

Die folgende Liste enthält Reaktionen, wie Männer auf eine Konfrontation reagieren können. Lassen Sie sich nicht einschüchtern, diskutieren Sie darüber und lassen Sie sich gegebenenfalls helfen.

Reaktionen von Männern, wenn sie wegen ihrer Lügen zur Rede gestellt werden

1. Ableugnen
2. Bagatellisieren der Lüge
3. Behaupten, daß er nur ausnahmsweise gelogen habe
4. Ausflüchte
5. Rechtfertigen der Lüge
6. Die Schuld auf Sie schieben

7. Ihre Fähigkeit in Zweifel ziehen, Tatsachen von Einbildungen zu unterscheiden
8. Ihnen mangelnde Vernunft vorwerfen
9. Das Ehrenwerte ihrer Absicht betonen
10. Die Lüge als rein pragmatisch oder als Halbwahrheit darstellen
11. Darauf beharren, daß ihre Gefühle echt waren
12. Sich hinter Ausflüchten wie »Jeder macht einmal einen Fehler« oder »Es war ein Ausrutscher« verstecken

---

Die Lüge ist aus den zwischenmenschlichen Beziehungen nicht wegzudenken. Sie ist weder eine Verirrung noch eine Ausnahme, sondern fester Bestandteil des alltäglichen Lebens. Die Abwehr der Folgen einer Lügen ist keine leichte Aufgabe. Sie erfordert Ihre volle Bereitschaft, die Lüge zu identifizieren, sie anzuprangern und Entscheidungen zu treffen, die Ihren Interessen dienen, nicht denjenigen des Lügners.

Soll jede Frau eine Detektivin sein?

Wir alle lesen Detektivromane, sehen Kriminalfilme und versuchen dabei, den Mörder zu finden, bevor die Wahrheit ans Licht kommt. Ob Sie lieber die britischen Rätselromane mit ihren gebildeten Detektivspürnasen mögen oder die harten amerikanischen Thriller, in denen die Detektive Drogenbosse zur Strecke bringen, oder die neue Krimiwelle mit scharfsinnigen Detektivinnen – es zählen immer zwei Dinge:

Beweis und Instinkt

Beides benötigen Sie für Ihren Selbstschutz. Der Unterschied besteht darin, daß es kein Opfer geben wird, sofern Sie diese beiden Prinzipien früh genug zum Einsatz bringen.

Wir haben in diesem Kapitel und in diesem ganzen Buch zu

klären versucht, wie Sie sich genügend Kenntnisse verschaffen können, um sich zu schützen und alle Beweise zu sammeln, die Sie benötigen, um die Lüge zu entdecken. Sie haben gehört, wie Sie Ihre Fähigkeit verbessern können, nonverbale und verbale Hinweise aufzuspüren und von falschen Fährten zu unterscheiden, die Sie von der Wahrheit weglocken sollen. Sie perfektionieren Ihr detektivisches Können, indem Sie keine Gelegenheit auslassen zu üben. Wie alle guten Detektive müssen Sie jeden Hinweis in den weiteren Kontext des Menschen und der Situation stellen und der Versuchung widerstehen, voreilige Schlüsse zu ziehen.

Jeder Krimifan weiß allerdings, daß die Fakten allein nicht genügen, um den Fall zu lösen. Berühmte Detektive scheinen ein besonderes Gespür für wichtige Hinweise und Verhaltensformen zu haben, so wie große Reporter über einen guten Riecher für Neuigkeiten verfügen. Auch Sie können ein solches Gespür für die Lüge und den Lügner entwickeln und lernen es auf dieselbe Weise wie Detektive und Reporter. Diese Fähigkeit ist nicht angeboren. Zunächst müssen Sie das Problem erkennen. Sie brauchen Zeit, und schließlich ist ein fester Entschluß erforderlich. Erfahrung, Vertrauen in die eigenen Ahnungen und Offenheit für neue Erfahrungen, doch auch frühere schwere Fehler können und werden Sie schulen und Ihren Erfolg sicherstellen – wenn Sie es zulassen.

Die acht Prinzipien dieses Kapitels können Ihnen helfen, lügnerisches Verhalten besser zu erkennen. Die Beachtung dieser Prinzipien und der fünfzehn Regeln für den allgemeinen Selbstschutz wird Ihnen nicht in jedem Fall den gewünschten Erfolg garantieren, doch die Richtung stimmt. Benutzen Sie diese Prinzipien und Regeln wie eine kugelsichere Weste. Wenn Sie schließlich vollständig davon überzeugt sind, daß Sie es nicht mit einem unverbesserlichen Lügner zu tun haben und daß Ihr Vertrauen gerechtfertigt ist, legen Sie die Weste zurück in den Schrank, um sie bei Bedarf immer wieder hervorholen zu können.

Hinter unseren Masken sind wir alle Wahrheitssuchende.

Ein ständiger Beweis dafür ist Ihre Intuition. Hören Sie also auf Ihre innere Stimme, und lassen Sie Ihrem sechsten Sinn jene Wertschätzung angedeihen, die er verdient. Um sich wirksam vor Lügen und Lügnern oder allgemein vor jeder Beeinträchtigung des eigenen Wohlbefindens zu schützen, ist kein Verfolgungswahn nötig, und man braucht nicht am Guten im Menschen zu zweifeln. Wachsamkeit und ein Schuß gesunde Skepsis in Verbindung mit einer natürlichen Neugierde, die uns angeboren ist, genügen völlig.

Lassen Sie sich von Ihrem Sinn für Wahrheit und Ihren sicheren Instinkten leiten, damit Sie sich selbst und nicht den Lügner schützen.

Schluß

Um die Wahrheit zu sagen

Ich mag die Konfrontation nicht, die Voraussetzung ist, um die Wahrheit zu sagen.

Manager, 46, verheiratet

Ich denke nie über meine Lügen nach. Ich sage nur einfach, daß man bestimmte Situationen eben auf diese Art bewältigt.

Controller, 35, alleinstehend

Es ergibt sich eben. Lügen ist etwas Natürliches, damit alles in Bewegung bleibt.

Leiter des Rechnungswesens, 25, alleinstehend

Die Wahrheit tut weh, doch weniger weh als eine Lüge. Man hat zumindest etwas Reales vor sich. Wie könnten zwei Menschen, die allein auf einer Insel wären, lügen?

Verwaltungsbeamter, 32, alleinstehend

Ich vertrage keine Lügen. Es ist mir egal, wieso das so ist. Ich will die Wahrheit wissen. Man kann jemandem, der lügt, nicht nahe sein.

Lehrerin, 41, geschieden

Es hat also den Anschein, daß Männer lügen – nicht nur in der Öffentlichkeit, der Welt des Busineß, des Profits, der Politik und des Sports, sondern auch in ihrem Privatleben. Wir haben von Lügnern und von den Opfern der Lüge gehört. Doch wie die meisten anderen Menschen glauben Sie nicht, daß gerade Sie auf eine Lüge hereinfallen, einem Lügner glauben könnten und daß Ihr Vertrauen in die Integrität und Ehrlichkeit eines Menschen, den Sie gern haben, erschüttert werden könnte. Doch es ist eine Tatsache und widerfährt Menschen, von denen Sie in Büchern wie diesem lesen.

Selbst wenn wir von unserem Vater, unserem Mann oder auch einem Mann, dem wir gerade erst begegnet sind, belogen wurden, sehen wir darin nur allzugern eine Ausnahme oder finden Entschuldigungsgründe für den Betreffenden, der gegen unser Empfinden von Fairneß und Glauben an das Gute im Menschen verstoßen hat. Wir nehmen sowohl das Muster der Lüge als auch unsere eigenen Reaktionen nicht wahr.

Dennoch ahnen wir etwas. Immer wieder stellen mir Frauen diese Frage: »Wie häufig sind Lügen in engen Beziehungen?« Die unausgesprochene Frage lautet: »Könnte auch ein ganz gewöhnlicher Mensch wie ich Opfer einer verheerenden Lüge werden?«

Diese Frage kann ich zwar nicht beantworten, doch ich will Ihnen von meinen Erfahrungen während einer einzigen Woche, als ich dieses Buch beendete, berichten. Weil ich wegen des Abgabetermins und der Notfallpatienten ständig unter Druck stand, hatte ich grundlegende Dinge wie eine Augenuntersuchung, den Gang zum Friseur, die Beschaffung einer neuen Reisetasche und so weiter vernachlässigt. Eines schönen Tages sagte ich daher alle anderen Termine ab und machte mich auf den Weg.

Ich kannte die Assistentin des Augenarztes schon seit vielen Jahren, und obwohl ich sie lange nicht mehr gesehen hatte, erinnerte sie sich daran, daß ich an einem Buch arbeitete. Sie erkundigte sich nach dem Thema, und als ich ihr den Titel nannte, brach sie in Tränen aus. Es stellte sich heraus, daß ihr

Mann, mit dem sie seit dreiundzwanzig Jahren verheiratet war, fünf Jahre lang eine Affäre mit einer anderen Frau hatte, die er wegen seiner Spielleidenschaft um ihr Geld brachte, und dies in einer Größenordnung, wie Marnie sie niemals erwartet hätte. Das gemeinsame Vermögen, ihr Haus und ihre Ersparnisse verwendete er für die Bezahlung seiner wachsenden Schulden. Unter Tränen sagte sie: »Dory, ich dachte, so etwas kommt in Büchern vor und passiert nur den anderen. Nicht mir.« Genau das ist der Punkt: Wenn wir erwarten, daß uns so etwas zustößt, würden wir uns dann nicht dagegen absichern?

Dann ging ich zum Friseur. Susanne, die seit einigen Jahren meine Haare schneidet, sagte: »Dory, meine Geschäftspartnerin würde gerne mit Ihnen reden.« Worum ging es? Ihre Partnerin hatte ihren Ehering verloren und konnte ihn nicht finden. Ihr Mann erklärte, er wollte ihn suchen und sie benachrichtigen, sobald er ihn gefunden hätte. Einige Zeit später war sie mit ihrem Sohn in einer Einkaufspassage unterwegs. Als sie in einer Schlange wartete, sah sie ihren Mann Hand in Hand mit einer anderen Frau gehen. Sie rannte zu ihm hinüber und stellte ihn zur Rede. Entsetzt mußte sie feststellen, daß die andere ihren Ring trug: Der Mann, mit dem sie seit zwei Jahren verheiratet war, hatte eine andere geheiratet! Ich schnappte nach Luft: »Ein Bigamist! Wann ist das geschehen? Wo ist Ihre Partnerin?« Susanne sagte leise: »Vor zwei Wochen« und wies auf die junge Frau, die am nächsten Platz einen Kunden bediente. Ich kannte diese Frau schon seit Jahren und kannte sogar ihren Mann. Bobette sagte: »Ich kann nicht glauben, daß mir so etwas passiert ist. Von solchen Dingen liest man doch nur in der Zeitung, das geschieht doch nur den anderen.« Tief im Inneren wissen die meisten von uns, daß die Gutgläubigkeit, mit der wir unser Mißtrauen gegenüber anderen Menschen zurückstellen, von einem Lügner zerstört werden kann, der uns so nahe zu sein scheint wie unsere eigene Haut und sich doch wie ein Fremder aus den Abendnachrichten verhält. Wir tun unser möglichstes, um für ihn

Entschuldigungen zu finden, sein schlechtes Verhalten zu rechtfertigen, die traurige Nachricht wegzuerklären und so zu tun, als ob alles in Ordnung wäre, und gehen dadurch an der Wahrheit vorbei.

Der Schluß liegt nahe: Wir müssen *uns* verteidigen, *nicht den Lügner.* Es ist an der Zeit, daß wir uns wehren, die Angst vor der Einsicht in die Lüge überwinden und nicht mehr den geistlosen Geschlechtsrollen anhängen, die es Männern gestatten zu lügen und Frauen, Dinge nicht wahrhaben zu wollen. Es ist Zeit für die Einsicht, daß die Lügen, die im öffentlichen Leben allgegenwärtig sind, nicht aus der Welt geschafft sind, wenn er die Tür hinter sich schließt und sagt: »Liebling, ich bin da.« Es ist Zeit für die Einsicht, daß wir einen Nährboden für die Lügen schaffen, wenn wir uns nicht wehren. Wir machen uns mitschuldig, wenn wir unsere Intuition verleugnen, den Lügner nicht zur Rede stellen, uns zurückziehen, wenn er zum Gegenangriff übergeht, Ausflüchte suchen und das Beste hoffen, während wir gleichzeitig mit dem Schlimmsten rechnen.

Gegen Ende der Woche wollte ich noch eine Reisetasche kaufen. Ich konnte aber nicht die gleiche finden, die ich vor wenigen Monaten im selben Geschäft gekauft hatte. Als ich fragte, wann diese Reisetaschen wieder hereinkämen, sagte der Verkäufer, daß sie diese Ausführung nie geführt hätten. Ich wußte es aber besser, denn ich hatte die letzte Tasche *bei ihm* gekauft. Er blieb bei seiner Behauptung. Ich ließ nicht locker. Er stritt es ab, wurde wütend, warf mir, der Kundin, vor, ihn in ein schiefes Licht zu rücken. Er war so überzeugend, daß ich am eigenen Leib erlebte, wie unglaublich leicht es nun gewesen wäre, sich von ihm überzeugen zu lassen, ihm zu glauben statt meiner eigenen Erfahrung und den unbestreitbaren Tatsachen. Ich dachte an die einhunderteins Lügen: »Männer lügen – einfach so.« Ich erzählte einer Freundin von diesem Vorfall. »Nun ja«, nahm sie ihn in Schutz, »vielleicht hatte er nur einen schlechten Tag.« *Er* hatte einen schlechten Tag!

Man kann sich der Logik dieses Musters nicht entziehen, wenn man sie einmal durchschaut hat.

Er lügt. Sie sucht nach Rechtfertigungen. Er lügt. Sie stellt ihn zur Rede. Er streitet es ab. Sie zweifelt an sich, nicht an ihm. Er wird wütend und klagt sie an. Sie macht einen Rückzieher. Sie versucht, sein Tun in das bestmögliche Licht zu rücken, und versucht, etwas für sich zu verstehen, das, wie sie vermutet, nicht wahr ist und nicht wahr sein kann. Freunde und Verwandte unterstützen uns dabei, an uns selbst zu zweifeln und die Lüge zu glauben. Der Tanz geht weiter. Das Lügen und Peinigen ebenso. Doch wichtig für Sie sind nicht mehr Menschen in den Nachrichten. Es geht um Sie selbst, um mich und um die Männer, denen wir so gerne unser Vertrauen und unsere Liebe schenken wollen. Die Antwort darauf ist Selbstschutz einerseits und die Wahrheit andererseits. Wir dürfen nicht mehr in die Falle des positiven Denkens tappen, wenn uns unsere Intuition sagt, daß es nichts Positives zu entdecken gibt.

Doch lassen wir uns nicht verwirren. Der Feind ist nicht »der Mann« und auch nicht »die Frau«. Ein Teil des Problems ist in der langen und strengen Sozialisation zu sehen, die bewirkt, daß Männer die Frauen in erster Linie als Objekte betrachten, die es zu erobern gilt, und in zweiter Linie als Autoritäten, denen sie in ihrem Freiheitsdrang ausweichen müssen. Derselbe Sozialisierungsprozeß veranlaßt Männer, ihre Empfindungen und ihre Unsicherheit nicht zu zeigen. Auch Frauen spüren die Folgen dieser geschlechtsspezifischen Sozialisation. Frauen lernen, Konflikte hinzunehmen und zu glätten, ihre Unabhängigkeit aufzugeben und sich ohne Mann unzulänglich statt stark zu fühlen. Wenn ein Mann und eine Frau zusammenkommen, erzeugen diese geschlechtsspezifischen Prägungen Bedingungen, die Distanz und einen Mangel an Empathie kennzeichnen, noch bevor die Lüge ihren Bann entfalten kann.

Daß Männer lügen, bedeutet nicht notwendigerweise, daß sie Intimität weniger stark ersehnen als Frauen. Sie haben diesbezüglich sicher eine ambivalentere Haltung, wenn sie ihre Zuneigungskämpfe austragen. Aber Männern ist ebenso wie Frauen an engen, warmherzigen und sicheren Beziehungen gelegen. Nichtsdestoweniger bekommen sie durch die Lüge das, was sie wollen, ohne sich anstrengen zu müssen, und wenn man ihnen dies durchgehen läßt, entsteht ein dauerhaftes Dilemma. Er lügt, um sich zu schützen, um eine Demütigung und Strafe zu vermeiden und um seine unmittelbaren Ziele zu erreichen. Sobald er lügt, gilt seine Aufmerksamkeit nicht mehr dem Aufbau der Beziehung, sondern dem Verwischen seiner Spuren, um eine Entdeckung zu vermeiden. Wenn er zur Rede gestellt wird, fühlt er sich veranlaßt, ihr klarzumachen, daß sie – wenn auch vorübergehend, so doch eindeutig – nicht ganz bei Trost war. In einem solchen Klima kann Intimität kaum gedeihen.

Denken Sie darüber nach, wenn Sie in einer vertrauensvollen Beziehung gelogen haben. Wenn man lügt, distanziert man sich von dem Menschen, den man belügt, und verwandelt ihn in ein unpersönliches Objekt. Dies vereinfacht es, zu lügen und die Lügen zu vertuschen. Man schützt sich vor Empathie, damit der Schmerz des anderen nicht zum eigenen Schmerz wird.

Die Lüge gedeiht gut in Wir-sie-Beziehungen, in denen das Hauptaugenmerk den Unterschieden, nicht den Ähnlichkeiten gilt. Lügen verschärfen auch bereits bestehende Unterschiede, indem sie eine neue unsichtbare Schranke errichten. Man sieht den anderen Menschen zwar noch, gelangt aber nicht an sein Innerstes heran. Ebenso erreicht der andere nicht unser Innerstes, wenn es die Täuschung verhindert.

Was kann man also tun, um diese Dynamik zu ändern und das Lügenspiel zu beenden? Sollen wir so lange Ausschau halten, bis wir den wirklich ehrlichen Mann gefunden haben? Oder müssen wir einen Mann akzeptieren, der hin und wieder lügt? Und wenn wir eine Beziehung mit einem Mann haben, der uns (und andere) trotzdem belügt, können wir ihm dann helfen, ehrlicher zu werden?

Auf der Suche nach dem ehrlichen Mann

Es gibt ehrliche Männer, und wenn Sie sich entschlossen haben, einen solchen Mann zu suchen, brauchen Sie nicht mit Dante zu sagen: »Laßt, die ihr eingeht, alle Hoffnung fahren.« Doch mit dem *vollkommen* ehrlichen Mann, dem *unerbittlich* Wahrhaftigen kann es andere Probleme geben. Menschen, die *niemals* lügen, sind vielleicht für den Überlebenskampf auf dem rauhen Gelände der Arbeit, der Politik und der Liebe schlecht gerüstet. Wenn sie darauf bestehen, nichts als die Tatsachen in allen Details zu erzählen, egal, was der andere hören will, dann hat man es mit dem Gegenteil eines Lügners zu tun, der dem anderen, ungeachtet aller Fakten, erzählt, was er seiner Meinung nach hören will. Der unerbittlich Ehrliche ist ein Extremist, der in ein starres System eingezwängt ist, das ebensowenig Empathie kennt wie das System des Extremlügners.

Solche Männer sagen zwar die ganze Wahrheit, dagegen ist nichts einzuwenden, aber sie können aufgrund ihres geradezu fanatischen Wahrheitsstrebens schwierige Partner sein.

Welche Alternativen gibt es also? Wie wäre es mit dem *unvollkommen* ehrlichen Mann? Dem Mann, der manchmal, aber nicht zu oft lügt? Dem Mann, der lügt, aber damit einverstanden ist, in seinen persönlichen Beziehungen mit Ihnen gewisse gemeinsame Standards einzuhalten? Die Natur hat glücklicherweise eine Fülle solcher Männer hervorgebracht. Wenn wir uns also behaupten können und auf einer explizit festgelegten Beziehung ohne Lügen beharren, bekommen wir vielleicht genau, was wir wollen. Männer und Frauen, die lügenfreie Beziehungen geschaffen haben, sprechen darüber mit großer Achtung, auch dann, wenn die Beziehungen nicht von Dauer oder nicht einmal Liebesbeziehungen waren. Beide Partner akzeptieren sich so, wie sie sind, und orientieren sich nicht an einem Idealbild. Es besteht beiderseits eine echte Verpflichtung, die über eine kurzfristige Beziehung hinausgeht. Beide verhalten sich so, wie man sich in einer wirklichen, dauerhaften Beziehung verhält. Fügen Sie dem noch Liebe hinzu, und Sie haben das, was die meisten Menschen in ihrem Leben angeblich erwarten.

Bleibt noch die Frage, wie man sich auf die Wahrheit umstellen soll, wenn man doch an die allgegenwärtigen Lügen gewöhnt ist.

Die Wahrheit sagen

Ist es möglich, in einer persönlichen Beziehung jederzeit vollständig ehrlich zu sein? Ich könnte mir denken, daß die Menschen sich nicht ausstehen könnten, wenn sie immer ehrlich wären. Meine Mutter hat zwei Gesichter, und die Politiker lügen. Es ist sehr verwirrend. Wir sind die Lüge gewöhnt.

Büroangestellte, 36, alleinstehend

Vielleicht ist es leichter zu lügen, als die Wahrheit zu sagen. In vielen Fällen ist die Lüge eine kurze und schmerzlose Lösung. Man erreicht sein Ziel und kann weitermachen. Weil Lügen als Lebensform oft zu vorteilhaften Ergebnissen führt, haben Männer und Frauen ständig Gelegenheit, sich in einer Welt, die kurzfristige Siege über eine langfristige Bindung stellt, zu geübten Lügnern zu entwickeln.

Unter solchen Umständen stehen Wahrheit und Intimität, Verbundenheit und Zuwendung auf der Verliererseite. Wenn die Lüge zu unserer bevorzugten Kommunikationsform wird, haben wir immer weniger Skrupel, die Wahrheit zu verfälschen und zu lügen, um unsere Ziele zu erreichen. Ehrlichkeit wird zu einer aussterbenden Tugend. Wir kennen heute viele Möglichkeiten zu lügen, aber nur wenige Möglichkeiten, ehrlich zu sein.

Trotzdem stehen wir gerade vor dieser Herausforderung: Geschicklichkeit im Umgang mit der *Wahrheit* zu erwerben.

Für viele Männer und einige Frauen ist dies Neuland. Doch nicht alle Lügen sind abscheulich, und nicht alle Wahrheiten sind brutal. Die Wahrheit ist nur dann brutal, wenn es uns an Geschicklichkeit mangelt, sie in einer liebevollen Weise auszusprechen, so daß sie der andere annehmen kann. Die Wahrheit ist dann brutal, wenn wir sie zu lange zurückhalten und dann nur einsetzen, um uns aus der Beziehung zu befreien, anstatt sie zu stärken.

Wenn wir mit demselben Aufwand an Überlegung und Energie versuchen würden, einem anderen Menschen die Wahrheit nahezubringen, wie wir dies im Falle der Lüge tun, würden wir feststellen, daß es viele Möglichkeiten gibt, eine schwierige Wahrheit auszusprechen. Wir könnten zum Beispiel eine Situation kommentarlos beschreiben und den anderen die Fakten von unserer Warte aus sehen lassen. Wir könnten die Situation als dorniges Problem darstellen, das es gemeinsam mit gutem Willen zu erörtern gilt, und dabei dem anderen zu erkennen geben, daß wir ihn schätzen, egal, wie das Ergebnis ausfällt. Wenn wir das Wagnis eingehen, zur Rechenschaft gezogen und zur Rede gestellt zu werden, festigen wir das Band der liebevollen Zuwendung zum anderen. Wenn wir offen über unsere Widersprüche, unser Bedürfnis nach Verbundenheit und Getrenntheit, nach Geborgenheit und Freiheit sprechen, bauen wir an einer echten Partnerschaft. Indem wir eingestehen, wie schwierig es ist, ehrlich zu sein, entdecken wir paradoxerweise dort eine neue Kraft, wo wir uns schwach fühlten, und eine tiefere Verbundenheit, wo wir eine Kluft erwartet haben. Ehrlichkeit kräftigt unsere Bande, egal, ob wir über eine neue Liebschaft sprechen oder darüber, daß eine bestimmte Phase einer wichtigen Beziehung zu Ende gegangen ist. Es ist kein Zufall, daß Männer und Frauen, die sich lügenfreie Beziehungen – auch mit früheren Partnern – geschaffen haben, diese als einen wesentlichen Bestandteil ihres Wohlbefindens betrachten.

Obwohl die Ehrlichkeit von Vorteil ist, gewinnt die Lüge weiterhin an Boden. Die Wahrheit stellt für Männer und

Frauen im privaten wie im öffentlichen Leben weiterhin eine Herausforderung dar. Sie ist selten so aufregend wie eine gut erzählte Lüge. Wenn wir es jedoch schaffen, uns selbst und unsere eigenen Wahrheiten zu akzeptieren, kommen wir auch leichter mit den Wahrheiten anderer Menschen zurecht. Von jenem Augenblick an, in dem wir einem anderen Menschen unser Herz öffnen, sind wir für etwas ungemein Wertvolles zugänglich. In einer solchen Beziehung verschwinden das »wir« und »sie«. »Gewinnen« steht für uns nicht mehr mit dem Eigeninteresse in Zusammenhang, das im Lügenspiel vorherrscht. Gewinnen wird in den neuen Kontext einer Partnerschaft gestellt, bei der zwei Menschen auf der Suche nach dauerhaftem Vertrauen sind. Gewinnen wird zur Fähigkeit, Kanäle ehrlicher Kommunikation zu öffnen und auch dann aufrechtzuerhalten, wenn einem der Partner ein »Ausrutscher« passiert. *Gewinnen heißt, der Lüge und dem Lügenspiel eine Absage zu erteilen.*

Die folgenden drei einfachen, jedoch wirksamen Grundsätze werden Ihnen dabei helfen:

- *Wertschätzung:* Betrachten Sie sich und Ihre Biographie als Quelle der Weisheit und Ihre Gefühle als Quelle der Fähigkeit zur Empathie.
- *Intuition:* Bleiben Sie Ihrer Intuition als Erkenntnisquelle treu, die Sie in den seltensten Fällen in die Irre führt.
- *Grenzen:* Legen Sie klare Grenzen fest, wieviel Wahrheit und Falschheit Sie in einer Beziehung dulden beziehungsweise nicht dulden wollen.

Es ist viele Jahre her, daß mir mein Vater einschärfte: »Traue niemals einem Lügner.« Ich konnte den Sinn seines Rates damals nicht verstehen, doch er blieb in meinem Gedächtnis haften. Trotzdem hatte ich das Gefühl, daß irgend etwas nicht stimmte, daß ein Stück des Puzzles noch fehlte. Ich mußte es selbst finden, so wie auch Sie es noch finden müssen. Wenn Sie also bei den Männern Ihres Lebens Nähe und Intimität suchen, beherzigen Sie den Ratschlag meines Vaters, den ich um eine eigene Erkenntnis ergänzt habe. Mit den gesamten Erfahrungen und Weisheiten jener Männer und Frauen, die wir in diesem Buch kennengelernt haben, im Hintergrund, lautet der Grundsatz:

Traue niemals einem Lügner.
Traue dir selbst.

Anhang

101 Lügen

1. Ich rufe dich an.
2. Ich liebe dich.
3. Du bist die einzige.
4. Das habe ich bei einer anderen noch nie empfunden.
5. Ich muß heute abend länger im Büro bleiben.
6. So guten Sex hatte ich noch nie.
7. Du hast die schönsten Augen der Welt.
8. Nein, ich bin nicht verheiratet.
9. Es tut mir leid, aber ich muß meine Geldbörse mit der Kreditkarte zu Hause vergessen haben.
10. Du mußt mir einfach glauben, wenn ich dir sage, daß alles in bester Ordnung ist.
11. Ich bin bereit, eine Bindung einzugehen.
12. Ich trinke nie, höchstens ein oder zwei Bier.
13. Ich habe mit meiner Frau seit Jahren nicht mehr geschlafen.
14. Wir heiraten, sobald ich…
15. Ich bin in zwanzig Minuten daheim.
16. Es liegt nicht daran, daß ich dich nicht mag, aber ich muß einfach mehr Zeit mit meinen Kindern verbringen.
17. Ich habe in meinem ganzen Leben vielleicht mit zehn Frauen geschlafen.
18. Seitdem Schluß ist zwischen uns, habe ich enthaltsam gelebt.
19. Ich könnte dich niemals belügen.
20. Ich halte noch immer die ganze Nacht durch.

21. Ich benutze immer ein Präservativ.
22. Ich kann dir in meiner Firma eine phantastische Stelle besorgen.
23. Ich habe sie nicht mehr getroffen, seit es zwischen uns aus ist.
24. Mein Aids-Befund war negativ.
25. Ich habe seit meiner Zeit auf dem Gymnasium keine Drogen mehr genommen.
26. In meinen sexuellen Phantasien kommst nur du vor.
27. Nein, ich finde nicht, daß deine Oberschenkel (Bauch, Brust, Hüften und so weiter) zu dick sind.
28. Ich bin heute zu müde.
29. Wie kommst du auf die Idee, daß ich an ihr interessiert wäre? Sie ist schließlich deine beste Freundin.
30. Beim oralen Sex bin ich unübertrefflich.
31. Ich hatte vorher noch nie Schwierigkeiten, eine Erektion zu halten.
32. Du und ich – wir werden uns überall lieben, wo wir gerade sind.
33. Ich könnte dir niemals weh tun.
34. Mit dir möchte ich alt werden.
35. Glaube mir, ich lebe von meiner Frau getrennt.
36. Daß wir Sex miteinander haben, ändert an unserer Beziehung nichts.
37. Du brauchst dir keine Gedanken zu machen. Ich habe mich sterilisieren lassen.
38. Ich werde meine Frau verlassen.
39. Du hast überhaupt keine Ähnlichkeit mit meiner Mutter.
40. Es spielt für mich keine Rolle, daß du einer anderen Religion angehörst.
41. Es stört mich nicht, daß du mehr verdienst als ich.
42. Wir würden auch ohne Sex Freunde bleiben.
43. Ich finde ältere Frauen am aufregendsten.
44. Auf meinem Gebiet (in der Firma) gelte ich als einer der Besten.

45. Dein Geist zieht mich am meisten zu dir hin.
46. Wir teilen uns die Kinderbetreuung und den Haushalt.
47. Es macht mir wirklich nichts aus, daß du nicht gekommen bist.
48. Das ist meine allererste Affäre.
49. Du bist die einzige, die mich versteht.
50. Ich habe mich noch nie einer Psychotherapie unterzogen.
51. Du bist das Beste, was mir je passieren konnte.
52. Nein, ich habe keine andere.
53. Ich habe seit Jahren nicht mehr an sie (die alte Freundin) gedacht.
54. Wie oft muß ich dir noch sagen, daß ich keine Affäre habe?
55. Dein Beruf ist ebenso wichtig wie meiner.
56. Ich verspreche dir, daß ich mich ändern werde.
57. Ich möchte, daß wir immer enge Freunde bleiben.
58. Meine Frau und ich verstehen uns.
59. Du bist so wunderbar, du hast etwas Besseres als mich verdient.
60. Ich onaniere nicht.
61. Schließen wir zunächst einmal Freundschaft.
62. Als du durch die Tür hereinkamst, wußte ich: Das ist die Richtige für mich.
63. Ich würde dich auch mögen, wenn du ein Mann wärst.
64. Es ist schön, wenn eine Frau gut aussieht, aber ihr Aussehen ist nicht das Wichtigste.
65. Was uns voneinander unterscheidet, bringt uns sogar noch näher zusammen.
66. Jeden Pfennig, den ich verdiene, gebe ich für dich und die Kinder aus.
67. Nein, ich habe das nie gesagt.
68. Ich gehe mit meinen Freunden weg (in den Sportverein, ins Büro).
69. Bei dir habe ich das Gefühl, meine Kindheit neu zu erleben.

70. Egal, wohin du deinen Wohnsitz verlegst, ich komme mit.
71. Natürlich langweilst du mich nicht.
72. Sobald ich promoviert (eine Gehaltserhöhung bekommen, einen Geschäftspartner gefunden) habe, werden wir...
73. Du hast mehr Sex-Appeal in deiner kleinen Zehe als meine Frau in ihrem ganzen Körper.
74. Wir würden uns nicht mehr richtig mögen, wenn ich eines von diesen Dingern benutze.
75. Legen wir unseren Besitz zusammen – was mein ist, soll auch dein sein.
76. Du bist für mich noch immer so interessant wie am ersten Tag.
77. An eine Scheidung denke ich nicht einmal im Traum.
78. Natürlich betreue ich die Kinder.
79. Mir geht es nicht nur um Sex, ich möchte dir nahe sein.
80. Wir werden alle Zeit der Welt füreinander haben, wenn ich in Pension gehe.
81. Ich habe nur wegen dir so hart gearbeitet.
82. Du weißt, daß ich mit dir und den Kindern zu deiner Mutter fahren würde, wenn ich nicht die ganze Arbeit hier hätte.
83. Noch nie hat mich eine Frau so erregt wie du.
84. Mein Chef sagt, daß ich mir keine Sorgen zu machen brauche.
85. Ich werde nie jemandem erzählen, daß...
86. Reg dich nicht auf: Es ist nur eine Bekannte.
87. Die Trennung ist vorübergehend, bis wir miteinander ins reine gekommen sind.
88. Die Frisur (das Kleid) steht dir phantastisch.
89. Es war nur sexuell, es hat mir nichts bedeutet.
90. Natürlich höre ich dir zu.
91. Ich will nur einige Minuten mit dir kuscheln.
92. Nein, ich finde dich nicht zu dick.
93. Dich hätte ich heiraten sollen.

94. Ich muß mich jetzt eine Zeitlang auf meine Arbeit konzentrieren.
95. Ich versichere dir, daß ich nicht der Vater bin.
96. Daß du Kinder hast, ist nicht der Grund, wieso ich dich nicht heiraten will.
97. Es stört mich nicht, wie du sprichst (aussiehst, dich verhältst und so weiter).
98. Es hat nichts mit dir persönlich zu tun. Ich teile nur nicht gerne eine Wohnung mit jemandem.
99. Diesmal ist es mir wirklich ernst.
100. Liebling, es ist wirklich nur für Männer – niemand bringt seine Frau mit.
101. Ich werde immer für dich dasein.